자유무역론

◆ ◆ ◆ —————————— 이양승 저

박영사

차 례 📖

이 책의 제목은 『자유무역론』이다. '국제무역론' 책들이 범람하는 가운데 굳이 책 제목을 『자유무역론』이라고 한 이유가 있다. '무역'은 대부분 국가 간에 일어난다. 그렇기에 굳이 '국제'라는 말을 붙일 필요는 없을 것 같다. 핵심은 '자유주의'냐 '보호주의'냐이다. 자국 시장 내에도 '규제'가 있듯 국제 시장에선 '규제'가 있다. 무역장벽을 통한 보호조치다. 2025년 2월 현재 도널드 트럼프 대통령은 '25% 관세' 부과 계획을 밝혔다. 바야흐로 보호주의 시대로 접어드는 분위기다. 국제무역 조류에도 사이클링이 있다. 일정한 주기로 '자유무역주의'와 '보호무역주의'를 오간다. 그에 따라 국가들 간에 '상호작용(interaction)'이 발생한다.

엉뚱한 질문을 던져 보자. 인류는 동물과 뭐가 다를까? 학자들은 대개 동물과 달리 인류는 '뭔가'를 할 수 있다는 식으로 답한다. 전공에 따라 그 '뭔가'가 달라질 뿐이다. 그 답에 학자의 정체감이 숨어있다. 경제학자 시각에서는 '뭐'가 다를까? 동물과 달리 인류는 '교환'을 할 수 있다. 생각해 보라. 인류는 자신이 쓰고 남는 것 또는 잉여분을 버리지 않고 '시장'에서 다른 것과 바꾼다. 즉, '교환'을 한다. '교환'이 있기에 인류는 더 많은 걸 더 많이 생산하고 더 많이 소비할 수 있다. 자유는 '교환'을 쉽게 하고, 규제는 '교환'을 더디게 한다. 중상주의 시대에 부(wealth)는 금은의 양을 본 아담 스미스가 부의 개념을 재정립한 결과, 부는 '소비가능성'이라 파악될 수 있다. 이 책은 '무역을 왜 할까'라는 질문에 대한 답을 준비한다. 싱겁지만 그 답은 '뭔가를 얻기 때문에 무역을 한다'는 것이다. '뭔가 얻는 것'은 바로 '무역이득'이다. 그 '무역이득'의 실체를 놓고 학자들은 연구에 매진하고 있다.

리카르도와 헥셔−올린으로 대표되는 고전적 무역이론은 그 무역이득이 '소비가능성' 확대라고 본다. 즉, 각 나라별로 '생산가능성'이 주어졌을 때 '비교우위'에 입각, 자유무역을 실시하면 각 나라의 '소비가능성'이 확대된다는 것이다. 자원배분이 보다 효율화되기 때문이다. '완전경쟁'을 상정하는 고전적 이론에서 무역 패턴은 '산업 간 무역(inter-industry trade)'이자 '일방향 무역(one-way trade)'이다. '완전경쟁'하에선 생산자에게 이윤이 돌아가지 않는다. 이는 극히 이론적인 상태다. 현실적이지 못하다는 지적이 많다. 어떤 연구자는 '완전경쟁'을 물리학의 '무중력 상태'에 비유했다. 인류가 지구의 둥근 모습, 지구의 자전과 공전을 육안으로 직접 확인할 수 없듯, 무중력 상태를 몸소 체험할 곳은 이 지구상에 없다. 모두 중력 상태이기 때문이다. 그렇다고 무중력 상태를 몰라도 된다는 뜻은 아닐 것이다. 무중력 상태를 알아야 중력 상태를 알 수 있다. 인류는 직접 보지 않고도, 체험하지 않고도 '사고력'을 통해 뭔가를 알아낼 수 있다. 필자는 그게 이론의 역할이라고 믿는다.

1979년 폴 크루그만은 좀 더 현실적인 '불완전 경쟁' 모형을 고안해 '신 무역이론' 시대를 열었다. 그의 연구 결과에 따르면, 무역이득은 '소비다양성'을 포함한다. 무역 패턴은 '산업 내 무역(intra-industry trade)'이자 '양방향 무역(two-way trade)'이다. 예를 들어, 한국은 자동차를 수출하고 동시에 자동차를 수입한다. 자유무역의 결과, 국민들이 보다 다양한 종류의 소비를 즐길 수 있게 된다. 무역이론은 다시 전환점을 맞이한다. 2000년대 초반 수출기업들의 '이질성'에 관한 통찰 때문이다. 같은 생산 기술을 보유한 기업들 간에도 생산성 차이가 존재할 수 있다는 것이다. 경영자의 능력, 직원들의 근무 태만 등 생산성에 영향을 미치는 요인들은 많다. 2003년도 멜리츠는 그 생산성 수준 분포에 '절삭점(cutoff)'이 존재함을 밝히고, 자유무역을 시행할 경우 그 절삭점이 높아져 '선택효과'가 발생함을 역설했다. 경쟁력 없는 기업들이 퇴출되고, 경쟁력 있는 기업들이 생산과 수출에서 차지하는 비중이 커지게 된다. 즉, '자원의 재분배'가 나타나고 그 효율성에 따라, 산업 내 '총생산성' 수준도 향상된다. 그것도 무역이득이다.

최근 들어 무역이론은 거대 기업에 초점을 두고, '기업 간 무역(intra-firm trade)'을 지향한다. 이제 자유무역은 세계 수준에서 자원배분 효율화에 기여하고 있다. 생산과정이 해체되고 단계별로 국적이 달라지기도 한다. '오프쇼어링(offshoring)'이 발생한다. 외국에서 중간재를 수입, 자국에서 조립해 수출하는 경우도 많다. 같은 기업 내에서 수출입이 발생하는 것이다. 선진국으로 갈수록 '기업 내 무역'의 비중이 높다. '오프쇼어링'은 노동시장에도 큰 영향을 미칠 수밖에 없다. 중산층 일자리들이 유출될 수 있기 때문이다. 트럼프 대통령이 '일방주의' 정책은 '리쇼어링(reshoring)'과 관련이 있다.

자유무역은 부국이 되기 위한 방법이다. 부국과 빈국의 차이를 놓고 학자들 간 숱한 논쟁이 있었다. 2024년 노벨 경제학상 수상자 대런 아세모글루는 『국가는 왜 실패하는가?』라는 자신의 저서에서 선진국엔 선진적인 '제도'가 있음을 강조한다. 본 교재가 기존 교재와 차별되는 점은 '제도'가 무역에 미치는 영향을 분석한 지점이다. 경제는 계약으로 돌아간다. 하지만 모든 걸 계약으로 명문화할 수 없다. 그게 '계약의 불완전성'이다. 예를 들면, 고용계획서에 '성실 근무' 의무를 기재해도 그 '성실' 정도를 숫자로 규정할 수 없다. 그건 근로자의 양심에 달렸다.

생산요소는 노동과 자본 말고 또 다른 게 있는데, 바로 '사회자본'이다. 즉, '신뢰'다. 후쿠야마 교수의 분석에 따르면, 후진국은 '신뢰 반경'이 좁다는 게 특징이다. 사적 인연으로 묶인 집단 내에서만 신뢰가 발휘되고, 그 집단 바깥에서는 발휘되지 않는다. 한국으로 치면 그 좁은 신뢰반경은 혈연, 지연, 학연 등일 것이다. 한국도 신뢰 반경이 좁다. 부패에 취약할 수밖에 없는 이유다. 이제 한국 경제는 양적 성장을 지양하고 질적 성장 시대를 열어야 한다. 그게 제2의 도약이다. 이를 위해선 제도 개선이 필요한데, 중요한 건 법치 기반 신뢰 구축이다.

경제 선진국들 중에 무역을 하지 않는 나라는 없다. 특히 한국처럼 영토가 협소한 경우에는 국부창출의 대부분을 무역에 의존한다. 한국 학계에는 체제 경쟁력을 언급하지 않는 금기가 있다. 정치적 대립과 반목 때문일 것이다. 실은 그게 폐쇄성일 수도 있다. 자유무역은 개방성을 지향한다. '부국'을 좇다 보니 '신성장 이론' 소개도 필요했고, 딜레마 극복을 위해 '전략적 무역정책'도 빠질 수 없었다. '부국'이 되기 위한 필요조건은 자유 체제이다. '자유무역'은 충분조건일 것이다. 'G8' 경제 강국 한국이 선진국이라면, 가장 직접적인 이유는 바로 자유 체제와 '자유무역'이다. 수출주도 산업화 전략을 통해 한국은 제조업 강국이 됐고, 자유무역을 통해 산업의 규모화가 가능했다. 본서가 '무역장벽'에 대한 논의를 최소화하고, 제목에 '자유무역'이란 키워드를 넣은 또 다른 이유이기도 하다.

무역이론은 발전과 진화를 거듭하고 있다. 사실상 종합 학문이다. 본서는 연구를 최대한 반영하려고 노력했다. 탈고를 하려고 보니 후회가 남는다. 원고를 쓰며 논의 주제가 너무 넓어졌다는 생각이 든 탓이다. 도서의 분량이 너무 넘치지 않도록 지양해 달라는 출판사의 요청으로, 수리 모형 소개를 최소화할 수밖에 없었다. 그러다 보니 직관적인 설명이 늘어났다. 하지만 그렇기에 일반인들이 읽기에도 편한 책이 되었다. 국제무역에 관심을 가지는 비전공자들 또는 전문적 연구를 준비하는 대학원생들에게도 문헌연구를 위한 좋은 길잡이가 될 수 있을 것이다.

CHAPTER 01

비교우위론

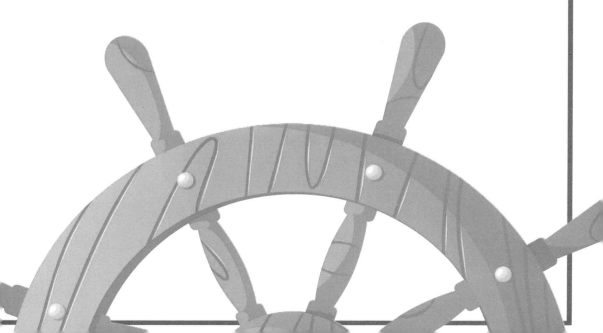

아담 스미스(Adam Smith)는 유명하다. 경제관련 공부를 하는 이들 중에 그의 이름을 모르는 사람은 거의 없을 것이다. 사람들은 아담 스미스가 『국부론』을 저술하고 '보이지 않는 손(Invisible Hand)'과 '이기심(Self−Interest)'을 말했다는 것도 대개 잘 알고 있다. 하지만 아담 스미스가 어떠한 맥락에서 '보이지 않는 손'을 사용했는지, 그리고 『국부론』을 통해 무엇을 전달하려 했는지 정확히 이해하는 사람들은 많지 않다. 아담 스미스가 1776년에 저술한 책 제목은 정확히 말하자면 『국부론』이 아니라 『국부의 성질과 원인에 대한 연구(An Inquiry Into The Nature and Causes of The Wealth of Nations)』이다. 그는 그 책을 통해 세상을 바라보는 방식을 바꾸었다고 평가받는다. 즉, '국가의 부(Wealth of Nations)'가 무엇이며 어떻게 그 국부를 늘릴 수 있는지에 대해 새로운 사고법을 제시했기 때문이다. 아담 스미스가 바꾸어 놓은 사고법은 오늘날까지 많은 학자들에게 영향을 미치고 있다.

아담 스미스의 사상을 이해하려면 그 시대적 배경을 파악할 필요가 있다. 『국부론』이 출간됐을 1776년은 유럽에 중상주의(mercantilism) 영향력이 남아 있던 시대였다. 산업혁명이 이루어지기 전, 국부 증진을 위해서 보호무역을 해야 한다는 주장과 자유무역을 해야 한다는 주장이 대립되었다. 전자의 입장이 중상주의이며, 후자는 아담 스미스를 필두로 한 고전학파의 입장이었다. 중상주의가 제시하는 핵심적 정책은 국내시장을 보호하고 국제시장을 개척하는 것이었다. 중상주의자들은 부의 원천이 금과 은 같은 귀금속이라고 생각했다. 따라서 국가 간 교역의 목적은 금과 은을 최대한 많이 확보하는 것이라고 여겼다. 상품을 수출하고 그 대가로 금은이 국내로 들어오면 국부가 늘어난다고 본 것이다. 그게 중상주의의 핵심이다. 수출은 장려했지만 관세부과를 통해 수입을 엄격히 통제했다. 그 결과 자국 산업이 보호되는 것이다. 중상주의자들 시각에서 무역은 '제로섬(zero−sum)' 게임이었을 뿐이다. 즉, 무역을 통해 한 나라가 부유해지면, 다른 한 나라는 빈곤해질 수밖에 없다는 인식이 있었다.

아담 스미스는 『국부론』을 통해 중상주의적 사고방식을 비판했다. 부의 원천은 금은의 양이 아니라 재화의 양이라고 주장했던 것이다. 금은은 화폐처럼 교환수단이 될 뿐 그 자체가 효용을 발생시키지 않는다. 효용을 발생시키는 건 재화이다. 재화 생산은 노동이라는 생산 요소를 통해 이루어진다고 봤다. 노동의 가치로서 남는 재화들을 수출하고, 부족한 재화들을 수입하면 교역국 모두에게 이득이 돌아간다는 주장을 펼쳤던 배경이다. 아담 스미스는 중상주의를 비판하기 위해 자유무역의 이점을 설파했다. 다시 언급하지만 아담 스미스의 가장 큰 업적 중에 하나는 '국부'의 개념을 재정립했다는 것이다. 그때까지만 해도, '국부(national wealth)'의 바탕이 금은이라는 중상주의적 사고방식이 주류를 이뤘다. 그 사고방식에 따르면, 국부 증진을 위해선 무엇보다 무역수지 흑자가 중요하게 여겨졌다. 국부를 늘리기 위해 정부가 나서서 무역을 통제하는 것도 당연시 됐다. 하지만 아담 스미스는 국부란 금은의 양이 아니라 재화의 양이라고 파악했다. 따라서 부자 나라가 되기 위해 무역수지에 집착할 필요가 없음을 주장했던 것이다.

중상주의적 사고방식을 따르면, 부자 나라가 되는 것은 무역수지에 달려 있다. 단순하다. 그 나라에 금과 은이 많으면 부자 나라가 되기 때문이다. 그 당시엔 금과 은이 중요한 거래 수단이었다. 그렇기에 수출을 많이 하고 수입을 적게 하면 그 나라에 금과 은이 많아질 수밖에 없을 것이다. 어느 한 경제주체의 호주머니에 금은이 많아지면 부자가 되듯 그 나라도 금은이 많아지면 부자가 된다는 식이다. 그러한 사고방식에 근거해, 금은이 나라 밖으로 많이 유출되지 못하도록 국가가 자유무역을 통제하려 했던 것이다. 그에 대해 아담 스미스는 새로운 통찰을 제시했다. 국부의 근원이 재화의 양이라고 생각했기 때문에 국가가 무역을 규제하기보다는 '무역을 할 자유(freedom to trade)'를 부여해야 한다고 주장했던 것이다.

분업과 특화

아담 스미스는 자신의 저서 『국부론』에서 '보이지 않는 손(invisible hand)'으로 표현되는 자유시장 원리만 주장만 한 게 아니다. 그는 『국부론』에서 모든 인간은 더 잘 살고자 하는 욕구를 바탕으로, 자신이 가진 걸 다른 이들과 교환하는 성향이 있다고 설명했다. 국부 증진을 위해서도 그러한 욕구를 바탕으로 할 필요가 있다는 것이다. 바로 '자유무역'이다. 분업과 특화를 통해 생산량이 증가한다고 해도 제대로 거래가 이뤄질 수 없다면 큰 의미가 없다. 아담 스미스는 분업을 통해 개인이 전문화될 수 있듯, 나라도 특화를 통해 전문화될 수 있다고 주장했다. 예를 들면, 영국은 치즈를 그리고 포르투갈은 와인 생산에 특화할 수 있다는 것이다. 영국이 와인을 생산하는 데 드는 비용이 포르투갈에서 수입하는 비용보다 저렴하다면 와인을 수입해 마시는 게 더 유리할 것이다. 그 경우, 포르투갈은 와인 생산에 '절대우위(absolute advantage)'가 있다고 말할 수 있다.

아담 스미스는 그렇게 '절대우위' 개념을 이용하여 국제 분업을 설명했다. 그 비용은 주로 노동투입으로 나타난다. 따라서 특정 재화를 생산하는 데 한 나라가 다른 나라보다 노동력이 적게 투입된다면 그 나라는 그 재화 생산에 절대우위가 있다고 표현할 수 있는 것이다. 두 나라와 그 나라에서 생산하는 두 재화만을 가정해 보자. 한국과 베트남에서 각각 스마트폰과 의류를 생산하고 있다고 하자. 각 나라에서 각 재화를 생산하는 데 노동투입량이 같지 않을 수 있다. 그 경우, 그 재화 생산을 위해 비용이 나라 간에 다르다고 해석된다. 다음 [표1]을 보자.

◆ ◆ [표1]

	한국	베트남
스마트폰	1	2
의류	2	1

[표1] 안의 수는 노동투입량을 의미한다. [표1]에 따르면, 한국에서 스마트폰 한 개를 생산하기 위해 노동 1단위가 필요하지만, 베트남은 노동 2단위가 투입된다. 그렇게 되면, 한국에서 스마트폰 생산을 위한 비용이 베트남보다 적게

들어간다는 뜻이 된다. 그 결과 스마트폰 가격은 베트남보다 한국에서 더 저렴할 것이다. 아담 스미스 이론에 따르면, 한국은 스마트폰 생산에 절대우위가 있다고 표현된다.

한편 의류 생산은 상황이 다르다. [표1]에 따르면, 의류 생산을 위해 한국은 노동 2단위가 필요하지만 베트남은 노동 1단위만 투입된다. 그 경우, 의류 생산을 위한 비용이 한국보다 베트남에서 더 낮음을 의미한다. 그렇기에 베트남이 의류 생산에 있어 절대우위가 있다고 표현된다. 한국과 베트남이 각 재화 생산에 절대우위를 보유하고 있는 경우, 자유무역을 하면 무역 이득이 발생한다. 분업과 특화 때문이다. 각 나라가 절대우위를 보유한 재화 생산에 집중하는 것을 특화라고 한다. 즉, 각 나라가 특화를 통해 생산하고 무역을 통해 그 재화들을 서로 교환하면, 각 나라는 이득을 얻을 수 있다. 바로 무역 이득이다. 두 나라가 각각 스마트폰과 의류를 특화 생산해 교환하게 되면 각 나라는 무역 이득을 얼마만큼 얻을 수 있을까? [표1]에서 주어진 노동투입량을 바탕으로 무역 이득을 분석해 보자.

무역이 이루어지기 전, 각 나라가 각 재화를 100개씩 생산할 때, 필요한 총 노동력은 각 나라당 300단위이다. 즉, 한국은 스마트폰 100개를 생산할 때 노동력 100단위(노동1단위 × 스마트폰100개 = 노동력100 단위)가 필요하고, 의류 100개를 생산할 때 노동력 200단위(노동2단위 × 의류 100개 = 노동력200 단위)가 필요하다. 따라서 총 노동력 300단위가 투입된다.

또한, 베트남은 스마트폰 100개를 생산할 때 노동력 200단위(노동2단위 × 스마트폰100개 = 노동력200 단위)가 필요하고, 의류 100개를 생산할 때 노동력 100단위(노동1단위× 의류 100개 = 노동력100 단위)가 필요하다. 따라서 총 노동력 300단위가 투입된다.

아담 스미스의 절대우위 이론에 근거해, 각 나라는 생산비용이 낮은 재화 생산에 집중할 것이다. 따라서 한국은 모든 노동력을 생산비용이 낮은 스마트폰 생산에 투입한다. 그렇게 되면, 한국은 300개의 스마트폰을 생산할 수 있다. 베트남은 모든 노동력을 생산비용이 낮은 의류 생산에 투입한다. 그렇게 되면, 베트남은 300개의 의류를 생산할 수 있다. 이때 각 나라가 특화 생산한 재화 150개를 다른 나라에 주고, 그 나라로부터 다른 재화 150개를 가져온다고 해보자. 한국은 베트남에 스마트폰 150개를 주고, 베트남으로부터 의류 150개를 받아오는 것이다. 베트남은 한국에 의류 150개를 주고, 한국으로부터 스마트폰 150개를 받아간다. 즉, 교환이 이루어진다. 그 경우, 한국은 스마트폰 150개와 의류 150개를 소비할 수 있다. 베트남도 마찬가지다. 무역이 이뤄지기 전, 한국과 베트남 양국 모두 고작 스마트폰 100개 그리고 의류 100개만을 소비할 수 있었을 뿐이다. 무역이 이뤄진 후, 한국과 베트남 양국 모두 각 재화를 50개씩 더 소비할 수 있게 된 것이다.

이처럼 자유무역을 하게 되면 두 나라 모두의 후생수준이 높아지게 된다. 그게 아담 스미스의 주장이다. 하지만 그 이론에 의하면 각 나라가 서로 다른 한 재화에 절대우위를 보유해야만 무역과 함께 무역 이득을 얻을 수 있다. 만약 한 나라가 두 재화 모두에 대해 절대우위를 보유하는 경우라면 무역이 발생할 수 없다. 예를 들면, 한국이 스마트폰 생산을 위해 노동투입량 1단위, 의류 생산을 위해 노동투입량 1단위가 필요한 반면, 베트남이 스마트폰 생산을 위해 노동투입량 2단위, 의류 생산을 위해서도 노동투입량 2단위가 필요하다면, 한국은 모든 재화 생산에 있어 절대우위를 보유한다. 그 경우 무역이 발생하지 않는다. 하지만 그러한 경우에도 무역이 발생할 수 있다. 바로 비교우위 이론이다. 리카르도의 이론에 따르면 한 나라가 모든 재화 생산에 있어 절대우위를 보유하더라도 비교우위가 성립해 무역이 발생할 수 있다고 설명한다.

리카르도 비교우위론

　데이비드 리카르도는 아담 스미스의 절대우위론의 한계를 극복하기 위해 '비교우위' 개념을 생각해냈다. 그리고 자신의 저서 『정치경제와 조세의 원리』에서 비교우위를 바탕으로 새로운 이론을 제시했다. 바로 비교우위론이다. 그의 이론은 무역이 절대우위에서 발생한다고 주장한 아담 스미스의 이론을 뒤집었다. 아담 스미스 이론에 따르면, 영국의 와인 생산비용이 포르투갈보다 낮아질 때 영국은 포르투갈로부터 와인을 수입할 이유가 없다. 절대우위론에 따르면 각국은 상대국에 비해 생산비용이 낮을 때만 그 재화를 수출한다. 하지만 현실적으로 파악하면, 선진국은 후진국에 비해 거의 모든 재화 생산에 절대우위를 보유한 경우가 많다. 교육수준과 노동 숙련도 차이 때문이다. 그렇기에 절대우위론은 선진국과 후진국 간의 무역을 설명하지 못한다는 한계가 있었다.

　하지만 리카르도가 새로운 이론을 내놓으면서 비교우위에 의해 국제무역이 발생하고, 그 결과 모든 나라가 무역 이득을 얻을 수 있음을 보였다. 리카르도는 영국과 포르투갈의 교역을 예로 들었다. 각 나라는 직물과 와인 두 상품만을 생산한다고 가정한다. 포르투갈은 직물과 와인 모두를 영국보다 적은 비용으로 생산할 수 있다고 하자. 생산을 위한 기회비용을 놓고 보면, 포르투갈은 와인 생산에 그리고 영국은 직물 생산에 비교우위를 보유할 수 있다. 직관적으로 파악하면, 영국이 자국 기후에 잘 맞지 않는 와인을 생산하기 위해 애쓰는 것보다 포르투갈에서 와인을 수입하고, 와인 생산에 투입될 노동력을 직물 생산에 투입하는 게 보다 효율적이기 때문이다.

　그 경우, 두 나라가 무역을 하지 않는 것보다 포르투갈은 와인을 그리고 영국은 직물을 특화 생산하면, 두 나라 모두 무역 이득을 얻을 수 있다. 리카르도의 비교우위는 쉽게 설명하면 이렇다. 어느 한 나라가 다른 나라에 비해 모든 재화 생산에 있어 비용이 더 크게 발생하더라도 그중에 비용이 상대적으로 적게 발생하는 재화가 존재한다는 것이다. 바로 그 재화 생산에 '비교우위'가 성립한다. 그 역의 경우도 가능하다. 어느 한 나라가 다른 나라에 비해 모든 재화 생산에 있어 비용이 더 적게 발생하더라도 그중에 비용이 상대적으로 적게 발생하는 재화가 존재한다. 그 재화 생산에 '비교우위'가 성립한다. 모든 나라가 그렇게 상대적으로 비용이 덜 발생하는, 즉 '비교우위'를 지닌 재화들을 특화 생산해 자유무역을 하게 되면 모든 나라가 이득을 얻는다는 것이다.

절대우위와 달리 비교우위에는 '상대성'이 적용된다. 절대우위론의 한계는 각 나라가 서로 다른 재화 생산에 절대우위를 보유할 때만 무역 발생을 설명할 수 있다는 것이다. 하지만 비교우위론 관점에선 그렇지 않다. 한 나라가 모든 재화 생산에 절대우위를 보유하고, 그 상대국은 모든 재화 생산에 절대열위를 보유하더라도 생산비용이 상대적으로 더 낮은 재화 생산에 특화하면 무역 발생이 가능하다. 그리고 그 무역을 통해 상호 간에 이득을 얻을 수 있다. 리카르도는 대학에서 전문적으로 경제학을 공부한 적이 없지만, 비교우위 개념을 창안해 모든 재화에 걸쳐 절대열위에 처해 있는 나라들도 자유무역을 통해 이득을 얻는다는 사실을 논증했다. 리카르도는 1772년 유대인 이민자의 아들로 태어났다. 그의 아버지 아브라함 리카르도(Abraham Ricardo)는 런던에서 증권거래업에 종사하고 있었는데, 리카르도는 일찌감치 학업을 포기하고 14살 때부터 아버지 일을 도왔다. 리카르도는 대학 교육을 받은 적이 없었지만, 증권 중개인으로서 이재에 밝아 불과 몇 년 만에 백만장자가 되었다고 전한다. 그가 경제학을 접한 것은 우연한 계기에서였다. 1799년 영국의 한 온천 휴양지에서 휴가를 즐기던 중 무료함을 달래기 위해 아담 스미스의 『국부론』(1776)을 읽고 큰 깨달음을 얻었다는 것이다. 그리고 경제학 공부를 시작했다고 전한다. 독학으로 경제학에 몰두한 그는 1817년에 주위 사람들의 권유로 '정치경제학 및 과세의 원리'란 책을 펴내게 된다. 그는 그 저서를 통해 비교우위론을 제시했고 자유무역의 필요성을 역설했다.

리카르도가 뜬금없이 '비교우위'에 입각한 자유무역을 주장한 것이 아니다. 19세기 영국인 리카르도가 우려했던 건 토지의 '수확체감'과 그로 인한 '임금 상승'과 지주의 '이윤율 하락'이었다. 토지는 그 면적이 제한되어 있다. 그리고 토지는 질적으로도 동일하지 않다. 그렇기에 경작 면적을 확대하면 할수록 토지의 수확량은 체감할 수밖에 없을 것이다. 경작에 불리한 토지가 개간될 수밖에 없고 그에 따라 경작 단위당 수확량이 감소할 수밖에 없다. 즉, 곡물 한 단위 생산에 더 많은 노동이 투입된다는 뜻이 된다. 그렇게 되면 곡물 가격이 상승할 수밖에 없고, 임금도 오를 수밖에 없다. 그 결과 영농자본가와 산업자본가의 이윤은 감소하게 되고 자본축적도 어려워진다. 문제는 '자본축적'이다. '자본축적'이 없으면 경제성장도 있을 수 없기 때문이다. 리카르도가 파악한 모든 문제의 근원은 토지의 '수확체감(diminishing return)'이었다. 즉, 영국이 곡물 생산을 늘려나갈수록 영농 자본가의 이윤은 증가하지 않고 지주들의 이윤만 증가하게 됨을 파악했던 것이다. 또한 수확이 체감하기 때문에 노동자들에게 임금을 주는 만큼 자본가의 이윤이 증가할 수 없다. 따라서 경제성장을 위해서 수확체감 경향이 있는 산업을 포기해 수입으로 대체하고 수확체증(increasing return) 산업에 특화할 필요가 있다는 것이다. 리카르도가 말한 수확체증 산업은 제조업이었다. 19세기 당시 영국은 제조업 부문에 비교우위가 있었다. 따라서 비교우위에 입각한 자유무역은 영국을 위해 당연한 선택일 수밖에 없었다. 영국과 달리 수확체감 산업에 비교우위를 지닌 나라들도 있었다. 영국의 사례를 보고 많은 이들이 자유무역이 제조업에 비교우위를 지닌 나라만 유리하게 한다는 비판을 제기했다. 하지만 수확체감 산업에 비교우위를 지닌 나라들 역시 자유무역을 통해 이득을 얻을 수 있었다.

이것이 리카르도가 '무역'에 주목했던 이유이다. 만약 국내의 곡물 수요를 외국 곡물의 수입으로 충당할 수 있다면, 자국에서 경작 면적을 굳이 넓히려고 노력하지 않아도 됐을 것이다. 그렇게 되면, 열등한 토지를 경작하면서 수확량 체감을 우려할 필요도 없어진다. 무역을 하게 되면, 자본가들의 이윤은 많아지고

'자본축적'도 비로소 가능해지게 된다. 그 결과 경제성장도 비로소 가능해진다고 본 것이다. 리카르도가 곡물법을 폐지하고 자유무역을 옹호하게 된 결정적인 이유였다.

　　당시 19세기 영국엔 곡물 수입에 대한 관세 부과를 놓고 열띤 논쟁 중이었다. 바로 '곡물법 논쟁(Corn Law Controversy)'이었다. 리카르도가 집필한 저서의 제목을 정확히 밝히자면 『정치경제학과 과세의 원리에 대하여』이다. 리카르도의 주된 관심사는 두 가지였던 것으로 보인다. 첫째는 지주, 자본가, 그리고 노동자 간에 소득배분 원리를 규명하는 것이었다. 생산을 통해, 지주는 지대를 얻고 자본가는 이윤을 얻으며 노동자는 임금을 얻게 된다. 리카르도는 이해관계가 다른 그들 간에 소득배분 원리를 파악하고 싶었을 것이다. 둘째는 곡물법 폐지를 통해 자본가 계층의 이윤을 증대시켜 자본축적을 가능케 하고 궁극적으로는 경제성장을 이끄는 것이었다. 이미 언급한 대로, 리카르도는 곡물법 폐지를 주장했다. 당시 영국은 곡물법을 통해 자국산 곡물 가격이 일정 수준을 유지할 수 있도록 곡물 수입을 금지하거나 외국산 곡물에 관세를 부과했다. 그렇게 곡물법을 옹호한 건 지주들이었다. 곡물 가격이 비싸지면 지주에게 이득이 돌아가기 때문이었다. 『인구론』의 저자 토마스 맬서스(Thomas Malthus) 역시 곡물법 유지를 찬성했다고 전한다.

　　하지만 리카르도는 시각이 달랐다. 그가 볼 때 곡물법은 국가 경제에 결코 이로울 수 없었다. 경제성장을 위해선 자본축적이 필요하고, 자본축적을 위해선 영농자본가들과 산업자본가들의 이윤이 늘어나야 한다고 생각했기 때문이다. 곡물법이 유지된다면 곡물 가격이 높아지고, 높은 곡물 가격은 생계비용 상승으로 이어져 결국 임금 상승으로 이어질 수밖에 없다. 임금이 상승하면, 자본가 이윤은 당연히 감소할 수밖에 없다. 그렇게 되면 자본축적이 어려워진다는 결론이 된다. 리카르도 시각에서 곡물법은 자본가 이윤을 감소시켜 자본축적을 더디게 해 장기적으로 경제성장을 가로막을 뿐이었다. 그렇기에 그는 곡물 가격이 낮아질 필요가 있다고 생각했던 것이다. 따라서, 곡물이 풍부한 나라에서 곡물을 수입해 자국 내 곡물 가격을 낮추고, 자본가들의 이윤을 증대시킬 필요가 있다고 본 것이다. 리카르드고 곡물법 폐지를 주장하고 비교우위 개념을 바탕으로 외국과의 자유무역을 역설했던 이유다.

리카르도의 비교우위론에서 핵심은 아담 스미스의 절대우위론과 마찬가지로 노동이라고 볼 수 있다. 노동이 유일한 생산요소이다. 무역 이론은 리카르도로부터 시작되었다고 할 수 있다. 즉, 비교우위론이다. 그 이론은 지금도 많은 분야에서 적용될 수 있다. 비교우위론의 학술적 가치는 엄청나다. 물론 한계도 있다. 국가 간 생산요소의 이동이 없고, 국가 간 운송비용이 발생하지 않는다는 가정 아래 공급 측면만을 강조하기 때문이다. 하지만 리카르도의 통찰에 따르면, 모든 나라는 최소 한 재화 생산에 비교우위를 보유할 수 있다. 각 나라가 비교우위를 보유한 재화 생산에 특화해 자유무역을 하면 모든 나라에 무역 이득이 발생하게 된다. 그게 리카르도의 결론이다.

그의 이론은 모든 나라들로 하여금 자유무역을 추진하도록 설득할 수 있는 근거가 되었다. 이미 언급한 대로, 아담 스미스는 당시 범람했던 중상주의적 사고방식을 바꾸어 놓았다. 즉, 나라 곳간에 쌓인 금은의 양이 국부가 아님을 파악했다. 데이비드 리카르도는 아담 스미스의 새로운 사고방식에 더해 자유무역을 하면 모든 나라에 무역 이득이 돌아간다는 사실을 일깨웠다. 아담 스미스가 중상주의를 비판하고 분업과 특화를 통해 자유무역의 필요성을 역설했다면, 데이비드 리카르도는 자유무역의 보편성을 역설했다고 볼 수 있다. 즉, 절대적으로 생산성이 높은 나라만 자유무역을 통해 이득을 얻는 것이 아니라 절대적으로 생산성이 낮은 나라도 자유무역을 통해 이득을 얻을 수 있음을 보여 주었다. '상대성' 원리에 따른 '비교우위' 덕분이다. 리카르도는 비교우위 이론 제시를 통해 자유무역의 확산에 결정적인 기여를 했다.

리카르도의 이론에 있어 핵심은 '상대성'이다. 상대성은 물리학에만 존재하는 게 아니라 국제경제에도 존재한다. 비교우위는 상대성 원리를 따른다. 직관적으로 파악하면, 리카르도는 국가 간 경쟁력에도 '상대성'이 존재함을 논증했다고 할 수 있다. '비교우위'라는 말은 보편타당한 표현이 됐다. 전문적인 대학교재뿐만 아니라 일반 교양서적에서도 많이 언급된다. 하지만 '비교우위'란 말을 쓰는 사람들은 많은데 그 개념을 정확히 이해하는 사람들은 많지 않아 보인다. 즉, 사람들은 대개 비교우위를 통해 어떤 한 나라가 자유무역을 통해 어떻게 이득을 얻는지를 이해하지 못한다. 그러다 보니 자유무역에 대한 오해가 발생한다. 부자 나라 가난한 나라를 따지기 전에 모든 나라는 비교우위를 보유할 수 있다. 그렇기에 모든 나라가 자유무역을 통해 무역 이득을 얻을 수 있는 것이다. 자유무역이 부유한 나라에 유리하고, 가난한 나라에 불리하다고 외치는 이들이 많다. 이는 비교우위에 대한 오해 때문이다. 국제무역을 연구하는 학자들이 던지는 물음은 크게 두 가지라고 볼 수 있다. 하나는 왜 나라들은 서로 무역을 하는가이고 다른 하나는 무역을 통해 무엇을 얻느냐이다. 리카르도 이론을 한국에 맞게 적용해 결론을 도출해 보자.

리카르도 모형: 한국과 베트남 간 무역

모형화 해보자. 무역이 왜 발생할까? 가장 쉽게 말하자면, 자국과 외국에서 가격이 서로 다르기 때문이다. 자국에서 생산된 어떤 상품이 자국보다 외국에서 더 비싸게 팔릴 수 있다면 기꺼이 그 상품을 수출하고자 할 것이다. 자국에서 생산된 것보다 외국에서 생산된 것을 수입해 더 저렴한 가격으로 쓸 수 있다면 기꺼이 그 상품을 수입하고자 할 것이다. 가격 차이가 나는 건 이유가 있다. 기술 수준이 달라서 일수도 있고 그 나라가 보유하고 있는 자원들 때문일 수도 있다. 리카르도의 비교우위론에 따르면, 기술 수준 차이로 인해 가격 차이가 발생한다고 본다. 리카르도의 비교우위론은 고전적 무역 이론에 해당한다. 다음 장에서 설명하겠지만, 헥셔-올린 이론도 고전적 무역 이론에 해당한다. 헥셔-올린 이론에 따르면 자원 부존량 차이로 인해 나라 간에 상품가격 차이가 발생한다. 리카르도 이론과 헥셔-올린 이론 모두 '비교우위'가 핵심이다. 리카르도 이론에서는 비교우위가 기술 수준에서 발생하고, 헥셔-올린 이론에서는 비교우위가 자원 부존량에서 발생한다. 헥셔-올린 모형은 다음 장에서 자세히 설명하기로 한다.

리카르도 이론을 모형화 하기 위해 가정이 필요하다. 다음과 같다. 첫 번째, 두 나라와 두 재화를 고려한다. 즉, 두 나라가 존재하고 각 나라는 그 두 재화를 생산한다. 두 번째, 그 재화 시장은 모두 '완전경쟁' 상황에 있다. 완전경쟁이라고 하면 이론적 특징이 있다. 무수히 많은 공급자들이 존재하고 그들은 같은 정보를 보유하고 있으며 모두 힘이 같다. 그 시장진입과 진출이 무한히 자유롭다. 그렇게 완전경쟁을 전제하면 그 재화 시장에서 이윤이 발생할 수 없다. 누군가 이윤을 얻고 있다면 시장진입이 무한히 자유롭다고 가정했기에 다른 누군가가 그 시장에 진입해 그 이윤을 나눠 갖게 될 것이다. 완전경쟁하에서는 '-' 이윤도 있을 수 없다. 그 시장에서 누군가가 손실을 보고 있다면 그는 그 시장을 나갈 것이고, 그에 따라 경쟁이 다소 완화되면 그 손실 폭이 줄어들게 된다. 하지만 손실이 존재하는 한 공급자들은 계속 시장을 빠져나가게 된다. 그 과정이 계속되면 재화 시장 내에서 이윤은 0이 될 수밖에 없다. 세 번째는 오직 단 하나의 생산요소 즉, 노동만을 고려한다. 그리고 생산함수는 '보수불변(constant return)'임을 전제한다. 리카르도가 비교우위론을 제시했을 당시 재화 생산을 위한 주된 생산요소는 노동이었을 것이다. 생산함수가 '보수불변'이라고 하면, 요소투입이 두 배 늘어날 때 생산량 역시 두 배 늘어나게 된다. '보수감소'이면, 요소투입이 두 배 늘어날 때 생산량은 두 배에 못 미치게 된다. '보수증가'이면, 요소투입이 두 배 늘어날 때 생산량은 두 배를 넘게 된다.

아담 스미스는 생산비가 절대적으로 가장 낮은 곳에서 생산이 이뤄져야 한다고 주장했다. 즉, 절대우위론이다. 하지만 그의 제자 격인 데이비드 리카르도는 생산요소가 국가 간에 이동하지 않는다는 점에 주목하고 새로운 이론을 전개했던 것이다. 그게 바로 비교우위론이다. 그의 분석에 따르면, 국제 분업의 이익은 아담 스미스가 주장한 대로 절대적 생산비 차이에서만 기인하는 게 아니다. 어느 한 나라에서 어떤 재화 'X'를 외국보다 저렴하게 생산할 수 있다고 해보자. 문제는 같은 나라 안에서 생산되고 있는 다른 재화 'Y'의 생산비용이다. 다른 나라들과 비교해 볼 때, 'X'재 생산이 유리하더라도 'Y'재 생산과 비교해 생산비용이 상대적으로 높을 경우 'X'재를 직접 생산하지 않고 외국에서 수입 조달하는 게 더 유리할 수 있다.

설명을 쉽게 하기 위해 '기회비용' 개념을 상기할 필요가 있다. 무언가를 생산하려면 반드시 기회비용을 감수해야 한다. 그 무언가를 생산하기 위해 반드시 다른 무언가를 포기해야 하기 때문이다. 그 생산을 위해, 어떠한 원료를 사용하기도 하고, 노동력을 고용하기도 하며, 시간이 소요된다. 즉, 'X'재 생산을 위해 투입된 모든 게 'Y'재 생산을 위해 사용될 수 있었다는 것이다. 따라서 'X'재를 생산했다는 건 'Y'재 생산의 일정량을 포기했다는 뜻이 된다. 데이비드 리카르도의 통찰은 모든 생산 활동엔 반드시 기회비용이 발생하기 때문에 상대적으로 기회비용이 적게 발생하는 재화를 특화 생산해 수출하는 게 국부증진을 위해 유리하다는 것이다. 그러한 방식으로, 각 나라가 기회비용이 상대적으로 적게 드는 상품을 특화 생산해 수출하고 다른 상품을 수입하면 모든 나라가 무역이득을 얻을 수 있다고 설명한다.

리카르도 이론에 따르면, 자유무역은 모든 나라를 무조건 유리하게 한다. 즉, 모든 나라가 무역이득을 얻을 수 있다. 놀랍게도 그 무역이득은 절대우위 보유 여부와 상관이 없다. 예를 들면, 모든 분야에서 생산성이 높은 미국과, 모든 분야에서 생산성이 낮은 라틴 아메리카 사이에도 자유무역을 하면 양쪽 모두 무역이득을 얻을 수 있다. 한 나라에서 노동공급은 일정하다고 볼 수 있다. 물론 인구는 변화한다. 하지만 정태적 분석을 위해 어느 시점에 그 인구수가 주어졌다고 보는 것이다. 노동력은 인적자원이다. 따라서 노동공급이 주어졌다는 건 노동을 위한 자원이 한정되어 있다는 뜻과 상통한다.

한국과 베트남 간 무역을 생각해 보자. 각 나라는 노동력을 활용해 스마트폰과 의류를 생산한다고 가정한다. 모든 생산 활동은 반드시 기회비용을 발생시킨다. 이때 스마트폰 생산의 기회비용은 스마트폰 생산을 위해 포기해야 했던 의류 생산을 의미한다. 즉, 생산되지 못한 의류의 양으로 표시될 수 있다. 반면 의류 생산의 기회비용은 의류 생산을 위해 포기해야 했던 스마트폰 생산을 의미한다. 즉, 생산되지 못한 스마트폰의 양으로 표시된다. 그 나라 전체적으로 볼 때 필요한 고민은 다음과 같다. 한정된 노동력으로 과연 얼마만큼의 스마트폰이나 의류를 생산해야 하는가이다. 구체적으로 한국과 베트남 두 나라를 생각해 보면 각 재화에 대한 생산 능력이 두 나라 간에 서로 다를 수밖에 없을 것이다. 한국에서 10만 대의 스마트폰을 생산할 수 있는 자원으로 1,000만 개의 의류를 생산할 수 있다고 하고, 베트남에서는 스마트폰 2만 대를 생산할 수 있는 자원으로 2000만 개의 의류를 생산할 수 있다고 가정해 보자.

◆◆ [표2] 한국과 베트남의 생산력

	스마트폰	의류
한국	10만 대	1000만 개
베트남	2만 대	2000만 개

이는 다르게 표현하면, 베트남 근로자들은 스마트폰을 제작하는 데 한국 노동자들보다 덜 생산적이지만 의류 생산을 위해서는 한국 노동자들보다 더 생산적이라고 말할 수 있다.

생산 전문화: 선택과 집중

'선택'과 '집중'이란 표현이 많다. 국제무역에서도 무역이익을 더 많이 얻기 위해 '선택'과 '집중'이 필요하다. 바로 생산 전문화다. 생산 전문화를 말하기 전에 먼저 기회비용이란 개념을 생각해 볼 필요가 있다. 쉽게 표현하면 기회비용이란 한 재화를 생산하기 위해 포기해야 하는 다른 재화의 양이라고 표현할 수 있다. 한국과 베트남의 예에선 스마트폰 생산의 기회비용은 스마트폰 생산을 위해 포기해야 했던, 즉 생산되지 못한 의류의 양으로 표시될 수 있다. 이때 한국은 스마트폰 생산에 그리고 베트남은 의류 생산에 더 낮은 기회비용을 갖게 된다. 왜냐하면 한국은 1만 대의 스마트폰 생산을 위해 1000개의 의류 생산을 포기하면 되기 때문이다. 반면, 베트남은 1만 대의 스마트폰 생산을 위해 1,000만 개의 의류 생산을 포기해야만 한다. 따라서 한국이 스마트폰 생산을 위한 기회비용이 더 낮다고 말할 수 있다. 의류를 중심으로 보면, 한국은 1000만 개 의류 생산을 위해 10만 대의 스마트폰 생산을 포기해야 하는 반면 베트남은 1000만 개 의류 생산을 위해 1만 대의 스마트폰 생산만을 포기하면 된다. 따라서 의류 생산을 위한 기회비용은 한국보다 베트남에서 더 낮다고 말할 수 있다. 이렇듯 한 국가가 어느 한 재화를 생산하려 할 때 그 생산을 위한 기회비용이 다른 나라들 보다 더 낮으면, 그 국가는 그 재화의 생산에 있어 '비교우위'를 갖는다고 말한다. 정리해 보면 한국은 스마트폰 생산에 비교우위를 갖는다. 그렇기에 한국은 다른 상품을 생산하는 것보다 스마트폰 생산에 집중하면 자원을 보다 효율적으로 사용할 수 있다.

베트남은 의류 생산에 비교우위를 갖는다. 따라서 베트남에서는 의류 생산에 집중하는 것이 그 나라의 자원을 보다 효율적으로 사용하는 것이다. 한국이건 베트남이건 모두 스마트폰을 사용하고 의류가 필요하다. 한국에서는 스마트폰 생산에 집중하고 베트남에서는 의류 생산에 집중하면 두 나라의 후생 수준은 개선될 수 있을까? 각 나라가 비교우위를 갖고 있는 재화 생산에 모든 자원을 투입하는 것을 생산 전문화라고 한다. 두 나라 모두 생산 전문화를 할 때 세계적으로 더 많은 재화가 생산되고 따라서 더 많이 소비될 수 있다. 그렇기에 세계적으로 후생이 증가한다고 말할 수 있다. 한국이 기회비용이 큰 의류 생산을 포기하고 대신에 그 자원을 10만 대의 스마트폰을 생산하는 데 사용한다고 생각해 보자. 베트남 역시 기회비용이 큰 스마트폰 생산을 포기하고 대신 그 자원을 2000만 개 의류 생산을 위해 사용한다고 생각해 보자. 그렇다면 한국에선 스마트폰 생산은 20만 대가 되고 의류 생산은 0이 된다. 베트남에선 스마트폰 생산이 0이 되고 의류 생산은 4000만 개가 된다.

세계 차원에서 생산량을 따져보자. 생산 전문화를 하기 전에는 스마트폰 생산이 한국에서 10만 대 그리고 베트남에서 2만 대 총 12만 대였고, 의류 생산은 한국에서 1000만 개 그리고 베트남에서 2000만 개 총 3000만 개였다. 생산 전문화를 이룬 후 세계적 스마트폰 생산량은 한국에서만 생산되는데 그 양이 20만 대가 되고, 의류는 베트남에서만 생산되는데 그 양이 4000만 개가 된다. 즉, 생산 전문화를 통해 세계적으로 스마트폰은 8만 대가 더 생산되는 것이고 의류는 1000만 개가 더 생산되는 것이다. 설명을 쉽게 하기 위해 한국과 베트남이 그 전체 생산량을 반으로 나눈다고 해보자. 즉, 한국이 스마트폰 생산량 반절을 베트남으로 수출하고, 베트남은 의류 생산량 반절을 한국으로 수출한다고 보면 된다. 그 경우, 한국은 의류를 1000만 개 더 소비할 수 있게 되고, 베트남은 스마트폰을 8만 대 더 소비할 수 있게 된다. 생산 전문화와 무역을 통해 각 나라는 더 많은 양을 소비할 수 있는 것이다. 소비가능성이 확대된다. 그게 바로 비교우위론에서 역설하는 무역이득이다.

무역이득

이론화 해보자. 무역개시 이전엔 자급자족 경제라고 말할 수 있다. 각 나라는 노동을 투입해 두 재화 X와 Y만을 생산한다고 가정한다. 각 나라에 노동인구는 주어져 있고 변하지 않는다. 각 재화를 생산하는 데 소요되는 시간이 일정하다면 각 재화 생산에 종사하는 사람의 수와 각 재화가 얼마만큼 생산되는지 알게 하는 방정식을 도출할 수 있다. 즉, 노동량을 L이라고 하고 재화 X를 생산할 때 소요되는 시간을 a_X라고 하고 X의 생산량을 Q_X라고 하자. 그리고 재화 Y를 생산할 때 소요되는 시간을 a_Y라고 하고 Y의 생산량을 Q_Y라고 하자. 그렇다면 그 나라에서 각 재화를 얼마만큼 생산해 낼 수 있는지를 나타내는 생산가능곡선 (PPF; production possiblity frontier)이 도출된다. 그 식은 다음과 같다.

$$a_X Q_X + a_Y Q_Y = L$$

이를 Q_Y에 대해 정리하면 다음과 같다.

$$Q_Y = -\frac{a_X}{a_Y} Q_X + \frac{L}{a_Y}$$

미분을 통해 두 재화 생산 간의 한계변환율(MRT)을 구할 수 있다.

즉, $\dfrac{dQ_Y}{dQ_X} = -\dfrac{a_X}{a_Y}$이다. 이는 생산가능곡선(PPF)의 기울기를 나타낸다.

PPF는 자원 배분이 가장 효율화된 상태에서 생산 가능한 재화의 조합들을 알려준다. 최적화 결과가 아니다. 기업들은 완전경쟁하에 모두 이윤극대화를 추구한다. 노동시장도 완전경쟁하에 있으므로 X재와 Y재 생산을 할 때 지급되는 임금도 같아야 한다. 임금이 같지 않다면, 노동력은 이동 가능하므로 임금을 조금이라도 더 받을 수 있는 곳으로 몰리게 된다. 명목임금은 노동의 한계생산 가치에 의해 결정된다. 명목임금은 재화가격에 의해 영향 받는다. 즉, 재화가격이 변하면 명목임금도 변하게 된다. 완전경쟁하에선 공급을 통해 얻은 이윤은 0이 된다. 따라서 재화가격 변화로 인해 발생되는 이윤이 모두 노동자에게로 분배된다.

자유무역이 개시되면, 재화가격이 변할 수 있다. 앞서 분석했던 한국과 베트남의 경우를 다시 생각해 보자. 한국과 베트남이 X재(스마트폰)와 Y재(의류)를 생산해 무역을 한다고 가정해 기회비용을 따져 보자. 한국은 스마트폰 생산을 위한 기회비용이 낮고 베트남은 의류 생산을 위한 기회비용이 낮다. 따라서 한국은 스마트폰 생산에, 베트남은 의류 생산에 각각 비교우위가 성립한다. 재화가격을 생각해 보자. 자급자족 경제일 때, 베트남 내에선 스마트폰이 상대적으로 더 비싸니 한국에서 수입하고, 한국 내에선 의류가 상대적으로 더 비싸니 베트남에서 수입하는 것으로 파악할 수 있다. 이때 자유무역이 개시되면 한국은 베트남에 스마트폰을 수출하고 베트남은 한국에 의류를 수출할 것이다. 그 경우, 한국에선 스마트폰 가격은 상승하고 의류 가격은 하락하게 된다. 베트남에선 의류 가격이 상승하고 스마트폰 가격은 하락하게 된다.

그 결과, 한국에선 스마트폰 생산 노동자들에게 더 많은 임금이 지급되고 베트남에선 의류 생산 노동자들에게 더 많은 임금이 지급될 것이다. 그에 따라, 한국에선 모든 노동자들이 스마트폰 생산을 위해 일하고자 하고 베트남에선 의류 생산을 위해 일하고자 할 것이다. 그렇게 자연스레 생산 특화가 이뤄지는 것이다.

따라서 무역이 개시되면, 재화 가격이 변하고 그에 따라 명목임금도 변하게 된다. 그렇기에 소비가능성도 변화가 초래된다. 다음과 같은 식을 통해 이를 분석할 수 있다.

$$P_x Q_x + P_y Q_y = M$$

자급자족 경제하에선 자국 내에서 생산된 재화들을 모두 소비하게 된다. 즉, 생산점과 소비점이 같다. 하지만 개방경제하에선 수출을 통해 추가소득이 발생하고, 그 추가소득을 통해 재화를 더 소비할 수 있다. 즉, 생산점과 소비점이 달라지게 된다. 하지만 그 경우에도 소득과 지출이 같아야 한다. 효용극대화를 통해 소비점이 결정된다. 개방경제하에서 달성되는 일반균형을 설명하면 간단하다. 앞서 언급한대로, 두 나라 모두 자급자족 경제하에서 생산가능영역이 주어져 있다. 그 생산가능영역을 표현한 게 생산가능곡선(PPF)인 것이다. 개방 경제하에서는 두 나라 모두 특화 생산을 하게 된다. 즉, 국제가격이 주어졌을 때, 각 나라는 상대적으로 기회비용이 적은 상품을 특화 생산하는 것이다. 특화 생산에 따라, 각 나라는 각각 주어진 생산가능곡선(PPF)의 맨 끝점에서 생산하게 된다. 즉, 서로 다른 상품을 집중 생산하는 것이다. 이때 각 나라는 소비되고 남는 상품을 상대 나라에 수출하고, 그 나라로부터 역시 소비되고 남는 상품을 수입하는 것이다. 그렇게 하면 두 나라 모두 두 상품을 더 많이 소비하게 된다. 즉, 자유무역을 통해 소비가능성이 확대되는 것이다. 그 소비가능성 확대가 바로 자유무역을 통한 이득을 표현한다.

생산기술, 소비자 선호 그리고 노동인구가 주어져 있으면, 리카르도 모형을 통해 일반균형이 도출될 수 있다. 그 일반균형에선 특화 생산을 통한 국제 공급량이 산출된다. 그 국제 공급량이 바로 국제 수요량이 된다. 즉, 소비가능성 확대는 국제 공급량 확대로 이해할 수 있다. 리카르도 모형에서 명목가격은 특정되지 않는다. 가격변수들이 모두 'P_R/P_T'와 같은 상대가격, 그리고 'W/P_R', 'W/P_T'와 같은 실질가격으로만 구해지기 때문이다. 따라서 어떤 한 재화를 단위재로 놓고 모형을 분석한다 하더라도 큰 질적 차이를 기대하기 어렵다. 절대우위 여부는 크게 중요하지 않다. 각 나라는 비교우위의 재화를 특화 생산함으로써 모두가 무역이득을 누릴 수 있다. 자유무역이 이뤄지면 수출재화 가격 기준으로 측정한 실질임금엔 변화가 없지만 수입재화 가격기준으로 측정한 실질임금은 상승한다. 그 실질임금 상승이 소비가능성 확대로 이어진다고 해석할 수 있다.

리카르도는 비교우위 모형을 통해 새로운 통찰을 제시했다. 첫 번째, 비교우위는 오직 한 재화 생산에서만 발생한다는 것이다. 한 나라가 두 가지 재화를 생산한다고 해보자. 이때 그 나라는 다른 나라와 비교할 때, 그 두 재화 모두를 더 저렴한 비용으로 생산할 수 있다. 하지만 비교우위는 오직 한 재화 생산에서만 발생 가능하다. 그 두 재화 모두에 대해 더 저렴한 비용으로 생산이 가능하다면 그 나라는 모든 생산에 있어 절대우위에 있다고 표현된다. 하지만 비교우위는 상대성이 적용된다. 따라서 반드시 한 재화 생산에만 발생하는 것이다. 두 번째, 자유무역을 통해 모든 나라가 무역이득을 얻을 수 있다는 것이다. 어떤 한 나라가 모든 재화 생산에 있어 절대열위에 있다 하더라도, 그 나라에도 여전히 비교우위를 갖는 재화 생산이 존재한다. 따라서 비교우위에 따라 생산을 특화하고 자유무역을 하면 무역이득을 얻을 수 있다. 쉽게 설명하면, 모든 재화에 대해 생산이 효율적이지 못하지만, 비교우위원리에 따라 상대성이 적용된다. 따라서 그중에서도 상대적으로 효율적인 생산이 존재하는 것이다. 바로 그 재화를 위해 생산 전문화를 한다면 그 나라 국민들은 원하는 재화와 서비스를 더 많이 소비할 수 있게 된다. 그렇게 무역이득이 발생할 수 있다. 생산 전문화란 자원을 가장 효율적으로 활용하는 방법이라고 볼 수 있는데, 이는 비교우위이 있는 재화를 집중 생산하는 것을 의미한다. 특화(specialization)이다. 자유무역을 할 때 한 나라에서 가능한 생산 여력은 변함이 없지만, 생산 전문화를 통해 소비가능성은 확대될 수 있는 것이다.

오해

비교우위에 대한 오해가 있다. 한 나라가 시장 개방을 하려 할 때, 무역 상대국에 비해 모든 재화 생산이 높은 생산성을 보유해야만 자유무역을 통해 이득을 얻을 수 있다고 생각하기 쉽다. 이는 모든 재화 생산에 대해 절대 열위에 있을 때에는 자유무역을 통해 얻을 이익이 없다는 생각으로 이어지게 된다. 즉, 자유무역이 불리하다고 생각하는 것이다. 하지만 모든 재화 생산에 있어 절대 열위에 있는 나라라 할지라도 생산성이 덜 취약한 재화 생산에 특화하면 역시 자유무역을 통해 이득을 볼 수 있다. 무역이득은 절대우위가 아니라 비교우위에 달려 있기 때문이다. 상대적으로 임금 수준이 낮은 나라들과의 자유무역은 상대적으로 임금 수준이 높은 나라들을 해롭게 한다는 주장이 최근 많이 제기된다. 하지만 무역은 산업에 따라 일부 근로자들의 임금을 감소시킬 수도 있고 나아가 국내 소득분배에 영향을 줄 수 있지만, 다른 근로자들의 임금을 증가시킬 수 있기 때문에 전체적으로 보면 자유무역이 그 나라의 국민소득을 증가시킨다. 또한 무역 때문에 임금 감소가 예상되는 근로자들 역시 그들이 소비하는 재화들이 더 저렴하게 공급된다는 측면에서 생각해 보면 그들 역시 감소된 임금 일정 부분이 보상될 수 있다. 즉, 자유무역을 통해 저렴하게 구매할 수 있다는 것도 분명히 무역이득의 한 부분이 된다.

비교우위론은 무역현상을 폭넓게 설명할 수 있는 이론적 토대를 만들었다는 데 그 의의가 크다. 기존 절대우위론의 한계를 극복하면서 모든 재화 생산에 있어 절대 열위에 있는 나라들 역시 자유무역을 통해 무역이득을 얻을 수 있다는 입증은 자유무역의 역할을 크게 부각시켰다고 할 수 있다. 하지만 리카르도가 제시한 비교우위론 역시 한계가 있다. 첫째, 비교우위론은 노동가치설에 기초하여 노동투입량만으로 그 이론을 설명했다. 투입된 노동량이 같다고 해서 같은 생산을 기대할 순 없다. 즉, 노동력 자체가 국가 간에 동질적이라고 말하기 어렵다. 둘째, 생산에서 노동 외에도 자본이나 자원 등 다양한 생산요소들이 있다. 셋째, 한 재화를 생산할 때 생산요소들의 투입비율도 많이 다를 수 있기 때문에 생산비용을 투입된 노동량에서만 찾는다는 것도 현실적이지 못하다. 이러한 점들 때문에 비교우위론은 여러 학자들에 의해 보완 수정되는 과정을 거치게 된다. 재화 생산에서의 노동투입에 기초했던 생산비 개념을 자본투입을 고려해 재정립함으로써 이론적 문제점들이 많이 해소되었다. 리카르도 이론의 또 하나의 문제점은 이 이론이 각 나라별 최초 생산비 차이가 존재한다는 것을 전제하고 있음에도, 왜 그 생산비 차이, 즉 비교우위가 발생했는지에 대한 설명이 없다는 것이다. 스마트폰 생산에서 왜 한국이 베트남보다 효율적이고 의류생산에서 왜 베트남이 한국보다 더 효율적인지에 대한 설명없이 그 상대적 효율성을 전제하고 있다. 이러한 약점들은 헥셔-올린 이론과 신 무역 이론을 통해서 보완되기 시작했다.

비교우위 이론이 설파하는 가장 핵심적인 내용은 무역을 통해 모든 나라들이 이득을 얻는다는 것이다. 심지어는 모든 재화 생산이 절대열위에 처해진 나라도 한 재화 생산에 비교우위를 확보할 수 있기에 자유무역을 하면 그 나라는 이득을 얻을 수 있다는 것이다. 반면 모든 재화 생산이 절대우위에 있는 나라도 한 재화 생산에 비교열위에 있기 때문에 자유무역을 하면 이득을 얻을 수 있게 된다. 무역이 모두를 이롭게 한다는 사실은 사람들에게 쉽게 다가오지 않는다. 개도국 시각에선 개발국의 기술과 대기업들과의 경쟁이 어렵게 보일 것이다. 개발국 시각에선 개도국의 저렴한 임금과 낮은 생산비용이 부담스럽게 보일 것이다. 따라서 개도국들과 개발국들 모두 모두 비교우위가 설파하는 상호 무역이득 원리를 이해하기 어려운 것이다. 하지만 이는 오해다.

리카르도는 투입 노동량이 그 상품 가치를 결정한다고 생각했지만, 현대 이론에서 중요하게 여기는 것은 '한계 생산성'과 '임금'이다. 상품 한 단위 생산에 'a'만큼 노동량이 투입된다는 말은 근로자 1명의 생산성이 '1/a'만큼이라는 뜻이다. 예를 들어, 스마트폰 한 개 생산에 5명이 투입되면, 근로자 1명의 생산성은 스마트폰 '1/5'대가 된다. 리카르도가 말한 투입 노동량에 역수를 취하면 근로자 1명의 생산성이 구해지는 것이다. 그 상품의 가격은 '임금/생산성'이 결정하기 때문에 임금이 높을수록 그리고 생산성이 낮을수록 가격은 올라가게 된다. 반대로 임금이 낮을수록 생산성이 높을수록 가격은 내려가게 된다.

임금은 생산성 수준에 따라 결정된다. 대개 개발국은 개도국에 비해, 임금 수준이 높다. 따라서 개발국이 갖는 생산성 우위는 높은 임금 수준 때문에 그 경쟁력이 상쇄된다. 반면 개도국이 갖는 생산성 열위는 낮은 임금 수준 때문에 그 불리함이 상쇄될 수 있는 것이다. 그렇기에 개도국은 생산성 수준이 개발국에 비해 낮다 하더라도, 낮은 임금 수준을 통해 비교우위를 유지할 수 있는 것이다. 반대로 개발국은 임금 수준이 높다 하더라도, 그만큼 생산성 수준도 높기에 비교우위를 유지할 수 있는 것이다. 만약 두 나라, 즉 개발국과 개도국의 임금 수준을 인위적으로 조정한다면 상호적 무역 이득은 사라질 수 있다. 하지만 임금은 노동시장에서 결정되는 것이고 자유무역을 하기 위해 임금 수준을 통제할 수는 없다.

무역이득 배분 문제

무역 개시 이후 비교열위에 있는 산업의 경영자들과 근로자들에겐 어떠한 이득이 돌아갈 수 있을까? 지금까지의 논의들은 비교우위에 따른 자유무역이 국익에 부합하느냐에 관한 것이라면, 지금의 논의는 비교우위에 따라 자유무역을 실시한 이후 무역 이득 배분에 관한 것이다. 리카르도를 포함해 많은 경제학자들이 비교우위에 따른 자유무역을 선호하는 이유는 단순하다. 비교우위를 지닌 상품에 특화한 후 보다 높은 가격에 수출하고, 비교열위를 지닌 상품은 큰 비용을 들여 직접 생산할 필요 없이 보다 낮은 가격에 수입할 수 있기 때문이다. 하지만 자유무역을 개시하면 무역 상대국과 비교해 생산성이 낮자 생산을 중단할 수밖에 없는 산업이 필연적으로 나타나게 된다. 그 산업 경영자들과 종사자들에게 돌아가는 이득이 뭐냐는 것이다.

장하준 교수는 『사다리 걷어차기』, 『나쁜 사마리아인들』 등과 같은 저술을 통해 비교우위론에 입각한 자유무역은 문제가 있다는 식으로 주장해 왔다. 장 교수의 저술을 읽은 한국 독자들은 자연스레 비교우위론에 대한 비판적 시각을 견지하게 된다. 장 교수가 지적하는 비교우위론의 문제는 이런 식이다. 선진국이 첨단산업에 비교우위를 보유하고 있고, 후진국은 농업에 비교우위가 있다고 가정해 보자. 비교우위론에 따르면 선진국은 첨단제품 생산에 특화하고 후진국은 농업 생산에 특화해 자유무역을 하면 무역 이득을 얻게 된다는 결론에 도달한다.

그렇다고 해서 후진국이 영원히 농업에만 종사해야 하는 것은 아니다. 후진국이 경제성장을 바란다면 고부가가치 산업을 육성하고자 할 것이다. 개도국이 고부가가치 산업을 육성하는 것은 스스로 결정할 일이다. 장 교수는 '보호무역(protectionism)'과 '유치산업(Infant Industry)' 보호만을 통해 개도국들의 경제수준이 나아질 수 있을 것처럼 주장하지만 그건 사실이 아니다. 리카르도 모형에 따르면 자유무역을 할 때 모든 나라들은 무역 이득을 얻는다. 농업 생산에 특화한 개도국들도 무역 이득을 얻는다. 그 무역 이득 때문에 상대적으로 더 크고 작은 문제가 발생할 수 있지만 무역 이득은 발생한다. 즉, 자유무역을 개시해서 그 개도국은 뭔가를 얻었다는 뜻이다. 자유무역이 무조건 개도국들에게 불리한 것처럼 주장하는 것은 사실과 다르다.

리카르도는 비교우위가 두 나라 간 생산성 차이에 의해 결정된다고 파악했다. 나라마다 생산성 우위를 갖는 산업도 다를 수밖에 없을 것이다. 그렇다면 그 생산성 차이는 어디에서 비롯됐느냐를 생각해 볼 수 있다. 개발국들은 어떻게 제조업 부문에 생산성 우위를 갖게 됐고 개도국들은 어떻게 1차 산업에 생산성 우위를 갖게 됐는지 그 이유를 분석할 수 있을 것이다. 어떤 개도국의 경우 지금은 제조업에서 비교우위가 존재하지 않지만 그 제조업을 성장시키고 싶을 수 있다. '수확체증' 산업은 주로 제조업이기 때문이다. 그렇다면 비교우위는 정해져 있을까? 시간에 따라 변할 수 있을까? 그 질문에 대한 대답이 바로 '유치산업 보호론

(Infant Industry Argument)' 논쟁이다. 유치산업은 현재 유아(Infant) 상태 수준을 보이고 있는 시작 단계의 산업을 말한다. 그러한 시작 단계의 산업을 일정 기간 보호해 경쟁력을 갖추도록 하는 것이 바로 유차산업 보호이다. 주로 개도국들이 제조업 육성을 위해 일정 기간 특정 산업에 보호 조치를 취하는 전략이다. 비교우위는 역사적 우연성에서 비롯되는 경우도 흔하다. 그 산업을 빨리 시작하면 비교우위가 발생하기도 한다. 시작이 늦었다면 국익을 위해 뒤늦게라도 그 산업에 진입하는 것을 모색해 볼 수도 있다. 개도국의 정책 설계자들은 비교우위가 고정되지 않고 변한다고 보는 경향이 있다. 그렇기에 그들은 비교원리에 따라 1차 산업에 특화해 무턱대고 자유무역을 추구하기보다 제조업에 비교우위를 갖고자 일정 기간 보호무역을 추구하는 경향이 있다. 유치산업 보호론에 대해선 뒷장에서 보다 자세히 논하기로 한다.

CHAPTER 02

헥셔 - 올린 이론

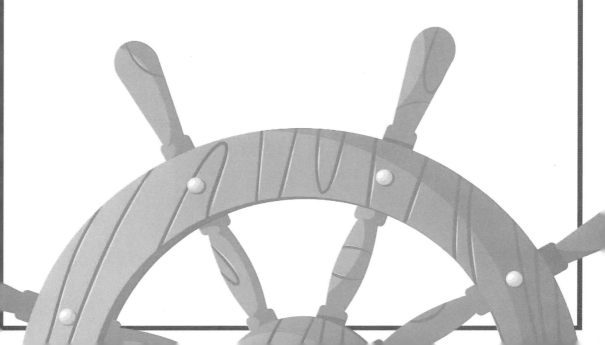

무역 이론이 규명하고자 하는 가장 기본은 무역패턴이다. 무역패턴은 무엇을 수출하고 무엇을 수입하느냐에 관한 것이다. 무역이득은 그러한 무역에 따라 그 나라가 얼마만큼 얻느냐에 관한 것이다. 무역패턴은 기회비용과 상대가격에 따라 결정된다. 리카르도에 따르면 국가 간 기술수준 차이로 인해 기회비용 차이가 발생하고, 헥셔와 올린 설명에 따르면 부존자원의 차이로 인해 기회비용 차이가 발생한다. 헥셔-올린 이론은 뒷장에서 자세히 설명하기로 한다.

　　리카르도는 국가 간에 기술수준 차이를 강조했다. 어떤 상품을 생산할 때 기술이 뛰어나면 그 상품을 만들 때 시간이 덜 소요될 것이다. 즉, 기회비용이 상대적으로 적다는 것이다. 따라서 그 상품을 많이 생산하면 공급량이 충분해 외국에 판매할 수 있게 된다. 그게 수출이다. 반대도 존재한다. 어떤 상품은 생산하는데 비용이 더 들어간다. 그 경우 수입을 하는 것이다. 헥셔-올린은 생산비용을 설명하는 데 있어 자원부존량을 강조했다. 즉, 그들 주장에 따르면 자국에서 풍부한 생산요소(abundant factor)를 이용해 어떤 상품을 값싸게 만들어 낼 수 있다는 것이다. 그 경우에는 수출을 하게 된다. 반대로 희귀한 생산요소(scarce factor)를 이용해 생산해야 할 경우 그 상품은 자국에서 상대적으로 더 비싸게 만들어지는 것이기 때문에 수입을 하게 된다. 이런 식으로 나라 간에 기술수준 또는 부존자원의 차이로 인해 상품의 상대가격이 서로 달라진다. 그 결과 무엇을 수출하고 무엇을 수입하는지, 즉 무역패턴이 결정되는 것이다.

　　국가 간에 상품의 상대가격이 다르기 때문에 무역이 발생한다. 무역을 하게 되면 그 상대가격이 달라진다. 그 달라진 상대가격이 무역이득을 결정한다. 보다 쉽게 설명해 보자. 외국가격과 국내가격이 같다면 무역을 할 이유도 없고 무역을 하더라도 자국이 얻을 이득이 없을 것이다. 직관이다. 무역을 하게 되면 너무 낮았던 국내가격은 상승하게 되고 너무 높았던 국내가격은 그 가격이 낮아지게 된다. 그 과정에서 무역이득이 발생하게 된다. 그렇다면 자국과 외국에서 가격은 왜 다를까? 앞서 자국과 외국에서 상품의 상대가격이 서로 다르기 때문에 무역이 발생한다고 했다. 그럼 그 상대가격은 왜 다를까? 수요와 공급 때문이다. 무역을 하지 않을 때를 자급자족(Autarky) 상황이라고 하는데 그때는 자국에서 그 상품의 수요와 공급에 따라 가격이 결정된다. 어떤 상품을 수입한다는 것은 그 나라 안에서 그 상품이 초과수요 상황인 것으로 볼 수 있다. 그래서 가격이 높은 것이고 높은 가격 문제를 외국으로부터의 공급을 통해 해결하는 것이다.

교역조건(Terms of Trade)은 자국에서 생산된 상품을 1단위 수출해 얼마만큼 수입상품을 갖고 올 수 있느냐를 알려주는 지표이다. 즉, 수출품과 수입품의 교환비율인데 수입상품 가격 대비 수출상품 가격 비율로 나타낼 수 있다. 교역조건이 자급자족일 때의 가격 비율보다 높은 경우 무역이득을 크게 얻을 수 있다. 교역조건은 무역이득 크기에 영향을 미치므로 그 나라 후생에도 직접적인 영향을 미치게 된다. 우리나라가 수출하는 상품의 국제가격이 높아지거나 수입하는 상품의 국제가격이 낮아지면 교역조건이 개선되는 것을 의미한다. 따라서 상품 1단위를 수출하고 더 많은 양의 상품을 수입해 올 수 있게 된다. 이는 사람들이 소비하는 상품의 양이 많아짐을 의미하기 때문에 그 나라는 국제무역을 통해 더 큰 무역이득을 얻고 그 무역이득은 그 나라의 후생증가(welfare gain)로 이어진다. 반대로 교역조건이 악화되면 소비하는 상품의 양이 적어지기 때문에 무역이득이 줄어들고 그 나라의 후생손실(welfare loss)로 이어진다. 만약 국내 자급자족 가격과 국제가격이 동일하면 무역이 의미가 없어진다. 무역을 한다고 해도 자급자족으로 사는 상태와 후생수준이 달라지지 않는다.

리카르도의 비교우위론에 따르면 기술수준과 노동생산성 차이가 나라 간에 서로 다른 상대가격을 만들어 낸다고 볼 수 있다. 리카르도 역시 자신의 저서에서 자급자족 상황에서 자국과 외국의 상대가격이 서로 다를 수밖에 없는 이유를 기술수준에 따른 노동생산성 차이를 꼽았다. 나라 간에 기술수준이 서로 다르기 때문에 재화 생산에 필요한 노동투입량이 다르고 그에 따라 기회비용에 있어 차이가 발생하게 된다는 설명이다. 그 결과 각 나라별로 상대가격이 달라지고, 각 나라엔 비교우위 또는 비교열위를 갖는 재화가 존재하게 되는 것이다. 보다 구체적으로 말하자면, 어떤 한 재화가 비교우위를 갖는다고 하면 그 재화는 생산을 위해 기회비용이 낮아 자급자족 시 그 상대가격이 세계시장 상대가격보다 낮은 상태에 있음을 의미하고, 비교열위를 갖는다고 하면 그 재화는 생산을 위해 기회비용이 높아 자급자족 시 그 상대가격이 세계시장 상대가격보다 높은 상태에 있음을 의미한다. 이와 같은 리카르도의 분석에도 불구하고 그의 비교우위 모형만 갖고 국제무역 현상을 모두 설명하기엔 현실은 훨씬 더 복잡하다. 리카르도는 '노동'이라는 생산요소 하나만 고려해 무역 현상을 설명하려 했다. 하지만 재화를 생산하기 위해서는 노동 이외에도 또 다른 생산요소가 있다. 바로 '자본'이다. 자본이라고 하면 기계와 설비장치를 떠올려도 좋고 철광석 또는 석유 같은 자연자원을 떠올려도 좋다. 실제 그러한 것들은 생산을 위해 매우 중요한 요소로 작용하고 있다고 볼 수 있다. 따라서 노동만을 고려했던 리카르도의 비교우위 모형은 수정이 필요할 것이다.

리카르도 이론에서 비교우위의 근원은 나라 간의 노동생산성 차이이다. 헥셔—올린 이론에 따르면 그 비교우위가 요소부존량의 차이에서 비롯된다고 한다. 리카르도는 (이전 글에서 예시로 든 쌀·자동차와 같이) 임의의 두 산업이 존재한다고 가정했으나, 헥셔와 올린은 한 국가 안에 '노동집약'적 산업과 '자본집약'적 산업이 존재한다고 가정한다. 그리고 그 나라들이 보유하고 있는 생산요소 부존량의 차이에 따라 특정 재화 생산을 위한 비용이 낮고 그렇기에 비교우위가 발생한다고 보는 것이다. 헥셔—올린 이론은 그 비교우위에 의해 무역패턴이 결정된다고 설명한다. 노동만을 다뤘던 리카르도의 비교우위 모형과 달리 헥셔—올린 모형은 노동 외에도 자본이란 생산요소를 추가해 무역이 자원배분에 미치는 영향을 보다 정밀하게 분석할 수 있게 했다고 평가받는다. 그들의 이론을 종합해 보면, 자유무역을 통해 전 세계적으로 노동자 및 자본가들의 실질소득이 수렴하게 된다. 자유무역은 노동이 상대적으로 풍부한 나라에선 노동자들에게, 상대적으로 자본이 풍부한 나라에선 자본가들에게 이득이 돌아가도록 한다. 반면, 자유무역이 노동이 상대적으로 풍부한 나라에선 자본가들에게, 자본이 상대적으로 풍부한 나라에선 노동자들에게 손실이 돌아가게 한다는 것이다. 차후에 설명하겠지만 이러한 헥셔-올린 모형은 요소가격 균등화 정리, 스톨퍼-사무엘슨 정리, 그리고 립진스키 정리 등의 분석결과가 도출되게 한다. 헥셔-올린 이론의 시작은 스웨덴의 경제학자였던 베르틸 고타르 올린(Bertil Gotthard Ohlin, 1899~1979)이 1933년에 발표한 『지역 간 및 국제무역(Interregional and International Trade)』이란 책이다. 그 책에서 올린은 자신의 지도교수였던 엘리 필립 헥셔(Eli Filip Heckscher, 1879~1952)를 그 이론의 공동개발자로 명기했다. 이유는 헥셔가 그 주제에 대해 연구했던 내용을 올린이 참고했고 모형을 제시했던 자신의 졸업논문에 도움을 준 지도교수가 바로 헥셔였기 때문이다. 그래서 헥셔-올린 이론이라고 지칭된다. 리카르도는 노동이라는 생산요소 하나만을 가지고 무역을 분석하려 했으나 헥셔와 올린은 여기에 생산요소 자본을 추가해 보다 구체적인 모형을 가지고 무역을 분석했다. 이 모형에 따르면 자본이 풍부한 나라는 자본집약적 재화를 그리고 노동이 풍부한 나라는 노동집약적 재화를 수출하게 된다.

사제지간이었던 헥셔와 올린은 국가들 간에 자원부존량이 다르다는 사실에 착안했다. 리카르도 모형에서는 노동력 부존량보다 노동력 간에 기술 차이가 더 중요하다고 본다. 이에 대해 헥셔와 올린은 생산요소가 노동도 있지만 자본도 있다는 것을 생각했다. 그리고 그 생산요소들의 부존량에 차이가 있기에 생산 전문화 패턴도 달라질 수밖에 없다고 봤던 것이다. 즉, 노동, 지하자원, 자본 또는 여타 생산요소들의 부존량 차이가 나라 간에 존재하고 그 부존량 차이가 무역의 패턴을 결정하는 주된 이유라고 설명한다. 생산요소들의 상대적 풍부성에 따라 상대적으로 노동이 풍부한 국가는 노동투입이 많이 필요한 재화, 즉 노동집약재를 수출했을 때 그리고 상대적으로 자본이 풍부한 국가는 자본투입이 많이 필요한 재화, 즉 자본집약재를 수출했을 때 두 나라 간에 무역이 이뤄졌을 때 서로 무역이득을 얻을 수 있다는 것이다. 재화 생산을 위해 투입이 필요한 생산요소들의 집약도가 다르다는 것이 이 헥셔─올린 이론의 핵심이라고 볼 수 있다.

리카르도 모형과 헥셔─올린 모형은 공통점이 있다. 바로 양 나라 간에 상대가격 차이가 무역을 발생시키는 원천이라고 보는 것이다. 다만, 리카르도는 그 나라들 간에 노동생산성 또는 기술이 다르다는 점에 초점을 맞추었고 헥셔─올린은 그 나라들 간에 요소부존량이 다르다는 점에 초점을 맞추었다고 볼 수 있다. 그렇기에 리카르도는 나라 간 노동생산성 차이 또는 기술수준 차이가 비교우위를 결정짓는다고 보았고 헥셔─올린은 나라 간에 요소부존량 차이가 비교우위를 결정짓는다고 보았다. 즉, 헥셔와 올린이 볼 때 어떤 나라는 자본에 비해 노동이 풍부하고, 또 다른 나라는 노동에 비해 자본이 풍부했던 것이다. 노동풍부국에선 노동집약적 재화 생산이 상대적으로 쉬울 것이고 자본풍부국은 자본집약적 재화가 상대적으로 쉬울 것이다. 따라서 자급자족 상황에서 상대공급이 많은 재화는 상대가격이 낮아지게 된다. 그 결과 노동풍부국은 노동집약재를 저렴한 비용으로 생산가능하고 자본풍부국은 자본집약재를 저렴한 비용으로 생산가능하다. 헥셔─올린 모형에 따르면, 자본풍부국은 저렴한 비용을 들여 생산하게 된 그 자본집약재를 더 높은 가격을 받기 위해 수출을 하고, 노동풍부국은 저렴한 비용을 들여 생산하게 된 그 노동집약재를 더 높은 가격을 받기 위해 수출한다. 다른 뜻도 가능하다. 자본풍부국은 외국의 저렴한 노동집약재를 수입하고, 노동풍부국은 외국의 저렴한 자본집약재를 수입한다는 뜻이다.

'2-2-2': 나라 '둘' 요소 '둘' 재화 '둘'

리카르도 모형에선 자국에서 자급자족 시 상대가격이 낮은 재화에 비교우위가 있고 그 재화에 특화생산하게 되므로 그 재화 수출이 이뤄진다는 사실을 알 수 있었다. 하지만 현실에서 각국의 자급자족 상태의 가격을 모두 알아내는 것은 쉽지 않다. 하지만 헥셔－올린 모형은 실제로 관측 가능한 나라의 자원 또는 생산요소 부존량 수준에 따라 비교우위가 결정되고 무역이 발생한다는 것을 보인다. 이를테면 노동이 많은 나라에선 노동집약적 재화 생산이 더 쉽다. 그렇기에 자급자족 시 그 가격이 상대적으로 저렴할 것이다. 따라서 그 재화를 수출하려 할 것이다. 헥셔－올린 이론은 '2－2－2 이론'이라는 별칭이 있다. 즉, 두 개의 나라들과 두 개의 생산요소들 그리고 두 개의 재화들을 가정하고 있기 때문이다. 그 두 나라의 소비자들이 같은 기호를 갖고 있다고 가정하고, 또한 두 나라 간에 생산기술은 같다고 가정한다. 다만 생산요소들의 부존량만 그 두 나라 간에 다르다고 가정한다.

자국은 상대적으로 자본이 풍부하고 외국은 상대적으로 노동이 풍부하다고 가정한다. 이때 비교우위를 고려하기 위해 '생산가능성'을 생각해 보자. '생산가능성'은 그 나라 안에 존재하는 생산요소들, 즉 노동과 자본을 적절히 투입해 생산할 수 있는 재화 조합들을 말한다. 그 조합들은 무수히 많을 것이다. 그 가용 가능한 자원들 모두를 사용해서 만들어 낼 수 있는 재화 조합들이 있다. 도해적으로, 그 재화 조합들은 곡선의 형태를 띄게 된다. 바로 '생산가능곡선'이다. 그 곡선의 기울기는 스마트폰 한 단위를 추가적으로 더 생산하기 위해 의류를 몇 단위를 포기해야 하는지를 나타낸다. 즉, 기회비용이다. 그 나라가 주어진 자원들을 바탕으로 스마트폰을 추가적으로 더 생산하면 그 기회비용은 더 증가하게 된다. 따라서 생산가능곡선은 오목한 형태가 된다. 따라서 주어진 자원들, 즉 가용한 노동과 자본을 모두 한 재화 생산을 위해 소진시키면 효율적이지 못할 것이다. 한 재화 생산이 증가할 때 그 생산을 위한 기회비용도 증가하기 때문이다. 자국은 상대적으로 자본이 풍부하고 외국은 상대적으로 노동이 풍부하다. 서로 요소부존량이 다르기 때문에 생산가능곡선 형태도 다를 수밖에 없다.

두 나라 간에 기호가 같다고 가정했으므로 자급자족 시 노동풍부국인 외국에선 상대적으로 의류 생산이 쉽고 그에 따라 의류의 상대가격이 낮을 것이다. 반면 자본 풍부국인 자국에선 상대적으로 스마트폰 생산이 쉽고 그에 따라 스마트폰의 상대가격이 낮을 것이다. 자유무역을 위해선 상대가격이 낮은 재화 생산에 비교우위가 존재한다고 볼 수 있다. 따라서 외국엔 의류 생산에 그리고 자국은 스마트폰 생산에 비교우위가 존재하게 되는 것이다. 즉, 각 나라는 상대적으로 부존량이 많은 그 생산요소를 집약적으로 사용할 수 있는 재화 생산에 비교우위를 갖는다고 헥셔-올린 이론은 설명한다. 이때 국제가격이 주어지면 각 나라는 자유무역을 통해 소비가능성을 극대화하기 위해 가장 유리한 생산점을 고를 것이다. 그 생산점은 생산가능곡선 위의 한 점이 될 수밖에 없다. 그 나라 전체의 소비가능성은 국제가격에 따른 등가치선으로 표현된다. 등가치선은 소비가능한 재화 조합들을 나타낸다. 생산가능곡선과 달리 등가치선은 직선이다. 한 재화의 생산을 늘릴 때는 기회비용이 증가하지만, 한 재화의 소비를 늘린다고 해서 가격이 달라지지 않기 때문이다. 그 나라 전체 시각에서 볼 때, 소비가능성을 극대화하기 위해서는 등가치선이 생산가능곡선에 접하는 점에서 생산을 할 것이다. 쉽게 설명하면 이렇다. 그렇게 생산된 재화 조합을 주어진 국제가격에 따라 팔면 '소득'이 얻어진다고 해보자. 그 '소득'으로 국제가격에 따라 사고 싶은 만큼을 다시 산다고 보면 이해가 쉽다. 이때 각 재화를 정확히 얼마만큼 소비할 것인지는 그 나라 국민들의 기호에 달려 있다. 그 과정에서 생산량과 소비량이 달라질 수밖에 없다. 즉, 폐쇄경제하에선 생산량과 소비량이 항상 같지만 개방경제하에선 생산량과 소비량이 달라지는 것이다. 이때 소비량에 비해 생산량이 많은 재화는 수출을 하게 되고, 소비량에 비해 생산량이 적은 재화는 수입하게 되는 것이다.

헥셔-올린 모형: 한국과 베트남 간 무역

앞서 언급했던 한국과 베트남의 경우를 다시 생각해보자. 아래와 같이 '2-2-2' 관계를 만들어 볼 수 있다.

(한국:베트남) - (노동:자본) - (스마트폰:의류)

한국은 베트남에 비해 상대적으로 자본이 풍부하다고 말할 수 있고, 베트남은 한국에 비해 상대적으로 노동이 풍부하다고 말할 수 있다. 즉, 이론적으로 파악하자면 한국은 상대적으로 자본 풍부국이고, 베트남은 상대적으로 노동 풍부국이라고 할 수 있다. 헥셔-올린 모형에서도 리카르도 모형에서와 같이 두 재화만 존재한다고 가정하자. 두 나라가 공통적으로 스마트폰과 의류만을 생산한다고 하자. 따라서 아래와 같이 두 나라가 존재한다.

한국: 상대적 자본 풍부국
베트남: 상대적 노동 풍부국

요소집약도

재화 생산을 위한 요소집약도가 다르다. 헥셔-올린 모형에서는 리카르도 모형과는 달리, 생산자가 '노동'과 '자본' 두 가지 생산요소를 투입해 재화를 생산한다. 이때 생산자는 노동비용(임금)과 자본비용(이자)의 크기에 따라 요소집약도를 조정할 수 있을 것이다. 이 모형에서 두 생산요소는 산업 간에 이동이 자유롭다고 가정한다. 의류는 스마트폰보다 상대적으로 더 많은 노동투입이 필요하다고 본다. 따라서 노동집약도(L/K)가 높다. 반면 스마트폰의 경우 의류보다 상대적으로 더 많은 자본투입이 필요하다고 본다. 따라서 자본집약도(K/L)가 높다. 노동비용, 즉 임금이 상대적으로 낮다면 노동집약적인 기술을 선호할 것이다. 자본비용, 즉 이자가 상대적으로 높다면 자본집약적인 기술을 선호할 것이다. 요소집약도는 요소가격에 의존할 것이다. 이미 언급한 대로 생산요소 이동이 자유롭다고 가정하였기에 산업 간에 생산요소 가격은 동일하다고 볼 수 있다. 가정에 따르면, 의류 생산을 위해선 자본보다 노동을 더 필요로 하고, 스마트폰 생산을 위해선 노동보다 자본을 더 필요로 한다. 따라서 헥셔─올린 모형엔 아래와 같이 요소집약도 다른 두 재화가 존재하는 것이다.

스마트폰: 자본집약재

의류: 노동집약재

한국은 상대적으로 자본 풍부국이다. 따라서 노동집약재인 의류보다 자본집약재인 스마트폰 생산이 더 쉬울 것이다. 스마트폰 생산이 쉽다면 그만큼 그 공급도 많을 것이다. 따라서 자본집약재인 스마트폰 가격은 한국에서 상대적으로 낮고, 노동집약재인 의류 가격은 한국에서 상대적으로 높을 수밖에 없다. 베트남은 반대일 것이다. 베트남은 상대적으로 노동 풍부국이다. 따라서 자본집약재인 스마트폰보다 노동집약재인 의류 생산이 더 쉬울 것이다. 의류 생산이 쉽다면 그만큼 그 공급도 많을 것이다. 따라서 노동집약재인 의류 가격은 베트남에서 상대적으로 낮고, 자본집약재인 스마트폰 가격은 베트남에서 상대적으로 높을 수밖에 없다.

이때 두 나라 간에 자유무역이 시행되면 어떻게 될까? 자본집약재인 스마트폰의 상대가격은 상대적 자본 풍부국인 한국에서 상승하게 될 것이고, 상대적 자본 희소국인 베트남에서 하락하게 될 것이다. 노동집약재인 의류의 상대가격은 상대적 노동 풍부국인 베트남에서 상승하게 될 것이고, 상대적 노동 희소국인 한국에서 하락하게 될 것이다.

이는 수출 때문에 한국 내에선 스마트폰 공급이 줄어들지만, 베트남에선 수입으로 인해 스마트폰 공급이 늘어나기 때문이다. 또한 수출 때문에 베트남 내에선 의류 공급이 줄어들지만, 한국에선 수입으로 인해 의류 공급이 늘어난다. 따라서 한국에선 스마트폰 가격이 상승하고 베트남에선 의류 가격이 상승하게 된다. 정리를 하자면, 자유무역을 통해 상대적 자본 풍부국인 한국에선 자본집약재인 스마트폰의 상대가격이 상승하고 상대적 노동 풍부국인 베트남에서는 노동집약재인 의류의 상대가격이 상승한다. 각 나라에서 상대가격 상승은 상대적 수요 감소로 이어지게 된다. 한국에선 스마트폰 수요가 상대적으로 감소하고, 베트남에선 의류 수요가 상대적으로 감소하게 된다. 리카르도 모형과는 달리, 헥셔-올린 모형에서는 자유무역을 통해 두 재화 간의 상대가격이 균등화될 것으로 예측한다.

지금까지 논의해 온 것을 바탕으로 일반적인 정리를 도출할 수 있다. 바로 헥셔-올린 정리이다. 헥셔-올린 정리에 따르면, 노동이 상대적으로 풍부한 나라는 노동집약재를 수출하고 자본집약재를 수입하며, 자본이 상대적으로 풍부한 나라는 자본집약재를 수출하고 노동집약재를 수입한다. 노동풍부국은 노동집약재를 더 많이 생산할 수 있는 반면 자본풍부국은 자본집약재를 더 많이 생산할 수 있기 때문이다.

자유무역 개시 이전, 노동풍부국은 노동집약재 공급이 많기 때문에 노동집약재 가격이 낮게 형성된다. 반면, 자본풍부국은 자본집약재 공급이 많기 때문에 자본집약재 가격이 낮게 형성된다. 이때 자유무역이 개시되면 나라별로 서로 달랐던 재화 가격들이 하나로 수렴하게 된다. 자유무역이 없다면 나라별로 재화의 상대가격이 서로 다를 수밖에 없다. 직관적으로 파악할 때, 자유무역을 하면 두 나라 간에 상대가격이 수렴할 수밖에 없다. 헥셔-올린 모형에서는 무역에 아무런 제약이 없다고 가정한다. 즉, 수송비도 없고 관세도 없음을 가정하고 있다. 따라서 상대가격 수렴은 당연한 결과이다. 헥셔-올린 모형대로 자유무역을 추구한다면, 그 두 나라의 시장들이 완전통합된 것과 같은 상태이기 때문이다. 한 나라 안에서 재화가격에 차이가 날 수 없다.

따라서, 자유무역을 하게 되면 나라 간에 재화의 상대가격은 같아지게 된다. 무역 이후 나라 간 재화의 상대가격이 수렴한 결과, 각 나라에 초과공급이 발생하게 된다. 이유는 간단하다. 원래 노동풍부국에선 낮은 가격에 노동집약재를 구입할 수 있었고, 자본풍부국에선 낮은 가격에 자본집약재를 구입할 수 있었다. 하지만 무역 개시 이후 새로운 국제가격이 결정되면서, 노동풍부국에선 노동집약재 가격이 상승하고 자본풍부국에선 자본집약재 가격이 상승하게 된다. 가격 상승에 따라 수요는 감소하게 된다. 그렇기에 노동풍부국에선 노동집약재가 초과공급 상태에 놓이게 되고 자본풍부국에선 자본집약재가 초과공급 상태에 놓이게 되는 것이다. 즉, 무역 개시 이후 노동풍부국은 노동집약재를 자국 수요량보다 더 많이 생산하고 있고 자본풍부국은 자본집약재를 자국 수요량보다 더 많이 생산하고 있는 상태가 된다는 뜻이다. 그 초과공급량은 해외로 수출된다. 즉, 노동풍부국은 노동집약재를 해외로 수출하고 자본풍부국은 자본집약재를 해외로 수출한다. 이것이 바로 헥셔―올린 모형의 결론이다.

재화가격과 요소가격

현재 생산요소 가격들이 주어졌다고 가정했을 때, 의류가 스마트폰보다 더 노동집약적이라는 뜻이다. 이 상황에서 임금 수준이 하락하게 되면, 양쪽 산업 모두 노동력을 더 많이 사용하려 할 것이다. 즉, 모든 산업이 보다 노동집약적으로 변하게 됨을 의미한다. 그럼에도 불구하고 여전히 의류 산업이 스마트폰 산업보다 노동집약적이다. 주어진 생산요소 가격을 놓고, 비용최소화(cost−minimization)를 통해 재화를 생산하려 할 것이기 때문이다.

의류와 스마트폰 생산함수가 각각 다음과 같이 콥―더글라스(Cobb−Douglass)

형태로 주어졌다고 가정하자.

$$F_C(L, K) = L^{0.7}K^{0.3}$$

$$F_S(L, K) = L^{0.3}K^{0.7}$$

C는 의류를 나타내고 S는 스마트폰을 나타낸다.

이때 비용최소화를 통해 각 재화의 단위당 비용함수를 아래와 같이 구할 수 있다.

$$B_C(w, r) = w^{0.7}r^{0.3}$$

$$B_S(w, r) = w^{0.3}r^{0.7}$$

w는 노동투입 비용인 임금을 나타내고 r은 자본투입 비용인 이자를 나타낸다. 이때 단위당 비용함수를 각 생산요소에 대해 미분하면 재화 한 단위당 생산요소 투입량이 도출된다.

먼저 의류 생산을 위해 요소투입량을 아래와 같이 구할 수 있다.

$$B_C(w, r) = w^{0.7}r^{0.3}$$

$$B_{CL}(w, r) = \frac{\partial B_C(w, r)}{\partial w} = 0.7w^{-0.3}r^{0.3},$$

$$B_{CK}(w, r) = \frac{\partial B_C(w, r)}{\partial r} = 0.3w^{0.7}r^{-0.7}$$

따라서 의류를 생산하기 위한 노동집약도는 다음과 같다.

$$\frac{B_{CL}}{B_{CK}} = \frac{7}{3}\left(\frac{r}{w}\right).$$

즉, 의류 생산을 위한 노동집약도는 요소상대가격 $\left(\frac{r}{w}\right)$에 의존한다.

비슷한 방식으로 스마트폰 생산을 위해 요소투입량을 아래와 같이 구할 수 있다.

$$B_S(w,r) = w^{0.3}r^{0.7}$$

$$B_{SL}(w,r) = \frac{\partial\, B_S(w,r)}{\partial\, w} = 0.3w^{-0.7}r^{0.7}$$

$$B_{SK}(w,r) = \frac{\partial\, B_S(w,r)}{\partial\, r} = 0.3w^{0.3}r^{-0.3}$$

스마트폰을 생산하기 위한 노동집약도는 다음과 같다.

$$\frac{B_{SL}}{B_{SK}} = \frac{3}{7}\left(\frac{r}{w}\right).$$

스마트폰 생산을 위한 노동집약도는 요소상대가격 $\left(\frac{r}{w}\right)$에 의존한다.

이상과 같이 분석해 보면 요소집약도는 요소상대가격에 의존하고 있음을 알 수 있다. 흥미로운 것은 헥셔-올린 모형에 따라 각 나라가 두 재화를 모두 생산하고, 산업 간에 생산요소 이동이 자유롭다면 생산요소 가격은 오직 생산물 가격에 의해서만 결정된다는 것이다.

헥셔-올린 모형은 완전경쟁을 가정하고 있다. 주지의 사실대로 완전경쟁 하에서 기업 이윤은 0이 될 수밖에 없다. 진입과 진출이 무한히 자유롭기 때문이다. 따라서 위에서 도출한 각 재화의 단위당 생산비용은 그 재화의 가격과 같아져야 할 것이다. 각 산업에서 '제로' 이윤 조건을 만족시키는 임금과 이자 조합, 즉 (w,r)은 무수히 많겠지만, 두 산업에서 '제로' 이윤조건을 동시에 만족시키는 임금과 이자 조합은 단 하나, 즉 (w^*,r^*)가 존재할 것이다.

예를 들어, 의류 산업을 생각해 보자. 직관적으로 파악할 때, 주어진 의류가격에서 '제로' 이윤 조건을 만족시키는 임금과 이자 조합들이 무수히 많을 것이다. 그 모든 조합들을 곡선으로 나타낼 수 있을 것이다. 바로 의류 비용 곡선이다. 그 곡선의 기울기가 바로 의류의 노동집약도인 것이다. 비슷한 방식으로, 스마트폰 산업에서 스마트폰 가격이 주어졌을 때 '제로' 이윤 조건을 만족시키는 임금과 이자 조합들이 무수히 많을 것이다. 그 모든 조합들을 곡선으로 나타낼 수 있을 것이다. 바로 스마트폰 비용 곡선이다. 그 곡선의 기울기가 바로 스마트폰의 노동집약도인 것이다.

수식에 따르면, 모든 (w,r) 조합에 대해 의류 비용곡선의 기울기가 스마트폰 비용곡선보다 가파르다. 이는 가정한대로 의류가 스마트폰보다 더 노동집약적임을 의미한다. 의류 비용곡선과 스마트폰 비용곡선의 기울기가 서로 다르므로 두 곡선의 교차점에서 균형 요소가격 (w^*,r^*)이 결정되는 것이다. 의류 또는 스마트폰을 생산할 때 단위당 비용곡선은 임금과 이자 조합, 즉 (w,r)이 변하면서 그 기울기가 달라진다. 이는 요소상대가격이 변할 때, 비용최소화에 따라 그 요소집약도 역시 달라질 수밖에 없음을 의미한다.

그 나라에서 임금수준이 상승하면 생산자는 노동보다 자본을 더 사용할 유인이 발생한다. 이자, 즉 자본비용이 커지면 자본보다 노동을 더 사용할 유인이 발생한다. 그런 식으로 생산요소 가격의 변화는 요소집약도 변화로 이어진다. 정리하자면, 임금수준이 높아지면 노동집약도가 하락하고, 자본비용이 커지면 자본집약도가 하락하게 되는 것이다. 하지만 노동투입 비용, 즉 임금이 올랐다고 해서 노동집약 산업 자체가 사라지는 것이 아니다. 마찬가지로 자본투입 비용, 즉 이자가 상승했다고 해서 자본집약 산업 자체가 사라지지 않는다. 다만 요소집약도가 달라질 뿐이다.

노동집약 산업은 자본집약 산업보다 항상 노동을 더 많이 사용하고, 자본집약 산업은 노동집약 산업보다 항상 자본을 더 많이 사용한다. 다만 임금수준이 상승하면 두 산업 모두에서 노동투입 비중이 감소하게 된다. 그렇다 하더라도 노동집약 산업이 자본집약 산업보다 노동을 더 많이 사용한다는 사실은 변하지 않는다. 비슷하다. 자본투입 비용이 상승하면 두 산업 모두에서 자본투입 비중이 감소한다. 그렇다 하더라도 자본집약 산업이 노동집약 산업보다 자본을 더 많이 사용하다는 사실은 변하지 않는다. 즉, 노동집약 산업은 자본집약 산업보다 항상 노동을 더 많이 사용하고 자본집약 산업은 노동집약 산업보다 항상 자본을 더 많이 사용한다.

그렇다면 노동투입 비용과 자본투입 비용, 즉 임금과 이자를 결정하는 것이 무엇인지 생각해 볼 필요가 있다. 바로 재화가격이다. 즉, 노동집약재 가격과 자본집약재 가격이 그 나라에서 노동투입 비용과 자본투입 비용, 즉 임금과 이자를 결정하는 것이다.

따라서 재화가격과 생산요소가격 그리고 각 산업의 요소집약도는 연동된다. 노동집약재 가격이 상승하면 노동투입 비용이 상승하고 그에 따라 노동집약도는 하락한다. 자본집약재 가격이 상승하면 자본투입 비용이 상승하고 그에 따라 자본집약도는 하락한다. 재화가격이 변하지 않는다면 생산요소가격 역시 변하지 않고 요소집약도 또한 변하지 않을 것이다.

소득분배

헥셔-올린 이론에 따르면 자유무역의 결과 그 나라 안에서 소득이 재배분된다. 이는 매우 중요한 사실이다. 누군가는 소득이 증가하고 다른 누군가는 소득이 감소할 수 있다는 뜻이다. 자유무역의 결과 자신의 소득이 증가할 것으로 예측된다면 자유무역에 찬성할 것이다. 반대로 자신의 소득이 감소할 것으로 예측된다면 자유무역에 찬성하기가 어려울 것이다. 헥셔―올린 모형에 입각해 설명하면, 자유무역이 이뤄질 때 부존량이 상대적으로 풍부한 생산요소를 보유한 이들의 소득은 증가한다. 반면 부존량이 상대적으로 희소한 생산요소를 보유한 이들의 소득은 감소한다. 즉, 노동 풍부국에선 노동자들의 소득이 증가하고 자본가들의 소득이 감소한다. 반대로 자본 풍부국에선 자본가들의 소득이 증가하고 노동자들의 소득이 감소한다. 이처럼 자유무역은 어떤 재화를 수출하고 다른 어떤 재화를 수입하는 과정에서 재화생산을 위해 투입이 필요한 생산요소들을 위해 돌아가는 소득이 재배분 되게 하는 것이다.

리카르도는 '노동'이라는 생산요소만을 고려했다. 반면 헥셔―올린은 '자본'이라는 생산요소를 추가적으로 고려해 리카르도가 찾아내지 못한 사실을 찾아냈다. 자국 내에서 부존량이 서로 생산요소들 간에 소득 재배분이 발생한다는 것이다. 리카르도 모형은 '노동'만을 생산요소로 고려했기 때문에 무역이 소득배분에 끼치는 영향을 분석하는 데 한계가 따를 수밖에 없었다. 즉, 자유무역을 통해 누가 유리해지고 누가 불리해지는지를 파악할 수 없었던 것이다. 직관적으로 파악할 때, 소득배분을 분석하려면 생산요소가 하나 이상이어야 할 것이다. 노동 이외에도 다른 생산요소가 필요하다는 뜻이다. 바로 '자본'이다. 헥셔―올린 모형은 자본이라는 생산요소를 고려하고 있기 때문에 소득배분을 설명할 수 있는 것이다. 즉, 자유무역이 개시되면 노동자 또는 자본가에 유리할 수도 있고 불리할 수도 있다. 자본가들의 소득이 노동자들에게 배분이 되고 노동자들의 소득이 자본가들에게 배분될 수도 있다. 그렇다면 생각해 볼 필요가 있다. 자유무역이 개시되면 소득배분은 어떤 식으로 발생할까?

무역을 하려면 자급자족 상황에서 나라 간에 재화의 상대가격이 서로 달라야 할 것이다. 그래야 재화를 수출하고 수입할 유인이 발생하기 때문이다. 자유무역이 이뤄지면, 세계시장 상대가격은 두 나라 상대가격들 사이에서 결정될 것이다. 각 나라는 자급자족할 때 재화의 상대가격이 세계시장보다 높다면, 그 재화를 수입할 것이고 더 낮다면 그 재화를 수출할 것이다. 즉, 무역 개시 이전과 이후에 달라지는 것은 재화의 '상대가격'이다. 수입을 하는 재화는 무역개시 이후 그 가격이 낮아지고, 수출을 하는 재화는 무역개시 이후 가격이 높아진다. 앞서 설명한 대로 재화의 상대가격이 달라지면 요소가격도 달라질 것이다. 따라서 소득배분에 영향을 미치게 된다. 그렇게 무역이 소득배분에 끼치는 영향을 설명한 이가 바로 1970년에 노벨경제학상을 수상한 폴 사무엘슨(Paul Samuelson)이다. 폴 사무엘슨은 노동집약재 가격이 오를수록 노동자의 실질임금이 상승하고, 자본집약재 가격이 오를수록 자본가의 실질소득이 상승한다는 것을 설명했다. 중요한 함의는 이것이다. 전 세계에서 동시에 완전한 자유무역이 이뤄진다면 재화가격은 하나로 수렴하게 된다. 그렇기에 자유무역을 하는 나라들 사이에서 노동자의 실질임금과 자본가의 실질소득은 서로 같아지게 된다.

스톨퍼 ― 사무엘슨 정리

자유무역이 개시되기 전 노동풍부국은 노동집약재 공급이 쉽기 때문에 노동집약재 가격이 낮게 형성될 것이다. 같은 논리로 자본풍부국은 자본집약재 공급이 쉽기 때문에 자본집약재 가격이 낮게 형성될 것이다. 재화가격과 생산요소가격은 연동된다고 설명했다. 따라서 어떤 재화의 가격이 변하면 그에 따라 생산요소가격도 변할 수밖에 없다. 핵심은 그 재화 생산을 위해 보다 집약적으로 사용되는 생산요소의 가격이 더 크게 변한다는 것이다. 따라서 노동집약재 가격 변화는 임금 수준에 큰 영향을 미치게 되고 자본집약재 가격 변화는 이자에 큰 영향을 미치게 된다. 무역이 개시되기 전 노동풍부국은 노동집약재 가격이 낮기 때문에 노동자를 위한 임금 수준 또한 낮게 형성될 수밖에 없을 것이다. 자본풍부국은 자본집약재 가격이 낮기 때문에 자본가를 위한 이자 또한 낮게 형성될 수밖에 없을 것이다. 당연한 결과이다. 직관적으로 파악할 때, 노동이 풍부하니 임금 수준이 낮은 것이고 자본이 풍부하니 이자가 높은 수준인 것이다.

즉, 헥셔─올린 모형에 따르면 자유무역이 개시되기 전에 각 나라별로 상대적 요소 부존량에 따라 재화의 생산량이 결정되고 재화가격이 결정되는 것이다. 그에 따라 자본가들과 노동자들의 소득이 결정된다. 요소 소득이다. 실질소득은 그 요소 소득을 재화가격과 비교하면 파악이 가능하다. 무역 개시 이전에 노동풍부국에선 노동자의 실질소득이 낮게 결정되고 자본가의 실질소득이 높게 결정된다. 반대로 자본풍부국에선 자본가의 실질소득이 낮게 결정되고 노동자의 실질소득이 높게 결정된다.

이 상황에서 두 나라 간에 자유무역이 개시되면 두 나라 간 재화의 상대가격이 하나로 수렴하게 된다. 그러한 재화의 상대가격 수렴은 각 나라에서 재화가격 변화를 의미하고, 재화가격 변화는 앞서 언급한대로 요소가격 변화를 의미한다. 헥셔─올린은 완전한 자유무역을 의미한다. 즉, 국제거래에 있어 아무런 마찰이 존재하지 않는다고 가정하는 것이다. 따라서 직관적으로 파악하면, 헥셔─올린 모형에서 자유무역은 두 나라 간의 완전한 시장통합을 의미하게 된다. 한 나라 안에서 재화가격이 같은 수준을 유지하듯 자유무역이 이뤄지면 두 나라에 존재했던 서로 다른 두 재화가격들이 조정되어 그 평균치로 수렴하게 될 것이다. 따라서, 노동풍부국에서는 노동집약재 가격이 상승하고 자본집약재 가격이 하락한다. 그리고 자본풍부국에서는 자본집약재 가격이 상승하고 노동집약재 가격이 하락한다. 그 결과, 무역 개시 후 노동풍부국에선 노동자의 실질소득이 상승하고 자본가의 실질소득이 하락하게 된다. 자본풍부국에선 자본가의 실질소득이 상승하고 노동자의 실질소득이 하락하게 된다. 두 나라 간에 자유무역이 이뤄짐으로써 풍부한 생산요소를 보유한 이들의 실질소득이 증가하고 희소한 생산요소를 보유한 이들의 실질소득은 하락하게 되는 것이다.

앞서 다루었던 의류와 스마트폰의 경우를 다시 생각해 보자. 주어진 의류 가격이 있을 때, 그 가격을 구성할 수 있는 임금과 이자의 조합이 무수히 많을 것이다. 그 조합을 표현하는 것이 바로 의류비용 곡선이다. 그 곡선의 기울기가 바로 노동집약도가 된다고 했다. 만약 의류 가격이 상승한다면, 그 의류비용 곡선이 이동하게 되고 그 결과 균형 요소가격, 즉 (w^*, r^*)이 새롭게 정해지게 된다. 의류가 노동집약재라고 가정했으므로, 임금은 높아지고 이자는 낮아지게 된다. 이는 의류 가격이 상승함에 따라 노동집약적인 의류 산업에서 노동수요가 많아졌기 때문이다. 임금이 높아짐에 따라 모든 산업, 즉 의류 산업 그리고 스마트폰 산업에서 노동집약도가 이전보다 낮아지게 된다.

주지할 것은 의류 가격의 상승폭보다 임금의 상승폭이 더 높다는 사실이다. 요소집약도가 달라지기 때문이다. 따라서, 노동집약재 가격이 1% 상승하면 요소 집약도에 영향을 미쳐 노동수요는 더 크게 증가하게 된다. 그 결과 임금은 1% 이상 상승하게 되는 것이다. 비슷한 논리로, 자본집약재 가격이 1% 상승하면 이자는 1% 이상 상승하게 된다. 완전경쟁하에서 생산자는 이윤을 낼 수 없다. 즉, 이윤은 '0'이 된다. 그 조건에 따르면 의류 가격이 상승할 때 의류 단위당 생산비용도 같이 상승해야 할 것이다. 하지만 스마트폰 단위당 생산비용은 변하지 않는다. 노동집약재인 의류의 단위당 생산비용 상승을 위해선 임금이 상승할 수밖에 없다. 반면 자본집약재인 스마트폰의 단위당 생산비용이 변하지 않기 때문에 자본수익률을 나타내는 이자가 낮아져야만 '0' 조건이 충족된다. 따라서 자본수익률인 이자가 낮아졌다는 것은 의류가격 상승률보다 임금 상승률이 더 높을 수밖에 없음을 의미한다.

재화가격이 변하지 않으면 요소가격도 변하지 않는다. 자유무역을 통해 재화가격이 변하게 되면 요소가격에도 변화를 초래해 소득배분 형태에도 변화가 발생한다. 정리하자면, 노동이 풍부한 나라에서 노동집약재인 의류 생산이 쉬울 것이다. 따라서 의류가격이 낮게 형성된다. 이때 시장개방과 자유무역을 통해 그 나라에서 의류가격이 상승하게 되면 노동자들은 이득을 보고 자본가들은 손실을 보게 된다. 자유무역으로 인해 소득이 재배분되는 것이다. 소득 재배분 과정에서 핵심은 재화가격 변화이다. 재화가격이 달라지면서 생산요소가격도 달라지는 것이다. 일반화할 수 있다. 자유무역이 개시되면 상대적으로 풍부한 생산요소의 가격이 상승하게 된다. 자유무역에서 보호무역으로 바뀌면 상대적으로 희귀한 생산요소의 가격이 상승하게 된다. 이는 자유무역이냐 보호무역이냐에 따라 생산요소 보유자들의 이해관계가 엇갈린다는 뜻이다. 자본 풍부국에서 보호무역이 실행될 때 노동이 상대적으로 희귀하기에 노동력을 보유한 노동자들이 이득을 본다. 반면 노동 풍부국에서 보호무역이 실행될 때 자본이 상대적으로 희귀하기에 자본을 보유한 자본가들이 이득을 본다. 그 이유는 무역장벽이 자국 내 재화의 상대가격 변화를 초래하기 때문이다. 그 사실을 예측하는 것이 바로 '스톨퍼－새뮤얼슨 정리(Stolper－Samuels on Thoram)'이다. 스톨퍼－사뮤엘슨 정리는 헥셔－올린 정리를 반대로 생각해 보면 이해가 쉽다.

관세가 고용을 증가시킨다는 주장은 미국 노동자의 생활 수준이 값싼 외국 노동력으로부터 보호되어야 한다는 대중적 관념과 닿는다. 유럽 산업이 기술적으로 우월한 미국 산업과 경쟁할 수 없다는 주장이다. 국제경제학자들은 그 주장이 허위임을 보여주기 위해 노력을 해왔다. 예를 들어, 타우시그 교수는 "아마도 가장 익숙하면서도 가장 근거 없는 것은 무역의 완전한 자유가 전 세계적으로 화폐 임금의 균등화를 가져올 것이라는 믿음일 것이다. … 균등화에 대한 그러한 경향은 없다."[1]라고 말한 바 있다. 그리고 하버러 교수는 국제 무역으로 인해 임

---

1) 1 F. W. Taussig, International Trade, p. 38. The statement might have been made equally well with respect to real wages, since in the classical formulation the prices of internationally traded goods cannot diverge in different countries by more than the cost of transfer. In his Principles there is a passage which might be interpreted in the

금이 하락할 수 있다는 주장을 "심각한 논의를 요하지 않는" 것으로 분류한다. … 임금 균등화는 노동이 (국가 간에) 이동성이 있을 때에만 발생한다."[2]라고 말했다. 하지만 사뮤엘슨은 자신의 논문[3]에서 그러한 교리를 재검토하는 데 올린의 글이 유익할 수 있음을 시사했다. 그 논문의 의도는 국제 무역이 생산 기관의 상대적 보수에 미치는 영향, 그리고 더 중요한 건 실질 소득에 미치는 영향을 분석하는 것이었다. 국제 무역이 상대적 요소 가격에 미치는 영향을 파악할 수 있다. 올린의 이론에 따르면, 국가 간 다양한 생산 요소의 비율의 차이는 국제 무역 패턴을 설명하는 데 매우 중요하다. 국가는 상대적으로 풍부한 생산 요소로 생산된 상품을 수출하고, 상대적으로 희소한 생산 요소가 생산한 상품을 수입한다. 그리고 자유무역을 통해, 상대적으로 풍부한 요소가 더 집약적으로 사용되는 상품의 생산이 증가한 결과 국가 간 요소 가격이 균등해지는 경향이 발생하는 것이다. 요소가격 균등화이다. 그 균등화는 부분적일 것이다. 그렇지 않으면 비교우위가 사라지고 무역이 없어질 것이라는 모순에 직면하기 때문이다. 부분적이기는 하지만 균등화 방향으로의 움직임은 구체적이다. 생산 요소의 총량이 고정되어 있다고 가정하면, 헥셔—올린 정리에 따라 자유무역을 할 경우, 실질 국민소득에서 희소한 생산 요소가 차지하는 상대적 점유율이 낮아질 것이다. 요소에 대한 총수익은 고용량을 요소가격에 곱한 것과 같고, 무역 전후에 완전고용을 가정하기 때문에 요소에 대한 총수익은 요소 수요에 달렸다. 그 주장은 보호무역과 자유무역에 대한 미국의 논의와 관련이 깊다. 일반적으로 생각하듯, 노동이

---

opposite direction. " Under certain. contingencies, it is conceivable that protective duties will affect the process of sharing and so will influence wages otherwise than through their effect on the total product." 4th ed., p. 5I7. But the phrasing is not quite clear and refers probably to the share in national income rather than to the absolute size. We have not found any similar passage either in The Tariff History of the United States, in Internationsal Trade, or in Free Trade, the Tariff.

2) 2 G. Haberler, The Theory of International Trade, pp. 250−25i, bracketed expression ours. See also the preceding sentence on p. 25 I where Haberler expressly denies that movement of goods will lead to an equalisation of factor prices. However, as will be discussed below, he does in another place introduce important qualifications to this denial.

3) Stolper and Samuelson(1941)

미국 경제에서 상대적으로 희소한 요소라면 무역은 다른 생산 요소의 보유자에 비해 노동 계층의 실질소득을 낮출 수밖에 없을 것이다.

물론 관세 철폐로 인해, 특정 산업에 고용된 근로자가 단기적으로 피해를 볼 수 있다는 것을 부인할 수 없다. 하지만 고전적 이론에 따르면, 장기적으로 해당 국가가 비교우위를 가진 상품, 즉 노동 집약적인 그 상품에 대한 수요가 증가할 것이다. 명목 임금은 낮아질 수 있지만, 관세를 철폐하면 가격 수준이 더 크게 감소해 실질 임금이 상승할 수 있다. 타우시그 교수의 말에 따르면, 임금 문제는 결국 생산성의 문제이고 산업 전체의 생산성이 클수록 임금의 일반적인 수준도 높아질 것이라고 한다. 그러한 주장을 올린의 논의와 어떻게 조화시킬 수 있을까? 생산되는 상품이 하나뿐이라면 실제로 노동의 한계 생산성은 단순히 노동의 상대적 양에 달려 있을 것이다. 생산되는 상품이 하나뿐이라면 실제로 노동의 한계 생산성은 단순히 노동과 자본의 상대적 양에 달려 있을 것이다. 그리고 노동과 자본이 각각의 생산에서 동일한 비율로 결합된다면, 여러 상품인 경우에도 결과는 마찬가지일 것이다. 순수한 경쟁, 동질성, 노동의 완벽한 이동성을 가정할 때, 노동의 한계 생산물 가치(모든 상품으로 표현)는 각 직업에서 동일해야 함은 사실이지만, 그렇다고 해서 그게 단순히 노동과 자본의 전체 비율에 달려 있다는 뜻은 아니다. 각 직업에서 자본과 노동이 서로 다른 비율로 결합되는 한, 한 생산에서 다른 생산으로의 어떠한 변화도 노동의 '가치 한계 생산성(value marginal productivity)'을 바꾸게 된다. 그런 의미에서 노동의 가치 한계 생산성은 전체적으로 다양한 생산 가능 상품에 대한 유효 수요의 가중 평균에 따라 결정된다고 볼 수 있다.

고전적 이론은 비교우위 원리에 따른 국제 무역이 헥셔―올린 효과로 이어진다는 것이다. 고전적 주장은 상대적 그리고 절대적 점유율의 문제를 다루지 않는다. 대부분 연구의 경우, 단일 요소 경제를 상정하거나 또는 다양한 생산 요소를 상정한다면, 그 상대적 비율이 결코 변하지 않는다고 가정하기 때문이다. 그럼에도 불구하고 고전적 전통을 중시하는 현대의 연구자들 사이에 보호 상품 생산을 위해 특화된 소규모 생산 요소가 관세 철폐로 인해 피해를 입을 수 있다고 인식하는 건 자연스럽다. 특히, 노동 시장에서 경쟁하지 않는 그룹과 관련한 논의가 주목을 끌 수 있다. 고도로 숙련된 노동자는 이익을 얻을 수 있지만 노동 계층의 하위에 속하는 사람들은 피해를 입을 수 있다는 것이다. 따라서 올린은 특정 상황에서 자유무역이 제조업 노동 종사자의 생활 수준을 저하시킬 수 있다고 주장한다. 제조업에 대한 높은 보호는 다른 요인을 희생하여 그 산업 종사 노동자의 실질 임금을 높일 수 있다는 것이다. 하버러는 그 문제를 다루면서 노동과 같은 이동 가능한 요소가 국제 무역으로 인해 피해를 입을 수 있다는 데 의심을 표명한 바 있다. 즉, 장기적으로 노동계급 전체가 국제 무역을 두려워할 게 없다고 결론 내릴 수 있다. 왜냐하면 장기적으로 노동은 국제 분업으로 인해 생산성의 전반적 향상을 통해 이득을 얻을 것이기 때문이다. 바이너는 하버러의 결론을 비판했다. 그는 주로 그 국가의 화폐 소득에서 노동이 차지하는 상대적 비중에 관심을 기울였다. 그는 자신의 논의에서 소비자가 지불해야 하는 상품 가격을 중요한 문제로 여겼다. 그는 평균적으로 노동의 직업 이동성이 낮고, 보호 산업에 비교적 많이 고용되었다 하더라도 또는 관세 보호가 사라졌다 하더라도 그들의 실질 소득은 여전히 증가할 수 있다고 본다. 실제로 상품 가격이 화폐 임금의 감소를 상쇄할 만큼 충분히 떨어졌다면 실질 소득이 증가할 것이다. 바스테이블은 고전적 방식으로 자유무역이 식량 수출국으로 하여금 더 질 낮은 땅을 경작에 사용하고 농업 임대료를 증가시킬 수 있다고 지적한다. 그 경우, 노동자와 자본가는 피해를 입는 반면 지주는 이익을 얻게 된다. 따라서 다음과 같이 요약할 수 있다. 고전적 이론에서는 무역이 다양한 생산 요소의 상대적 및 절대적 점유율에 미치는 영향이 발생하지 않는다. 하지만 보호에 의해 특정 생산 요소의 상대적 및 절대적 점유율이 변동할 수 있다. 이는 비경쟁 그룹의 문제와 관련해 더 큰 주목을 끌 수 있다.

사람들은 자유무역의 결과로 노동과 같은 대규모 생산 요소의 상대적 점유율이 감소할 수 있다고 인정한다. 많은 사람들이 심지어 대규모 생산 요소의 실질 소득이 감소할 가능성을 인정하는 셈이다. 하지만 대부분의 연구자들은 절대적 점유율의 감소는 거의 불가능하다고 생각하며, 상대적 점유율도 마찬가지라고 본다. 대다수의 연구자들은 실질 소득에 대한 효과를 측정하기 위해 상품 가격을 강조한다.

립진스키(Rybczynski) 정리

노동풍부국과 자본풍부국은 어떤 차이가 있을지 생각해 보자. 직관적으로 파악해 보면, 노동풍부국에선 노동집약재 산업이 발달하기 더 쉬울 것이다. 비슷하게, 자본풍부국에선 자본집약재 산업이 발달하기 더 쉬울 것이다. 그러한 직관을 립진스키(Rybczynski)가 이론으로 정리했다. 립진스키는 1955년 폴란드 태생의 영국 경제학자이다. 그 정리에 따르면, 상대가격이 일정할 때 한 요소의 보유량이 증가하면 그 요소를 집중적으로 사용하는 부문의 산출량이 비례 이상으로 확대되고, 다른 상품의 산출량은 절대적으로 감소한다.

헥셔－올린의 국제 무역 모형에서 상대적 요소 공급량의 변화가 초래될 수 있다. 이는 두 국가 간의 산출량 조정으로 이어질 수 있다. 립진스키 정리는 그러한 요소 중 하나의 공급량이 증가할 때, 각 상품의 산출량 변화를 설명한다. 완전고용 상태를 전제한다. 립진스키 정리는 헥셔－올린 모형의 맥락에서 자본투자, 이민의 경제적 효과를 분석하는 데 유용하다.

노동과 자본의 상대적 부존비율이 동일한 두 나라를 생각해 보자. 절대적 부존량이 같은 것이 아니고 상대적 부존량, 즉 그 비율이 같다. 이 상황에서 어떤 한 나라에 노동 공급이 증가했다고 가정하자. 그렇게 되면, 그 나라는 노동풍부국이 될 것이다. 가령 미국의 인구는 한국보다 절대적으로 많다. 하지만 노동대 자본 비율을 따져보면 한국이 미국보다 크기 때문에 한국은 상대적으로 노동 풍부국이 되고 미국은 상대적으로 자본풍부국이 되는 것이다. 어쨌든 그렇게 증가한 노동력은 각 산업에 배분될 것이다. 어떻게 배분될까? 똑같이 나누어져 배분될까? 직관이다. 그렇진 않을 것이다.

만약 그렇게 똑같이 나누어질 것이라면 굳이 무역 이론 연구가 필요 없다. 그리고 그렇게 균등한 배분은 비효율적일 수밖에 없을 것이다. 왜냐하면 증가한 노동력이 더 긴요하게 사용될 수 있는 산업이 있을 것이기 때문이다. 어떤 산업일까? 물론 노동집약재 산업이다. 따라서 증가한 노동력은 노동집약재 산업으로 더 많이 배분될 것이다. 앞서 재화가격 변화가 어떻게 요소가격 변화로 이어지는지 설명했다. 재화가격이 변하지 않는다면 생산요소가격 또한 변하지 않을 것이다. 그리고 생산요소가격이 변하지 않는다면 각 산업의 요소집약도 역시 변하지 않을 것이다. 어떤 나라에서 노동공급이 증가했을 때 재화가격은 변하지 않은 상태이다. 그렇기에 각 산업의 요소집약도 또한 변하지 않을 것이다. 노동집약재 산업으로 노동이 더 많이 배분되었지만, 그 집약도는 여전히 같아야 된다는 뜻이다. 그 경우 그 노동집약재 산업에서 사용하는 자본량도 더 많아져야 한다. 그렇지 않으면 그 산업의 노동집약도가 변하게 되므로 모순이다. 요소집약도를 같은 수준으로 유지하기 위해서는 그 노동집약재 산업에서 노동 사용량만 증가하는 것이 아니라 자본 사용량도 증가해야 된다. 결과적으로 그 나라에서 노동공급량이 많아지면서 노동집약재 산업이 사용하는 노동과 자본의 양도 증가하게 된다. 즉, 노동공급 증가에 따라 노동집약재 산업이 만들어내는 노동집약재의 양도 많아지게 되는 것이다.

그렇게 한 생산요소 공급량이 변할 때, 앞서 살펴본 의류와 스마트폰 생산량이 어떻게 변할 것인지 생각해 보자. 노동공급이 증가한다면 노동집약재인 의류 생산은 증가하게 되지만 자본집약재인 스마트폰 생산은 감소할 것이다. 그 이유는 산업 간에 생산요소가 배분되는 메커니즘에 있다. 노동공급 증가로 인해 의류 생산이 많아질 것이다. 의류 산업의 노동집약도가 스마트폰 산업보다 더 높기에 의류 생산이 많아지려면, 의류 산업은 더 많은 노동투입과 자본투입을 필요로 하게 된다. 그 결과 스마트폰 생산이 줄어들 수밖에 없는 것이다. 부존자원량의 변화는 도해적으로 생산가능곡선 형태를 변화시키게 된다. 예를 들어, 한 나라 안에서 노동공급량이 증가하게 되면 모든 재화에 대해 생산 가능성이 증가하게 된다. 도해적으로 앞서 언급한 생산가능곡선이 확장되는 결과로 이어지는 것이다. 하지만 그 확장된 생산가능곡선 형태가 노동집약재인 의류 쪽으로 편향된다. 그 현상을 생산가능곡선의 '편향적 확장'이라고 한다. 그 나라에서 자본공급량이 증가하면 그 나라 생산가능곡선은 자본집약재인 스마트폰 쪽으로 편향되어 확장된다. 생산가능곡선의 편향적 확장은 부존자원량이 증가할 때 국제무역에 어떻게 영향을 미치는지를 이해할 수 있는 단서가 된다. 강조하지만 생산요소 가격은 변하지 않는다. 따라서 요소집약도 역시 변하지 않는다. 립진스키 정리에 따르면, 그 나라에서 노동공급이 1% 증가하면 노동집약재 생산이 1% 이상 증가하게 되고 자본공급이 1% 증가하면 자본집약재 생산이 1% 이상 증가하게 된다.

헥셔─올린 정리를 이해하면 요소 부존량이 어떻게 무역 패턴에 영향을 미칠 수 있는지를 파악할 수 있다. 따라서 어떤 한 나라에서 특정 생산요소의 부존량이 변하면 그 결과 무역 패턴도 변할 것이라고 짐작할 수 있다. 무역 패턴이 어떻게 변할지에 대해 해답을 제시하는 게 바로 립진스키 정리이다. 매우 간단하다. 이 정리에 따르면, 어떤 한 생산요소의 부존량이 늘어날 때 재화의 상대가격이 일정하다면 그 생산요소를 집약적으로 사용하는 재화의 공급은 증가하는 반면 다른 재화의 공급은 감소하게 된다. 예를 들어, 외국으로부터 그 나라로 인구유입이 많아지고 노동공급이 증가하게 되면 노동집약재 생산이 늘어나고 그 결과 자본집약재 생산이 줄어들게 될 것이다. 외국으로부터 그 나라로 자본 유입이 많아지면 그 나라의 자본의 양이 많아지게 되므로 그 나라에서 자본집약재 생산이 늘어나고 노동집약재 생산이 줄어들게 될 것이다. 그렇게 어느 한 편의 생산 요소의 부존량 변화에 따라, 그 나라의 산업이 재편되는 효과까지 발생할 수 있다.

요소가격 균등화

시장 개방으로 인해 노동풍부국에선 노동집약재를 수출하게 됨에 따라 노동 집약재 가격이 오르고 그 가격수준에 비해 임금이 더 오르게 되어 실질임금이 상승한다. 반면 자본수익률, 즉 이자는 가격수준만큼 오르지 않아 자본가가 얻는 실질수익률이 하강하게 된다. 자본풍부국에선 자본집약재를 수출하게 됨으로써 자본집약재 가격이 오르게 되고 가격수준에 비해 자본수익률, 즉 이자가 더 오르 게 되어 실질수익률이 상승하게 된다. 반면 임금은 가격수준만큼 상승하지 않아 노동자들의 실질임금은 하강하게 된다.

시장 개방과 함께 자유무역이 개시되면, 노동풍부국에선 노동자들이 이득을 보게 되고 자본가들은 손실을 보게 된다. 자본풍부국에선 자본가가 이득을 보게 되고 노동자들은 손실을 보게 된다. 그럼에도 불구하고 전체적으로 파악할 때, 각 나라에선 무역이득이 발생한다. 즉, 무역 개시 이전보다 무역 개시 이후 각 나라에서 소득수준이 증가하게 된다는 뜻이다. 요소가격 균등화 정리에 의하면 비록 생산요소가 나라 간에 자유롭게 이동하지 않아도 자유무역을 통해 재화가 자유롭게 이동할 수 있으면 두 나라 간에 재화의 상대가격이 같아지고 생산요소 가격도 같아지게 된다. 생산요소 가격이 변하려면 생산요소 시장에서 공급량이 변해야 할 것이다. 예를 들어, 노동공급이 많아지면 임금수준이 하락하고, 노동 공급이 적어지면 임금수준이 상승한다. 그것이 시장원리이다. 하지만 자유무역의 결과 생산요소 공급량엔 변화가 없지만 생산요소 수요량에 변화가 발생해 생산 요소 가격에 변화가 나타나는 것이다.

노동풍부국이 노동집약재 수출을 더 많이 하려면 노동집약재 생산이 증가해야 한다. 즉, 노동집약재 생산 증가가 노동수요 증가로 이어지기 때문에 '노동'이라는 생산요소 가격, 즉 임금이 상승하게 되는 것이다. 비슷하다. 자본풍부국이 자본집약재 수출을 더 많이 하려면 자본집약재 생산이 증가해야 한다. 즉, 자본집약재 생산 증가가 자본수요 증가로 이어지기 때문에 '자본'이라는 생산요소 가격, 즉 이자가 상승하게 되는 것이다. 요소가격 균등화를 위한 조건이 존재한다. 바로 완전경쟁과 '제로' 이윤 조건이다. 물론 이는 현실 경제에 부합하기 어렵다. 자유무역을 한다고 하더라도 재화의 상대가격이 나라마다 다른 경우가 대부분이다. 완전한 자유무역이 사실상 불가능하기 때문이다. 무역엔 운송비용이 발생하고 관세가 부과되기도 하며 경우에 따라 나라별로 거래비용에 차이가 난다. 그뿐이 아니다. 나라마다 생산기술이 다를 수도 있고 소비자들의 선호마저 다를 수 있다. 그 경우 재화 단위당 생산비용이 나라마다 달라질 수밖에 없다. 그럼에도 불구하고 요소가격 균등화 정리는 이론적으로 매우 큰 의미를 갖는다. 무역이 개시됨에 따라 한 나라의 생산요소시장이 세계의 재화시장과 연동되기 때문이다. 이론에 따르면, 나라 간에 재화가 자유롭게 거래되면 각 나라의 생산요소 가격에도 영향을 주게 된다. 그에 따라 두 나라 간에 요소가격 차이가 줄어들 수 있는 것이다. 요소가격 균등화 정리에 따르면, 궁극적으로 자유무역이 세계적 차원에서 소득분배에 영향을 끼치게 된다. 자유무역이 개시 후 세계적 차원에서 요소가격이 수렴하기 때문이다. 그 결과 자유무역에 동참한 나라들에서 노동자와 자본가의 실질소득이 모두 같아지는 것이다. 직관적으로 파악하더라도 한 재화의 가격은 그 생산비용을 반영하게 되는데 완전경쟁하에서 그 비용은 생산요소 투입비용에 의해 결정될 것이다. 따라서, 재화의 상대가격이 두 나라 간에 균등화되면 요소가격역시 균등화될 수밖에 없을 것이다.

강조하지만 자유무역은 수출입을 통해 재화만 이동시킬 뿐이다. 생산요소가 직접 이동하지 않는다. 그럼에도 불구하고 자유무역은 생산요소가 직접 이동하는 것과 같은 효과를 가져올 수 있다는 것이다. 노동풍부국이 수출하는 노동집약재에도 생산요소가 들어가 있고 수입하는 자본집약재에도 생산요소가 들어가 있다. 비슷하게, 자본풍부국이 수출하는 자본집약재에도 생산요소가 들어가 있고 수입하는 노동집약재에도 생산요소가 들어가 있다. 노동풍부국이 수입하는 자본집약재는 자본투입 비중이 높으므로 그 노동풍부국에는 자본을 수입해 쓰는 것과 같은 효과가 나타날 수 있다. 자본풍부국이 수입하는 노동집약재는 노동투입 비중이 높으므로 그 자본풍부국에는 노동을 수입해 쓰는 것과 같은 효과가 나타날 수 있다.

레온티에프 역설(Leontief paradox)

데이비드 리카르도의 비교우위 이론은 19세기 초에 소개됐고, 향후 무역 이론 정립에 지대한 역할을 했다. 리카르도 모형은 상품과 서비스를 생산하는 데 있어 노동만이 유일한 생산요소로 사용된다고 가정했다. 그리고 각 국가의 특정 상품의 노동투입량과 산출량 사이에 관계가 주어졌다고 가정했다. 그 이론에 따르면, 각 나라는 비교우위가 있는 상품을 수출할 것으로 예측된다. 즉, 노동생산성이 다른 상품의 노동생산성에 비해 높은 상품을 수출하는 것이다. 리카르도 모형은 생산 전문화와 무역 패턴, 그리고 무역 이득 분배를 분석하는 데 매우 유용한 틀을 제공한다. 하지만 리카르도의 뛰어난 통찰력과 다르게 그 이론에 대한 실증 연구는 거의 없는 상황이다. 1950년대와 60년대에 McDougall(1951, 1952), Stern(1962)과 같은 연구도 있었지만 너무 제한적이었다. 가장 큰 어려움은 리카르도의 이론이 중요한 생산 요소를 간과한다는 것이다. 예를 들어, 국가 간에 노동생산성이 다른 이유는 뭘까? 자본일 수도 있다. 즉, 자본 사용의 차이가 노동생산성 차이를 야기할 수 있는 것이다. 자본이 풍부한 국가는 자본이 부족한 국가보다 모든 경제 활동에 있어 노동 단위당 자본량이 더 많을 것이다. 물론 생산 분야에 따라 꼭 그렇지 않을 수도 있다. 하지만 생산을 위해 자본의 역할이 중요하다는 사실은 분명하다. 따라서 국가 간 무역패턴을 설명하는데 노동 외에도 자본의 역할이 고려될 필요가 있다.

헥셔-올린 모형은 그 상황에서 새로운 분석 틀을 제공했다. 그들은 농업과 제조업에서 노동, 자본, 그리고 토지의 역할을 강조하면서 노동의 가용성이 그 나라의 생산특화와 무역패턴을 어떻게 결정하는지 설명하려고 했다. 헥셔-올린 이론에 따르면, 자본이 풍부한 국가(즉, 무역 대상국보다 노동 단위당 자본량이 더 많은 국가)는 자본집약재를 수출해야 할 것이다. 요소가격 균등화가 이뤄지지 않는다 하더라도 결과는 마찬가지다. 임금과 비교할 때 자본 임대료가 자본풍부국에서 더 낮기 때문이다. 그 경우, 모든 상품 생산을 위해 자본 투입이 더 많게 된다. 따라서 Lerner(1952)가 보여준 것처럼 자본풍부국은 자본집약재 생산에 비용우위를 갖기에 자본집약재를 수출하게 된다. 즉, 수출 상품이 수입 상품보다 자본 집약적이다.

무역은 주로 국제 상품 거래를 의미하지만 실은 그 무역엔 생산 요소 이동도 담겨 있다고 봐야 한다. 밀과 자동차는 상품이며 수입 또는 수출될 수 있다. 생산 요소는 직접 수입 또는 수출되지 않는다. 하지만 수출 상품 또는 수입 상품 생산에 요소 투입이 역할을 한다. 예를 들어, 수입 밀 한 단위가 토지(1/2) 단위, 노동 3 단위, 물 5 단위로 생산된다고 해보자. 그렇다면 수입 밀 한 단위에 투영된 생산 요소는 토지(1/2) 단위, 노동 3 단위, 물 5 단위인 것이다. 이러한 접근 방식을 이용하면 수출품의 요소 함량, 수입품의 요소 함량, 그리고 순수출의 요소 함량을 계산해 낼 수 있다. 레온티에프(Leontief, 1954)는 자본풍부국이 자본집약재를 수출하는지 실증 분석을 해 봤다. 그는 미국 경제의 다양한 부문에 대해 노동-산출량과 자본-산출량 비율을 계산한 다음, 수출 상품에 얼마나 많은 노동과 자본이 포함되어 있고 수입 상품에 얼마나 많이 포함되어 있는지 계산해 보았다. 놀랍게도 레온티에프는 1947년에 수입에 포함된 자본-노동 비율이 수출에 포함된 비율을 60% 초과했다는 사실을 발견했다.

　　더욱 놀라운 사실은 전쟁 후 미국이 세계에서 가장 자본이 풍부한 나라로 여겨졌고 헥셔-올린 이론은 그러한 나라에서는 수입 상품보다 수출 상품의 자본 집약도가 더 높을 걸로 예측한다는 것이다. 그의 발견은 '레온티에프 역설'로 알려졌있다. 다른 연구자들에 의해 보완된 자료를 통해 추가 분석을 시도했지만, 그 역설은 사라지지 않았다. 레온티에프는 그 역설에 대해 자신의 해결책을 제시했다. 그는 미국의 투입-산출 계수가 수입에도 적용된다는 가정을 사용했는데, 이는 외국 공급업체가 국내 생산자와 동일한 생산 기술을 사용한다고 전제한 결과다. 모든 나라가 동일한 기술을 사용하고 생산요소 가격이 동등하면 그 전제는 타당하다. 하지만 레온티에프는 미국 근로자가 외국 근로자보다 생산성이 높다면 미국은 노동집약적인 상품을 수출할 수 있다고 지적했다. 이론은 예측력 때문에 의미가 있다. 그렇다면 헥셔-올린 정리는 실제 예측력이 있을까? 미국은 그 어느 나라와 비교해 보아도 자본이 풍부하다고 볼 수 있다. 헥셔-올린 모형에 따르면, 미국은 자본풍부국이라고 해야 할 것이다. 그 모형이 도출한 결론이 맞다면, 자본풍부국 미국은 자본집약재를 수출하고 노동집약재를 수입해야 할 것이다. 하지만 실증분석 결과, 이론과 다르게 자본풍부국인 미국이 노동집약재를 수출하는 것으로 나타났다. 경제학자 레온티에프(Leontief)는 1953년 자신의 논문[4]에서 '자본풍부국' 미국이 역설적이게도 '노동집약재'를 수출하고 오히려 '자본집약재'를 수입하고 있음을 보여주었다. 레온티에프는 미국의 수출입 통계 자료를 갖고 헥셔-올린 정리에 대해 검증을 시도하는 과정에서 헥셔-올린 정리의 예측과 달리 자본풍부국인 미국의 주요 수출품들이 수입품들보다 더 노동집약적임을 밝혔다. 이는 헥셔-올린 모형의 예측과는 정반대의 결과였다. 레온티에프의 주장은 학계의 많은 관심을 끌게 됐고 그 정반대의 결과를 학자의 이름

---

[4] Wassily Leontief (1953), "Domestic Production and Foreign Trade: The American Capital Position Re-Examined", Proceedings of American Philosophical Society, 97(4), 332-349.

을 따서 '레온티에프 역설(Leontief's Paradox)'이라고 부른다. 미국뿐만이 아니다. 그러한 역설은 많은 나라들에게서도 발견되었다. 그 역설이 발생한 이유를 분석할 필요가 있다.

레온티에프는 그 역설의 이유가 생산요소의 이질성으로 파악했다. 미국의 노동생산성이 다른 나라들에 비해 압도적으로 높았기 때문에 미국은 자본풍부국보다 노동풍부국으로 봐야 맞다는 것이다. 그 시각에서 보면 레온티에프가 찾아낸 연구결과가 역설이 아닐 수도 있다. 그리고 당시 미국은 원유와 같은 천연자원을 세계에서 가장 많이 수입하고 있었다. 그러한 천연자원 수입이 자본집약재 수입으로 여겨진다는 것이다. 이유는 또 있다. 단순한 노동력과 인적자본은 다르다. 뒷장에서 인적자본에 대해 다시 설명하겠지만, 인적자본을 자본에 포함시킨다면 미국은 사실상 자본집약재를 수출하고 있었던 것으로 볼 수 있다. 수요 측면에서 문제 제기도 가능하다. 즉, 미국인들의 선호체계가 달라 역설이 나타났다는 설명이다. 미국인들이 자본집약재를 선호하기에 자본집약재 수입을 많이 할 수밖에 없었다는 설명도 가능하다. 다른 시각도 있다. 관세 때문에 노동집약재에 대해 무역장벽이 형성되었기 때문에 노동집약재 수입이 적었다는 목소리도 있다. 생산요소 가격이 과도하게 변하면 요소집약도 역전이 발생할 수 있다. 즉, 자본집약재가 노동집약재로 변하고 노동집약재가 자본집약재로 변할 수 있다는 것이다. 물론 그 경우 헥셔-올린 정리가 더 이상 성립하지 않게 될 것이다.

레온티에프의 연구는 미국만을 분석 대상으로 했다. 레온티에프의 연구에 이어 해리 보웬(Harry Bowen), 에드워드 리머(Edward Leamer), 레오 스베이코스카스(Leo Sveikauskas) 등은 미국을 포함해 세계 27개국 나라를 분석했다. 요소부존량이 무역 패턴을 결정하는지를 조사해 보기 위해서였다. 그들은 자신들의 연구결과를 1987년에 논문[5]으로 발표했다. 그들의 실증분석 결과, 헥셔-올린 모형

---

5) Harry, P. B., Leamer, E. E., and L. Sveikauskas (1987), "Multicountry, Multifactor Tests of the Factor Abundance Theroy", American Economic Review, 77(5), 791-809.

이 예측 하는 대로 무역 패턴이 결정되는 경우는 70% 미만이었다. 즉, 헥셔-올린 모형이 국제무역 패턴을 정확히 설명해내지 못한다는 것이다. 주목해야 할 연구가 또 있다. 다니엘 트레플러(Daniel Trefler)의 1995년 논문6)이다. 그는 '실효노동(effective labor)'이라는 개념을 창안해 '자본풍부국'인 미국이 어떻게 '노동집약재'를 수출하게 되었는지를 설명했다. 미국은 자본풍부국이고 중국은 노동풍부국임은 주지의 사실이라고 볼 수 있다. 하지만 숙련도와 생산성을 따져보면 미국 노동자들은 중국 노동자들을 압도한다. 그렇기에 '숙련노동' 개념으로 파악하자면, 미국은 중국에 비해 노동풍부국으로 분류될 수도 있다. 즉, '숙련노동' 풍부국이 되는 것이다. 레온티에프 연구 결과에 따르면, 자본풍부국인 미국이 노동집약재를 수출한 것으로 보이지만 실제로는 '숙련노동' 풍부국이 그 숙련노동을 바탕으로 노동집약재를 수출하게 된 것으로 설명할 수 있다.

헥셔-올린 모형은 생산요소를 노동과 자본으로만 구분하고 있지만 사실 노동은 '숙련 노동(skilled labor)'과 '비숙련 노동(unskilled labor)'으로 나눌 수 있다. 선진국은 '숙련 노동' 풍부국이고, 개발도상국은 '비숙련 노동' 풍부국이라고 볼 수 있다. 이때 자유무역이 개시되면 각 나라 별로 소득분배 패턴에 변화가 발생하게 된다. 스톨퍼-사무엘슨 정리에 따르면, 자유무역으로 인해 그 나라에 상대적으로 부존량이 풍부한 생산요소를 보유한 이들의 실질소득은 증가하고, 상대적으로 부존량이 희소한 생산요소를 보유한 이들의 실질소득은 감소한다. 따라서, 자유무역은 선진국 내에서 '숙련 노동자' 임금을 상승시키고 '비숙련 노동자' 임금을 하강시킨다. 비슷한 논리로, 자유무역은 개도국의 '비숙련 노동자' 임금을 상승시키고 '숙련 노동자' 임금을 하강시킨다. 하지만 개도국 내 '숙련 노동자' 임금이 실제로 하락하는지 여부는 확실치 않다. 자유무역을 하게 되면 그 개도국 경제가 성장할 수 있고 그에 따라 그 나라 국민소득 자체가 상승할 수 있기 때문이다. 따라서 분석이 필요한 건 선진국 내 소득분포의 변화일 것이다. 뒷장

---

6) Trefler, D. (1995), "The Case of the Missing Trade and Other Mysteries", American Economic Review, 85(5), 1029-1046.

에서 상세히 다시 서술하겠지만, 최근 선진국에선 중산층 감소 현상이 두드러지고 있다. 상위계층의 소득은 크게 증가하고 있는데 반해 중산층은 소득이 크게 감소하고 있는 것이다. 하위계층도 소득이 크게 증가하고 있다. 1990년대 이래, 주요 선진국들은 대부분 '중간층' 일자리가 감소하고 있다. 그 원인으로 '기술진보'와 '국제무역'이 지목되고 있다. 기술진보가 선진국에서 상위층과 하위층 일자리들을 더 만들어내는 반면 중간층 일자리를 줄인다는 주장이 제기되고 있다. 헥셔-올린 모형도 자유무역이 선진국 내 중간층 일자리를 감소시키는 현상을 설명할 수 있다. 선진국 내 상위층 일자리를 '숙련직'으로 보고 중간층 일자리를 '비숙련직'으로 파악하면, 자유무역에 따라 선진국 내 중간층 일자리가 줄어들고 중간층 소득이 감소하는 현상을 설명할 수 있다.

헥셔 ― 올린 이론에 대한 비판

'비교우위'에 입각한 무역 이론은 리카르도 모형이 시작이었다. 하지만 리카르도 모형은 한계가 있었다. '노동'이라는 생산요소 하나만 분석했기 때문이다. 리카르도 모형을 보완하기 위해 헥셔-올린 모형이 만들어졌고 실제 리카르도 모형에 비해 이론적으로 많은 강점을 지니고 있었다. 하지만 헥셔-올린 모형도 다음과 같은 비판에 직면하게 되었다.

현실적으로 생산요소가격 균등화가 실현되지 않는 경우가 대부분이다. 자유무역을 통해 나라 간에 균등화될 것으로 예측됐던 생산요소 가격들이 오히려 더 큰 격차를 보이기도 했다. 헥셔-올린 모형은 모든 무역 참여국들은 같은 재화를 생산한다고 가정한다. 하지만 실제로 생산되어 국제적으로 거래되는 재화들이 동질적이지 않은 경우가 많다. 헥셔-올린 모형은 무역 참여국들이 서로 동일한 기술을 보유하고 있다고 가정하지만 이는 매우 비현실적이다. 나라 간에 매우 큰 기술 격차가 존재하기 때문이다. 개발국과 개도국 간에 생산 기술이 동일하다는데 어느 누구도 동의할 수 없을 것이다. 서로 다른 수준의 생산 기술로 인해 투입된 생산요소가 발현하는 생산성에 차이가 나타날 수밖에 없다. 예를 들면, 노동 숙련도가 다를 수 있고 업무 능력 역시 다를 수 있다. 그에 따라 나라 간에 생산성 차이가 발생할 수밖에 없는 것이다. 그렇게 생산성 차이가 난다면 생산요소 가격, 즉 임금과 이자 역시 차이가 날 수밖에 없다.

헥셔－올린 모형은 수송비용, 즉 무역비용 발생 가능성을 고려하지 않는다. 하지만 현실적으로 무역장벽이 존재하고 있고 경우에 따라 그 벽은 매우 높다. 아무리 자유무역을 가정한다고 하더라도 무역을 위해 수송비용은 발생하지 않을 수 없다. 수출품과 수입품들을 실어 태평양을 건너는 과정에서 수송비용이 발생하지 않는다고 가정하면 이는 매우 비현실적이다. 따라서 어떤 무역 이론 모형이 무역비용을 포함하고 있지 않다면 그 모형은 설명력에 한계가 있을 수밖에 없다. 물론 그 수송비용이 크지 않다면 무역패턴에 미치는 영향은 미미하다고 볼 수 있을 것이다. 하지만 세계적으로 무역장벽은 생각보다 높을 수 있고, 수송비용 역시 지역에 따라 매우 크게 발생할 수 있다. 따라서 무역장벽이나 수송비용은 나라 간에 재화 상대가격이 수렴하지 못하도록 방해할 수 있고 그에 따라 생산요소가격 균등화도 실현되기 어려운 것이다.

헥셔－올린 모형의 예측과는 다르게 실은 같은 나라 안에서도 생산요소 이동이 쉽지 않다. 그렇기에 자유무역을 하더라도 풍부한 생산요소를 집약적으로 사용하는 산업 중심으로 생산량 확대가 쉽지 않다. 쉽게 설명하면, 근로자들의 이직이 쉽지 않기 때문이다. 예를 들어, 자유무역이 개시됨에 따라 그 나라가 의류산업의 경쟁력을 잃었다고 해서 의류산업 종사자들이 스마트폰 산업으로 이직이 쉽지 않을 것이다. 헥셔－올린 모형은 자유무역을 통해 상대적으로 풍부한 생산요소 보유자들이 무역이득을 얻고, 상대적으로 희소한 생산요소 보유자들이 무역으로 손실을 볼 것이라고 예측한다. 하지만 현실적으로 그렇지 않은 경우도 많다. 헥셔－올린 모형은 자유무역이 재화가격 변화를 초래하고 그에 따라 소득

분배가 발생한다고 하지만 자본집약재, 즉 특히 '기술' 집약적 재화 가격은 하락을 기대하기 어렵다. 가격 경직성이 발견된다. 오히려 더욱 상승하는 경향도 있다.

헥셔-올린 모형은 나라 간에 그리고 같은 나라 안에서도 노동력이 모두 동질적이라고 전제한다. 하지만 이는 현실적이지 않다. 노동력도 세부적으로 재분류가 가능하다. 이미 언급한 바 있지만, 고임금을 받는 '숙련노동'과 저임금을 받는 '비숙련노동'으로 나눌 수 있다. 따라서 비교우위를 따져보고 헥셔-올린 이론을 확장 적용해 보면, '비숙련' 노동력이 풍부한 나라에서는 자유무역을 통해 '비숙련' 노동 임금이 상승해야 하겠지만 '비숙련' 노동 임금보다 '숙련' 노동 임금이 더 상승하는 현상이 일어난다. 실제로 북미자유무역협정(NAFTA)을 맺은 이후 멕시코에서는 비숙련 노동자들이 풍부함에도 불구하고 숙련노동 임금이 비숙련노동 임금보다 더 빠르게 상승했다. 헥셔-올린 정리를 적용해 보면 멕시코가 미국과 캐나다에 비해 비숙련 노동력이 풍부하기 때문에 북미자유무역협정(NAFTA)을 통해 멕시코의 비숙련 노동자들이 수혜자가 되었어야 맞다. 하지만 현실은 달랐던 것이다.

헥셔-올린 모형은 내수 비중이 높은 나라에 대해선 설명력이 부족할 수 있다. 예를 들어, 미국은 내수 비중이 높고 한국은 무역의존도가 매우 높다. 미국의 경우 자유무역이 재화가격과 임금에 주는 영향이 크지 않을 수도 있다. 그리고 소득분배는 자유무역을 통해서도 발생하지만 자국 내 경제 환경 변화를 통해서도 발생 가능하다. 기술의 변화, 소비자들의 기호변화, 부존자원의 고갈과 새로운 자원 및 대체 에너지 발견 등에 따라 자국 내 소득분배 패턴이 변화할 수 있는 것이다. 따라서 자유무역을 통해 소득분배 패턴 변화가 관찰되었다 하더라도 그 현상이 무역을 통해 나타난 것인지 아니면 그 나라 안의 특수한 상황 변화에서 비롯된 것인지를 정확히 파악하기 어려울 수도 있다.

궁핍화 성장

　나라 간에 대개 재화가격이 다르다. 만약 나라 간에 재화가격이 같다면 무역을 할 필요가 없을 것이다. 어떤 두 나라 간에 무역이 이뤄지고 있다면 그 두 나라 간에 재화가격이 서로 다르기 때문이라고 보면 된다. 무역이 이뤄지기 위한 필요조건이 바로 두 나라 간 재화가격의 상이함이다. 재화가격이 다른 이유는 뭘까? 연구자들은 그 이유를 크게 두 가지로 파악한다. 첫째는 비교우위 모형을 창안한 리카르도의 주장대로 나라 간의 '기술수준' 차이 때문이라고 본다. 둘째는 헥셔―올린이 설명한 대로 '요소 부존량' 차이 때문이라고 본다. 앞서 헥셔―올린 정리를 설명할 때 각 나라에서 어떻게 생산이 이뤄지는지를 분석했다. 즉, 생산가능곡선과 등가치선이 접하는 점이 그 나라의 '소비가능성'을 극대화시키는 최적의 생산점이라고 했다. 소비가능성 극대화를 위한 조건은 생산가능곡선의 기울기와 등가치선의 기울기가 같은 것이다. 등가치선은 각 재화에 가격과 그 생산량을 곱해 모두 더한 것이다.

　의류와 스마트폰 두 재화를 다시 생각해 보자. 이때 의류 가격을 P_c라고 하고 의류 생산량을 X_c라고 한다. 그리고 스마트폰 가격을 P_s라고 하고 스마트폰 생산량을 X_s라고 한다. 그랬을 때, 그 나라가 한 생산 가능한 점에서 생산해 얻을 수 있는 가치는 '$P_c X_c + P_s X_s$'가 된다. 즉, 가격이 상승하거나 생산량이 많아지면 가치가 커지는 것이다. 등가치선을 '$I = P_c X_c + P_s X_s = I(X_c, X_s)$'라고 정의하자. 의류 가격 P_c와 스마트폰 가격 P_s가 주어졌을 때, 등가치선 상에 있는 모든 생산량 조합 (X_c, X_s) 들은 같은 크기의 가치를 만들어 낸다. 따라서 등가치선이 원점에서 최대한 멀어질수록 가치가 더 커지는 것이다. 생산가능곡선과 등가치선이 접하는 점에서 최적 생산이 이뤄지는데 그 접점에서 생산가능곡선의 기울기와 등가치선의 기울기가 같다. 그 기울기는 두 재화 간의 상대가격이다. 즉, 상대가격에 따라 재화 생산량이 결정되는 것이다. 이때 의류의 상대가격이 상승하면 의류의 상대적 공급량이 증가한다. 이는 도해적인 설명이 없어도 직관적으로 파악 가능하다. 자유무역이 이뤄지고 세계적으로 의류 가격이 상승한다면 자국 내에서 의류 생산을 늘리기 위해 가용자원을 더 많이 활용할 것이기 때문이다. 더 쉽게 말하면, 싼 것보다 비싼 것을 더 많이 생산하려는 것이다. 상대가격 말고도 생산 기술 또는 부존자원도 재화 생산량에 영향을 줄 것이다.

두 나라 한국과 베트남을 다시 생각해 보자. 두 나라는 보유한 생산기술 수준이 다르고 요소 부존량도 다르다. 그에 따라 두 나라의 상대적 공급곡선도 다를 수밖에 없을 것이다. 리카르도의 비교우위 모형을 적용하면, 한국은 스마트폰을 수출하고 베트남은 의류를 수출한다. 이는 한국이 스마트폰을 상대적으로 더 적은 비용을 들여 생산할 수 있고, 베트남은 의류를 상대적으로 더 적은 비용을 들여 생산할 수 있기 때문이다. 리카르도 이론에 따르면, 두 나라 간 비교우위를 점하는 재화가 서로 다른 이유는 '기술수준' 차이이고, 헥셔―올린 이론에 따르면 '요소 부존량' 차이이다. 한국은 기술수준 또는 요소 부존량 덕분에 스마트폰에 편향적인 생산가능곡선을 갖게 되고, 베트남은 포도주에 편향적인 생산가능곡선을 갖게 된다. 생산가능곡선 형태가 다르면 두 나라 간 재화의 상대가격이 같다고 하더라도 상대적 공급량은 다를 수밖에 없을 것이다. 따라서 한국은 스마트폰을 더 많이 생산하는 반면 베트남은 의류를 더 많이 생산하는 것이다.

또 하나 생각해 볼 것이 있다. 자국 또는 무역 상대국인 외국의 경제성장이 교역조건을 악화시킬 수 있다는 사실이다. 여기서 경제성장이란 생산가능곡선의 확장을 의미한다. 즉, 그 나라가 보유한 기술수준 또는 요소부존량이 달라지면서 생산가능곡선이 확장될 수 있는 것이다. 그 결과 상대적 공급곡선 위치가 달라지게 되고 그 경우 교역조건도 달라질 수밖에 없다. 이는 재그디쉬 바그와티가 제기한 '궁핍화 성장(immiserizing growth)' 문제에 닿는다. 즉, 비교우위에 입각한 자유무역이 교역조건을 악화시켜 후생손실을 가져올 수 있다는 주장이다. 물론 대부분의 연구자들은 그와 같은 주장에 동의하지 않는다. 하지만 논란은 항상 존재한다. 그 주된 이유는 생산가능곡선이 편향적으로 성장하면 그 곡선 형태가 변형되기 때문이다. 그렇게 되면 상대적 공급곡선 위치가 달라지게 된다. 즉, 그 나라가 보유한 기술수준 또는 요소부존량이 변하면서 생산가능곡선 형태가 변하는 것이다. 생산가능곡선은 비교우위를 지닌 재화 생산이 유리한 쪽으로 편향 성장할 수도 있고, 비교열위를 지닌 재화 생산이 유리한 쪽으로 편향 성장할 수도 있다. 전자의 경우를 '수출편향성장(export-biased growth)'이라고 하고 후자의 경우를 '수입편향성장(import-biased growth)'이라고 한다.

이해를 쉽게 하기 위해 한국과 베트남을 다시 생각해 보자. 스마트폰을 수출하는 한국 입장에서 교역조건이 개선되려면 국제시장에서 스마트폰의 상대가격이 상승해야 할 것이다. 교역조건이 개선되는 경우는 자국의 수입편향성장(import-biased growth)이 있거나 외국의 수출편향성장(export-biased growth)이 있는 경우이다. 한국 관점에서 수입 재화인 의류 생산이 늘어나는 방향으로 기술수준이 향상된다면, 세계시장에서 의류의 상대적 공급이 줄어든 결과가 나타나고 의류의 상대가격이 상승하게 된다. 따라서 한국의 교역조건이 개선된다. 정리하자면, 자국의 수입편향성장(import-biased growth) 또는 외국의 수출편향성장(export-biased growth)이 자국이 비교우위를 점하고 있는 수출재화의 상대적 공급을 감소시켜 교역조건을 개선시키게 된다. 자국의 수출편향성장(export-biased growth) 또는 외국의 수입편향성장(import-biased growth)은 자국이 비교우위를 점하고 있는 수출재화의 상대적 공급을 증가시켜 교역조건을 악화시킨다.

리카르도는 비교우위에 입각해 자유무역을 하게 되면 무역이득을 얻는다고 역설했다. 그 무역이득은 소비가능성 확대로 나타난다. 즉, 그 나라 전체 후생 수준이 향상되는 것이다. 그런데 비교우위를 지닌 재화 생산에 특화하여 그 생산이 증가할수록 교역조건이 악화된다. 자국의 수출편향성장이 교역조건 악화로 이어지는 것인데 이때 한 가지 전제가 필요하다. 바로 자국의 상대적 공급 변화가 세계시장에서 상대적 공급에 영향을 미치지 않아야 한다는 것이다. 만약 자국이 세계시장에 영향을 미치지 않을 만큼 작은 나라라면, 자국의 상대적 공급 변화가 세계시장에서 상대적 공급에 변화를 초래하지 않을 것이다. 어떤 한 나라 내에서 공급량 변화가 세계시장 공급에 영향을 미치는 경우도 있다. 원유, 철광석, 농산물 등과 같은 1차 상품 시장에서 그와 같은 현상이 자주 나타난다. 1차 상품은 특정 국가에서 공급량이 변동하면 세계시장에서 가격변동으로 이어지게 된다.

예를 들어, 중동 산유국들이 원유 감산에 들어가거나 그 나라들 간에 분쟁이 일어나면 원유가격이 상승하게 된다. 그러한 이유로 인해 중동 또는 중남미 나라들은 비교우위에 입각한 무역이 자신들의 수출품 생산을 증가시켜 교역조건을 악화시키고 자국에 후생손실을 초래한다고 생각하는 것이다. 교역조건 악화에 대한 우려는 후진국만 하는 것이 아니다. 선진국도 같은 우려가 있다. 특히 선진국이 우려하는 것은 후진국들의 가파른 경제성장이다. 과거엔 개발국과 개도국들의 기술수준 차이가 컸기 때문에 비교우위 재화도 서로 다를 수밖에 없었다. 하지만 개도국 경제가 성장하고 개발국을 모방해 기술진보를 이루게 되자, 과거 개발국들이 비교우위를 지녔던 재화들을 생산해 내기 시작했다. 개도국들이 수입편향성장을 하게 된 것으로 평가할 수 있다. 그에 따라 개발국 입장에서는 외국의 수입편향성장으로 인해 자신들이 비교우위를 지녔던 재화의 상대적 공급량이 늘어나게 되고 교역조건이 악화될 수 있다는 우려가 제기되는 것이다. 최근 개발국 내에서 개도국의 가파른 경제성장을 향해 우려하는 목소리가 많아지고 있다.

CHAPTER 03

신 무역 이론

과거에도 국제 무역이 주는 이익에 대한 이해가 있었다. 선사 시대에도 무역이 존재했다. 약 10,000년 전에 흑요석 무역을 했다고 전해진다. 플라톤의 아카데미는 아테네가 행한 은 수출의 이익을 바탕으로 세워졌다. 무역은 한때 지역적으로 생산되거나 또는 채굴된 것들에 한정된 경향이 있었다. 즉, 그 지역에 풍부하거나 만들기 쉬운 걸 수출하고 그 지역에서 희소하거나 만들기 어려운 걸 수입했던 것이다. 고전적 무역 이론은 과거 20세기 초반까지의 무역패턴을 잘 설명할 수 있었다. 당시 나라들은 자국이 생산하기 어려운 재화를 수입하는 경향이 있었다. 예를 들면, 유럽의 나라들은 인도에 공산품을 수출하고 인도에서 향료를 수입하는 식이었다. 비슷한 나라들끼리는 무역을 할 유인이 적을 수밖에 없었다. 특히 산업혁명에 성공한 1910년대 영국은 자신들이 가진 제조업 상품들을 주로 수출하고 비제조업 상품들은 수입에 의존했다. 물론 찾아보면 제조업 상품들의 수입도 있고 비제조업 상품들의 수출도 있긴 했겠지만 그 비중은 크지 않았다. 서로 다른 산업 간에 무역이 실현되고 있었던 것이다.

고전적 무역 이론에 따르면 각 나라가 서로 다른 특성을 지니고 있기 때문에 무역이 발생한다고 설명한다. 리카르도 이론은 나라 간에 노동생산성의 차이가 있다고 전제하고 헥셔-올린 이론은 나라 간에 부존 자원량에 차이가 있다고 전제한다. 리카르도가 말하는 노동생산성 차이는 기술 수준의 차이라고 볼 수 있다. 나라들 간에 기술력 격차가 커지면서 최근 리카르도 이론에 재해석이 이뤄지고 있다. 그 모형을 활용한 연구도 많아졌다. 어쨌든 고전적 무역 이론에 따르면, 나라 간 기술수준과 부존자원량 등이 비슷하면 무역이 발생하지 않을 것으로 예측된다. 고전적 무역 이론은 큰 특징이 있다. 어떤 한 나라에서 생산 특화된 재화만 수출하고 다른 재화는 수입한다. 즉, 어떤 한 산업은 수출을 하고 다른 한 산업은 수입을 하는 것이다. 그렇기에 '산업 간 무역(Inter-Industry Trade)'이라고 한다. 같은 산업 내에서는 무역이 발생하지 않는다고 본다. 리카르도 모형에서는 비교우위를 지닌 재화를 수출하고, 비교열위를 지닌 재화는 수입한다. 헥셔-올린 모형도 기본적인 함의는 크게 다르지 않다. 비교우위의 재화를 수출하고, 비교열위의 재화를 수입한다. 다만 그 비교우위가 자원부존량에 의해 결정될 뿐이다. 즉, 상대적으로 자본이 풍부하면 자본집약재 생산에 비교우위가 존재한다. 상대적으로 노동이 풍부하면 노동집약재 생산에 비교우위가 존재한다. 따라서, 자본풍부국은 자본집약재를 수출하고 노동집약재를 수입한다. 노동풍부국은 노동집약재를 수출하고 자본집약재를 수입한다. 같은 산업 내에는 무역이 발생하지 않고 서로 다른 산업 간에 무역이 발생하는, 즉 '산업 간 무역'인 것이다.

무역 이론이 규명하고자 하는 것은 바로 무역을 하는 이유이다. 왜 나라 간에 무역이 이뤄지느냐이다. 그 이유는 쉽다. 무역을 통해 '무역이득'을 얻기 때문이다. 그 무역이득이 무엇인지 그리고 자유무역이 한 나라 안의 소득분배에 어떤 영향을 미치는지를 같이 분석할 수 있다. 리카르도 이론과 헥셔-올린 이론이 무역 이론의 고전이라고 볼 수 있다. 현대에 들어 헥셔-올린 이론의 설명이 현실과 잘 부합하지 않는다는 비판에 직면했다. 일차 산업 상품들 무역에 대해선 헥셔-올린 이론이 설명력을 갖추었지만 공산품 무역에 대해선 설명력이 미약하다는 것이다. 공산품은 노동과 자본이라는 생산요소 이외에도 기술력, '규모의 경제' 그리고 '제품 차별화' 등 여러 요인들에 의해 무역패턴이 좌우될 수 있기 때문이다. 특히 시간이 갈수록 산업이 더욱 고도화되고, 1차 산업이 차지하는 무역 비중이 줄어들면서 헥셔-올린 이론의 설명력이 더 미약해질 수밖에 없다.

현대 무역의 패턴에는 중요한 특징이 있다. 첫째, 산업 내 무역의 증가이다. 즉, 유사한 제품의 양방향 무역이다. 자동차를 생산하는 나라에서 자동차를 수출하고 동시에 자동차를 수입한다. 둘째, 거대 다국적 기업들에 의한 무역이다. 산업 내 무역과 거대 다국적 기업의 중요성이 커지면서 경제학자들은 무역 이익에 대해 생각을 바꾸었다. 과거에는 산업 간 비교우위에서 비롯된 이익에 초점을 맞췄다. 현대에 들어, 무역에서 얻는 이익의 세 가지 원천에 초점을 맞추게 되었다.

하나, 산업 내 무역과 관련된 소비 다양성이다. 둘, 노동과 자본이 작고 덜 생산적인 기업에서 크고 더 생산적인 기업으로 이전하며 자원배분 효율성이 높아지고 그에 따라 이익이 발생한다. 셋, 무역으로 인한 혁신과 그와 관련해 생산 효율성이 제고되어 이익이 나타난다. 이미 언급한 대로 오늘날의 무역패턴은 과거와는 많이 다른 모습이다. 특기할 만한 것은 제조업 상품의 무역 비중이 매우 크게 증가했다는 점이다. 중요한 사실이 있다. 제조업 상품들이 많아지면서 어떤 상품들은 수출을 하면서 동시에 수입도 이뤄지고 있다는 점이다. 예를 들면, 현재 한국은 자동차를 수출하면서 동시에 자동차를 수입하고 있다.

즉, 같은 산업 내에서 무역이 이루어지고 있는 것이다. 그래서 이를 '산업 내 무역(Intra-Industry Trade)'이라고 부른다. 무역패턴이 과거와는 많이 다르기 때문에 고전적 무역 이론으로만으로 무역 현상을 설명하는 데 한계가 뚜렷하다. 1910년대 영국은 주로 비유럽 국가들과 무역을 했지만, 현재 영국은 유럽 나라들과도 무역을 많이 하고 있다. 한국을 보더라도 '산업 내 무역' 경향은 뚜렷하다. 비슷한 산업구조를 가진 미국, 유럽, 일본, 그리고 중국과 무역량이 많다. 산업 내 무역 비중이 매우 높다. 주목할 것은 수출하는 상품과 수입하는 상품들이 서로 차별화된다는 점이다. 이러한 현실을 보다 잘 반영할 수 있도록 1970년대 후반부터 새로운 이론 정립의 움직임이 나타나기 시작했다. '신 무역 이론'이 등장하게 된 배경이다.

공산품 무역에 초점을 맞추고, 헥셔-올린의 이론적 한계를 극복하기 위해 등장한 새로운 사조의 무역 이론을 '신 무역 이론'이라고 통칭한다. 그 이론은 무역현상을 다양한 각도에서 설명하고 있다. 고전적 이론은 일반균형분석에 의존하는 경향을 보이는 반면 신 무역 이론은 대개 부분균형분석에 의존하는 경향을 보인다. 오늘날 무역패턴의 특징을 간략히 하면 다음과 같다. 첫 번째, 서로 비슷한 나라들 간의 무역이 많다는 것이다. 두 번째, 같은 산업 내에서 무역이 많다.

세 번째, 차별화 제품의 무역이 많다. 실은 그 세 가지 특징들을 하나로 종합하면 바로 '산업 내 무역'인 것이다. 그 '산업 내 무역'을 설명하기 위해 '신 무역 이론'이 등장했다고 볼 수 있다. 생산규모에 대한 보수 증가와 그에 따른 제품 차별화에 초점을 맞춘 것이다. '신 무역 이론'의 선구자는 폴 크루그만이다.

뒷장에서 다시 언급하겠지만 그는 한국의 금융위기 예측과 관련해서도 한국에 매우 잘 알려져 있는 학자이다. 그는 1979년에 한 연구논문[7]을 발표하며 무역 이론을 위해 새로운 장을 열게 됐다. 크루그먼은 '신 무역 이론'과 '경제지리학'을 개발한 공로를 인정받아 2008년 노벨경제학상을 수상하게 된다. 엘하난 헬프만과 지니 그로스만 역시 여러 연구를 통해 신 무역 이론에 기여하고 있다. 새로운 이론이 계속해서 등장할 것으로 예상된다.

핵심은 소비 다양성이다. 즉, 소비자는 다양성을 선호한다는 것이다.[8] 생산 방식에 있어서도 '규모'를 강조한다. 2000년대 들어 무역 이익이 새롭게 설명되고 있다. Melitz(2003)와 Bernard, Eaton, Jensen, Kortum(2003)의 연구는 '기업 이질성'을 전제하고 '재분배' 효과를 역설했다. 즉, 같은 산업에서 활동하는 기업들이 모두 이질적이라는 것이다. 어떤 기업은 다른 기업보다 크고 생산성이 높으며 더 큰 이윤을 창출할 수 있다. 시장개방과 무역에 따라, 그 산업 내 기업들 간의 수혜와 피해가 엇갈리게 된다. 무역을 통해 성장하는 기업이 존재하고 퇴보하는 기업이 존재하는 것이다. 경쟁력 있는 기업은 무역을 통해 더욱 번창하고 외국 시장으로 사세를 확장해 가는 반면, 경쟁력 없는 기업은 더욱 축소되고 심지어 퇴출된다. 그 과정에서 새로운 무역 이익이 만들어진다. 즉, 보다 경쟁력 있는 기업으로 생산이 집중되면서 그 산업의 전반적인 효율성이 향상되는 것이다.

---

7) Paul Krugman (1979), Increasing returns, monopolistic competition, and international trade.
8) 크루그먼(1979, 1980), 헬프먼과 크루그먼(1985), 헬프먼(2011, 4장)을 참조

이런 식으로 세계화는 산업 내에서 평균 효율성을 높인다. 세계화는 시장을 확대시키지만 아울러 경쟁도 강화시킨다. 그에 따라, 생산성 높은 회사는 유리하고 생산성 낮은 회사는 불리해지는 것이다. 문제는 고정비용이다. 직접 수출을 하건, 중간재 요소 조립를 위해 해외 아웃소싱을 하건, 해외에 직접 공장을 건설하건 모두 고정비용을 수반한다. 그 고정비용을 감당하기 위해선 최소 매출량이 필요한 것이다. 무역에서 얻는 세 번째 이익의 원천은 바로 혁신이다. 생산성 향상과 새로운 제품을 개발하기 위해선 연구 개발 비용이 들어간다. 무역 통합은 시장 규모를 확대하여 기업들로 하여금 그러한 비용을 감당하도록 하고, 이는 차례로 생산성 향상 결과를 가져온다. 무역과 혁신 간에는 큰 상관관계가 있다. 예를 들어, Intel과 Apple은 특허를 많이 보유하고 있다. Foxconn은 중국 특허의 40% 가까이를 보유하는 중이다. Lileeva와 Trefler(2010)는 무역 통합을 통한 시장 확대 효과가 어떻게 혁신을 장려하는지 이론적으로 보여줬다. Verhoogen(2008), Bustos(2011a,b), Aw, Roberts, and Xu(2011)의 연구도 비슷한 시각에서 무역과 혁신을 분석했다. 1989년 캐나다는 미국과 더욱 긴밀한 경제 통합을 이룬 후 여러 산업들의 총생산성 수준이 향상된 것으로 나타났다. 총생산성 수준 향상에 대한 관련 문헌은 많지만 그 이론을 제시하는 Melitz(2003)와 Bernard, Eaton, Jensen, Kortum(2003)들이 꼽힌다. 그 외에도 다국적 기업이 해외로 눈을 돌려 생산의 핵심 부분을 '아웃소싱'하는 것처럼 기업의 경계가 국경을 넘어 어떻게 진화하는지에 대한 분석도 많다. 그에 대한 연구는 Antràs와 Rossi-Hansberg(2008) 문헌 연구를 참고할 수 있다.

규모의 경제와 제품 차별화를 강조하는 새로운 무역 이론이 1980년대에 등장했다. Helpman(1984)은 규모의 경제를 가진 무역에 대한 문헌을 검토하고, Krugman(1995)은 차별화된 제품과 독점적 경쟁을 가진 무역에 대한 문헌을 검토했다. 그 새로운 이론은 헥셔-올린 이론을 보완하는 게 목적이었다. 이를 위해, 규모의 경제, 제품 차별화 등의 개념이 필요했다. 헬프먼과 크루그먼(1985)은 이러한 접근 방식을 통해 산업 내 무역을 설명하고자 했다. 헥셔-올린 이론에 따르면, 비교우위는 요소부존량에 따라 결정된다. 그렇다면 요소부존 패턴이나 양이 비슷한 국가들보다 그 패턴과 양이 다른 국가들 간에 무역이 발생하는 게 자연스럽다. 하지만 무역 패턴을 관찰해 보면 요소부존 패턴과 양이 비슷한 국가들인 경우가 많다. 앞서 언급한 대로, 한 나라가 자동차를 수출하고 자동차를 수입하는 현상이 보편적이다. 즉, 양방향 무역인 것이다. 1996년에 유럽 연합의 15개국은 2조 달러가 조금 넘는 상품을 수출(및 수입)했으며, 그 무역의 약 65%가 EU 내에서 이루어졌다. 유럽이 일본에서 수입한 게 유럽이 아프리카 전체에서 수입한 것보다 많았고 중동 전체에서 수입한 것보다 두 배 이상 많았다. EU 국가들은 아프리카와 중동처럼 환경이 전혀 다른 경제권보다 유사한 경제권과 더 많이 무역을 했던 것이다. 개발국은 개도국보다 비슷한 개발국을 상대로 더 많은 무역을 하는 경향이 있다.

헥셔-올린 이론에 따르면 그러한 산업 내 무역은 존재하지 않아야 한다. 데이비스(1995)는 그러나 생산기술의 작은 차이가 헥셔-올린 모형을 통해서도 설명될 수 있다고 주장한다. 헬프먼과 크루그먼(1995)은 규모의 경제성, 제품 차별화 및 다양한 형태의 행동이 요소 가격 균등화와 양립할 수 있으며, 결과적으로 무역의 요소 함량에 대한 바넥 유형 방정식과 양립할 수 있음을 보여주었다. Grossman과 Helpman(1991)은 Vanek 유형 방정식이 연구 개발에 투자하는 경제에서도 유효한 조건을 보여줬다. 모든 국가에서 요소 가격 균등화와 동일한 생산 기술 사용이 규모의 경제와 함께 이루어질 수 있지만, 규모의 경제가 존재하기에 그럴 가능성이 적다는 것이다. 규모의 경제는 그 국가로 하여금 특정 상품 생산 전문화를 유도하여 외국과의 무역 유인을 더 강하게 한다. 그렇기에 경제 수준이 유사한 국가 간의 대규모 무역량이 발생할 수 있는 것이다. 동시에 규모의 경제는 국가가 다른 생산 기술을 사용할 가능성을 높인다. 특히, 학습을 통한 행동 또는 연구 개발 투자에 의해 주도되는 규모의 경제가 역동적으로 나타나는 경우,

일부 기업은 경쟁사가 이용할 수 없는 기술에 접근할 수 있게 된다. 국제 무역을 이해하는 데 있어 기술개발에 대한 연구가 중요한 이유다.

산업 내 무역에 대한 최초의 포괄적 연구는 Grubel과 Lloyd(1975)가 수행했다고 볼 수 있다. 그들은 잠깐 언급한 산업 내 무역 지수를 고안했고, 그 지수가 여러 국가들에서 높았음을 보여주었다. 산업 내 무역 이론이 제대로 개발되기 전에도 Loertscher와 Wolter(1980)는 몇가지 산업 내 무역 패턴을 찾았다. 그들은 무역 상대국이 고도로 발달하고 비슷한 수준의 개발 단계에 있을 때, 그리고 무역 상대국이 대규모이고 서로 규모 간에 큰 차이가 없을 때 산업 내 무역의 비중이 높다는 사실을 발견했던 것이다. 광범위한 산업 내 무역을 설명하기 위해 제품 차별화가 소개됐다. 즉, 많은 제품들이 브랜드로 차별화되었다. 그 차별화는 아침 시리얼, 치약 또는 의류와 같은 단순한 제품에서 자동차, 컴퓨터 또는 의료기기처럼 첨단 제품에 이르기까지 다양하다. 많은 중간재도 차별화가 가능하다. 예를 들어, 드릴링 머신과 마이크로프로세서와 같은 중간 투입물이 대표적이다. 제품차별화 이론은 보편적으로 적용 가능하고 규모의 경제를 포함한다.

규모의 경제

리카르도와 헥셔-올린과 같은 고전적 무역 이론엔 큰 특징이 있다. 바로 생산량이 증가한다고 해서 그 생산을 위해 소요되는 생산비용이 변하지 않는다는 것이다. 즉, 보다 많은 양을 생산한다고 해도 유리할 것이 없음을 상정하고 있다. 생산규모가 커진다고 해도 비용 감소가 없다고 보는 것이다. 흔히 사업체들이 규모를 키우는 것은 많이 만들기 위해서라고 생각하기 쉽지만 실은 많이 만들면서 유리함도 있기 때문이다. 평균 생산비용이 감축되는 것이다. 신 무역 이론에선 생산주체들이 생산비용 감축을 위해 노력한다고 본다. 그 과정에서 생산방식도 진화하게 된다. 그 과정에서 기술개발도 기술진보도 이뤄진다.

폴 크루그만은 생산주체들이 사업 규모를 키울 유인을 생각해 보았다. 규모를 키워 대량 생산을 하게 되면 평균 생산비용이 절감된다. '규모의 경제(economy of scale)'가 실현되는 것이다. 그렇게 되면 더 저렴하게 팔 수 있고 가격 경쟁력을 확보할 수 있다. 생산주체 또는 기업들이 생산 규모를 키우는 직접적인 이유이다. 단순하다. 인간은 효율적 생산을 위해 노력하고 지혜를 발휘한다. 그 결과 생산비용이 감축될 수 있는 것이다. 그 생산비용이 감축되면 가격수준도 내려가게 된다. 지금까지 리카르도 이론과 헥셔-올리 이론 등과 같은 고전적 무역 이론들은 규모에 대한 수확불변(Constant Return to Scale)을 가정했었다. 수확불변이란 어떤 재화 생산을 위해 생산요소 투입을 어떤 비율로 증가시키면 생산량은 같은 비율로 증가하는 현상이다. 예를 들어, 생산요소 투입을 2배 늘리면, 생산량 또한 2배 증가하게 되는 것이다. 하지만 현실 경제에선 규모에 대한 수확체증(Increasing Return to Scale)이 발생할 수 있다. 수확체증이란 어떤 재화 생산을 위해 생산요소 투입을 어떤 비율로 증가시키면 실제 생산량은 더 큰 비율로 증가하는 현상이다. 그리고 제조업에 있어 규모의 경제(Scale of Economy)는 보편적 현상이다.

고정비용

규모의 경제란 사업을 시작하기 위한 고정비용(Fixed Cost)으로 인해 생산 규모가 커질수록 생산 단위당 평균비용이 감소하는 현상을 말한다. 생산에 들어가는 비용은 두 종류가 있다. 바로 고정비용과 가변비용이다. 고정비용은 상품 생산량에 따라 변하지 않는 비용이고 가변비용은 상품 생산량에 따라 변하는 비용이다. 총비용(Total Cost: TC)은 다음과 같이 총고정비용(Total Fixed Cost: TFC)과 총가변비용(Total Variable Cost: TVC)의 합이다.

$$TC = TFC + TVC$$

총고정비용은 생산을 하기 전 들어가는 비용들을 모두 합친 것이다. 생산설비가 대표적이다. 고전적 무역 이론과 달리 신 무역 이론에서는 '규모의 경제'가 실현되는데 그 '규모의 경제'는 거대한 고정비용 지출에 의해 발생한다. 현대에 들어 기업이 거대해지고 생산설비 역시 거대해지고 있다. 신규로 공장을 지을 때 대부분 거대한 규모로 짓는 경향이 있다. 거대 생산설비 규모를 갖추려면 고정비용이 그만큼 더 많이 들어갈 수밖에 없다. 이렇게 거대 생산설비를 갖추고자 하는 이유는 생산을 쉽게 해 비용을 낮추기 위해서다. 예를 들어 '자동화'를 생각해 보면 쉽다. 큰 비용을 들여 '자동화' 시설을 갖추어 놓으면 추가적 제품 생산이 더 쉬울 것이다. 추가적 제품 생산을 위해 소요되는 비용만 들이면 된다. 그 비용을 가변비용(Variable Cost)이라고 한다. 예를 들어, 추가적 제품 생산을 위해 기계를 돌리기 위해 들어가는 전기요금 그리고 그 기계를 활용하는 직원의 인건비 등을 생각해 보면 가변비용을 이해하기 쉽다. 따라서 생산설비를 크게 갖추어 놓았을 때 대량 생산이 효율적일 수밖에 없다. 생산 단위당 평균 생산비용은 다음과 같다.

$$\frac{TC}{Q} = \frac{TFC}{Q} + \frac{TVC}{Q}$$

$\frac{TFC}{Q}$ 는 생산 단위당 평균 고정비용이다. 대량 생산을 통해 생산량이 커질수록 생산 단위당 평균 고정비용이 더 줄어들게 된다. 따라서 평균 생산비용이 감소한다. 즉, 생산규모가 커져 생산량이 늘어나면 기업은 상품을 더 저렴하게 공급할 수 있게 된다. 기업들이 대규모 생산설비를 추구하는 이유이다. 자동차 산업을 예로 들어보자. 자동차 생산을 위해 먼저 부지를 마련하고 대규모 시설투자가 있어야 한다. 따라서 생산 이전 고정비용이 많이 들어가게 된다. 하지만 한번 시설투자를 마치고 나면 자동차 생산을 위해 주로 들어가는 비용은 전기요금 등과 같은 설비 이용 비용과 노동력 사용을 위한 인건비 등이 주를 이루게 된다. 그러한 비용들은 생산량을 늘릴 때 같이 늘어나는 비용이기에 가변비용이라고

한다. 초기 시설투자를 위해 막대하게 들어가는 고정비용에 비교하면 그러한 가
변비용은 그렇게 크다고 말할 수 없다.

반도체도 마찬가지다. 반도체 생산설비를 갖추려면 초기 투자비용이 많이
들어간다. 하지만 생산설비가 갖춰진 다음엔 반도체를 쉽게 찍어낼 수 있다. 대
량으로 생산하기가 쉬워진다. 만약 어느 누군가가 소량의 반도체를 만들기 위해
전체 생산 공정을 마련하자면 배보다 배꼽이 더 클 수밖에 없다. 역으로 설명하
자면, 대량 생산할 계획이 아니라면 반도체 생산 공정을 마련할 필요가 없게 된
다. 초기 시설투자를 위한 비용, 즉 고정비용이 너무 많이 소요되기 때문이다. 그
렇게 '고정비용'이 많이 들어가는 사업의 경우 생산량이 많아지면 많아질수록 '단
위당 평균비용'이 감소하게 된다. 그렇기에 기업들은 대량 생산을 하는 것이다.
대량 생산을 한 결과 시장도 더 커져야 할 필요가 있다. 자연스레 국제무역이 필
요해진다. 정리하자면, 큰 고정비용을 지출해 대규모 생산시설을 일단 갖추어 놓
으면 효율적 생산을 위해 생산량을 늘릴 수밖에 없는데 그 과정에서 평균 생산
비용이 감소하게 되고 기업들은 가격 경쟁력을 갖추게 된다. 생산 규모가 커지면
커질수록 평균 생산비용이 더욱 감소하게 되므로 가격 경쟁력이 더욱 강화된다.
따라서 기업들은 국제무역을 더욱 원하게 된다. 기업들은 수확증가 현상도 발생
할 수 기대할 수 있다. 생산요소 투입을 2배 늘렸을 때 그 생산량이 2배 이상 증
가할 수 있다는 뜻이다.

신 무역 이론의 핵심은 '규모의 경제'와 '다양성 욕구'라고 볼 수 있다. 한 산
업을 생각해 보자. 그 산업 내에 다수의 기업들이 존재할 것이다. 그 기업들이
생산하는 상품들은 서로 비슷하지만 조금씩 다를 수도 있다. 즉, '차별화' 되어
있다고 표현한다. 존재하는 기업의 수가 많아지면 많아질수록 상품의 다양성은
더 커질 수밖에 없을 것이다. 소비자들은 다양성을 선호한다. 따라서 기업의 수
가 많아지고 다양성이 더 커지면 소비자들의 후생도 더 커진다고 볼 수 있다. 그

렇기에 소비자들 입장에선 기업들의 수가 많아지면 많아질수록 더 좋을 수밖에 없다. 하지만 그 산업을 살펴보면 기업들의 수가 많긴 하지만 무수히 많은 것은 아니다. 셀 수 있을 만큼 존재하는 경우가 대부분이다. 왜 그럴까? 바로 고정비용 때문이다. 고정비용이란 앞서 언급했듯 초기투자비용을 말한다. 즉, 상품을 생산하기 전에 기업이 생산설비를 갖추기 위해 지출해야 하는 비용인 것이다.

대규모 생산설비를 갖추어 '규모의 경제'가 실현될 때 각 나라가 특정 산업에 집중생산해 무역을 하면 무역이득이 발생한다. 예를 들어보자. 두 나라들이 존재하는데 양국 모두 자동차와 반도체를 동시에 생산한다고 해보자. 두 나라 간에 무역이 개시되면 2개의 자동차 기업과 2개의 반도체 기업이 공급 경쟁을 펼친다는 결론이 된다. 이때 한 나라는 자동차만 생산하고 다른 나라는 반도체만 생산하면 어떻게 될까? 각 기업의 생산량은 두 배 가까이 증가하게 된다. '규모의 경제'가 실현되기에 생산량이 증가하면 단위당 평균 생산비용은 감소하게 된다. '규모의 경제'는 자동차 기업과 반도체 기업 모두에게 해당된다. 따라서 각 나라에서 자동차 가격과 반도체 가격이 낮아지게 된다. 즉, 두 나라 국민들 모두 더 낮은 가격에 자동차와 반도체를 구입할 수 있게 된다. 따라서 소비자 후생이 증가한다. 문제는 어느 나라가 어떤 산업에 집중해 생산하느냐이다. 자본주의하에선 기업의 의사결정은 자유다. 누군가 인위적으로 생산 계획을 조정할 수 없고 각 나라 별로 집중하고자 하는 산업을 정할 수도 없다. 방법은 하나다. 시장의 자동조정 기능이다. 상품의 품질과 가격이 결정한다. 예를 들어, 품질이 동일한 가운데 가격 차이가 난다면 소비자들은 당연히 낮은 가격을 선호한다. 따라서 두 나라에 존재하는 자동차 기업들 중에 경쟁력이 강한 쪽이 세계시장에서 생존하게 되고 그 결과 그 나라는 자연스레 자동차 생산에 집중하게 될 것이다.

예를 들어, 한국과 중국이 완구제품을 생산한다고 해보자. 무역 개시되기 전, 한국과 중국은 시장이 분리되어 기업들이 각 자국시장에 완구제품을 생산해 공급하고 있을 것이다. 이때 자국 내 공급량과 그에 따른 균형가격이 존재하게 된다. 소비자들의 선호는 동일하다고 가정한다. 이때 '규모의 경제'가 실현되므로, 평균비용 곡선은 우하향하게 된다. 그에 따라 생산량이 증가할수록 생산비용이 감소하게 되고 그 결과 상품가격도 낮아지게 된다. 특기할 것은 '규모의 경제'가 작동하면 공급곡선이 우하향한다는 사실이다. '역사적 우연성'이 적용될 수 있다. 여러 가지 이유로 인해 중국에서 상품가격이 더 낮다고 해보자. 그리고 두 나라의 제품의 품질이 동일하다고 가정하자. 그 경우 중국의 상품가격이 더 낮기 때문에 한국의 소비자들은 모두 중국 제품을 구매할 것이다. 따라서 한국에서 완구제품을 생산하는 기업들은 모두 퇴출되고 결국 중국 제품들만 거래될 것이다. 즉, 중국만이 완구제품을 생산하게 되는 것이다. 그 결과 중국에선 그 완구제품 산업에 대해 더 큰 '규모의 경제'가 실현된다. 따라서 무역이 개시된 후, 중국의 완구 공급계획이 달라진다. 즉, 한국에서 기업들이 완구제품 생산을 포기하고 중국만이 완구를 생산하게 된 결과 중국의 완구 생산량이 증가, 완구 가격은 더욱 낮아지게 된 것이다. 그로 인해 한국 소비자들은 보다 낮은 가격에 완구제품을 구매할 수 있게 된다.

'규모의 경제'가 실현될 때 생산량이 늘어날수록 단위당 평균 생산비용이 줄어든다. 따라서 기업들은 생산량을 늘리고자 할 것이다. 하지만 모든 기업들이 동시에 생산량을 늘릴 수 없다. 시장 크기가 한정되어 있기 때문이다. 결국 그 시장 내에서 기업들의 수가 증가하면 한 기업당 생산할 수 있는 생산량은 감소할 수밖에 없다. 그렇게 되면 각 기업의 단위당 평균 생산비용은 상승하게 된다. 따라서 평균 생산비용 상승을 감당하지 못하는 기업들은 시장에서 퇴출될 수밖에 없는 것이다. 기업들이 퇴출되면 그 시장 내에서 상품의 다양성도 줄어들 수밖에 없다. 앞서 언급한 대로 소비자들은 다양성을 선호한다. 그렇기에 소비자들은 차별화된 상품이 많으면 많을수록 좋을 것이다. '다양성' 면에서 '이익'을 누릴 수 있기 때문이다. 하지만 규모의 경제가 실현된다 하더라도 시장 크기가 작다면 소비자들이 누릴 수 있는 '다양성 이익'이 제한될 수 있다.

독점적 경쟁

무역이득을 설명하기 위해 신 무역 이론의 근간이 되는 모형이 바로 독점적 경쟁 모형이라고 할 수 있다. 한 산업 내에 매우 많은 기업들이 존재한다고 보는데 그 기업들은 각기 차별화된 상품을 생산한다. 그리고 각 기업은 그 차별화된 상품을 독점 공급한다고 볼 수 있기에 단기적으로는 독점적 공급자가 된다. 즉, 독점적 경쟁 모형에서 가장 큰 특징은 차별화된 상품들이다. 고전적 무역 이론에서는 한 산업 내에서 생산되는 상품들이 모두 동질적이라고 보지만 신 무역 이론에서는 한 산업 내에 차별화된 상품들이 존재한다고 본다.

고전적 무역 이론에선 그 시장에 공급되는 상품들은 모두 같다. 리카르도가 분석한 '와인'도 '치즈'도 모두 같다고 본다. 하지만 실제 그 종류는 매우 다양하다. 헥셔와 올린이 분석한 '자본집약재' 또는 '노동집약재'도 실제 그 종류가 무수히 많다. 예를 들어, 자동차와 반도체도 모두 자본집약재에 속한다고 볼 수 있지만 서로 전혀 다른 재화이다. 자동차만 본다고 하더라도 실제 그 종류는 승용차, SUV 등 매 다양하다. 스마트폰도 마찬가지다. 스마트폰과 아이폰도 비슷하지만 엄연히 다르다. 차별화된 재화라고 볼 수 있다. 이처럼 현대에 들어 상품들은 서로 '차별화'되고 매우 다양해지고 있다. 그렇게 '차별화된 상품'들이 만들어지고 거래되는 시장을 분석하기 위해 등장한 설명 모형이 바로 독점적 경쟁 모형이라고 볼 수 있다. 고전적 무역 이론은 한 시장 내에 공급되는 상품들이 동질적이라고 보고 완전경쟁을 전제했다. 반면 신 무역 이론은 그 시장 내에 공급되는 상품들이 차별화되어 있다고 보고 불완전 경쟁을 전제한다. 독점적 경쟁 모형이 신 무역 이론의 근간이 되는 이유이다.[9]

---

9) 독점적 경쟁 모형의 기초를 위해 다음의 두 문헌들이 많이 인용된다.
Edward Chamberlin (1962), "The Theory of Monopolistic Competition: A Reorientation

독점적 경쟁 모형에선 한 산업 내에 다수의 기업들이 존재하고 그 기업들은 조금씩 다른 상품들을 생산한다고 가정한다. '독점적' 경쟁이라고 명명한 이유는 기업들이 바로 그렇게 '차별화된 상품들(differentiated products)'을 각기 '독점적'으로 생산해 공급하기 때문이다. 그 상품들은 서로 다른 특성을 지니고 있다. 따라서 각 기업은 단기적으로 그 차별화된 상품에 대해 '독점력'을 보유하고 있다고 보는 것이다. 백화점이나 대형 마트 등을 가보면 독점적 경쟁 상황을 쉽게 이해할 수 있다. 각 분야별로 비슷하면서도 동일하지 않은 종류의 상품들이 많이 나열되어 있다. 비슷해 보이지만 상품들 간에 '차별성'이 존재하는 것이다. 예를 들어, 의류들이 모여 있는 곳에 가보면 옷의 모양 그리고 스타일 등이 달라 다른 느낌을 준다. 물론 원료와 디자인도 다르다. 당연히 가격도 다르다. 그 상품들이 모두 '의류'에 속하지만 현실적으로 전혀 다른 상품들이라고 볼 수 있는 것이다. 품질도 다르다. 명품은 가격이 비싸지만 공급보다 수요가 더 많다. 따라서 예약을 하든지 줄을 서야 한다. 의류 종류 간에 가격 차이가 매우 크다. 그렇게 이질적 품질의 상품을 공급하고 있는 기업들은 어느 정도 '독점력'을 보유하고 있다고 말할 수 있다. 명품 브랜드는 가격을 조금 올린다 하더라도 그 수요에 영향을 받지 않을 것이다. '독점력' 때문이다.

독점적 경쟁에 있어 주요 특징을 다음과 같이 정리할 수 있다. 첫째, 기업들은 차별화된 품질의 상품을 생산한다. 이미 언급했지만 각 기업은 그 차별화된 상품에 대해 독점력을 보유하고 있고 독점력은 가격 책정 과정에서 기업들 간의 상호작용을 배제한다. 즉, 다른 경쟁 기업들이 공급량을 줄이고 늘리는 것에 영향을 받지 않고 오로지 그 독점적 공급자의 한계비용에 달려 있다. 그리고 독점력으로 인해 그 기업이 단독으로 가격을 올린다고 하더라도 고객들이 대거 이탈하는 현상이 벌어지지 않는다. '품질차별화'를 통해 단기적으로는 그 시장이 독점

of the Theory of Value", Harvard University Press.
Avinash Dixit and Joseph Stiglitz (1977), "Monopolistic Competition and Optimum Product Diversity", American Economic Review, 67(3), 297−308.

적 공급자 지위를 갖춘 기업들로 구성되어 있지만, 그 시장에 진입과 진출이 무한히 자유롭기에 장기적으로는 완전경쟁 형태를 갖추게 된다. 품질이 우수하고 차별화에 성공하면 그 기업이 독점력을 갖춘다고 보는 것이 독점적 경쟁 모형의 핵심이다. 그 경우 가격 등락과 상관없이 그 기업은 시장 내 독점적 지위를 확보할 수 있기 때문이다.

예를 들어, 책이나 음반 등을 생각해 보면 이해가 쉽다. 인기 작가나 가수는 고정 팬들을 많이 확보하고 있기 때문에 단기적으로는 독점 공급자에 가까운 시장 지배력을 누린다고 볼 수 있다. 하지만 장기적으로 보면 매우 많은 경쟁자들이 존재하는 상황이기 때문에 그 시장 지배력이 변화될 가능성이 있다. 예를 들면, 그 작가나 가수가 팬들을 크게 실망시킬 만한 스캔들을 일으키는 경우 그 인기가 사라지고 말 것이다. 즉, 다른 작가 또는 가수에 의해 수요가 대체되는 것이다. 실제 작가 또는 가수 중에 실망스러운 행동 하나 때문에 뜨거웠던 인기가 한순간에 사라졌던 경우들이 많다. 즉, 독점적 경쟁이란 차별화된 대체재들이 거래되는 상황이라고 말할 수 있다. 그렇지만 각 기업은 독점공급자가 아니기에 독점공급자만큼 실제 높은 가격을 부과할 수는 없다.

두 번째, '규모의 경제'가 실현한다. 즉, 기업이 더 많이 생산하면 할수록 평균 생산비용이 감소하게 된다. 그 기업이 무역을 통해 외국 시장에 상품을 공급할 기회를 얻는다면 그 기업의 생산량이 늘어나게 되기 때문에 평균 생산비용이 더 감소하게 된다는 결론이 된다. 그렇기에 나라들 간에 기술 수준과 요소 부존량 면에서 큰 차이가 없는 상황임에도 불구하고 무역이 발생할 수 있는 것이다. 같은 산업 내에도 무역이 이뤄지는 배경이다.

세 번째, 기업들의 시장 진입과 진출이 자유롭다. 따라서 장기적으로 독점이윤은 0이 될 수밖에 없다. 그 산업이 차별화된 상품을 생산하는 기업들로 구성되어 있고 독점적 경쟁 상태에 놓여 있다고 하더라도 장기 균형에 있어서는 완전 경쟁과 동일한 조건을 갖고 있기 때문이다. 기업들은 끊임없이 시장 진입과 진출을 모색한다. 따라서 그 시장 내에서 이윤을 취득할 수 있는 조건이 형성되면 기업들은 그 시장에 진입할 것이다. 하지만 시장 내에 기업들이 많아질수록 개별기업의 이윤은 줄어들게 된다. 시장 진입과 진출이 자유로우면, 장기균형 상태에서는 완전경쟁의 경우와 마찬가지로 개별기업의 이윤이 0이 될 것이다. 독점적 경쟁 모형은 이러한 산업 내 무역을 설명하면서 규모가 큰 나라일수록 무역을 더 많이 할 것이라고 예측한다. 질량이 클수록 중력이 커진다는 사실과 마찬가지로 GDP가 큰 나라들일수록 무역을 더 많이 할 것으로 예측된다는 것이다. 실증분석을 위해 중력모형이 등장한 배경이다.

모형

독점적 경쟁은 불완전 경쟁 형태들 중에 특수한 경우라고 볼 수 있다. 완전 경쟁 모형에서는 '수량'과 '가격'이 핵심 변수가 되지만 독점적 경쟁 모형에서는 '시장 규모'와 '기업의 수'가 핵심 변수가 된다. 그 변수들에 따라 차별화된 상품의 수가 정해지기 때문이다. 시장규모는 산업 내 총매출을 의미한다. 따라서 시장규모가 커진다는 것은 산업 내 총매출이 증가한다는 뜻이 된다. 그렇게 시장규모가 커질 때 그 산업 내 모든 기업들이 그 기회를 공유하게 된다. 한국의 커피 시장을 생각해 보자. 지금 한국의 커피 시장 규모는 과거에 비해 많이 커진 상태라고 볼 수 있다. 과거 한국의 커피 시장은 지금만큼 그렇게 크지 않았다. 한국이 근대화 되고 현대화 되면서 식문화가 바뀌었고 한국인들의 커피 수요가 많아졌다. 그 결과 지금 한국의 커피 시장은 매우 큰 규모가 되었고 프랜차이즈 커피 전문점들도 많이 생겨났다. 그에 따라 커피 기업들 이윤도 증가하리라고 기대할 수 있다. 하지만 커피 시장에 진입하는 기업들이 너무 많아지면 경쟁이 격화되어 개별기업의 이윤이 줄어들 수도 있다.

이러한 상황을 단순화 시켜 보자. 먼저 기업들이 대칭적(Symmetric)이라고 가정해 보자. 그렇게 되면 모든 기업들은 같은 수요곡선에 직면해 있고 같은 비용 구조를 갖게 된다. 즉, 단위 생산량에 대한 평균비용이 같아지는 것이다. 그 결과 모든 개별기업들은 같은 가격을 부과하게 되고 그 시장을 똑같이 나눠 같게 된다. 따라서 모든 개별기업들이 같은 시장점유율을 보유한다. 시장점유율은 그 시장의 총매출을 기업들의 수로 나누면 될 것이다. '규모의 경제'가 실현될 때, 평균 생산비용은 생산량에 따라 달라지게 된다고 앞서 설명했다. 즉, 개별기업의 평균 생산비용이 '시장 규모'와 '기업들의 수'에 의존하게 되는 것이다. 다시 언급하지만, 그렇기에 독점적 경쟁 모형에서 가장 중요한 변수는 '시장 규모'와 '기업들의 수'가 된다. '시장 규모'와 '기업들의 수'가 변하게 되면 독점적 경쟁 상황에 어떤 변화가 나타나는지 차례대로 살펴보자. 먼저 독점적 경쟁기업이 직면할 수요부터 생각해 보자. 일반적으로 산업의 제품에 대한 총수요가 크면 클수록, 그리고 경쟁기업이 부과하는 가격이 높으면 높을수록 그 기업의 매출은 늘어날 것이다. 그러한 특성을 지닌 수요함수는 다음과 같다.

$$Q = S \times \left[\frac{1}{n} - b \times (P - \overline{P}) \right]$$

Q는 판매량, S는 산업의 총생산량, n은 산업 내 기업수, b는 상수, P는 그 기업이 부과하는 가격, $\overline{P}$은 경쟁기업의 평균가격이다. 모든 기업이 동일한 가격을 부과할 때, 산업 내 각 기업의 시장점유율은 $\left(\frac{1}{n} \right)$이 된다. 어떤 기업이 평균 가격보다 더 높은 가격을 부과하면 그 기업의 시장점유율은 낮아지고, 더 낮은 가격을 부과하면 시장점유율은 높아질 것이다. 산업의 총생산량 S는 주어졌다고 가정한다. 그렇기에 전체 생산량을 놓고 기업들 간에 경쟁을 펼치는 것이다. 모든 기업이 동일한 가격을 부과하면, 각 기업은 모두 $\frac{S}{n}$만큼 생산할 것이다. 독점적 경쟁 상태이기에 생산되는 대로 모두 판매된다. 시장의 총매출 크기 즉, S가

시장규모를 나타낸다. 즉, 시장 규모가 증가했다는 것은 총매출 크기가 증가했다는 뜻이 된다. 그 경우 개별기업은 공급량이 더 늘어나기 때문에 생산량이 많아지게 된다. 그렇게 되면 '규모의 경제'에 따라 개별기업의 평균 생산비용은 감소하게 된다. 반면 그 시장의 총매출이 감소하면 개별기업은 공급량을 줄여야 하고 따라서 더 적게 생산할 수밖에 없기 때문에 개별기업의 평균 생산비용은 증가하게 된다. 기업의 총비용 C를 고정비용 F와 한계비용 c를 이용해 다음과 같이 나타낼 수 있다.

$$C = F + c \times Q$$

이때, Q는 기업의 생산량이다. 기업의 평균비용은 다음과 같다.

$$AC = \frac{C}{Q} = \left(\frac{F}{Q}\right) + c$$

앞서 $Q = \frac{S}{n}$으로 주어졌다. 따라서 위의 식은 아래와 같이 다시 쓸 수 있다.

$$AC = \frac{C}{Q} = \left(\frac{nF}{S}\right) + c$$

이는 산업 내에 기업의 수가 많아질수록 평균비용이 높아진다는 사실을 반영한다. 이유는 간단하다. 기업의 수가 많을수록 각 기업의 생산량이 줄어들기 때문이다. 각 기업이 $\overline{P}$를 주어진 것으로 받아들이면, 앞서 언급한 수요함수를 다음과 같이 다시 쓸 수 있다.

$$Q = \left[\left(\frac{S}{n}\right) + S \times b \times \overline{P}\right] - S \times b \times P$$

이때 기업의 한계수입은 $MR = P - \frac{Q}{Sb}$이 된다. 기업은 이윤극대화를 추구하기 때문에 한계수입과 한계비용이 일치한다. 따라서 다음과 같은 등식이 성립한다.

$$MR = P - \frac{Q}{Sb} = c$$

위 식을 다시 정리하면 다음과 같다.

$$P = c + \frac{Q}{Sb}$$

$Q = \frac{S}{n}$이 성립한다. 따라서 각 기업의 가격은 $P = c + \frac{1}{bn}$이 된다. 이는 수학적으로 산업 내 기업이 많아질수록 각 기업이 부과하는 가격이 낮아짐을 의미한다. 위의 가격 식을 한계비용 마크업(markup)이라고도 표현하는데 산업 내 기업의 수 n에 따라 감소하는 특성이 있다.

기업의 수

주어진 시장 규모하에서 개별기업의 수가 증가할 때, 각 개별기업의 시장점유율은 줄어들게 된다. 그 결과 개별기업들은 더 적게 생산할 수밖에 없을 것이다. 따라서 각 개별기업의 평균 생산비용은 증가하게 되는 것이다. 반면 그 산업 내 개별기업들의 수가 감소할 때, 각 개별기업은 시장점유율이 늘어나게 된다. 그 결과 개별기업들은 더 많이 생산할 수 있게 된다. 따라서 각 개별기업의 평균 생산비용은 감소하게 되는 것이다. 그 산업 내 개별기업들의 수가 증가한다는 것은 그만큼 경쟁이 보다 가열된다는 뜻이 된다. 따라서 각 개별기업에 돌아가는 이윤 크기는 줄어들 수밖에 없을 것이다.

그러한 상황 속에서 균형이 존재하게 된다. 장기적으로 볼 때 그 균형 상태에서는 새로운 기업들이 그 산업에 진입할 동기가 없고 그 산업 내에 있는 개별

기업들이 진출할 동기가 없다. 주어진 시장 규모하에서 균형 상태가 실현됐을 때 '기업들의 수'가 존재하게 된다. 그 개별기업들이 부과하는 가격은 그 개별기업들이 지불하는 평균 생산비용과 일치할 수밖에 없다. 만약 기업들의 수가 균형 상태의 '기업들의 수'보다 더 크면 기업들은 그 산업에서 진출할 동기가 발생한다. 반대로 기업들의 수가 균형 상태의 '기업들의 수'보다 작으면 기업들은 그 산업에 진입할 동기가 발생한다. 따라서 다음과 같이 정리할 수 있다.

가격 < 평균비용일 때, 기업들은 그 산업을 떠날 동기가 있다.
가격 > 평균비용일 때, 기업들은 그 산업으로 진입할 동기가 있다.

'규모의 경제'가 실현될 때 '독점적 경쟁시장'에서 발생하는 균형을 직관적으로 설명할 수 있다. 가장 핵심은 '기업의 수'와 '생산비용' 간의 관계이다. 그 시장 내에서 '기업의 수'는 '상품의 수'를 나타내고 '상품 다양성'을 표현한다. 평균비용은 가격을 나타낸다. 먼저 생각해 볼 것은 시장 내에서 기업들의 수가 증가하면 각 기업의 시장점유율은 줄어들 수밖에 없다는 사실이다. 즉, 각 기업이 생산할 수 있는 생산량이 감소하게 된다. 그 경우 '규모의 경제' 원리에 따라 생산비용은 상승하게 된다. 이때 가격도 상승할 수밖에 없다. 다시 또 생각해 볼 게 있다. 시장 내에서 기업들의 수가 증가하면 각 기업의 독점력은 약해질 수밖에 없을 것이다. 따라서 각 기업이 책정하는 가격은 하락하게 될 것이다. 즉, '상품 다양성'과 '규모의 경제' 사이에 상충관계가 존재하는 것이다.

소비자들은 상품의 다양성을 추구하지만, '규모의 경제'가 실현되고 있는 상황에선 평균 생산비용을 줄이려면 그 다양성이 줄어들 수밖에 없다는 결론이 된다. 그 상충관계 속에서 '균형 기업의 수'가 존재하는 것이다. 그 시장 내에 존재하는 기업들의 수가 그 '균형 기업의 수'보다 많으면, 각 기업의 독점력 감소로 인해 상품가격이 낮아져야 마땅하지만 평균 생산비용은 도리어 높은 수준이 된다. 따라서 그 상황을 감당해내지 못하는 기업은 시장에서 퇴출될 수밖에 없다. 그 시장 내에 존재하는 기업들의 수가 그 '균형 기업의 수'보다 작아지면 기업의 독점력 강화로 인해 상품가격은 높아져야 마땅하지만 평균 생산비용은 도리어 낮은 수준이다. 그 상황에선 기업들이 그 시장에 진입하게 되고 결국 그 시장 내에 기업들의 수는 '균형 기업의 수'에 수렴하게 되는 것이다.

새로운 통찰: 소비 다양성

자유무역은 '규모의 경제'를 실현시켜 상품가격이 낮아지도록 한다. 그리고 차별화된 상품들이 많아지도록 해 소비자들로 하여금 상품의 다양성을 누릴 수 있도록 한다. 즉, '소비 가능성'을 확대시키고 '소비 다양성'을 진작시킨다고 볼 수 있다. 고전적 무역 이론에서는 무역이득이 주로 '소비 가능성' 확대로 나타난다고 설명한다. 하지만 '소비 다양성'도 무역의 결과 얻어진 이로움이라고 볼 수 있다. 따라서 무역이득이 될 수 있는 것이다. 과거에 소비자들은 필요가 있을 때 구매를 했지만 현대에 들어 소비자들을 쇼핑 자체를 즐기는 경향이 있다. 다양성을 선호하기 때문이다. 쉽게 설명하면, 자유무역을 할수록 백화점 내에 진열되는 상품의 가짓수가 많아진다고 보면 된다. 상품을 구매하는 것도 중요하지만 진열된 상품을 구경하는 것도 즐거움을 줄 수 있다. '소비 다양성'도 엄연히 무역이득인 것이다. 즉, 상품의 가짓수가 많아지면 많아질수록 소비자들은 그 '다양성'으로 인해 더 큰 '이익'을 누린다고 말할 수 있다. 하지만 이미 설명했듯이 '규모의 경제'와 '상품 다양성' 사이에는 상충관계가 존재한다고 볼 수 있다.

이렇게 새로운 형태의 무역이득을 생각해 낸 이가 폴 크루그만(Paul Krugman)이다. 그는 1979년에 발표한 논문10)에서 국제무역이 소비 다양성을 진작시킨다고 설명했다. 그는 소비 다양성이 진작되는 이유를 인구증가에서 찾았다. 국내의 인구 증가는 시장이 커지는 것을 의미한다. 따라서 각 기업은 인구 증가 이전보

---

10) Paul Krugman (1979), "Increasing returns, monopolistic competition, and international trade", Journal of International Economics, 9(4), 469-479.

다 더 많은 양을 생산할 수 있고, 규모의 경제가 실현됨에 따라 평균 생산비용은 감소하게 된다. 시장 규모가 커지고 평균 생산비용이 감소할 수 있다고 생각되면 새로운 기업들이 시장에 진입할 것이다. 그리고 그 기업들은 자신들만의 차별화된 상품을 생산하게 되는 것이다. 그에 따라 소비 다양성이 진작되는 것이다. 하지만 시장 규모를 인위적으로 크게 한다는 것은 쉽지 않다. 그렇기에 가장 현실적인 방법은 '자유무역'일 수밖에 없다. 자유무역은 자국에 한정되었던 시장을 크게 확대시킨다. 그에 따라 '규모의 경제'가 실현되고 평균 생산비용이 낮아지기에 소비자들의 소비 가능성이 확대되고 동시에 소비 다양성도 진작시키는 것이다. 즉, 신 무역 이론은 자유무역을 통해 무역이득이 얻어지는 데 두 가지 경로가 있다고 설명한다. 하나는 소비 가능성이고 다른 하나는 소비 다양성인 것이다.

자유무역이 이루어지면 무엇보다 시장이 확대되는 효과를 가져 온다. 따라서 대규모 설비투자를 마친 각 기업들은 시장 확대에 따라 생산량을 늘릴 수 있고 그 결과 평균 생산비용이 감소하게 된다. 즉, 자유무역은 '규모의 경제'를 더욱 두드러지게 하는 것이다. 그렇기에 자유무역이 개시된 이후, 그 나라에서 상품가격은 전반적으로 내려가게 되고 그에 따라 국민들의 실질임금 수준은 상승하게 된다. 당연히 국민들의 후생 수준도 높아지게 된다. 신 무역 이론은 '자유무역의 효과'를 보다 직관적으로 설명한다. 신 무역 이론 시각에서 볼 때 자유무역은 인구증가와 같은 효과를 낸다. 시장규모가 커지기 때문이다. 따라서 어떤 한 나라가 자유무역 협정을 체결하면 이는 그 나라에서 인구가 증가한 것과 같은 효과를 내는 것이다. 보다 큰 시장을 보유한 나라가 된다는 뜻이다. '규모의 경제'가 실현될 때 시장이 커지면 평균 생산비용이 절감된다. 생산량이 증가하기 때문이다. 인구가 증가하거나 또는 자유무역이 이뤄지면 시장이 확대된 결과를 낳기 때문에 상품가격이 하락하게 된다. 그뿐이 아니다. 시장에 존재하는 기업의 수가 증가하면서 차별화된 상품의 수가 증가한다. 앞서 언급한 대로 무역이득이 두 경로를 통해 나타나는 것이다. 즉, 소비 가능성이 확대되고 소비 다양성이 진작되는 것이다. 이처럼 '규모의 경제'가 실현되고 있는 상황에서, 각 나라가 서로 다른 산업에 집중력을 발휘해 자유무역을 하게 되면 더 큰 무역이득을 기대할 수 있다.

무역과 '질적 변화': 총생산성 향상

앞서 언급했지만 신 무역 이론의 통찰에 따르면 자유무역을 통해 시장규모가 확대된다. 고전적 무역 이론에선 시장규모가 확대되고 생산량이 증가함에 따라 생산비용이 달라질 수 있다는 사실을 고려하지 않았다. 당시엔 '규모의 경제'가 그렇게 보편적인 현상이 아니었기 때문에 그 사실을 고려하지 않았을 수도 있다. 하지만 제조업이 발달하면서 '규모의 경제'는 매우 보편적인 현상이 됐다. 특히 현대에 들어 대부분의 자본집약 산업들은 규모의 경제가 실현되고 있고 효율적 생산을 위해 필요조건이 됐을 정도이다. 즉, 다른 경쟁 기업들에게 '규모의 경제'가 실현되는 가운데 특정 기업에서만 '규모의 경제'가 실현되고 있지 못하다면 그 기업은 가격 경쟁력을 확보할 수 없다. 가격 경쟁력은 곧 기업 경쟁력이다. 다시 강조하지만 현대에 들어 제조업의 핵심은 대규모 설비투자 그리고 규모의 경제이다.

그러한 상황에서 자유무역이 없으면 각 나라별로 그리고 그 나라 안에 기업들에게 시장 규모가 제한적이어서 경쟁력을 확보할 수 없게 된다. 당연히 그 나라가 생산할 수 있는 상품의 다양성도 제한적일 수밖에 없을 것이다. 이때 서로 다른 나라들 간에 자유무역이 개시되면 통합된 국제시장이 형성되므로 기업들 입장에서 볼 때 시장 규모가 훨씬 커지게 되는 것이다. 자유무역이 개시된 이후 각 나라는 자유무역이 없었을 때보다 생산 전문화를 추구할 수 있게 된다. 자국에서 만들지 않는 상품들은 다른 나라에서 수입해서 쓸 수 있기 때문이다. 그 결과 무역 당사국들의 소비자들은 보다 다양한 상품들을 소비할 기회를 얻게 된다.

소비 다양성이 진작되는 것이다. 고전적 무역 이론 시각에선 나라들 간의 기술수준 또 부존 자원량의 차이가 클 때 자유무역을 통해 무역이득을 얻을 수 있다고 설명하지만 실제 자유무역은 나라들 간의 기술 또는 부존자원이 서로 크게 다르지 않더라도 무역이득의 기회를 제공한다.

예를 들어 두 나라를 생각해 보자. 각 나라는 연간 자동차 100만 대가 팔리는 시장을 보유하고 있다고 가정해 보자. 논의를 단순화하기 위해 각 나라의 자동차 산업 내에 5개의 자동차 기업들이 존재하고 있고 모두 시장 점유율을 나눠갖고 있다고 가정한다. 그 경우 각 나라에선 5개의 자동차 기업들이 연간 평균 20만 대 생산규모를 갖추고 있다고 볼 수 있을 것이다. 이때 두 나라 간에 자유무역이 개시되면 그 두 나라들은 자동차 200만 대가 팔리는 통합된 시장을 같이 보유하게 된다. 다시 강조하지만 자유무역은 시장규모를 크게 하는 효과를 발생시킨다. 그렇게 두 시장이 통합되고 나서 연간 200만 대가 팔리는 시장규모를 확보하게 되는 것인데 10개의 자동차 기업들이 공급경쟁을 벌이게 된다. 자유무역의 결과 시장 상황이 달라지게 된다. 시장규모가 커지면서 기업들 간의 시장경쟁이 격화된다. 경쟁을 통해 10개의 자동차 기업들이 인수 합병 등과 같은 구조조정을 거쳐 5개로 축소될 수 있다. 경쟁력이 취약한 기업들은 시장에서 퇴출될 수도 있다. 그 결과 경쟁력이 강한 5개의 기업들 중심으로 산업이 재편된다. 그렇게 되면 경쟁력이 강한 기업들은 규모가 더욱 커지게 되고 그에 따라 단위당 평균 생산비용이 더욱 낮아지게 된다. 따라서 가격 경쟁력이 더욱 강화되고 소비자들은 더 저렴한 가격으로 자동차를 구입할 수 있게 된다. 그 과정에서 소비 다양성은 다소 줄어들 수도 있다. 하지만 현실적으로 인수합병을 통해 기업의 수가 줄었다고 해서 소비 다양성이 반드시 줄어든다고 보기 어렵다. 왜냐하면 규모가 거대해진 그 기업들이 차별화된 상품들을 추가적으로 생산할 수 있기 때문이다. 자유무역은 시장규모를 확대시키고 그 과정에서 소비 가능성이 확대되고 소비 다양성을 진작시킬 수 있는 것이다.

자유무역은 독점적 경쟁하에서 살 수 있는 상품의 다양성을 증가시키게 된다. 또한 자유무역에 의해 평균비용이 감소하였기 때문에, 소비자들은 보다 저렴한 가격으로 다양한 브랜드를 구매할 수 있게 된다. 따라서 소비자들의 후생이 증가한다. 자유무역의 결과로 나타난 국제적 시장통합은 단일 국가의 국내시장이 성장한 것과 같은 효과를 발생시킨다. 이를 통해 기업들의 경쟁은 보다 치열해지고 결과 생산성이 낮은 자국 기업들은 보다 생산성이 높은 외국기업에 의해 대체되는 결과를 가져온다. 이로써 산업 내 전반적인 생산성도 증대된다.

신 무역 이론은 '산업 내 무역' 현상을 설명한다. 반면 고전적 무역 이론은 '산업 간 무역' 현상을 설명한다. '산업 내 무역'이란 같은 산업 내에 유사한 상품들이 수출되고 동시에 수입되는 현상을 말한다. 이때 무역이득은 두 가지 경로를 통해 발생한다고 언급했다. 첫째, 자유무역으로 인해 한 나라의 시장이 확대되는 효과가 나타나기 때문에 '규모의 경제'에 힘입어 단위당 평균 생산비용이 감소하게 된다. 그 결과 상품 가격이 낮아지고 그에 따라 소비 가능성이 확대된다. 두 번째, 차별화된 상품들이 수출되지만 차별화된 상품들이 수입되기 때문에 자국 시장에서 소비자들이 고를 수 있는 상품의 수가 많아진다. 즉, 소비 다양성 진작으로 인해 소비자들의 후생이 증가한다.

여기에 더해 한 가지 이득이 더 추가된다고 볼 수 있다. 바로 산업 내 총생산성(aggregate productivity)이 향상된다는 것이다. 즉, 자유무역으로 인해 기업들 간에 경쟁이 심화되는 과정에서 상대적으로 생산성이 낮은 기업들은 퇴출되거나 상대적으로 생산성이 높은 기업들에 의해 인수 합병되는 현상이 발생할 수 있기 때문이다. 생산성이 낮은 기업들은 바로 경쟁력이 약한 기업들로 볼 수 있고 생산성이 높은 기업들은 경쟁력이 강한 기업들로 볼 수 있다. 경쟁력이 약한 기업들이 경쟁력이 강한 기업들에 인수 합병되면 그 경쟁력 강한 기업들은 규모가 더욱 커지게 된다. 그 결과 '규모의 경제' 현상이 더욱 두드러지게 나타난다고 앞서 설명했다. '규모의 경제'에 더해 더 중요한 효과가 있다. 최근 들어 크게 주목 받고 있는 것인데 경쟁력이 약한 기업들이 퇴출되거나 인수 합병되는 과정에서 그 산업 내 총생산성이 향상된다는 사실이다.

조사에 따르면 조금씩 차이가 존재하지만 세계 전체 무역량의 상당 부분이 산업 내 무역의 형태를 띠고 있다. 특히 선진국들 간의 무역에서 두드러지게 나타나는 현상이다. 선진국들은 대개 산업 구조가 비슷하기 때문에 무역이 발생하면 산업 내 무역 형태를 띠는 경우가 많다. 한국도 마찬가지다. 정교한 기술이 요구되는 제조업을 중심으로 산업 내 무역 현상이 흔히 발견된다. 반면 신발, 의류 등과 같은 노동집약적 제품들은 산업 내 무역 현상과 거리가 멀다. 규모의 경제가 실현되지 않는 것도 한 이유가 된다. 자유무역이 개시되면 그 산업 내에 기업 간 경쟁이 격화된다. 자유무역은 경쟁을 격화시켜 생산성이 낮고 경쟁력이 약한 기업들에게 큰 타격을 줄 수 있다. 퇴출로 이어질 수도 있다. 반면 자유무역은 생산성이 높고 경쟁력이 강한 기업들에겐 더 큰 기회를 제공한다. 시장 규모를 확대시켜 주기 때문이다. 생산성이 높은 기업들은 더 확장되고, 생산성이 낮은 기업들은 축소되거나 퇴출 됨에 따라 산업 내 총생산성이 향상되는 것이다.

자유무역을 통한 경제 통합은 새로운 기술 발견 또는 개발만큼이나 큰 효과를 내는 것이다. 산업 내 총생산성을 개선시키기 때문이다. '산업 내 무역' 현상은 독점적 경쟁 모형을 통해 설명을 쉽게 할 수 있다. 비교우위에 입각한 무역과는 달리 조건이나 특성들이 유사한 두 나라들 간에도 무역이 나타날 수 있다는 것이 핵심이다. 산업 내 무역의 비율은 지난 반세기 동안 꾸준히 증가해 왔다. 자유무역이 어떻게 총생산성을 향상시키고 새로운 무역이득을 실현시키는지에 대한 연구가 있다. 신 무역 이론이 주장하는 두 경로의 무역이득은 소비 가능성 확대와 소비 다양성 진작이다. 그 두 경로에 더해 총생산성 향상도 무역이득이 될 수 있는 것이다.

크리스티안 브로다와 데이비드 와인스타인(Broada and Weinstein, 2006)의 논문11)은 1972-2001년까지 30년간 미국의 수입 다양성이 약 3배 가까이 진작됐다고 추정했다. 그들은 소비 다양성 진작을 통해 미국이 얻은 이득이 GDP의 2.6%라고 추정했다. 소비 다양성 진작을 통한 무역이득이라고 평가할 수 있다. 앞서 강조한 대로 자유무역은 기업들 사이에 경쟁을 심화시킨다. 따라서 경쟁력이 약한 기업들은 퇴출되고, 경쟁력이 강한 기업들은 사세가 더욱 확장된다. 굳이 규정하자면 자유무역의 피해자들은 그렇게 강제로 퇴출되는 경쟁력 약한 기업들이라고 볼 수 있다. 반면 경쟁력 강한 기업들은 사세가 확장되기에 자유무역의 수혜자라고 볼 수 있다. 그들에겐 더 큰 기회가 열리기 때문이다.

경쟁력 강한 기업들의 사세가 더욱 확대되고 경쟁력 약한 기업들은 축소되거나 퇴출되면서 그 산업의 전반적인 생산성, 즉 총생산성이 향상된다. 1989년 미국과 캐나다 간에 자유무역협정이 발효됐다. 그 협정은 서로 다른 두 개의 시장이 합쳐지는 효과를 발생시켰다. 즉, 시장통합 효과이다. 이후 캐나다에선 자동차 기업들 인수 합병이 일어났고 그러한 인수 합병은 캐나다의 여러 제조업 분야로 퍼져 나갔다. 예측대로였다. 경쟁력이 강한 기업들은 미국에 대한 수출량 증가로 인해 사세가 더욱 확장될 기회를 얻었다. 반면, 경쟁력이 약한 기업들은 조업 중단에 이르게 됐다. 토론토 대학교의 다니엘 트레플러(Daniel Trefler) 교수는 미국과 캐나다 간 무역협정이 발효된 이후 캐나다 기업들의 행태를 조사하고 그 무역협정이 남긴 효과를 분석했다.12)

최근 들어 자유무역이 가져오는 생산성 향상 효과를 분석하는 연구들이 많아지고 있다. 그러한 연구들은 생산성 향상 또한 자유무역이 가져다 줄 수 있는 무역이득 중의 하나라고 동의하고 있다. 자유무역을 하고 두 나라 간의 경제가

---

11) Broada, C. and D. E. Weinstein (2006), "Globalization and the Gains from Variety", 121(2), 541-585.
12) Daniel Trefler (1995), "The Case of the Missing Trade and Other Mysteries", American Economic Review, 80(5), 1029-1046.

완전히 통합된다 하더라도 무역비용이 낮아질 수 있지만 사라질 수는 없다. 따라서 그 무역비용을 감당하는 것은 수출기업들이다. 그 무역비용을 제하고도 이윤을 내기 위해서는 수출기업들이 그만큼 경쟁력이 있어야 한다는 뜻인데 그 경쟁력은 그 기업의 생산성 수준으로 결정된다. 따라서 어떤 한 기업이 수출을 하려면 그만큼 상대적으로 높은 생산성이 요구될 수밖에 없다. 즉, 생산성이 충분히 높은 상태여야만 수출 활동이 가능하다는 의미가 된다. 실제 조사를 해보면 수출 활동과 생산성 수준 사이에 상관관계가 발견되고 있다. 특히 내수 비중이 높은 미국에서는 수출 활동을 하고 있는 기업들이 드문 것으로 보고되었다. 무역의존도가 높은 한국의 경우 수출 활동을 하고 있는 기업들이 대부분이지만 미국은 반대였던 것이다.

폴 크루그만(Paul Krugman)의 연구에 따르면 2002년도를 중심으로 미국 제조업체들 중 겨우 18%만이 해외에 판매실적이 있었다고 한다. 생산량의 많은 부분을 수출하고 있었을 것으로 기대되었던 화학, 기계, 전자 등의 산업에서조차 약 40% 미만의 기업들만 수출 활동을 했던 것으로 조사됐다. 일반적으로 설명하자면, 무역량을 감소시키는 중요한 이유는 무역비용 때문이라고 지적할 수 있다. 무역비용 발생 때문에 해외 시장에 진출하는 기업들의 수가 감소될 수밖에 없고 그에 따라 수출판매량도 감소하게 된다는 것이다. 그렇기에 무역비용 발생은 독점적 경쟁 모형을 통해 두 가지를 예측할 수 있도록 한다. 모든 기업들이 수출 활동을 할 수 있는 것이 아니다. 기업들 중 일부만 수출 활동을 할 수 있고, 수출 활동을 하고 있는 기업들이 그렇지 않은 기업들보다 상대적으로 더 크고 생산성이 더 높을 것이다.

즉, 수출기업들이 비수출기업들에 비해 상품생산을 위한 한계비용이 더 낮다는 것을 의미한다. 그 예측을 뒷받침하는 실증 연구들이 많다. 그 연구들은 대부분 같은 산업 내에서 수출기업들이 비수출기업들보다 더 높은 생산성을 보유하고 있음을 입증하고 있다. 실증 연구들을 종합해 보면, 수출기업들과 비수출기업들 사이의 차이는 유럽지역에서 매우 두드러진다. 미국에서도 그 차이가 큰데 수출기업의 규모가 비수출기업에 비해 평균적으로 2배 이상 큰 것으로 조사됐다. 한국은 내수 시장이 작고 무역의존도가 높다는 특수성이 있어 실증연구가 쉽지 않다. 하지만 한국의 수출기업과 비수출기업 간에도 생산성 차이가 존재할 것으로 예측되고 규모도 비수출기업에 비해 수출기업이 더 클 것으로 예측된다.

외부 경제

신 무역 이론에서 '규모의 경제'는 매우 큰 역할을 한다. 지금까지 논의하는 과정에서 그 구분을 생략했지만 실은 '규모의 경제'는 두 가지 종류가 있다. '내부 규모의 경제'와 '외부 규모의 경제'로 나눌 수 있다. 생산물의 단위당 평균 생산비용이 기업의 규모에 의존할 때 '내부 규모의 경제'가 발생한다고 말한다. 그리고 생산물의 단위당 평균 생산비용이 산업의 규모에 의존할 때 '외부 규모의 경제'가 발생한다고 말한다. 내부 규모이건 외부 규모이건 '규모의 경제'는 자유무역이 이뤄지게 하는 데 매우 중요한 역할을 한다. 고전적 무역 이론과 달리 신 무역 이론에선 산업 구조에 대한 분석이 중요하다. 산업 구조 차원에서 분석해 보면 '내부 규모의 경제'와 '외부 규모의 경제'는 서로 다른 시사점을 준다.

'내부 규모의 경제'가 발생하는 산업에서는 대기업들이 소기업들보다 규모가 훨씬 크고 경쟁 우위를 갖기 때문에 그 산업은 불완전 경쟁 하에 놓이게 된다. 반면 '외부 규모의 경제'가 발생하는 산업은 수많은 소기업들로 구성되어 있기 때문에 경쟁형태는 완전경쟁에 가까울 것이다. 불완전경쟁과 완전경쟁은 경우가 전혀 다르다. 지금까지는 '규모의 경제'를 내부와 외부로 구분하지 않았다. 굳이 구분하자면 지금까지 논의해온 '규모의 경제'는 정확히 '내부 규모의 경제'라고 말할 수 있다. 그렇다면 '외부 규모의 경제'란 무엇일까?

어떤 한 기업을 생각해 보자. 그 기업은 생산량을 증가시킨다고 해도 단위당 평균 생산비용이 감소하지 않는다고 가정하자. 그렇다면 지금까지 논의해 왔던 '규모의 경제'가 그 기업에서는 실현되지 않는다고 말할 수 있는 것이다. 그러한 상황에서 그 기업이 위치한 지역에 비슷한 종류의 기업들이 대거 이주해 온다고 생각해 보자. 그렇게 되면 '산업 클러스터'가 형성될 것이다. 그렇게 산업 클러스터가 형성되면 그 클러스터 내에 위치한 기업들은 서로 노하우(know-how)를 공유할 수도 있고, 전문화된 공급자들(specialized suppliers)을 통해 부품을 구하기도 쉽다. 산업 클러스터가 구축되면 그 산업 클러스터에서 일하고 싶은 구직자들도 몰려들게 된다. 그렇게 클러스터가 만들어지고 그 클러스터 내에 많은 기업들이 군집해 있으면 그 기업들은 여러 가지 이점을 누릴 수 있게 된다. 바로 '집적 이익'이다. 그렇게 동종의 산업에 속한 기업들이 한곳에 모여 '집적 이익'을 누리고 있는 것을 두고 '외부 규모의 경제'라고 부른다. 이들은 '집적 이익'을 통해 생산량을 늘릴 때 단위당 평균 생산비용을 감소시킬 수 있게 된다.

집적 이익과 외부 규모의 경제를 보다 쉽게 이해하기 위해 다음의 예들을 생각해볼 수 있다. 미국에서 반도체, IT, 그리고 첨단산업은 캘리포니아 실리콘밸리(Silicon Valley)에 주로 모여 있다. 금융관련 기업들은 동부 뉴욕(New York)에 주로 모여 있다. 엔터테인먼트 산업은 헐리우드(Hollywood)에 집중되어 있다. 개발국뿐만이 아니다. 중국이나 인도와 같은 개도국들에서도 특정 산업이 특정 지역에 집중되어 있는 현상을 쉽게 찾아볼 수 있다. 한국도 마찬가지다. 산업들이 지역적으로 분포되어 있는 양상을 보면 어떠한 특징이 발견된다. 특정 지역에 가면 특정 음식과 관련한 사업체들이 몰려 있는 경우도 많다. 특정 지역에 동업자들이 모여 있다는 것은 우연이 아니다. 그들은 경쟁을 하면서 부지불식간에 서로에게 도움이 되기도 한다. 동업자들이 모여서 경쟁을 펼치면 고객들을 유치하기에도 유리하다. 왜냐하면 그 지역이 특정 산업으로 유명해지면 고객들 역시 일단 그 지역으로 몰리기 때문이다. 이 모든 게 집적 이익에 해당한다고 볼 수 있다.

그렇게 모여서 군집된 형태로 생산을 하게 되면 사업자들에게 유리함을 준다. 다음과 같다.

생산요소 전문화

집적이익은 생산비 절감으로 이어질 수 있다. 즉, 기업체들이 같은 지역에 모여 경쟁을 하면 역설적으로 생산비를 감축시킬 수 있는 것이다. 왜냐하면 현대 들어 산업이 거대화되고 전문화되기 때문이다. 예를 들어 어떤 산업은 그 산업이 돌아가는 과정에서 전문화된 장비나 특정 서비스 공급이 필요하다. 하지만 그럼에도 불구하고 장비나 서비스 조달이 쉽지 않은 경우가 많다. 그 산업이 특정 지역에 집중되어 있다면 장비나 서비스를 조달하는 데 어려움을 줄일 수 있다. 산업이 그 지역에 집중되어 있는 만큼 장비와 서비스도 그 지역에 집중되어 있을 것이기 때문이다. 전문화된 생산요소 공급이 많다는 뜻이다. 따라서 생산요소를 조달하는 데 비용 감소를 기대할 수 있다. 예를 들면, 캘리포니아의 실리콘밸리(Silicon Valley)는 첨단기업들이 몰려 있기도 하지만 특수 장비나 기계를 생산하는 회사들도 몰려 있다. 그러한 장비를 이용해 첨단 제품의 부품을 제조하는 것이다. 따라서 첨단기업들은 그러한 장비나 기계들을 다른 지역보다 실리콘밸리 지역에서 더 쉽게 그리고 더 저렴하게 이용할 수 있다. 그뿐이 아니다. 실리콘밸리처럼 산업이 집중화된 지역은 그 산업에 필요한 숙련노동력을 유인할 수 있다. 숙련노동력들이 일자리를 구하기 위해 실리콘밸리로 몰려들 것이기 때문이다. 따라서 실리콘밸리 내에 있는 기업들은 자신들이 필요한 숙련노동자들을 찾고 고용하는 과정에서 소요되는 비용을 크게 줄일 수 있다.

영화 제작을 생각해 보면 이해가 쉽다. 영화를 제작하려면 특수한 업무들이 많다. 그 특수 인력들을 아무 곳에서나 쉽게 구할 수 있는 게 아니다. 하지만 미국 헐리우드에서는 쉽게 구할 수 있다. 그렇기에 '영화' 하면 '헐리우드'를 떠올리게 되는 것이다. '헐리우드'에서 영화를 많이 제작하는 것은 사실이다. 하지만 더욱 중요한 사실은 헐리우드에 영화를 제작하기가 상대적으로 쉽기 때문에 영화를 많이 제작한다는 것이다. 숙련 노동력 공급과 수요 관점에서 생각해 볼 필요가 있다. 앞서 언급했지만 그러한 특수 기술을 보유한 고숙련 노동자들을 구하기가 쉽지 않다. 하지만 헐리우드에서는 그러한 이들을 쉽게 구할 수 있다. 이는 수요자 관점이다. 공급자 관점에서 보더라도 그렇게 특수한 업무를 하는 노동자들은 자신들에게 맞는 일자리를 쉽게 구하기 어렵다. 하지만 그러한 일자리를 헐리우드에서는 쉽게 구할 수 있다. 따라서 그들은 헐리우드로 몰려들 수밖에 없다. 그렇게 영화 제작을 위한 특수 업무 공급과 수요가 맞아 LA 인근 헐리우드는 영화 제작을 위해 매우 좋은 환경을 제할 수 있는 것이다.

비슷한 논리로 뉴욕은 세계 금융의 중심지이다. 뉴욕 월 가(Wall Street) 일대에는 나스닥과 거대 금융 기업 그리고 투자은행들이 몰려 있다. 특히 월 가 11번지에 전 세계 기업들의 주식이 거래되고 있는 뉴욕 증권거래소(New York Stock Exchange: NYSE)가 자리 잡고 있다. 이는 세계 금융의 중심지 뉴욕 월가를 상징한다. 뉴욕과 월가가 세계 금융의 중심지로 성장하게 된 계기는 미합중국 은행의 설립이라고 볼 수 있다. 후에 다시 언급하겠지만 '유치산업 보호론'을 주장했던 미국 초대 재무장관인 알렉산더 해밀턴(Alexander Hamilton)이 미국의 상공업 발전을 위해 국립은행 설립을 건의했다. 당시 미국은 신생 독립국으로서 유럽 국가들에 비해 기술수준과 경제력이 열위에 있었다. 따라서 당시 알렉산더 해밀턴 재무장관은 미국 경제의 근간을 잘 다지기 위해서 상업과 공업에 주력해야 한다는 주장을 했고 그 과정에서 국립은행 설립을 건의했던 것이다. 그의 노력이 결실을 맺어 미국의 최초 국립은행인 미합중국 제1 은행((First Bank of the United States)이 1791년 2월에 탄생하게 됐고 1792년에 미국의 주식 브로커 24명이 월가에 모여 '버튼 우드 협정(Button wood agreement)'을 맺게 된다. 그 협정을 기반으로 차후에 뉴욕 증권 거래위원회가 출범했고 1863년에 '뉴욕 증권거래소'가 정식 승인을 받게 됐으며 뉴욕은 세계 금융 중심지 역할을 하고 있다. 따라서 뉴욕에 금융 관련 업무를 할 수 있는 사람들이 많이 있고, 금융 관련 전문 지식을 보유한 이들은 뉴욕에서 일을 하고 싶을 것이다. 금융 기업 입장에서는 뉴욕에서 그러한 전문 인력을 구하기 쉽고 고숙련 근로자 입장에서는 자신에게 맞는 일자리를 뉴욕에서 찾기 쉬운 것이다. 뉴욕이 지금도 세계 금융 중심지 역할을 할 수 있는 배경이다.

지식 창출과 노하우

산업의 한 지역에 집중되면 지식 창출 및 확산에도 유리하다. 현대에 들어 기업 활동에서 가장 중요한 것은 창의성과 지식이다. 쉽게 설명하자면, 사람들이 많이 모여 있는 곳에서 창의적인 아이디어가 더 많이 나올 수 있다. 산업도 마찬가지이다. 동종의 기업들이 한 지역에 모여 있을 때, 클러스터가 형성되고 다양한 근로자들이 다양한 아이디어를 제시하게 된다. 그 결과 기업들은 그 지역에서 다양한 근로자들과 접촉 및 교류를 할 수 있고 그 과정에서 기업들은 자신들에게 필요한 아이디어를 쉽게 구할 수 있는 것이다. 산업계에는 '스필오버(Spillover) 효과'가 있다. 산업 내에서 어떤 한 기업의 노하우나 경험 등이 다른 기업들에게로 흘러 들어가는 현상을 말한다. 예를 들어, 어떤 유명 음식점에서 맛을 내는 노하우가 주방장들이 접촉하고 교류하는 과정에서 옆 음식점으로 흘러 들어가는 상황을 생각해 볼 수 있다. 지식 창출과 확산 면에서도 산업 집중화는 기업들에게 유리한 외부효과를 제공한다.

표준경제학에서 공급곡선은 대개 우상향한다. 하지만 규모의 경제가 실현되면 공급곡선은 우하향할 수도 있다. 왜냐하면 공급량이 늘어날수록 규모의 경제로 인해 평균 생산비용이 절감되어 기업들은 더 저렴하게 팔 수 있기 때문이다. 자유무역이 없으면, 우하향하는 특이한 형태의 공급곡선은 큰 의미를 갖기 어렵다. 시장 규모가 제한되어 있기 때문이다. 하지만 자유무역은 그 시장 규모를 확대시키기 때문에 우하향 형태의 공급곡선은 큰 의미를 갖게 된다.

우하향 형태의 공급곡선은 '규모의 경제' 때문이다. 같은 산업에 속한 기업들이 한곳에 모여도 '규모의 경제'가 성립할 수 있다. 바로 '외부 규모의 경제'이다. 앞서 설명한 '(내부) 규모의 경제'와 작동원리는 비슷하다. 생산량을 늘릴 때 단위당 평균 생산비용이 감소한다. 즉, '(내부) 규모의 경제'가 실현될 때와 마찬가지로 생산량이 증가할수록 상품가격이 하락하게 된다. 따라서 공급곡선은 우하향하는 형태를 띄는 것이다. 이를 한 나라 차원에서 생각해 볼 필요가 있다. 중요한 것은 경제의 외부성이다. '외부 규모의 경제'가 존재할 때, 자유무역 이후 상품가격은 하락하게 된다. 특정 산업이 한 나라에 몰리고 그 결과 집중 생산이 이뤄지기 때문에 생산량이 많아지고 규모의 경제가 실현되기 때문이다. '외부 규모의 경제'가 존재하는 상황에서 자유무역을 하면 무역이득이 발생한다. '학습효과'는 시간에 따라 외부경제를 발생시킬 수 있다.

학습효과

많은 기업들이 한곳에 모이면 '집적 효과'에 따라 '집적 이익'이 발생하고 그 결과 '외부 규모의 경제'가 실현된다. 직관적으로 설명하자면, 사람들이나 기업들이 모여지면 여러 가지 이점들이 있기 때문이다. 그 이점들로 인해 생산 활동이 더 유리해지고 쉬워지는 것이다. 따라서 생산량이 증가하면 증가할수록 기업 입장에선 더욱 유리해질 것이다. 단위당 평균 생산비용이 하락하기 때문이다. 결국 상품가격이 낮아지는 것이다. 지금까지 우리는 외부경제 효과가 어떤 한 시점에서만 나타나는 경우들을 생각해 보았다. 하지만 외부경제 효과는 시간이 지나가면서 발현되는 경우도 많다.

시간이 흐르면서 누적 생산량이 증가할 때 지식, 경험 및 노하우가 축적되고 평균 생산비용이 보다 절감될 수 있다. 즉, 규모에 대해 '동태적 수확체증'이 발생하는 것이다. 그 '수확체증'이 당장 현 시점에 나타나는 것이 아니고 '학습(Learning)'을 통해 미래에 나타나는 것이다. 그러한 현상을 '동태적 수확체증'이라고 한다. 심지언 굳이 규모의 경제가 실현되지 않아도 '학습 효과'만으로도 평균 생산비용이 절감될 수 있다. 그 상품을 생산하는 과정에서 쌓여진 경험과 지식 덕분에 생산성이 높아지면 충분히 가능하다. 이때 그 '학습효과'는 한 기업이 단독으로 누리는 것이 아니다. 그 기업의 노하우는 '스필오버 효과'를 통해 다른 기업들에게도 전해지고 그에 따라 그 기업들의 생산성 역시 개선된다. 그러한 이유들 때문에 특정 산업에 속한 기업들이 한 지역에 모여 있으면 집적 효과가 발생하고 생산을 위한 학습효과도 더욱 커지게 된다.

직관적으로 파악하면, '학습효과'를 통해 공급곡선이 우하향하는 형태를 띨 수 있다. 기업은 상품을 생산하는 과정에서 그리고 시간이 지날수록 노하우가 쌓이게 된다. 따라서 '학습효과' 곡선은 '누적 생산량(Cumulative output)'에 의해 결정된다고 볼 수 있다. 즉, '누적 생산량'이 증가하면 증가할수록 우하향하는 모습인데 이는 기업 입장에선 생산비용 감소를 의미한다. 앞서 설명했던 '규모의 경제'하에 평균 생산비용 곡선과 비슷하다. 원리는 같다. 생산량이 증가함에 따라 평균 생산비용이 감소하고 그 결과 상품가격이 낮아지는 것이다. 생산에 '학습효과'가 존재하는 상황에서 자유무역을 하면 이득이 발생할 수 있다. 그 산업 생산에 대해 노하우가 많이 쌓인 나라에서 그 산업에 더욱 집중 생산하면 된다. 그렇게 되면 그 나라는 '학습효과'에 따라 더 낮은 가격에 상품을 더 많이 공급할 수 있다. 그 결과 세계 소비자들은 더 낮은 가격에 상품을 구입할 수 있고 소비자 후생이 증대된다.

외부경제의 기원: 핵심부 — 주변부 이론

'외부 규모의 경제'에 의해 자유무역이 무역이득을 발생시킬 수 있음을 고찰했다. 그렇다면 그 '외부 규모의 경제'는 어떻게 실현되는 것일까? 중요한 건 한 지역에 기업들이 또는 사람들이, 즉 자원이 몰리기 때문이다. 자원의 '몰림과 쏠림'을 설명하는 데 다른 차원의 분석도 가능하다. 바로 폴 크루그만(Paul Krugman)

이 제시한 '핵심부-주변부' 이론이다. 어느 나라나 많은 인구가 대도시들에 몰려 산다. 한국도 마찬가지다. 한국의 경우 그 쏠림 현상이 더욱 심각해 사회적 문제가 되고 있는 상황이다. 바로 '수도권 초집중화'와 '지방소멸' 현상이다. 서울은 블랙홀처럼 모든 자원을 빨아들이고 있다. 그 이유가 뭐냐는 것이다. 쉽게 분석해 보자.

도시는 이점이 있다. 앞서 '외부 규모의 경제'를 설명하는 과정에서 '집적 이익'을 언급했다. 쉽게 말해 '집적 이익'이라고 하면 모여 있어 발생하는 좋은 점들이다. 사람들이 많이 몰려 있는 도시는 생산과 소비 측면에서 모두 유리하다. 먼저 생산 측면을 보자. 도시엔 인구가 많다. 인구가 많다는 것은 시장이 크다는 뜻이다. 시장이 크면 다시 강조하지만 규모의 경제가 실현될 수 있고, 그 결과 단위당 평균 생산비용이 절감된다. 생산비용 절감은 가격하락으로 이어진다. 그뿐이 아니다. 기업들은 매출 확대를 위해 '제품 차별화'를 시도한다. 그 과정에서 상품들이 다양해진다. 따라서 소비자들도 유리해진다. 저렴한 가격에 보다 다양한 종류의 상품들을 구매할 수 있기 때문이다. 즉, 가격이 하락하니 '소비 가능성'이 확대되고 '제품 차별화' 때문에 '소비 다양성'이 진작되는 것이다. 사람들이 도시에 살고 싶어 하는 이유이다.

경제지리학 시각에선 인구 쏠림 현상을 '핵심부-주변부' 모형을 이용해 설명할 수 있다. 도시가 핵심부(core) 역할을 맡는다. 한국으로 치면 서울과 지방 광역시들일 것이다. 그 핵심부들을 중심으로 소도시와 농촌이 분포하고 주변부(periphery)를 형성한다. 한국의 문제는 시간이 갈수록 지방 광역시들이 서울의 주변부로 전락하고 있다는 것이다. 그래서 한국 전체의 핵심부가 서울이고 나머지 전 지역이 핵심부 서울을 둘러 싼 주변부라고 규정할 수 있다. 그레고리 핸더슨 지적이 맞다. 한국 자체가 서울을 중심으로 도는 거대한 소용돌이인 것이다. 사람들이 도시에 몰려 살았을 때 얻는 것이 있다. 바로 '집적 이익'이다. 쉽게 설명하자면, 도시에 살면 좋은 점이 있다. 앞서 설명한 대로 '소비 가능성'이 확대되고 '소비 다양성'이 진작되기도 하지만 문화적 혜택도 누릴 수 있다. 규모의 경제가 실현되면서 일자리도 많아진다. 따라서 시골에 비해 도시에 사는 사람들의 '삶의 질'이 높을 수밖에 없다. 어느 사회나 거대 '핵심부'를 중심으로 작은 '주변부'들이 분포하는 이유다.

이와 같은 통찰을 바탕으로 폴 크루그만은(Paul Krugman)은 1991년 논문을 써서 신경제지리학 개념을 소개했다.13) 크루그만이 주목하는 경제지리 패턴은 '산업화'된 '핵심부'와 '농업지역'의 '주변부'이다. 핵심부는 주로 도시 지역이고 기업과 산업시설이 많다. 반면 주변부는 주로 농업 지역이다. 이론화를 위해 크루그만은 두 지역을 상정한다. 그 두 지역에 각각 같은 인구가 거주한다고 가정한다. 각 지역은 두 산업, 즉 농업과 제조업이 존재하고 그 비중은 각 지역에서 5:5로 동등하다. 농업 종사자들은 지역 간 이동이 불가능하고 제조업 종사자들은 지역 간 이동이 가능하다고 가정한다. 농업은 '규모의 경제'가 실현되지 않지만 제조업은 '규모의 경제'가 실현된다. A지역(B지역)에 사는 사람들이 B지역(A지역)에서 생산되는 공산품을 구입하려면 운송비가 지출된다. B지역에 살고 있는 어느 한 제조업 종사자가 A지역으로 이주한다고 해보자. 그가 이주를 통해 어떤 이득도 얻지 못한다면 B지역 어느 누구도 이주를 원하지 않을 것이다. 그 제조업 종사자가 이주를 통해 뭔가를 얻었다면 B지역의 다른 제조업 종사자들도 A지역으로 이주를 희망할 것이다. 제조업 종사자가 이주를 통해 얻을 수 있는 구체적인 이득은 임금상승일 것이다. 즉, B지역의 한 제조업 종사자가 A지역으로 이주했을 때 임금이 상승한다면 그 지역의 다른 제조업 종사자들은 모두 A지역으로 이주할 유인이 존재한다. 따라서 '핵심부−주변부' 패턴을 이해하기 위해 제조업 종사자의 이주가 두 지역 간에 임금 차이를 발생시키는지 분석할 필요가 있다.

---

13) Krugman, P (1991), "Increasing Returns and Economic Geography", Journal of Political Economy, 99(3), 483−499.

B지역의 제조업 종사자가 A지역으로 이주해 가면 A지역의 인구가 B지역의 인구보다 많아지게 된다. 신 무역 이론에 따르면 그 경우 '시장확대' 효과가 나타나고 '규모의 경제'가 실현되기 때문에 더 적은 비용으로 생산이 가능해진다. 따라서 A지역 제조업 종사자들은 보다 저렴한 가격에 공산품을 구매할 수 있게 되고 그 결과 그들의 실질임금이 상승한다. A지역의 제조업 내 '기업의 수'가 증가하게 된다. 따라서 상품의 종류도 다양해진다. 그렇기에 B지역의 제조업 종사자가 A지역으로 이주했을 때 실질임금도 상승하게 되고 소비 다양성도 진작된다. 그와 같은 이유 때문에 B지역의 다른 제조업 종사자들도 A지역으로 이주할 유인을 갖게 된다. 결국 제조업 근로자들은 모두 A지역으로 몰려들게 된다. 그 이유는 너무 단순하다. 우연히 B지역의 제조업 종사자 한 명이 A지역으로 이주했기 때문이다. 그 작은 변화가 연쇄작용을 일으키며 A지역으로의 제조업 집중현상을 만들어 낸 것이다. 초기조건이 큰 영향을 미쳐 집중화를 만들어 낸 경우이다. 하지만 B지역엔 여전히 제조업이 존재한다. 운송비 때문이다. B지역 사람들이 A지역에서 생산된 공산품을 구매하려 할 때 운송비가 포함되기 때문에 B지역 사람들은 자신들의 지역에서 생산된 공산품을 구매할 유인이 여전히 존재한다. 하지만 운송기술이 발달하고 운송비 지출이 줄어든다면 B지역 사람들은 A지역 공산품을 더 쉽게 구매할 수 있게 된다. 그 결과 제조업은 A지역으로 더욱 몰려들게 된다. 그렇게 되면 A지역 제조업 종사자들의 실질임금도 더욱 상승하게 된다.

기업들도 입지 선택을 하게 된다. 기업들 역시 A지역을 선호할 것이다. 규모의 경제가 실현되어 생산비용을 줄일 수 있기 때문이다. 그뿐이 아니다. 기업이 A지역에 위치하면 운송비에 구애받지 않아 경영이 유리하다. 폴 크루그만은 1980년에 자신의 논문에서 운송비의 역할을 설명했다.[14] 그의 이론에 따르면, 기업은 고객들에게 상품을 전달하기 위해 운송비를 지불해야 한다. 따라서 고객이 많은 곳, 즉 큰 시장에 위치해야 운송비를 최소화할 수 있고 이윤을 더 크게

---

14) Krugman, P. (1980), "Scale Economies, Product Differentiation, and the Pattern of Trade", American Economic Review, 70(5), 950−959.

할 수 있다. 이를 'Home Market Effect'라고 한다. 크루그만은 '운송비용'과 '최적 입지' 개념을 더해 무역 이론에 'Home Market Effect'를 도입했다. 보다 높은 임금을 바라는 제조업 종사자들은 인구가 조금이나마 더 많은 지역으로 이주하고 그 결과 제조업 종사자들은 A지역에 집중된다. A지역의 인구가 많기 때문에 공산품 수요는 A지역에서 더 많을 수밖에 없다. 게다가 '운송비용'을 최소화하려는 기업들은 A지역에 입지를 선호한다. 그 결과 A지역은 제조업 종사자들도 몰려들지만 기업들도 모이게 된다. 정리하면, 기업들은 공산품 수요가 많은 곳에 입지를 선택하려 한다(backward linkage). 여기서 공산품 수요 크기는 시장의 크기를 의미한다. 제조업 종사자들은 높은 임금을 받기 위해 공산품 수요가 많은 곳에 모여든다(forward linkage). 따라서 기업들의 입지 선택과 제조업 종사자들의 거주지 결정이 상호작용하면서 '핵심부'를 만들어 낸다.

주변부 제조업

높은 임금을 바라는 제조업 종사자들이 A지역으로 이주해 가고 기업들은 '운송비용'을 최소하기 위해 '최적 입지'를 A지역으로 결정한다. 그 결과 A지역은 '핵심부'가 되었고 B지역은 '주변부'가 되었다. 그런데 관찰해 보면 '주변부'에 농업만 남아있는 것이 아니다. 제조업도 존재한다. 이유가 있다. '핵심부'에 모여 있는 기업들에게 '주변부'로 이동할 유인이 존재하기 때문이다. '핵심부'에 모든 기업들이 몰려 있다고 해보자. 이때 그 기업들 중에 어느 하나가 단독으로 주변부로 이동하면 그 기업은 그 '주변부'의 공산품 수요를 모두 독차지할 수 있다. 어느 한 기업이 그렇게 '주변부'의 수요를 독차지하는 것을 본다면 다른 기업들도 '주변부'로 따라 들어갈 유인이 있을 것이다. 기업들이 '주변부'로 너무 많이 따라들어가면 이윤을 내기 힘들어질 것이다. 그렇게 이탈해 가는 기업들의 수에 제한이 있을 수밖에 없다. 직관적으로 파악하면 '핵심부'에 남는 '기업들의 수'와 '주변부'로 떠나는 '기업들의 수'가 정해진다. 즉, 균형이 달성된다. 균형이 존재하지 않는다면 기업들은 이윤을 찾아 '핵심부'와 '주변부'를 끊임없이 떠돌게 된다.

'주변부'로 이탈해 가는 '기업들의 수'를 결정짓는 요인은 무엇일까? 주변부로 이탈하는 '기업의 수'를 결정하는 요인은 공산품에 대한 지출 크기이다. 사람들이 공산품에 지출을 적게 하고 농산품에 대한 지출을 늘릴수록, 기업들은 주변부로 이탈할 유인이 커진다. 그 경우 '핵심부'에 머물면 이윤 창출이 힘들어지기 때문이다. 또 다른 요인은 기업의 '임금 지급능력'이다. 핵심부에 거주하는 제조업 종사자들은 높은 임금을 받고 있기 때문에 '주변부'로 옮겨갈 이유를 찾지 못한다. 따라서 그 종사자들로 하여금 '주변부'로 옮겨가게 하려면 기업은 더 그들에게 높은 임금을 제공해야 한다. 그렇기에 더 높은 임금을 지급할 수 있는 기업만 '주변부'로 이탈할 수 있다. 운송비용도 중요한 결정인자이다. 운송비용이 클수록 '주변부'로 이탈할 유인이 커진다. 운송비용이 적으면 '주변부' 사람들은 보다 저렴한 가격에 '핵심부'에서 제조한 공산품을 구매할 수 있다. 그 경우 기업이 '핵심부'를 이탈해 '주변부'로 옮겨 갈 유인이 없다. '주변부' 사람들이 '핵심부'의 공산품을 저렴하게 구매할 수 있으면 '주변부'에서 생산된 공산품 시장이 줄어들기 때문이다. '규모의 경제'가 제대로 실현되지 않을수록 기업은 '주변부'로 이탈할 유인이 커지게 된다. '핵심부' 내에서 생산량을 늘려도 큰 이윤을 얻지 못하기 때문이다. 만약 '규모의 경제'가 제대로 실현되면 기업들은 '핵심부' 내에서 더 많은 양을 생산하려 할 것이다.

　　이상의 논의를 정리하면, 제조업 종사자들이 핵심부로 몰리도록 만든 그 요인들이 반대로 제조업 기업들이 주변부로 이탈하도록 하는 동기가 되기도 한다. 즉, '공산품 시장의 크기', '운송비용', 그리고 '규모의 경제' 등의 요인들이 상호작용하면서 핵심부에 남아있는 '기업들의 수'와 주변부로 이탈하는 '기업들의 수'가 결정되는 것이다. 그 세 가지 요인들이 주변부로 이탈을 방해하면 핵심부는 더욱 커지게 되고 그 세 가지 요인들이 주변부로 이탈을 독려하면 핵심부가 줄어들게 되는 것이다. 핵심부는 제조업 중심의 모습을 띄게 되고 주변부는 농업 중심의 모습을 띄게 되는 것이다. 실제 주변부에 농업과 제조업이 공존하지만 농업이 주류를 차지한다. 현대에 들어와 공산품 시장 규모가 더 커지고 기술발전을 통해 운송비용이 감소하고 있다. 생산시설은 더욱 거대화되면서 규모의 경제는 더 큰 이슈가 되고 있다. 그 결과 핵심부가 거대해지는 추세다. 한국의 수도권 초집중화도 같은 맥락에서 설명할 수 있다. 고전 무역 이론에 따르면 무역이득은 '소비 가능성' 확대로 나타난다. 신 무역 이론에선 '규모의 경제'를 전제하고 있기 때문에 무역이득은 두 가지 경로로 나타난다. '소비 가능성' 확대와 '소비 다양성' 진작이다. 무역이 개시되면 시장이 확대되는 효과가 나타나고 그 결과 생산비용이 절감돼 상품가격이 낮아진다. 기업들은 경쟁력 강화를 위해 '제품 차별화'를 시도하기 때문에 상품들은 다양해진다. 그 결과 '소비 다양성'이 진작되는 것이다.

자유무역은 '시장확대' 효과를 가져온다. '시장확대' 효과는 인구증가 효과와 같다. 따라서 이론적으로 자유무역은 시장을 확대시켜 인구가 증가한 것과 같은 효과를 낸다. 즉, 작은 나라를 큰 나라로 만들 수 있는 것이다. 그 과정에서 규모의 경제가 실현되고 가격이 낮아지며 상품 종류가 다양해지면서 소비자 후생이 증대되는 것이다. 자유무역을 할 수 없는 상황에선 인구가 적은 소국은 그 인구 증가 효과를 누릴 수 없고 소국으로 남아 있어야 한다는 결론이 된다. 따라서 '소국'에 거주하는 사람들은 '대국'에 거주하는 사람들에 비해 '소비 가능성'과 '소비 다양성' 이득을 누릴 수 없기 때문에 '삶의 질'이 낮은 상태라고 말할 수 있다. 그렇기에 '소국'에 거주하는 사람들에게 '삶의 질'이 더 높은 '대국'으로 이주할 유인이 존재하게 된다.

사람들은 도시를 선호하는 경향이 있다. 인구가 많이 몰려 있고 시장규모가 클수록 소비 다양성이 존재하고 실질임금이 높기 때문이다. 기업들 역시 대도시 근처에 위치해야 '규모의 경제' 효과를 기대할 수 있고 운송비용을 최소화할 수 있다. 한국의 수도권 초집중화에는 이유가 있다. '핵심부 – 주변부' 이론 시각에서 보면 수도권 근로자들의 실질임금이 높고 수도권 소비자들은 소비 다양성 혜택을 누릴 수 있기 때문이다. 전국적으로 고속철도가 깔리고 이동시간이 크게 단축되었다. 운송비용이 크게 감소한 것으로 볼 수 있다. 크루그만이 설명했듯 운송비용이 감소하면 기업들과 근로자들이 '핵심부'에 머무를 유인이 더 커진다. 한국의 수도권이 더욱 거대화된 이유다. 그뿐이 아니다. 한국이 여러 나라들과 FTA를 맺게 되면서 '시장확대' 효과가 나타났고 '규모의 경제'가 실현되면서 수도권 거주 유인이 더욱 커지게 되었다. 그 결과 한국 전체 인구의 반 이상이 수도권에 몰리게 된 것이다.

무역과 후생 저하

역설적이게도 '외부 규모의 경제'가 실현되고 있을 때 자유무역을 하면 소비자 후생을 오히려 해칠 수 있다는 반론이 제기된다. 앞서 설명한 대로 '외부 규모의 경제'는 '역사적 우연성'에 따른 결과일 수도 있다. 특정 국가가 특정 재화 생산에 비교우위를 지닌 이유가 매우 단순할 수 있는 것이다. 즉, 그 재화를 오랫동안 생산해 왔기 때문에 경험, 지식 그리고 노하우가 축적돼 '규모의 경제'가 실현되었기 때문이다. 세계적인 차원에서 볼 때, 그 나라가 효율적인 재화 생산을 하고 있다고 장담하기 어렵다. 오히려 생산 비효율이 발생하고 있을 수 있다. 최근 많은 제조 시설들이 동남아시아 나라들로 이전하고 있다. 하지만 중국이 여전히 많은 제조업 분야에서 동남아시아 나라들에 비해 경쟁우위를 점하고 있을 수 있다.

베트남을 예로 들어보자. 베트남이 중국보다 인건비가 낮기 때문에 잠재적으로 베트남이 경쟁우위에 있을 수 있다. 즉, 시간이 흐르고 '동태적 수확체증'이 실현되면 미래에 베트남이 그 상품을 중국보다 더 낮은 가격에 팔 수 있다는 뜻이다. 더 효율적으로 생산할 수 있다는 의미이다. 하지만 그 '수확체증'이 당장 실현되는 것이 아니다. 앞서 언급한 '학습효과'는 시간을 필요로 하기 때문이다. 전 세계 소비자들을 입장에서 파악하면, 베트남이 생산 노하우를 충분히 갖추고 그 상품을 집중적으로 생산해 공급하는 것이 더 효율적일 수도 있다. 그 상품이 더 낮은 가격으로 판매되면 소비자들에게도 이득이 돌아간다. 즉, 낮아진 가격은 소비자 후생 증대로 이어진다. 하지만 현재 시점에선 중국이 경쟁우위를 지니고 있기 때문에 중국이 베트남보다 그 상품을 더 많이 생산하는 상황이 발생하는 것이다. 이유는 단순하다. 오랫동안 중국이 생산해 왔기 때문에 노하우를 베트남보다 더 잘 갖추고 있기 때문이다.

다시 강조하지만 '외부 규모의 경제'란 동종의 산업에 속한 다수 기업들이 한 곳에 몰려 있는 결과 집적 이익이 나타나고 있는 상태를 말한다. 기업 하나를 말하는 것이 아니라 그 산업에 속한 많은 기업들이 모여 있는 상황에서도 '규모의 경제'가 작동한다. 그렇기에 어느 기업 하나가 베트남에 진출해 생산량을 늘린다고 하더라도 평균 생산비용이 낮아지지 않을 것이다. 따라서 그 기업이 생산해내는 상품의 가격이 중국에서 경쟁 기업이 생산해낸 상품보다 낮아질 수가 없다. 그 베트남 기업이 가격 경쟁력을 확보할 수 없는 이유이다. 그와 같은 사실을 예상한다면 베트남에서 그 상품 생산을 시도할 기업이 없을 것이다. 그 결과 중국산 상품이 계속 경쟁우위를 보유하게 되는 것이다. 즉, 한번 확립된 중국의 경쟁우위가 지속된다. 다시 말하지만, 베트남은 중국에 비해 더 낮은 비용으로 그 상품을 생산할 수 있는 잠재력이 충분하다. 하지만 중국에서 '집적 이익'에 따라 '외부 규모의 경제'가 실현되고 있는 상태에서, 어느 한 베트남 기업이 사업을 시작한다면 그 책정가격은 중국산 가격보다 높을 수밖에 없다. 따라서 어느 기업도 베트남에서 사업을 시작할 수 없게 된다. 그 결과 중국에서만 생산이 이뤄지게 되는 것이다. 직관적으로 파악하면, 세계시장에서 균형은 '잠재적 균형점'이 아니라 '현실적 균형점'에서 발생하게 된다. 잠재력이 보다 풍부한 베트남보다 현재 경쟁 우위를 지닌 중국에서 계속 생산되는 상태인 것이다. 그 현실적 균형점에선 잠재적 균형점보다 생산량도 적고 가격도 높은 수준일 수밖에 없다.

세계 전체 시각에서 볼 때 후생이 더욱 개선될 여지가 있음에도 불구하고 개선되지 못하고 있는 상태라고 말할 수 있다. 그 상품을 더 낮은 비용을 들여 생산할 수 있는 나라에서 생산이 이뤄지지 않기 때문에 세계 소비자들은 더 높은 가격에 그 상품을 구매하고 있는 것이다. 따라서 소비자 후생 면에서 볼 때 그 생산이 효율적이라고 말하기 어렵다. 역설적이게도 자유무역이 존재하지 않는다면 베트남 기업은 생산을 시도할 수 있을 것이다. 그 경우 중국산이 베트남에 수입되지 않고 설령 수입된다 하더라도 무역장벽에 의해 베트남 내에서 판매되는 중국산 상품이 가격 경쟁력을 유지할 수 없기 때문이다. 하지만 자유무역으로 인해 보다 저렴한 중국산 상품이 베트남에 수입되고, 그에 따라 베트남 기업은 가격 경쟁력을 유지할 수 없기에 생산을 시도할 수 없는 것이다. 그렇기에 '외부 규모의 경제'가 실현되고 있는 상황에서 자유무역이 오히려 세계 소비자 후생의 개선을 방해할 수 있다는 반론이 제기되는 것이다.

동태적 수확체증

앞서 한국과 중국의 완구제품 수출입을 사례로 들었다. 과거 가파른 경제성장을 하던 당시 한국은 완구를 많이 생산해 수출했었다. 하지만 지금 한국은 완구 생산을 많이 하지 않고 있다. 이웃 나라인 중국이 완구 생산을 많이 하고 있다. 중국과 한국 간의 완구 수출입을 다시 고려해 보자. 무역자유화가 어떤 효과를 가져올 수 있을까? '규모의 경제' 관점에서 보면, 무역자유화는 '시장확대 효과'를 가져온다. 따라서 중국 완구 기업들과 한국 완구 기업들 입장에서 보면, 시장확대로 인해 생산량 증가를 기대해 볼 수 있다. 여기서 중요한 사실은 중국 기업들과 한국 기업 간의 차이점이다. 현재 시점에서 중국의 완구산업이 한국보다 더 클 것이다. 따라서 두 나라 간에 완구 수출입이 완전히 자유로워지면, 중국의 완구산업은 더욱 확장될 것이고 한국의 완구산업은 더욱 축소될 것이다. 규모의 경제의 의미를 되새겨 보면 이는 당연하다. 왜냐하면 시장확대 효과에 따라 중국의 완구 생산량이 더 늘어나기 때문에 단위당 평균 생산비용은 더 절감된다. 한국에선 상황이 다르다. 중국으로부터의 완구가 수입되면서 한국산 완구에 대한 한국 내 수요량이 감소하기 때문이다. 원래도 두 나라 간 단위당 평균 생산비용이 달랐기 때문에 자유무역이 이뤄진다고 해도 한국산 완구가 중국에서 수요를 창출해 내긴 어렵다. 따라서 한국 시장에서 중국산 완구가 한국산 완구를 대체하게 되고 한국산 완구 생산량 감소로 이어지게 된다. 그 결과 한국 내에서 완구 1개당 평균 생산비용은 증가할 수밖에 없다. 그러한 경쟁이 계속되면 결국 한국 내 완구 생산업체는 모두 도산하게 되고 전적으로 완구 공급을 중국에 의존하게 된다.

무역이득

자유무역이 개시되기 전에 중국의 완구 가격은 한국의 완구 가격보다 더 낮다. 자유무역의 결과 중국에선 완구 생산량이 증가하고, 중국의 완구 생산비용이 감소하게 된다. 반대로 한국의 완구 생산비용은 증가하게 된다. 결국 한국의 완구 산업을 중국의 완구 산업이 대체하게 된다. 세계 전체 시각에서 완구 가격은 더욱 낮아지게 될 것이다. 가격이 낮아지면 소비자 후생은 증대된다. 즉, 무역이득이 소비자 후생 증대로 나타나는 것이다. 자유무역을 통해 시장이 확대된 결과이다. 그 무역이득은 중국의 완구 생산자들, 한국의 완구 소비자들 그리고 전 세계 소비자들에게 돌아간다. 중국의 완구 생산자들은 더 많은 이윤을 얻게 되기에 자유무역의 수혜자가 되는 것이고, 한국 내 완구 소비자들은 완구를 더 저렴한 가격에 소비할 수 있기 때문에 역시 자유무역의 수혜자가 되는 것이다. 이러한 형태의 무역이득은 고전적 무역 이론에서 제시하는 무역이득과 다르다. 고전적 무역 이론에는 '수확체증' 개념이 없다. 즉, 리카르도 모형이나 헥셔―올린 모형에서 제시하는 무역이득은 수확체증을 통해 발생하는 것이 아니다. 상대가격 차이에서 발생하는 것이다.

따라서 리카르도 모형과 헥셔―올린 모형이 예측하는 바에 따르면 자유무역의 결과 두 나라 간의 상대가격은 같아지게 된다. 만일 무역이 개시되기 전에 자국에서 의류 가격이 상대적으로 저렴하고 외국에서 상대적으로 비싸다면, 무역이 개시된 이후 자국에서 의류 가격은 상승하고 외국에서 의류 가격은 내려간다. 그와 같은 고전적 무역 이론과 신 무역 이론은 대조된다. 고전적 무역 이론은 생산방식과 산업구조에 큰 관심을 두지 않는다. 따라서 생산량과 상관 없이 생산비용이 일정하다고 본다. 하지만 신 무역 이론은 생산량이 많아지면 많아질수록 가격 경쟁력이 강화된다고 본다. 즉, 신 무역 이론에서는 규모의 경제가 실현되기 때문에 자유무역의 결과 대량 생산 이점이 있는 나라에서 그 상품가격이 더욱 낮아지게 된다.

'집적 이익'과 '외부 규모의 경제'는 생산을 먼저 시작한 나라에서 발생하는 경향이 있다. 이는 역사적 우연성의 결과이기도 하다. 뉴욕은 네덜란드인들이 그 지역에 도착해 무역을 시작하면서 큰 항구 도시로 성장할 수 있었다. 미주 대륙에서 상대적으로 유럽에 가까웠고 자유무역을 위한 항구로 개발하기에 여러모로 유리했기 때문이었다. LA는 날씨가 좋고 영화를 제작하기에 여러 조건들이 잘 부합했다. 그 외에도 여러 가지 면에서 영화 산업이 성장하는 데 유리함이 존재했다. 한번 입지가 이뤄지자 헐리우드는 영화를 상징하는 지역이 됐다. 지금도 유명 배우와 연예인들이 LA 근처 헐리우드에 거주하기를 선호한다. 그렇게 유명 배우들과 연예인들이 LA 근처에 모여살수록 헐리우드는 영화 제작에 더 유리할 수밖에 없다. 그뿐이 아니다. LA 근교에 전문화된 공급자와 특수 인력을 위한 노동시장이 활성화 되어 있기 때문에 영화 제작비가 절감될 수 있다. 그러한 이점을 통해 헐리우드는 세계적으로 영화산업의 중심지로 부상할 수 있었던 것이다. 역사적 우연성에 따라 어느 한 산업이 어떤 특정 지역에 대규모로 형성되면 생산의 유리함을 바탕으로 그 산업이 더욱 거대화되는 경향이 있다.

우리는 앞서 중국과 한국을 비교하면서 무역이 개시되기 전 중국에서 완구 생산비용이 한국보다 낮다고 가정했다. 그렇다면 과연 무엇이 중국으로 하여금 그렇게 생산비용이 낮게 했을까를 생각해 볼 수 있다. 하나의 가능성은 고전적 무역 이론이 설명한 대로 기술과 자원 부존량의 근원적인 차이 때문이다. 리카르도와 헥셔−올린 모형을 떠올려 보면 이해가 쉽다. 그리고 또 하나의 가능성은 역사적 우연성이다. 앞서 베트남의 예를 들었다. 잠재적으로 특정 재화를 더 저렴하게 생산할 수 있는 나라들은 많다. 하지만 어떤 한 나라가 특정 재화 생산을 위해 '선도자'가 되면 계속해서 '선도자'로 남아 있는 경향이 있다. 즉, 과거의 대규모 생산국이 지금도 대규모 생산국으로 활약하고 있는 것이다. 다시 베트남과 중국을 비교해 보자. 현재 베트남의 임금이 중국의 임금보다 더 낮은 것으로 알려져 있다. 그 경우 베트남의 평균 생산비용이 중국의 평균 생산비용보다 낮다고 볼 수 있다. 강조하지만, 이는 베트남이 중국보다 더 적은 비용으로 완구를 제조할 수 있음을 의미한다. 논리를 확장해 보면 미래 언젠가 베트남이 세계 완구시장에서 중국을 충분히 대체할 것으로 생각해볼 수 있다. 하지만 중국이 베트남보다 완구산업을 먼저 시작했고 경쟁력 차이가 현격하다면 베트남은 중국을 추월하지 못할 가능성도 있다. 왜냐하면 중국은 이미 발생 된 '외부적 경제성'을 계속 누리고 있는 반면 베트남은 그 '외부적 경제성'을 누릴 수 없기 때문이다. 베트남이 중국과 같은 '외부적 경제성'을 누리기 위해선 산업 집중화와 규모의 경제 등이 필요한데 그러한 것들을 갖추려면 장기적 계획과 큰 비용 지출이 요구된다. 유치산업 보호론이 등장하는 이유이다.

유치산업 보호론

중국과 베트남의 예를 통해 한번 발생한 외부경제 효과가 어떻게 고착되는지를 살펴봤다. 중국이 베트남에 대해 경쟁우위를 계속 점유할 수 있었다. 즉, 학습효과에 의해 '동태적 수확체증'이 실현되기에 한번 고착된 생산 우위가 너무 강하게 작용할 수도 있다. 따라서 '동태적 수확체증'은 보호주의를 정당화하기 위한 논거로써 사용될 수 있다. 장차 한 산업이 성장해서 그 나라에서 큰 부가가치를 창출할 것으로 기대되면, 그 산업이 외국 산업들에 대해 경쟁력을 갖출 때까지 보호가 필요하다는 논리가 성립한다. 예를 들어, 중국이 한국 대신 베트남과 완구 생산을 놓고 경쟁을 한다고 해보자. 베트남은 충분한 잠재력이 있다고 할 수 있다. 이때 베트남 정부가 자국의 완구산업을 일시적으로 보호해 주면 그 산업이 성장하게 되고 그에 따라 생산 규모를 확보하면, 생산비용이 절감되고 장차 중국의 완구산업과 경쟁을 할 수 있게 될 것이다. 자유무역으로부터 일시적 보호를 통해 유치산업, 즉 걸음마 단계의 그 산업이 경험과 노하우를 축적할 수 있도록 시간을 벌어주는 것이다. 구체적인 방법들도 실행될 수 있다. 그 산업이 성장해 자립할 수 있을 때까지 보조금을 지급해 상품 생산을 격려하는 것이다. 또는 외국 상품의 가격 경쟁력을 제한하기 위해 관세를 부과하는 방법도 있다. 장기적인 관점에서 그 산업에 대한 보호가 후생 증가로 이어질 수 있다는 기대가 있을 때 그와 같은 방법이 활용될 수 있다.

개도국들은 개발국들을 따라가는 경향이 있다. 학습을 한다. 그래서 '학습효과'인 것이다. 그 '학습효과'를 통해 '수확체증'을 실현시키려면 시간이 필요할 것이다. 유치산업 보호론이 등장한 배경이다. 공업화가 빨리 시작된 개발국들은 그동안 쌓여진 경험, 지식 그리고 노하우 등이 개도국들에 비해 풍부하다. 반면 개도국들은 그러한 것들이 절대적으로 부족한 상황에 있다. 개도국은 제조업을 위한 경험, 지식 그리고 노하우 등이 부족하고 그러한 게 부족하면 개도국인 것이다. 하지만 개도국들은 인건비 등이 더 저렴하기에 장차 더 낮은 비용으로 생산해 낼 수 있는 잠재력을 갖추고 있다고 볼 수 있다. 하지만 개도국 기업들은 그 산업에 진입하는 게 더 어려울 수밖에 없다. 앞서 언급한 대로 개발국 기업들에 비해 경험, 지식 그리고 노하우가 훨씬 부족하기 때문이다. 세계 전체 시각에서 볼 때도 개발국 기업들만 생산 활동을 하고 개도국 기업들은 생산 활동을 하지 않는다면 비효율적인 자원배분을 초래할 수 있다. 개도국에서 생산이 이뤄지면 상품가격이 더욱 낮아질 수 있기 때문이다. 그렇게 되면 세계시장에서 가격수준이 더 낮아질 수 있는데 개도국에서 그 산업 생산이 이뤄지지 않고 있기 때문에 세계 소비자들은 더 높은 가격에 그 제품을 구입해야 하는 것이다. 따라서 일부 국제경제학자들 중심으로 개도국 정부의 시장규제가 필요하다고 역설한다. 그렇게 개도국 정부가 자국의 산업이 충분히 성장할 때까지 그리고 '동태적 수확체증'을 실현시킬 때까지 자유무역으로부터 자국 시장을 보호해야 한다는 주장이 바로 '유치산업 보호론'이다.

외부경제 효과에 입각한 자유무역이 국민후생에는 미치는 효과에 대해선 아직도 설명이 분명치 않다. 하지만 외부경제 효과 발현을 위해 산업생산이 집중되는 것은 세계후생 수준 증대에 분명 도움이 될 것이다. 자유무역을 통해 한 국가의 후생이 악화될 수도 있다. 한 국가의 특정 산업 경쟁력은 충분치 못하지만 수입을 하지 않고 열악한 환경이나마 자국에서 직접 생산하고 소비할 때 국가의 후생이 증대되는 경우도 있다. 그 경우 유치산업을 육성할 수 있다. 예를 들어 일본의 전자산업과 자동차산업은 한국에 비해 오랜 역사와 기술력을 자랑한다. 즉, 첨단산업에서 과거 한국은 일본에 비해 기술력 면에서 뒤처져 있다는 평가를 받았었다. 과거 상황을 재현해 대안을 모색해 본다면, 한국이 일본산 전자제품들에 대해 수입자유화를 하지 않는다면 한국의 전자산업이 육성될 수 있었을 것이다. 하지만 일본과 자유무역이 이뤄지게 되면 일본의 고품질 전자제품들이 한국 시장을 압도해 한국의 전자제품 기업들은 생산을 지속할 수 없는 상태에 처해질 수도 있었다. 기술력 차이가 컸기 때문이다. 만약 한국 내에 전자 산업이 사라지고 외국 제품에 의존해야 한다면 장차 한국은 전자제품을 더 비싼 가격에 써야 할 수도 있는 것이다.

그렇게 되면 한국에서 유치산업들이 성장할 수 없고 한국은 저부가가치 상품들만 생산해야 할 것이다. 그에 따라 한국의 경제성장 가능성도 사라지고 말 것이다. '동태적 수확체증' 시각에서 보면, 자유무역은 도리어 개도국 후생을 악화시킬 수 있는 것이다. 그렇기에 한국은 한때 외국과의 경쟁으로부터 당시 유치산업이었던 첨단산업을 보호할 수밖에 없었던 것이다. 그리고 그러한 제한적 보호조치를 국제사회가 공감했던 것이다. 하지만 그렇다고 해서 자유무역이 세계 후생을 악화시킨다는 결론을 내면 그건 몰이해이다. 유치산업 보호론 논쟁에도 불구하고 시야를 넓혀보면 자유무역을 통해 시장 확대 효과가 나타나고 규모의 경제가 실현되어 세계 후생을 높이는 데 도움이 된다. 규모의 경제가 실현되는 상황에서 무역이득을 추구하는 나라들 사이에 무역마찰은 존재할 수밖에 없다. 나라별로 기업들의 이해관계가 엇갈리기 때문이다. 때로는 기업들이 그 나라의 무역정책 결정 과정에 영향력을 행사하기도 한다. 그럼에도 불구하고 산업이 특정 나라 또는 지역에 집중되어 외부경제 효과를 발생시킬 수 있으면 이는 세계 전체 후생을 증대시키는 데 도움이 된다. 유치산업 보호론에 대해서는 뒷장에서 보다 자세하게 설명하기로 한다.

CHAPTER 04

기업 이질성과 무역

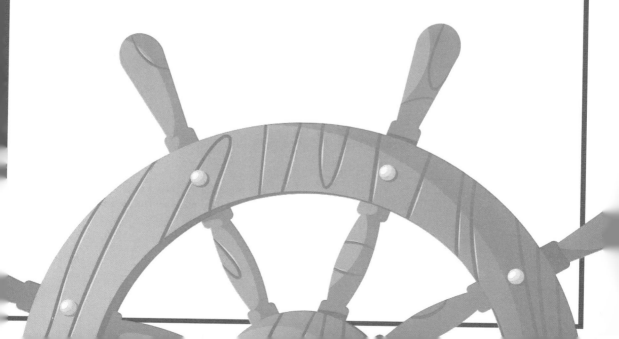

앞서 언급했다. 신 무역 이론은 자유무역을 통해 세계 소비자들의 소비 가능성과 소비 다양성이 확대된다고 설명한다. 강조하지만 고전적 무역 이론과 가장 다른 점은 바로 차별화된 상품(variety)들이 만들어져 수출되고 수입된다는 것이다. 그에 따라 소비자들은 다양한 상품들은 소비할 수 있어 그들에게 '다양성 이득'이 발생하는 것이다. 고전적 무역 이론은 비교우위가 있는 산업은 그 재화를 수출하고 비교열위에 있는 산업은 그 재화를 수입한다고 설명한다. 그러한 이론들에 따르면 수출하는 산업과 수입하는 산업이 따로 있다는 것이다. 그래서 '산업 간 무역(inter-industry trade)'이다. 하지만 신 무역 이론은 같은 산업 내에서 다양성 이득을 위해 수출과 수입이 동시에 발생한다고 설명한다. '산업 내 무역(intra-industry trade)'인 이유이다.

현대 들어 '산업 내 무역'은 매우 흔하다. 이 시점에서 의문을 제기할 수 있다. '산업 내 무역'이 발생할 때 어떤 나라가 어떤 상품을 과연 얼마만큼 수출하느냐는 것이다. 예를 들어, 한국과 미국 두 나라가 동시에 자동차를 수출하고 수입하고 있다. 즉, '산업 내 무역'이 이뤄지고 있는 것이다. 이때 두 나라 간의 자동차 수출량이 같은가? 만약 같지 않다면 그 수출량이 어떻게 결정되는가에 대한 의문을 제기해 볼 수 있다. 엘하난 헬프만은 자신의 논문에서 그와 같은 물음에 대해 해답을 제공한다.[15]

엘하난 헬프만은 '신 무역 이론'에 고전 무역 이론인 '헥셔-올린 모형'을 결합하였다. 헥셔-올린 이론은 '자본 풍부국은 자본 집약재를 수출하고, 노동 풍부국은 노동 집약재를 수출한다'고 설명한다. 신 무역 이론은 '각 나라는 다양성 이득을 얻기 위해 동종 산업에 속한 상품을 수출하고 동시에 수입한다'고 설명한다. 이 두 이론을 결합하면 다음과 같은 설명이 가능해진다. 자본 풍부국은 다양

---

15) Helpman, E (1981), "International trade in the presence of product differentiation, economies of scale and monopolistic competition : A Chamberlin-Heckscher-Ohlin approach", Journal of International Economics, 11(3), 305-340.

성 이득을 얻기 위해 자본 집약재를 수출함과 동시에 수입도 하지만 수입보다 수출을 더 많이 한다. 노동 풍부국은 다양성 이득을 얻기 위해 노동 집약재를 수출함과 동시에 수입도 하지만 수입보다 수출을 더 많이 한다. 즉, 자본 풍부국은 자본 집약재를 순수출(net export)하고 노동 풍부국은 노동 집약재를 순수출(net export)한다.

BEJK

Bernard, Eation, Jensen, and Kortum(BEJK, 2003)은 수출기업의 이질성 문제를 제기했다. 그들은 리카르도 모형을 확장해 많은 국가, 지리적 장벽, 불완전 경쟁을 포함시켰다. 그들은 미국 공장에 대한 질적 접근을 시도했다. 즉, 규모 및 생산성에 있어 수출업체들 간의 이질성을 분석했다. 미국과 46개 주요 무역 파트너 간의 양자 무역에 모형을 적용하여, 세계화와 달러화 평가 절하가 생산성, 공장 진입 및 퇴출, 미국 제조업의 이직률 등에 미치는 영향을 분석했던 것이다. Bernard and Jensen(1995, 1999a), Sofronis Clerides et al. (1998), 그리고 Bee Yan Aw et al. (2000) 등은 수출 기업과 공장의 행동과 상대적 성과에 대한 정형화된 사실을 발견했으며, 이는 여러 국가에서 일관되게 나타남을 밝혔다. 가장 두드러지는 점은 수출업체가 소수라는 것이다. 그들은 일반적으로 더 생산적이고, 규모가 크지만 일반적으로 생산량의 일부만 수출한다. 기업 간 이질성이 존재하는 것이다. 이론을 말하기 전에, BEJK(2003)가 소개한 미국 공장의 통계를 살펴보자.

Export status	Percentage of all plants
No exports	79
Some exports	21

Export intensity of exporters (percent)	Percentage of exporting plants
0 to 10	66
10 to 20	16
20 to 30	7.7
30 to 40	4.4
40 to 50	2.4
50 to 60	1.5
60 to 70	1.0
70 to 80	0.6
80 to 90	0.5
90 to 100	0.7

Note: The statistics are calculated from all plants in the 1992 Census of Manufactures.

위의 표를 보면, 조사에 포함된 약 200,000개의 업체 중 21%만이 수출을 한다. 수출한다는 업체도 대부분은 미국 내에서 판매한다. 수출에 종사하는 업체들 중 약 3분의 2는 생산량의 10% 미만을 해외에 판매한다. 수출의 절반 이상이 그러한 업체들인 것이다. 그 수출업체 중의 5% 미만이 생산량의 50% 이상을 수출한다. 그리고 수출하는 업체가 비수출업체보다 규모가 더 크다. 중요한 사실은 고전적 무역 이론이 제안하는 것과 달리 수출이 많지 않다는 것이다. 업체의 수출 여부가 다를 뿐만 아니라 각 업체별 생산성 수준도 많이 다른 것이다. 더욱 놀라운 건 수출과 생산성을 연결해 설명하는 연구가 매우 적다는 점이다. 핵심은 기업의 이질성이다.

국제 무역 이론은 그러한 기업 이질성에 대해 많은 걸 언급하지 않았으며 그에 따라 현실적이지 못한 경우도 많다. 무역 이론은 산업 전문화와 같은 주제에 대해 거시적 자료를 분석하는 경우가 많았다. 무역이 공장 폐쇄와 같은 미시적 문제에 미치는 영향을 이해하려면 산업 내 개별 생산자 간의 차이점을 인식할 필요가 있다. 기업의 이질성은 새로운 분석 대상이 된다. 즉, 생산자 수준에서 발생하는 걸 파악하는 국제 무역 모형 개발이 필요하다. 그러한 모형에는 세 가지 인식이 필요하다. 첫째는 생산 수준에서의 이질성이다. 생산자와 국가 간 기술 효율성에서 차이가 존재한다. 둘째는 동일한 산업 내에서도 수출자와 순수 국내 생산자가 공존한다는 사실이다. 그 사실을 파악하기 위해 '빙산(iceberg)' 가정(주어진 목적지에 대한 수출 비용은 생산 비용에 비례함)을 통해 수출 비용을 도입한다. 셋째는 기술적 효율성의 차이가 산출 가격의 차이에 완전히 흡수되지 않도록 하려면 가변 '마크업(markup)'이 있는 불완전 경쟁을 상정해야 한다.

BEJK는 리카르도 분석틀에 베르트랑 경쟁을 도입했다. 그 이론적 모형의 핵심은 생산성, 규모, 수출 참여에서 관찰되는 분산과 공분산을 기술 효율성의 단일 생산자 수준 특성에 연결하는 것이었다. 한 국가의 모든 생산자가 동일한 비율의 투입물을 동일한 비용으로 사용하고, 규모에 대한 수익이 일정하고, 완전 경쟁 또는 공통 마크업이 있는 독점적 경쟁을 상정하는 한 모두 생산성이 동등하게 보일 수 있다. 하지만 베르트랑 경쟁에서는 더 효율적인 생산자가 가장 가까운 경쟁자에 비해 더 큰 비용 이점을 갖고, 더 높은 마크업을 설정하고, 더 생산적일 수 있다. 동시에 더 효율적인 생산자는 더 효율적인 경쟁자를 가질 가능성이 높고, 더 낮은 가격을 책정하고, 탄력적인 수요로 더 많이 판매할 가능성이 높다. 더구나 더 효율적인 생산자는 외국 시장에서 경쟁자를 압도할 가능성이 더 높다. 그들은 자신들의 이론을 바탕으로 제조 부문의 미시 및 거시 자료를 연결했다.

그들은 국제 경제의 변화가 산업 진입, 퇴출, 수출, 고용, 제조업 생산성에 어떤 영향을 미치는지에 대해 문제를 제기한다. '세계화'는 국가 간 모든 지리적 장벽이 5% 감소한다고 전제한다. 그들의 시뮬레이션에 따르면, 그와 같은 지리적 장벽 감소로 인해 무역이 15% 정도 증가한다. 세계화는 미국 공장의 3.3%를 퇴출시킬 수 있다. 그 생존기업들 중 이전에 국내 시장에만 판매했던 업체의 20분의 1 이상이 수출을 시작한다. 세계화가 생존기업들에게 더 큰 시장을 제공하는 것이다. 그 생존기업들은 퇴출기업들에 비해 처음부터 규모가 더 컸기 때문에 제조업 고용 감소는 1.3%에 불과하다. 중간재의 상대 가격 하락, 비생산적 기업의 퇴출, 생존기업들 간의 생산 재분배로 인해 제조업 노동 생산성이 4.7% 증가한다. 하지만 미국 상대 임금이 외생적으로 10% 증가함에 따라 미국의 '경쟁력'이 감소할 수 있다. 공장이 노동력을 더 싼 수입 중간재로 대체함에 따라 제조 공장의 수는 3.1% 감소하고, 제조업 고용은 13% 감소한다. 처음에 수출하던 공장의 10%가 해외 시장에서 철수하고, 그중 일부는 완전히 철수하게 된다. 그들의 시뮬레이션을 통해 얻어진 결과를 무조건 신뢰하기 어렵다. 하지만 그 정형화된 특징에 의미를 부여할 수 있다. 이는 미국과 같은 매우 큰 시장에서도 세계 경제의 변화가 생산 관련 산업구조를 재편할 수 있음을 보여준다. 그러한 재편은 전반적인 제조업 생산성에 중요한 영향을 미칠 수 있다. 생산성, 규모 및 수출 참여를 연결해 문제를 탐구하는 데 그들의 연구가 유일한 것은 아니다. Melitz(2003)는 Dixit-Stiglitz에서처럼 고정 마크업과 고정 진입 비용 및 수출 비용을 가정해, 더 효율적인 업체가 고정 비용을 감당할 수 있고 수출을 통해 충분한 수익을 올릴 수 있음을 보였다.

멜리츠의 통찰

국제 무역 이론을 굳이 나누자면 '완전경쟁'에 바탕을 둔 고전 무역 이론 그리고 '불완전경쟁'에 바탕을 둔 신 무역 이론으로 나눌 수 있다. '불완전경쟁'은 주로 '독점적 경쟁'으로 나타난다. 하지만 그러한 이론 체계로 설명하지 못하는 부분이 여전히 남아 있다. 거대 기업들의 역할이다. 현대 들어 기업들의 규모는 더욱 거대해지고 있다. 그리고 그 기업들은 여러 국적을 갖고 있다. 말 그대로 다국적 기업이다. 신 무역 이론에서도 '기업'이 등장하고 다수의 기업들이 '차별화된 상품'들을 생산한다. 이 시점에서 새로운 문제 제기가 필요하다. 기업들이 생산하고 있는 상품들만 다양한 것이 아니다. 기업들 자체도 다양하다. 즉, 기업들 간 상이성(Heterogeneity)이 존재하는 것이다. 지표로 나타내자면 그 상이성은 주로 '생산성(productivity)' 수준으로 측정돼 표현될 수 있다. 어떤 기업은 다른 기업들에 비해 생산성이 더 높을 수도 있고 낮을 수도 있다. 지금까지 무역 이론들은 기업의 상이성을 고려하지 않았다고 볼 수 있다. 기업들의 생산성 수준이 모두 동일하다고 본 것이다. 하지만 그건 사실이 아니다. 기업들의 생산성 수준은 매우 다양하다. 기업 경영자들은 항상 생산성 향상을 위해 갖은 노력을 다한다. 그 생산성 수준을 높이는 경영자가 바로 유능한 경영자인 것이다.

'상이한(heterogeneous)' 기업들은 매출, 이윤, 그리고 수출량 등이 모두 다르다. 그리고 고전적 무역 이론 또는 신 무역 이론에 따라 모든 기업들이 수출을 할 수 있는 것도 아니다. 외국으로 수출을 하려면 높은 운송비용을 감당해야 하고 그 운송비용 때문에 가격 경쟁력이 약해질 수밖에 없기 때문이다. 정리해 보면 운송비용을 포함하고도 가격 경쟁력을 유지하고 이윤을 창출하려면 생산성이 충분히 높아야 한다는 결론이 된다. 실제 생산성이 충분한 기업들만 수출을 통해 이윤을 창출할 수 있다. 생산성이 충분치 못한 기업들은 국제시장에 진출할 수도 없거니와 진출한다 하더라도 이윤을 창출할 수 없을 것이다. 그렇게 생산성이 충분한 기업들은 국제시장에서 수출을 통해 더 많은 이윤을 창출하게 되고 그 결과 기업 규모가 더욱 커지게 된다. 거대 다국적 기업이 등장하는 배경인 것이다.

마크 멜리츠(Marc Melitz)는 2003년에 자신의 논문16)에서 국제무역을 통한 무역이득을 새롭게 설명했다. 그의 논문은 국제 무역 이론에 있어 새로운 장을 열었다고 평가할 수 있다. 고전적 무역 이론 그리고 신 무역 이론과는 다른 시각

---

16) Melitz, M. (2003), "The Impact of Trade on Intra‒Industry Reallocations and Aggregate Industry Productivity", Econometrica, 71(6), 1695‒1725.

에서 무역이득을 설명했기 때문이다. 고전적 무역 이론에서 무역이득은 비교우위와 생산특화를 통해 소비 가능성이 확대되는 형태로 발생한다고 설명했다. 신무역 이론에서는 무역이득이 소비 가능성도 확대되지만 제품 차별화를 통해 소비 다양성이 진작되는 형태로 발생한다고 설명했다. 여기에 더해 현대 무역 이론은 무역이득이 산업 내 총생산성이 향상된 형태로 발생한다고 설명한다. 즉, 자유무역을 하게 되면 그 산업계에서 생산성 낮은 기업들이 퇴출되고 생산성 높은 기업들 중심으로 자원이 재배분되어 산업 내 총생산성이 향상된다는 것이다.

무역개방과 선택효과(Selection Effect)

멜리츠 교수가 제시한 무역 이론 모형에서는 '상이한' 다수의 기업들이 한 산업 내에 공존한다. 그 상이성은 서로 다른 생산성 수준으로 표현된다. 여기서 말하는 생산성이란, 차별화된 상품 한 단위를 만드는 데 들어가는 생산비용을 결정하는 특성이라고 볼 수 있다. 이론적으로는 투입(input)과 산출(output)의 비율로 표현된다. 따라서 생산성이 높으면 단위 당 생산비용이 낮아지고 생산성이 낮으면 생산비용이 높아지게 된다. 모형에서 생산을 위한 한계비용은 임금이다. 그 한계비용은 모든 기업들에게 동일하게 적용되지만 고용, 즉 노동투입을 통해 만들어 내는 산출량이 각 기업마다 다르다는 것이다. 멜리츠는 기업별로 그 생산성이 어떻게 결정되는지에 대한 설명은 생략했다. 대신 분석을 쉽게 하기 위해 기업들의 생산성이 외생적으로 주어졌다고 가정했다.

생산성이 높은 기업들은 요소투입이 주어졌을 때 더 많은 산출을 낼 수 있다. 따라서 매출도 많고 더 큰 이윤을 낼 수 있다. 반대로 생산성이 낮은 기업들은 요소투입이 주어졌을 때 더 적은 산출을 낼 수밖에 없다. 따라서 매출도 적고 더 적은 이윤을 낼 것이다. 그렇기에 멜리츠 모형에서 기업 이윤은 생산성 수준에 비례하게 된다. 가변적인 요소투입 말고도 고정투입도 존재한다. 그 고정투입에서 고정비용이 발생한다. 그 고정비용으로 인해 기업은 0보다 큰 이윤을 낼 수도 있고 0과 같거나 적은 이윤을 낼 수도 있다. 멜리츠 모형에서는 그 기업이 0보다 큰 이윤을 내지 못하면 시장에서 퇴출된다고 파악한다. 모형에 따르면 그 산업 내에 매우 많은 기업들이 존재하고 기업들은 서로 다른 생산성 수준을 보유하고 있다. 즉, 그 산업 내에 기업들의 생산성 분포가 외생적으로 주어진 것이다. 기업들이 그 산업에 진출하기 위해 고정투자가 필요하고 고정비용 지출이 요구된다고 보면 산업 내 생산성 분포에 정(+)의 이윤과 부(−)의 이윤을 나누는 절삭점(cutoff point)이 존재하게 된다.

그 절삭점보다 생산성이 높은 기업들은 정(+)의 이윤을 내고 그 절삭점보다 생산성이 낮은 기업들은 부(−)의 이윤을 낸다. 부(−)의 이윤을 내는 기업들은 상품 생산을 포기하고 시장을 나가는 것이 더 유리할 것이다. 즉, 생산성 수준이 절삭점에 미달하는 기업은 그 산업에 남아있지 못하고 퇴출된다. 반면 생산성이 수준이 절삭점보다 높은 기업들은 시장에 남게 된다. 이때 남아있는 그 기업들의 시장점유율이 높아지게 된다. 퇴출된 기업들 때문이다. 그 결과 정(+)의 이윤을 낸 시장에 남을 수 있었던 그 기업들은 더 큰 이윤을 얻게 된다. 그리고 시장진입을 노리는 기업들은 정(+)의 이윤을 낼 수 있다고 확신할 때 비로소 시장진입을 결정할 것이다. 물론 생산성이 높아야 한다. 따라서 산업 내엔 생산성이 높은 기업들만 존재하게 된다. 즉, '선택된' 기업들만 산업 내에 존재하게 되는 것이다. 따라서 '선택효과'가 발생한다. 그 '선택효과'에 의해, 무역이 개시되기 전 자급자족(autarky) 상태에서보다 무역이 개시된 후 산업의 총생산성이 높아지는 것이다.

고찰이 필요하다. 무역이 개시되면 모든 기업들이 수출을 할 수 있다고 생각하기 쉽지만 현실은 그렇지 않다. 국제시장에 수출을 하기 위해 추가적인 비용을 지불해야 하기 때문이다. 수출시장에 진입하는 데, 즉 시장 개척을 위해 고정비용이 들어가고 수출입 과정에서 '무역비용(trade costs)'이 들어간다. 기업이 수출을 하려면 해외 시장을 개척해야 하고 먼저 시장 조사를 할 필요가 있다. 그 시장에서 그 상품에 대한 수요가 있는지 그리고 경쟁력 확보를 위해 그 시장이 갖고 있는 여러 사항들을 잘 분석해야 할 것이다. 그 시장에 적용되는 법률과 제도적 환경도 잘 파악하고 있어야 할 것이다. 그 시장의 딜러들도 만나야 하고 운송비용도 감수해야 한다. 쉽게 설명하자면 해외에 물건을 팔고 싶다고 해서 즉각 팔 수 있는 것이 아니다. 추가적으로 비용이 들어간다. 그러한 비용을 감당하지 못하는 기업들은 무역이 개시되더라도 자유무역의 혜택을 누릴 수 없다. 해외시장을 개척하지 못하기 때문에 수출을 할 수 없다. 그 추가적인 비용을 감당할 수 있는 기업들만 수출 활동을 할 수 있는 것이다. 바로 생산성이 충분히 높은 기업들이다. 무역을 하기 전 자국 시장에서 생산 및 영업 가능 여부를 나누는 절삭점이 존재한다고 했다.

무역이 개시되면 그렇게 생산 및 영업 가능했던 기업들 중에 수출시장 진입 가능 여부를 나누는 절삭점이 또 존재하게 된다. 당연히 그 절삭점은 자국 시장 내 '생산 및 영업' 가능 절삭점보다 더 높을 것이다.

따라서 '수출시장 진입' 절삭점보다 높은 생산성 수준을 보유한 기업들만 수출을 할 수 있고 그 기업들은 보다 넓은 시장에 진출해 더 큰 이윤을 창출할 수 있게 된다. 멜리츠 분석에 따르면, 무역 개방은 '선택효과'를 심화시킨다. 그렇기에 선택된 기업들은 더욱 큰 기업으로 성장하게 된다. 거대한 기업들이 등장할 수 있는 이론적 배경이다. 이때 수출시장에 진입하지 못한 기업들의 이윤은 줄게 된다. 이윤감소에 두 가지 이유가 있다. 첫 번째, 국내시장이 개방되면서 외국기업들과의 경쟁이 가열되기 때문이다. 두 번째, 수출시장에 진출해 더 큰 이윤을 거둘 수 있는 기업들에 의해 노동수요가 늘어나게 된다. 그에 따라 국내 노동시장에서 임금이 상승하게 된다. 그렇기에 수출시장에 진입하지 못하는 국내 기업들은 추가적인 이윤을 거둬들이지 못하고 자국 시장에서 더 큰 경쟁 상황을 맞게 되고 그에 더해 임금상승으로 인해 생산비용이 증가하게 된다. 이윤이 감소할 수밖에 없는 이유이다. 따라서 무역이 개시될 때 국내시장 내에서 '생산 가능' 절삭점이 오르게 된다. 따라서 무역이 개시되지 않았더라면 국내 산업에 남아 생산을 하고 있었을 기업들이 무역이 개시된 이후 '생산 가능' 절삭점이 상승함에 따라 시장에서 퇴출될 수밖에 없다.

실증 분석 결과: 총생산성 증가

멜리츠 이론에 따르면, 무역이 개시될 때 생산성이 충분히 높은 기업들은 수출시장에 진출해 더 큰 이윤을 얻게 된다. 그 과정에서 거대한 다국적기업이 등장하게 된다. 반면, 생산성이 충분히 높지 못한 기업들은 국내시장에만 머무르게 되고 경쟁격화와 임금상승 때문에 이윤이 감소하게 된다. 그 기업들 중에 생산성이 상대적으로 낮은 기업들은 국내시장에서조차 퇴출될 수밖에 없다. 그 이론에 대한 실증적 증거를 찾기 위한 연구들이 있다. 그러한 연구들의 대부분은 멜리츠 이론이 실증적으로 타당하다는 사실을 보여주고 있다. 마크 멜리츠(Marc Melitz)와 다니엘 트레플러(Daniel Trefler)는 2012년 공동연구[17]를 수행해 무역개방에 따른 선택효과를 통해 총생산성이 향상된다는 사실을 입증해 보였다. 그들은 자신들의 논문에서 무역개방과 함께 '선택효과'가 실현되고, 생산성 높은 기업들이 위상이 강화됨을 보여준 것이다. 여기에서 말하는 '무역개방'이라고 하면 FTA와 같은 낮은 단계의 경제통합이나 '무역자유화(Trade Liberalization)'조치도 포함한다고 볼 수 있다. 따라서 FTA도 선택효과를 발생시키는 것이다. 다니엘 트레플러 교수는 캐나다 토론토 대학교 교수이다. 그에게 있어 캐나다의 미국과의 FTA는 특별한 관심사였을 수밖에 없었다. 그들의 분석에 따르면, FTA 체결 결과 캐나다에서 미국으로의 수출이 증가했고 캐나다 시장에서 생산성 높은 기업들이 차지하는 비중이 괄목할만큼 증가했다.

그들은 FTA 체결 이후 캐나다 내 모든 기업들을 조사했다. 멜리츠 이론이

---

17) Melitz, M and D. Trefler (2012), "Gains from Trade When Firms Matter", Journal of Economic Perspective, 26(2), 91−118.

예측한 대로 무역자유화 이후, 생산성 낮은 기업들은 시장에서 퇴출되고 그 산업이 생산성 높은 기업들 중심으로 재편된 상황이 나타났는지를 검증하기 위해서였다. 검증 결과, 생산성 높은 기업들 중심으로 산업들이 재편되었던 것이다. 그들은 FTA 체결 이후 수출시장에 진출한 기업들을 조사했다. 멜리츠 이론이 예측한 대로 무역자유화 조치가 수출시장 진입을 위한 절삭점을 낮추어 보다 많은 기업들이 수출시장에 진입할 수 있도록 돕는지를 검증해 보기 위해서였다. 검증 결과, 무역자유화 조치 이후 생산성 낮은 기업들은 퇴출됐고 수출시장에 진출한 기업들은 보다 큰 이윤을 낸 것으로 나타났다. 생산성 높은 기업들이 차지하는 비중이 더 커지게 됐던 것이다. 추가적으로 그들은 FTA 체결 이후 수출기업들과 비수출기업들을 비교했다. 자국시장에서만 활동하는 기업들과 수출시장에 진출한 기업들을 비교했던 것인데, 멜리츠 이론이 예측한 대로였다. 즉, 자국시장 내에서만 활동하는 기업들의 비중은 감소하였고 수출시장에 진출한 기업들의 비중이 커졌다.

멜리츠 이론의 예측력이 실증분석을 통해 검증된 것으로 평가할 수 있다. 멜리츠 이론이 강조하는 점은 자유무역은 생산성 높은 기업들, 즉 선택된 기업들에게 더 큰 기회를 제공한다는 사실이다. 그 선택된 기업들은 자유무역을 통해 더 큰 이윤을 얻을 수 있고 그 이윤을 바탕으로 거대한 기업으로 성장할 수 있다는 것이다. 생산성 낮은 기업들, 즉 선택되지 못한 기업들은 자국시장에서 퇴출될 수밖에 없다. 하지만 선택된 기업들은 자유무역을 통해 더 많은 것을 얻을 수 있다. 그 선택된 기업들 외에 다른 경제주체들이 자유무역을 통해 얻을 수 있는 이득이 있는데 바로 총생산성 향상에 따른 후생증가이다. 고전적 무역 이론과 신무역 이론은 총생산성 향상을 분석하지 않는다. 생산성이 향상되려면 외부적 환경이 개선되고 기술발전이 전제되어야 한다. 하지만 멜리츠 이론은 무역 개방만으로도 '선택효과'를 통해 경제 전반적으로 총생산성이 향상될 수 있다고 설명한다. 자급자족(autarky) 또는 보호무역은 생산성 낮은 기업들을 유리하게 한다. 그 결과 그 산업 내에 자원배분이 비효율화 될 수밖에 없다. 그렇게 생산성 낮은 기업들은 산업 내에 남아 총생산성 수준을 낮아지게 한다. 하지만 무역 개방은 생산성 높은 기업들에게 더 큰 규모의 시장을 제공하고 경쟁을 심화시킨다. 그 과정에서 생산성 높은 기업들은 더 크게 성장할 기회를 얻는다. 그렇게 '선택효과'에 따라 자본과 노동 등의 생산요소들도 생산성 높은 기업들에게 집중된다. 생산성 높은 기업에서 일하는 근로자들은 장차 높은 수준의 임금을 받을 수 있을 것으로 기대할 수 있다.

간단히 정리하자면, 국제무역은 자원을 재배분(reallocation)하는 역할을 한다. 따라서 그 산업 내에 자원배분이 더욱 효율화되도록 한다. 그 과정에서 총생산성이 향상될 수 있는 것이다. 멜리츠 논문은 기업의 생산성이 어떻게 정해지는지에 대해선 따로 설명하지 않는다. 단순히 외부적으로 주어졌다고 가정하고 있다. 즉, 자유무역이 각 기업의 생산성에 직접적으로 영향을 미치지 않는다. 다만 생산성 낮은 기업들을 퇴출시키고 그들이 보유하고 있던 자원들을 생산성 높은 기업들에게 재배분해서 총생산성을 향상시킨다고 할 뿐이다.

멜리츠와 오타비아노(2008)

멜리츠와 오타비아노는 기업의 이질성과 시장 간 경쟁의 '강도(toughness)'에 대한 내생적 차이(경쟁 기업의 수와 평균 생산성)를 지닌 독점적 경쟁 무역 모형을 개발했다. 무역을 통해 완벽하게 통합되지 않은 다양한 규모의 시장에서 결과가 어떻게 달라지는지 분석했다. 그 모형에서 시장 규모와 무역은 경쟁 강도에 영향을 미치고, 이는 그 시장에서 이질적 생산자와 수출자가 선택되도록 한다. 총생산성과 평균 마크업(markup)은 시장 규모와 무역을 통한 통합의 정도에 따라 달라진다. 즉, 더 크게 통합된 시장은 생산성이 더 높고 마크업은 더 낮다. 기업 이질성은 Melitz(2003)와 유사한 방식으로 모형에 적용된다. 그들은 Ottaviano,

Tabuchi 및 Thisse(2002)가 개발한 수평적 제품 차별화를 설명할 수 있는 선형 수요 시스템을 사용해 내생적 마크업을 상정한다. 이는 시장에서 경쟁 강도(해당 시장에서 경쟁하는 기업의 수와 평균 생산성)에 대응하는 마크업의 내생적 분포를 허용한다. 그러한 특징이 무역을 통해 완벽하게 통합되지 않은 다양한 규모의 시장에서 어떻게 다른지 분석한 다음 무역 자유화 정책의 효과를 이해할 수 있다.

Melitz(2003) 연구와의 주요 차이점은 시장규모가 기업의 균형 분포와 성과 측정에 중요한 역할을 한다는 것이다. 더 큰 시장은 더 높은 수준의 제품 다양성을 보이고, 더 낮은 마크업에 따라 더 낮은 가격을 설정할 수 있는, 즉 더 생산적인 기업을 보유한다. 그러한 기업은 산출량 면에서 규모가 더 크고, 더 높은 이윤을 얻지만 시장 진입 시 생존 가능성이 낮을 수밖에 없다. 그들은 시장규모가 기업 성과 분포에 대해 미치는 효과를 보이기 위해 미국 통계 자료를 분석했다. 무역이 시장을 완전히 통합하지 못함에 따라 무역 상대국 간 시장규모 차이의 효과를 없애지 못하는 경우도 많다. 더 큰 시장은 여전히 더 크고 생산적인 기업과 더 다양한 제품, 더 낮은 가격, 더 낮은 마크업을 보유하는 것이다.

무역 자유화의 효과에 대한 그 모형이 예측하는 건 Melitz(2003) 연구 결과와 매우 유사하다. 무역은 생산성이 가장 낮은 기업을 퇴출시키고 시장 점유율을 더 생산적인 수출 기업으로 재분배한다. 생산성이 낮은 기업은 국내 시장에만 서비스를 제공하게 된다. 그 모형은 또한 무역 장벽의 범위를 생산성, 가격, 기업 간 마크업 분포와 연결시킨다. Melitz(2003) 연구와의 중요한 차이점으로, 무역 자유화와 마크업 감소 간의 연관성을 보여주며 잠재적 경쟁 촉진 효과를 강조한다. 비대칭 자유화의 효과도 분석했다. 무역 자유화를 통해 한 국가는 수입 증가로 인해 경쟁 촉진 효과가 나타나 단기적으로는 항상 이익을 얻지만, 장기적으로 진입 패턴의 변화가 발생해 그 이익이 사라질 수 있다. 크루그먼(1979)은 무역이 어떻게 독점적 경쟁과 내생적 마크업이 있는 모형에서 경쟁 촉진 효과를 유도할 수 있는지 보여주었고, 마르쿠젠(1981)은 국내 독점 기업의 시장 지배력 감소로 인한 무역의 경쟁 촉진 효과를 강조했다. 마르쿠젠의 모형은 베나블스(1985)와 호르스트만과 마르쿠센(1986)에 의해 과점 경쟁의 경우로 확장되었다. 그 논문들은 무엇보다 자유로운 진입이 어떻게 국가의 후생 손실을 초래할 수 있는지 강조했던 것이다. Venables(1987)는 그 효과가 독점적 경쟁과 외생적 마크업이 있는 제품 차별화 모형에서 어떻게 발생할 수 있는지 보여주었다. 멜리츠와 오타비아노의 모형은 자유무역이 제품 다양성을 통한 후생 이익을 발생시키고 추가적으로 시장규모와 무역비용의 차이로 인해 그 후생 이익이 비대칭적일 수 있음을 보였다. 그들이 무역 이론에 한 기여는 새로운 후생 발생 경로를 강조하는 게 아니라 그 모든 후생 발생 경로를 통합해 단일 분석틀을 활용할 수 있도록 한 것이다. 즉, 그 분석틀은 이질적인 기업이 국내 및 수출시장에 선택됨으로써 발생 가능한 후생 효과를 추가로 포착할 수 있게 한다. 그들 연구는 이질적인 기업과 내생적 마크업을 강조한다. Bernard, Eaton, Jensen 및 Kortum(2003)도 기업 이질성과 내생적 마크업을 개방형 경제 모형에 통합했다. 하지만 그들의 모형에서 마크업의 분포는 국가 특성과 지리적 위치에 따라 변하지 않는다.

Asplund와 Nocke(2006)는 시장 규모가 이질적인 기업의 진입 및 퇴출률에 미치는 영향을 조사했다. 그들은 선형적 수요와 가변적 마크업이 있는 독점적 경쟁 산업의 확률적 동태 모형을 분석한다. 하지만 폐쇄 경제를 고려하므로 지리적 역할과 부분적 무역 자유화에 대해 결과를 제공하지 않는다. 멜리츠와 오타비아노는 마크업이 국가적 특성과 지리적 위치에 반응하고 기업 선택에 미치는 피드백 효과에 초점을 맞췄다.

국제무역과 R&D 투자

멜리츠가 분석한 대로 국제무역은 총생산성을 향상시킨다. 하지만 직관적으로 파악하건대 각 기업의 생산성을 향상시키기도 할 것이다. 왜냐하면 달라진 환경하에서 노력하는 주체는 기업들이기 때문이다. 멜리츠 논문엔 생산성 향상을 위한 기업의 개별적 노력이 빠져 있다. 알라 릴리바(Alla Lileeva)와 다니엘 트레플러(Daniel Trefler)는 2010년 공동 연구를 통해 국제무역이 경제 전반적인 생산성뿐만 아니라 기업 생산성도 향상시킬 수 있음을 보여주었다.[18] 기업이 보유한 생산성은 경쟁력의 원천이다. 따라서 무역 개방을 앞두면 기업들은 장차 시장 내 경쟁이 심화될 것을 예상하기에 준비를 할 것이다. 바로 생산성 향상을 위해서다. 생산성 향상은 의지와 다짐만으로 되는 것이 아니고 노력이 필요하다. 그 노력의 일환이 바로 R&D 투자라고 볼 수 있다. 즉, 기업은 R&D 투자를 통해 생산성을 향상시키고, 생산비용을 낮추려 최대의 노력을 하는 것이다. 하지만 아무 기업이나 R&D 투자를 할 수 있는 것이 아니다. 기업자체의 규모도 필요하고 충분한 시장 규모도 있어야 한다. R&D 투자에 대한 고정비용이 매우 크기 때문이다. 연구 설비를 갖추고 무엇보다 전문적 지식을 갖춘 고학력 연구 인력들을 채용해야 한다. 생산도 하기 전에 비용이 많이 들어가는 것이다. 따라서 기업들은 R&D 투자를 해서 그 비용만큼 편익을 거둘 수 없다고 판단되면 R&D 투자에 나서지 않을 것이다.

신 무역 이론에서 논의했듯이 자유무역은 시장을 확대시킨다. 즉, 자유무역을 통해 '시장 확대 효과'가 나타난다. 그렇게 자유무역을 통해 시장이 확대된 결과, 수출시장에 성공리에 진출할 수 있는 기업들은 더 큰 이윤을 확보할 수 있다. 멜리츠는 자신의 논문에서 개별 기업들의 생산성 수준은 외생적으로 주어졌다고 가정했다. 하지만 기업들은 생산성을 높이기 위해 스스로 노력할 유인이 존재한다. 그 자구적 노력이 바로 R&D 투자라고 볼 수 있다. 릴리바와 트레플러의 연구 결과에 따르면 '무역자유화'에 따라 기업들은 자사의 노동생산성을 향상시켰

---

18) Lileeva, A and D. Trefler (2010), "Improved Access to Foreign Markets Raises Plant-Level Productivity... for Some Plants", 125(3), Quarterly Journal of Economics, 1051-1099.

던 것으로 나타났다. 그리고 혁신(innovation)을 위해 더 노력했으며 선진적인 제조기술 차입에 나섰던 것으로 나타났다.

멜리츠 모형에서는 해외시장이 개방된다 하더라도 '수출시장 진출' 절삭점보다 생산성이 낮은 기업들은 수출 활동을 할 수 없었다. 수출시장에 진입하기 위한 비용들을 감당할 수 없기 때문이다. 하지만 R&D 투자를 통해 생산성을 향상시킬 수 있다면 상황이 달라질 수 있을 것이다. 기업들은 현재의 이윤만 따지는 것이 아니라 미래의 이윤도 따져야 한다. 기업 경쟁력은 미래를 내다보는 안목에서 나온다. 만약 R&D 투자에 대한 기대수익이 높기만 하다면 기업들은 미래 이윤을 내다보고 수출시장에 진입할 수 있는 것이다. 문제는 R&D 투자에 대한 기대수익률이다. 그 기대수익률이 큰 기업들은 이윤극대화를 위해 수출시장에 진출할 유인이 발생한다. 만약 R&D 투자에 대한 기대수익률이 모든 기업들 간에 동일하다면, 현재 시점에서 생산성이 충분히 높은 기업들만 수출시장에 진출할 것이다. 현재 시점에서 생산성이 낮음에도 불구하고 수출시장에 진출한 기업들이 존재한다면 그 기업의 R&D 투자 기대수익률이 다른 기업들에 비해 충분히 높을 것이라고 예측해 볼 수 있다. 이상 논의를 놓고 보면 기업들 간의 상이성 근원은 두 가지라고 할 수 있다. 멜리츠 모형에서 전제한 기업들 간의 상이성은 생산성 수준 차이를 반영했다. 하지만 릴리바−트레플러 모형에선 그 상이성이 R&D 투자 수익률 차이를 반영한다고 말할 수 있다. 그렇기에 어떤 기업의 현재 생산성 수준이 낮다 하더라도 R&D 투자 기대수익률이 높으면 미래를 내다보고 수출시장에 진출할 수 있는 것이다.

릴리바와 트레플러는 무역개방 이후 R&D 투자가 증가함을 실증적으로 보여줬다. 무역개방이 확대되고 새롭게 수출시장에 진입한 기업들은 그렇지 않은 기업들에 비해 R&D 투자가 증가했던 것이다. 즉, 국제무역으로 인해 R&D 투자가 증가하고 R&D 투자 증가가 기술혁신을 이끌어 냈으며 그 결과 기업 생산성이 향상됐던 것으로 평가할 수 있다. 국제무역은 기업 생산성을 향상시키기 위한 메커니즘으로 작용할 수 있음을 보였던 것이다. 그들은 멜리츠 이론대로 '선택 (selection)'과 '자원재배분(reallocation)'을 통해 FTA가 총생산성 향상에 얼마나 기여했는지를 파악했다. 연구 결과에 따르면, FTA 체결 이후 '생산성 높은' 수출기업들의 성장이 총생산성 향상에 4.1% 기여를 했고 '생산성 낮은' 기업들 퇴출이 총생산성 향상에 4.3% 기여했던 것으로 보인다. 또한 FTA 체결 이후 '수출시장에 새롭게 진입한' 기업들의 R&D 투자 증가는 기업 생산성 향상에 3.5%를 기여했고, 기존 수출기업들의 R&D 투자 증가는 기업 생산성 향상에 1.4%를 기여했던 것으로 나타났다. 그리고 미국 중간재부품 활용은 기업 생산성 향상에 0.5% 기여한 것으로 보인다.[19] 정리하자면 국제무역은 두 가지 경로를 통해 생산성 향상에 기여한다고 파악할 수 있다. 첫 번째는 멜리츠가 분석한 대로 '총생산성 향상'을 통해서이고 두 번째는 릴리바와 트레플러가 분석한 대로 '개별 기업의 생산성 향상'을 통해서이다. 그 두 경로를 통해 FTA 체결 이후 캐나다 제조업의 생산성이 증가했던 것이다.

하이브리드 이론

Bernard, Redding and Schott(2007)에 의해 헥셔-올린 이론과 기업의 이질성이 결부된 '하이브리드' 이론이 제시됐다. 그들 연구의 목적은 국가, 산업 및 회사 특성이 일반 균형에서 어떻게 상호작용하는지를 고찰하고 무역 자유화에 대한 국가의 대응이 어떻게 결정되는지를 분석하는 것이었다. 기업들이 모두 이질적이라고 전제된다. 즉, 각 기업이 갖는 생산성 수준이 다르다고 보는 것이다. 그리고 헥셔-올린 모형을 따라, 국가 간 요소부존도 차이가 존재한다고 본다. 이때, 무역 비용이 감소하면 산업과 국가 내부적으로 그리고 양 국가 간에 자원 재분배가 발생하게 된다. 그 자원 재분배는 모든 부문에서 상당한 일자리 이동을

---

19) 이상의 통계치는 릴리바와 트레플러가 2010년도에 발표한 공동논문 "Improved Access to Foreign Markets Raises Plant-Level Productivity... for Some Plants"에서 가져왔다.

발생시키고, 비교적 불리한 산업보다 비교적 유리한 산업에서 창조적 파괴를 상대적으로 더 촉진하게 된다. 그 결과, 헥셔-올린 시각에서 존재하던 그 비교우위가 더욱 확대되어 무역을 통해 국가 후생이 더욱 증가하게 된다. 무역 자유화에 따라 총생산성이 향상되면, 희소한 요소의 실질 임금 손실이 완화될 수 있고 역전될 수도 있다.

각 나라는 무역 자유화에 어떻게 대응할까? 비교우위를 강조하는 고전적 무역 이론은 산업과 국가 간 자원재분배와 생산요소 보상에 있어 변화가 초래된다고 강조할 뿐이다. 기업 경쟁구도나 역학에 대해서 물음을 제기하지 않는다. 기업의 이질성에 대한 최근 연구는 무역에 따라 산업 내 고생산성 기업의 상대적 성장을 강조하지만 단일 요소와 한 산업만 고려하여 비교우위를 무시한다. 지금까지 이 두 종류의 재분배 원천이 일반 균형 모형에서 어떻게 결합되는지에 대해 거의 알려진 바가 없다. 버나드, 레딩 그리고 스코트는 기업 이질성을 비교우위 모형에 포함시켜 무역비용이 감소함에 따라 기업, 국가 및 산업 특성이 어떻게 상호작용하는지 분석했다. 그에 따라, 무역 자유화에 대해 보다 새롭고 현실적인 예측을 도출했다.

그들은 놀라운 결과를 보고했다. 고전적 무역 이론의 예측과는 대조적으로, 산업 내 그리고 산업 간 동시적인 자원재분배가 모든 부문에서 일자리 이동을 발생시킴을 발견했던 것이다. 비교우위 산업에서 순 일자리 창출이 있고, 비교열위 산업에서 순 일자리 파괴가 있는 경우에도 마찬가지였다. '창조적 파괴'가 모든 부문에서 발생하지만 비교열위 산업보다 비교우위 산업에 더 많이 집중되어 있음을 발견했던 것이다. 그들은 고생산성 기업의 상대적 성장이 모든 산업에서 총생산성을 높이지만 생산성 성장은 비교우위 부문에서 더욱 강력하다는 것을 보여줬다. 이러한 생산성 증가와 관련된 가격 하락은 비교적 풍부한 요소의 실질 임금 증가를 부풀리는 반면 비교적 희소한 요소의 실질 임금 손실을 완화하거나 심지어 뒤집을 수도 있다.

그들은 이질적 기업의 행동이 국가의 비교우위를 확대하고, 따라서 무역을 통해 사회후생이 더욱 증가함을 보여줬다. 그들의 연구는 두 종류의 문헌에 기여한 것으로 보인다. 불완전 경쟁과 비교우위에 대한 이전 연구 즉, Helpman과 Krugman(1985)의 동일 기업 가정을 완화해 모형을 발전시킬 수 있었다. 또한 이질적 기업과 독점적 경쟁에 대한 최근 연구, 즉 Melitz(2003)가 모형을 확장하여 산업을 추가함에 따라 두 산업 간에 나타나는 상호작용을 설명했다. 그들의 분석틀은 어떤 국가가 특정 산업에서 다른 산업보다 더 많이 수출하는 이유, 그럼에도 불구하고 산업 내에서 양방향 무역이 관찰되는 이유를 동시에 설명한다. 전자는 고전적 무역 이론과 닿고 후자는 신 무역 이론과 닿는다. 산업 간 무역과 산업 내 무역이 동시에 존재할 때 어떤 기업은 수출하고 다른 기업은 수출하지 않는 이유를 설명할 수 있었다. 그들의 분석틀은 두 국가, 두 요소, 두 산업으로 구성된 경제를 고려한다.

각 산업은 연속적인 기업으로 구성되는데 각 기업들은 제품차별화를 한다. 기업은 생산성 수준이 이질적이며, 산업은 상대적 요소 투입량이 다르고, 국가는 상대적 요소부존량이 다르다. 기업들은 매몰 진입 비용을 지불하고 두 산업 중 하나에 진입할 수 있다. 그 매몰 진입 비용을 지불한 후, 기업 생산성이 주어진다. 고정 생산 비용이 존재하기 때문에 '제로 이윤 상태'의 생산성 절삭점이 존재한다. 즉, 그 절삭점보다 낮은 생산성 수준을 보유한 기업은 그 산업에서 퇴출될 수밖에 없다. 수출을 위해 고정 비용이 따로 존재한다. 그에 따라, 수출을 위한 생산성 절삭점이 따로 존재하게 된다. 그렇기에 그 산업 내에서 활동하는 기업들 중에 그 절삭점보다 높은 생산성을 보유한 기업들만이 수출할 수 있게 된다.

비교우위는 비대칭적 수출 기회를 의미한다. 한 국가가 자급자족에서 무역

개방으로 전환할 때 그 국가의 기업들에겐 수출 기회가 증가한다. 그러한 기회는 산업에 진입하려는 유인을 강화시키고, 그에 따라 더 많은 진입 시도를 촉진하며, 기업 생존을 위해 요구되는 절삭 생산성수준을 높이게 된다. 생존에 필요한 절삭 생산성 수준이 높아짐에 따라 산업 내 기업의 평균 생산성이 증가해 산업의 총체적 생산성이 향상된다. 그러한 모든 반응, 특히 총체적 생산성 성장은 비교우위 산업에서 더욱 두드러지게 된다. 그건 그러한 비교우위 산업에서 기업의 수출 기회가 더 크기 때문이다. 국가의 비교우위 산업에서 더 생산성 향상이 나타나 무역 자유화 이전에 존재하던 생산 기회 비용 차이를 확대한다. 그 결과 비교우위가 더욱 강화될 수 있고 무역을 통한 이득이 더 증가할 수 있는 것이다.

무역 비용이 감소하면 수출업체의 이윤이 증가하기 때문에 수출업체가 되기 위한 절삭 생산성 수준도 감소하게 된다. 여기에서도 그 국가의 요소 부존량과 산업 특성에 따라 대응이 달라진다. 그 절삭 생산성 수준은 비교우위 산업에서 더 많이 감소하게 되는데 그 이유는 잠재적 수출 이윤이 더 많기 때문이다. 그 결과, 비교우위 산업에서 비교열위 산업보다 수출 기회가 더 많이 열릴 수밖에 없다. 또한 무역 자유화는 수출업체가 해외에서 더 많은 산출물을 판매하도록 유도, 평균 기업의 규모를 신장시키고 평균 기업 산출물의 증가는 비교우위 산업에서 더 많이 발생한다. 그러한 결과는 산업 생산성이 일정하게 유지되고 고정 및 가변 무역 비용의 가치에 따라 무역 자유화 후 모든 기업이 수출하거나 수출하지 않는 헬프먼과 크루그먼(1985)의 '동질 기업' 불완전 경쟁 모형과 대조된 결과다. 그들의 모형은 Melitz(2003)가 제시한 '이질 기업' 모형과 다르다.

그들의 분석틀은 국제 무역의 분배적 의미를 분석하기 위해 유리점을 제공한다. 고전적 무역 이론 모형에서는 무역 비용이 감소하면 잘 알려진 스톨퍼-사뮤엘슨 정리에 따라, 풍부한 요소의 실질적 보상이 증가하고 희소한 요소의 실질적 보상이 감소한다. 하이브리드 모형에서는 실질 임금에 대한 두 종류의 추가적 영향이 있으며 둘 다 언급했던 내생적 산업 수준 생산성 증가의 영향을 받는다. 첫 번째는 소비 다양성과 관련이 깊다. Helpman과 Krugman(1985)에서와 같이 무역 자유화는 외국의 품종을 소비자에게 제공한다. 그러한 제품 다양성의 증가는 소비자 가격 지수를 낮추고 실질 소득을 증가시킨다. 하지만 추가로 고려할 게 있다. 더 높은 평균 기업 생산성은 평균 기업 규모를 늘리고 국내에서 생산된 품종의 양을 줄인다는 것이다. 실질 임금에 대한 두 번째 영향은 산업의 총체적 생산성 증가에 따른 것이다. 산업의 총체적 생산성 증가는 그 산업의 평균 품종 가격을 낮추고 그로 인해 두 요소의 실질 소득을 높이게 된다. 무역 자유화에 따라, 희소 요소의 실질 임금이 떨어지더라도 그 감소폭은 고전적 무역 이론 모형에서보다 작다. 게다가 이질적 기업과 관련된 생산성 증가는 품종의 수 변화와 관계없이 두 요소의 실질 임금을 높일 만큼 강한 효과를 낸다. 그들의 접근 방식은 또한 무역 자유화가 일자리 창출과 이직에 미치는 영향에 있어서도 새로운 예측을 가능케 한다. 고전적 무역 이론 모형과는 대조적으로, 비교열위 산업에서 비교우위 산업으로의 단순한 요소 이동을 예측하지만 무역 장벽의 감소가 모든 산업에서 동시에 일자리 창출과 일자리 파괴를 촉진하는 와중에도 총 일자리 창출과 순 일자리 창출은 국가와 산업 특성에 따라 다를 수 있다는 것이다. 비교열위 산업은 순 일자리 파괴를 보이는데, 이는 생산성이 낮은 기업에서 퇴출하여 근로자 해고가 많아지고 그 해고량이 생산성이 높은 기업의 고용량보다 많기 때문이다.

반면 비교우위 산업은 퇴출 기업으로 인한 일자리 손실이 생산성 높은 기업의 진입과 확장에 의해 지배되기 때문에 순 일자리 창출이 발생하게 된다. 놀랍게도 창조적 파괴는 비교우위 산업에서 보다 강력하게 나타난다. 많은 기존 기업이 외생적으로 사라지는 반면, 진입 기업들 중에 일부는 절삭 생산성 수준을 달성하지 못함에 따라 퇴출된다. 두 산업에서 외생적 퇴출 확률은 동일하지만, 창조적 파괴는 비교우위 산업에서 더 높을 수밖에 없다. 그 모형의 의미는 무역 자유화에 따라 비교우위 산업과 비교열위 산업의 근로자가 직업 불안정성을 보이는 이유를 설명할 수 있다. 그들의 분석틀은 무역 패턴을 예측하기 위해 기존 이론보다 더 유용함을 제공한다. 최근 연구에 따르면 고전적 무역 이론의 실증적 성과가 낮은 이유로는 표준 Heckscher-Ohlin-Vanek 모형이 포착하지 못하는 힘, 즉 무역 비용, 요소 가격 불균등, 국가 간 기술 및 생산성의 변화 등이 있다. 버나드 레딩 그리고 스콧이 개발한 그 모형은 고전적 모형의 결과가 기업, 산업 및 국가 특성의 상호작용에 따른 것으로 보고, 어떻게 산업 간 그리고 산업 내 무역을 동시에 발생시키는지 설명한다.

무역 자유화에 따라 발생하는 자원재분배 현상은 국제경제학자들의 주요 관심사였다. 그 관심은 리카르도 시대부터 시작됐다. 하지만 최근까지 국제경제학자들은 그러한 자원재분배에서 기업의 역할에 대해 큰 관심을 베풀지 못했다. 그들은 기업의 이질성을 포함해 무역 비용이 하락함에 따라 기업, 국가 및 산업 특성이 일반 균형에서 어떻게 상호작용하는지 설명할 수 있는 비교우위 모형을 개발한 것이다. 그들의 접근 방식은 무역 자유화를 통해 산업 내 및 산업 간 자원재분배는 모든 부문에서 산업의 총체적 생산성과 평균 회사의 산출량을 증가시키지만 비교열위 산업보다 비교우위 산업에서 더 크게 증가한다는 것을 발견했다. 그렇게 비대칭적인 산업 간 생산성 증가폭 차이는 사전에 존재하던 비교우위를 확대시키고 무역 이득의 새로운 원천이 되는 것이다. 헥셔-올린 모형과 헬프만-크루그만 모형과 대조적으로 무역은 비교우위와 비교열위 산업 모두에서 총 일자리 창출과 총 일자리 파괴를 초래한다. Melitz(2003)와 같은 '이질적 기업' 분석틀과 달리, 그러한 총 일자리 흐름의 규모와 창조적 파괴의 정도는 비교우위가 있는 국가와 산업에 따라 체계적으로 달라지게 된다. 그들이 개발한 모형에서 무역은 후생 이득을 창출할 뿐만 아니라 생산요소 간 소득 분배에 대해서도 뚜렷한 영향을 미친다. 무역 자유화로 인해 발생하는 평균 산업 생산성의 증가는 상품 가격을 낮추기 때문에 두 생산요소 보유자 모두에게 이롭다. 심지어는 희소

요소의 실질 임금이 무역 자유화 동안 상승할 수도 있는데, 이는 스톨퍼-사뮤엘슨 정리와 모순된다. 보다 일반적으로, 이질적 기업들에 의해 유도된 생산성 이득은 고전적 무역 이론 모형에서 나타나는 희소 요소의 실질 임금 감소를 억제한다. 그들의 분석은 또한 무역 비용, 요소 가격 불균등, 기술 차이와 같은 특징을 포함시켜, Heckscher-Ohlin-Vanek 모형이 갖는 단점을 보완하고 고전적 무역 이론의 무역 패턴 예측을 무너뜨린다. 그들 모형에서 생산요소 가격은 무역을 통해 균등화되지 않고, 산업 내의 품종은 국가 간에 다른 요소 부존량에 따라 결정된다.

그들의 연구와 분석을 통해 얻어진 새로운 통찰은 기업의 미시경제적 모형과 무역의 일반 균형 분석을 결합해 얻을 수 있었다.

CHAPTER 05

다국적 기업과
무역 구조

국제 무역에서 다국적 기업이 차지하는 역할이 커졌다. 질문을 던져보자. 요즘 기업들은 두 개 이상의 나라에서 운영되는 경우가 많다. 그 이유는 뭘까? 본사와 생산 시설이 서로 다른 나라위 위치한 경우도 많다. 외국 시장 현지에 위치해 있는 생산자 또는 또는 현지 유통업체와 계약하는 대신 굳이 생산 시설을 소유하는 이유는 뭘까? 많은 유관 논문들은 CES 선호도를 가진 독점적 경쟁 모형을 많이 활용해 다국적 기업과 무역 구조를 설명한다. 이론적 측면에서 다국적 활동을 도입하는 건 현대 무역 구조를 설명하는 대안이 된다. 지난 20년 동안 국제 무역 이론은 국가나 산업이 아닌 기업을 분석의 중심 단위로 삼으며 꾸준한 변화를 겪어왔다. 그러한 변화는 미시적 수준의 실증적 연구에 의해 뒷받침되었다. 최근 연구의 초점은 거대 기업이다. 즉, 국제 무역 활동이 여러 나라들에서 생산하는 소수의 거대 기업에 집중되어 있기 때문이다. 예를 들어, 2000년에는 상위 1%의 미국 수출업체가 미국 수출의 81%를 차지했다(Bernard et al., 2009). 그러한 대기업이 세계 경제에 관여하는 정도는 단순히 자국에서 생산된 상품을 외국 소비자에게 판매하는 걸 뛰어넘는다. 2009년 자료에 따르면, 자국에서 생산된 상품을 해외 고객에게 판매하는 건 미국 대기업 매출의 25%에 불과했다. 나머지 75%(약 5조 달러)는 미국 다국적 기업의 해외 계열사 매출로 구성됐다(Yeaple, 2013). 게다가 미국 인구조사국의 자료에 따르면, 미국 수출 및 수입의 약 90%가 다국적 기업을 통해 이루어지고, 미국 수입의 절반 가까이가 계열사가 아닌 다국적 기업의 경계 내에서 거래된다(Bernard et al., 2009).

먼저 '다국적 기업'에 관해 정의를 내릴 필요가 있다. 케이브스(Caves)는 다국적 기업을 '최소 두 국가에 위치한 생산 시설(공장)을 통제하고 관리하는 기업'으로 정의했다. 다국적 기업의 구조는 복잡할 수 있지만, 다국적 기업 내에서 두 가지 유형의 법인, 즉 모회사와 자회사를 정의할 필요가 있다. 모회사는 한 나라 (본국)에 위치하여 생산 시설을 통제하는 법인이고, 자회사는 다른 나라에 위치한다. 통제라는 개념은 판단에 관한 것이지만 소유권과 연관되기도 한다. 그러한 소유권은 직접 투자의 결과 얻어지게 된다. 이는 기존 외국 기업의 지배적 지분을 인수(국경 간 인수)하거나 그 나라에 완전히 새로운 시설을 설립(그린필드 투자)하는 것을 포함할 수 있다. 앞서 언급한 대로, 다국적 기업 이론은 세 가지 주요 질문을 중심으로 전개된다. 기업이 왜 여러 나라에서 동시에 운영될까? 생산 시설 위치는 어떻게 결정될까? 기업은 왜 현지 생산자나 유통업체를 찾아 계약하는 대신 생산 시설을 직접 소유하려 하는가?

기업에 초점을 맞추는 건 고전적 이론과 극명히 대조된다고 할 수 있다. 고전적 이론은 외국인 직접 투자와 국제 포트폴리오 투자 흐름을 거의 구분하지 않았다. 고전적 이론에 따르면, 다국적 기업은 단순히 수익률이 낮은 국가에서 수익률이 높은 국가로 자본을 이동시키는 중재자였을 뿐이다. 현대적 접근 방식의 기원은 하이머(1960)의 연구였다. 그는 전통적인 국제 금융 접근 방식이 외국인 직접 투자(FDI) 자료의 여러 특징과 일치하지 않는다고 지적했다. 그는 일부 기업이 외국 시장에서 현지 기업에 비해 전략적 이점을 제공하는 특수 자산을 소유할 수 있다는 식의 새로운 산업조직론적 접근법을 제안했다. 어떤 경우에는 시장 불완전성으로 인해, 그러한 특수 자산을 사용할 수 없으므로 그 자산을 직접 소유하는 방식이 필요할 수 있다. 하이머의 접근 방식은 나중에 Kindleberger(1969), Caves(1971), Buckley와 Casson(1976), Rugman(1981)을 포함한 여러 저자들에 의해 확장됐다. OLI는 소유권(Ownership), 위치(Location), 내부화(Internalization)의 약자다. 간단히 말해서, 다국적 기업은 익숙치 않은 경영 환경에서 경쟁할 수 있도록 돕는다. 기업 특수 자산을 직접 소유해 독점적으로 사용가능케 해 소유권 이점을 갖는다. 그리고 여러 나라의 생산 시설에서 기업 자산을 효율적으로 활용할 수 있도록 위치 이점을 누릴 수 있다. 기업 내에서 자산을 활용하는 게 더 유리하도록 만드는 내부화 이점도 있다.

소유권 이점은 자산 소유자의 시장 지배력, 기술, 독점적 사용권 등과 관련이 있다. 위치 이점은 유형 또는 무형 자산 개발이 상당한 수준의 고정 비용을 수반하지만 그러한 자산이 비경쟁적인 방식으로 다른 위치에서 동시적으로 사용될 수 있음을 의미한다. 이를 통해 다국적 기업 내에서 '규모의 경제'를 효율적으로 활용할 수 있고, 특히 무역 마찰로 인해 수출 활동이 통제될 때 그 이점이 더욱 빛을 발한다. 내재화 이점은 기술 이전에 있어서 시장 실패에서 기인한다. 이는 기술의 비배타성, 비경합성 등과 관련이 깊다. 이는 맞춤형으로 생산된 중간투입물의 거래와 그와 관련한 비효율성 때문이다.

OLI 개념이 통찰력이 있지만 국제 무역 이론에 적용되기까지 시간이 소요됐다. 규모에 대한 보수 증가, 제품 차별화, 불완전 경쟁 등을 담는 일반균형 모형이 1970년대 후반 그리고 1980년대 초반이 되어 보편화되었고, 그 당시 계약 이론은 아직 초기 단계였기 때문이다. 제품 차별화와 시장 구조의 모형은 원래 Dixit과 Stiglitz(1977)가 시작했고, 나중에 Krugman(1979, 1980)에 의해 본격화되었다고 볼 수 있다. 이 연구자들은 서로 소통할 수 있는 이론적 바탕을 제공했고, 일반균형 분석 모형 내에서 다국적 기업이 들어갈 수 있도록 공헌했다. 이에 따라, CES 선호도를 갖는 크루그먼(1980) 모형과 멜리츠(2003)가 개발한 '기업 이질성' 모형을 중심으로 다국적 기업의 역할을 설명할 수 있게 된다. 다국적 기업에 관한 중요한 연구는 불완전 경쟁에 대한 대안적 접근 방식을 채택한 Markusen and Venables(1998, 2000)에 의해 수행됐다. 그들은 다국적 기업이 내생적으로 발생하는 모형을 구축했다. 다국적 기업은 국가 간 소득(규모)과 상대적 요소부존량이 비슷하고 세계 전체 소득이 높을 때 더 중요해진다. 실증분석 결과와도 잘 부합한다. 국제 무역의 표준적 과점 모형은 다국적 기업이 억제될 때 나타나는 한 특별한 경우라고 볼 수 있다. 그 모형을 통해 생산 위치, 후생, 교역량 등이 분석될 수 있다.

무역에 대한 산업조직론적 접근 방식(신 무역 이론)과 '지리와 무역' 개념은 국제 무역 이론을 더욱 세련되게 했다. 즉, 고전적인 비교우위 모형에 규모에 대한 보수 증가, 불완전 경쟁, 제품차별화 개념 등을 추가하여 무역의 원인과 결과에 대해 이해를 돕는 것이다. 무역에 대한 산업조직론적 접근 방식은 무역패턴을 설명하는데 큰 역할을 했다. 앞서 언급한 산업 내 무역 현상이다. 즉, 서로 유사한 경제 수준의 나라들 간의 대규모 교역량과 유사한 상품들의 양방향 무역이 포함된다. 신 무역 이론과 경제지리학에서 가장 큰 가정은 단일 공장과 국가를 대표하는 기업이다. 즉, 기업은 한 위치에서 생산하는 단위인 것이다. 전략적 무역 정책 분야 연구에선 그러한 기업이 벌어들인 모든 이윤이 그 기업이 위치한 나라의 소득으로 유입된다고 가정한다. 그렇기에 무역 정책은 그 나라의 정부가 국제 시장에서 외국 기업들과 경쟁하는 그 나라 기업을 지원하는 역할을 한다. 하지만 그러한 가정엔 의문이 제기될 수밖에 없다. 자동차, 화학 및 제약, 전자제품 등과 같이 신 무역 이론과 전략적 무역 정책 연구의 대상이 되는 산업은 거대 다국적기업(MNE)이 지배하는 경향이 있다. 그 거대기업은 생산 시설의 수와 위치를 스스로 정해 해외 시장에서 수평 및 수직 투자 결정을 내린다. 선진국 간의 직접 투자가 국제 무역보다 더 빠르게 성장한 것도 같은 이유다. 해외 직접 투자의 상당 부분은 유사한 선진 개발국 간의 양방향 투자인 것이다. 마르쿠젠과 베네블레스는 다국적 기업의 존재가 무역 이론에 어떠한 영향을 미치는지 설명할 수 있도록 공헌했다. 그들은 신 무역 이론과의 일관성 유지를 위해, 다국적기업이 여러 공장에서 동일한 제품을 생산하는 수평적 직접 투자에 초점을 맞추었다. 그들의 모형은 기술과 국가 특성이 균형에서 기업 '체제'를 어떻게 결정짓는지 설명한다. 참고로 용어 '체제'는 균형 상태에서 활동 기업의 유형을 나타낸다. 기술과 국가 특성이 무역량에 어떠한 영향을 미치는지도 분석한다.

그들 모형에서 다국적 생산에 참여하기로 한 결정은 공장 설립에 소요되는 고정비용과 수출할 때 소요되는 무역비용 때문이다. 그 접근 방식은 Helpman(1984)과 Helpman 및 Krugman(1985)과 다르다. 그 논문들은 본사와 단일 생산 시설의 지리적 분리에 초점을 맞추었고, 다국적 생산은 발생하지 않는다. 마르쿠젠과 베네블레스의 모형은 중요한 측면에서 그들의 이전 연구[20]를 뛰어 넘는다. 그들의 이전 모형은 국가 규모, 요소부존량, 및 기술 측면에서 대칭적 경제에 초점을 맞췄다. 하지만 분석이 필요한 건 사실 국가 간의 비대칭성과 관련 깊다. 특히 국가 규모, 요소부존량 및 기술이 서로 유사한 국가 간에 직접 투자가 더 중요함을 설명한다. 특히 MNE와 과점 모형과 관계를 보여준다. 특히 생산 위치, 후생 및 교역량 예측을 할 수 있다. 국가 규모와 요소부존량이 MNE 기업 수를 결정하는 인자 역할을 하는지도 분석할 수 있다. 아울러 소득 수렴과 전체 세계 소득 성장의 차이점도 명확히 한다. 무역과 투자비용 간의 관계도 파악할 수 있으며, 다국적 기업이 국가 간 요소 가격 차이에 상관없이 고정비용을 동등 분할하는 대신 본사가 위치할 국가를 선택할 수 있도록 모형이 개발되었다.

그 2 국가(자국과 외국) 모형엔 네 가지 기업 유형이 존재한다. (1) 자국에 위치한 NE 기업, (2) 외국에 위치한 NE 기업, (3) 자국에 본사를 둔 MNE 기업, (4) 외국에 본사를 둔 MNE 기업 등이다. 모형은 체제가 어떻게 기술, 국가 특성 및 무역 비용에 의존하는지를 분석한다. 일반적인 결과는 국가규모, 세계 소득이 증가함에 따라 다국적 기업이 NE 기업에 비해 더 중요해진다는 것이다. NE 모형에 MNE를 포함하면 생산 활동이 MNE 부문에서 집중 사용하는 요소부존량이 더 적거나 희소한 국가로 이동한다. 그 경우 그 국가는 항상 MNE로부터 이익을 얻고 다른 국가도 이익을 얻는다. 특히 국가 간 경제수준이 비슷하고 세계 소득이 증가하면 그 경향이 더욱 뚜렷해진다. Ekholm(1995, 1997)은 자신의 연구에서 국가 간 직접 투자 및 다국적 기업 고용이 양국 GDP 규모와 양의 상관관계가 있음을 밝혔다. 두 나라 간 GDP 차이는 음의 상관관계가 발견됐다. 양국의 GDP 수준이 두 배가 되면, 다국적 기업에 의한 고용도 두 배 이상 늘어난다는 것이다. 국가 규모와 유사성에 대한 관련 결과는 Brainard(1993b, 1993c)에서도 찾을 수

---

20) Markusen과 Venables(1996)

있다. Eaton과 Tamura(1994)는 미국과 일본에 대한 실증 결과를 제시하여 무역과 직접 투자 모두 무역 상대국들의 인구, 1인당 국민소득 및 인적 자본에 따라 증가함을 보였다. 특히 직접 투자가 무역량보다 더 민감하게 반응했다.

마르쿠젠과 베네블레스는 다국적(다중 공장) 기업이 국내(단일 공장) 기업이 경쟁을 통해 내생적으로 발생할 수 있는 모형을 개발했다. '신 무역 이론'은 다국적 기업을 배제해 왔다. 하지만 국제경제 활동에서 다국적 기업의 비중은 매우 크다. 그리고 그 비중이 더욱 증가하고 있다. 특히 그 모형은 기업수준의 규모의 경제와 공장 수준의 규모의 경제를 구분한다. 국가 간 비대칭 또한 기존 연구들과 차별화되는 부분이다. 가장 일반적인 발견은, 다국적 기업이 국가 간 규모, 상대적 자산, 세계 소득이 증가함에 따라 무역에 비해 더 중요해진다는 것이다. '신 무역 이론'은 유사한 국가의 자국 생산 기업 간 경쟁에 집중하는 반면 마르쿠젠과 베네블레스는 다국적 생산에 초점을 맞춘다.

그들은 2000년도 연구에서 독점적 경쟁 모형을 소개하기도 했다. 무역 비용과 내생적 다국적 기업을 아우른다. 즉, 무역 비용의 존재가 어떻게 무역 패턴을 변화시키고, 요소 이동 유인을 발생시켜 단일 국가에서 생산 활동이 집적화할 수 있으며, 다시 다국적 기업으로 이어질 수 있는지를 설명하는 것이다. 다국적 기업은 국가 간에 상대적 및 절대적 자원 모두 유사할수록 존재 가능성이 더 높아진다. 다국적 기업의 존재는 본사에서 서비스를 제공하고, 요소 이동 유인을 변경시켜 집적 경향을 줄인다. 국제 무역 이론은 주로 상대적 요소부존량의 국가 간 차이에 집착해 왔다. 헥셔-올린 '2-2-2' 모형이 바로 그 기본이다. 완전 경쟁과 규모에 대한 보수불변 특성이 그 모형에 핵심이었다. 딕시트와 노먼(1980)이 개발한 모형은 기본요소-비율 이론의 일반성을 더욱 높이고, 요소 가격 평준화(FPE) 문제를 명확히 했다. 연구자들은 요소부존 정도가 유사한 국가 간에 유사한 제품(산업 내 무역) 무역이 대량으로 이뤄지는 사실에 동기를 부여받았다. 헥셔-올린 이론의 예측과 맞지 않았기 때문이다. 그 과정에서 규모에 대한 수익 증가, 불완전 경쟁, 제품 차별화 등이 핵심이 되어 '신 무역 이론' 시대가 열렸던 것이다. 그 모형들이 무역량 예측에 더 큰 도움이 되었다. 헥셔-올린 모형은 산업 간 무역을 설명하고, 신 무역 이론은 산업 내 무역을 설명한다. 흥미로운 건, 유사한 국가들 사이에 대량의 무역이 발생한다는 것이다. 하지만 그 '신 무역 이론'이 다국적 기업에 대해 큰 주의를 기울이지 않았다. 신 무역 이론이 주안점을 두는 그 산업은 거대 다국적 기업에 의해 지배되는 경향이 있음을 간과한 것이다.

Markusen(1995)의 연구 결과[21])에 따르면, 선진국에서 직접 투자가 무역보다 훨씬 빠르게 성장했다. 그리고 선진국은 선진국과 개발도상국 간의 활동에 비해 무역보다 직접 투자를 통해 더 많이 상호작용한다. 무역 장벽이 낮은 유사한 국가 간에 직접 투자가 집중된다. 무역 비용이 허용됨에 따라, 무역 패턴이 달라질 수 있고 요소 이동 유인이 발생한다. 특히 무역 비용에 따라, 다국적 기업의 운영 가능성이 대두된다. 다국적 기업의 존재 여부는 내생적으로 결정된다.

마르쿠젠과 베네블레스는 헥셔-올린 모형의 한 산업 부문에서 독점적 경쟁을 추가했다. 다국적 기업에 대한 그들의 설명은 제품 차별화를 추구하는 기업이 자국 내에서 단일 공장을 운영하며 수출을 통해 해외 시장에 공급할 수도 있고, 두 국가 모두에서 공장을 운영하는 다국적 기업일 수도 있다. 다국적 기업은 단일 공장 기업에 비해 운송비용을 절감하지만 더 큰 고정비용을 감당해야 한다. 그 설명은 다국적 기업이 두 공장에서 본질적으로 동일한 생산 활동을 수행한다고 가정하므로 수직적 활동이 아닌 수평적 활동이라고 볼 수 있다. 일반 균형에 초점을 맞추고, 국가적 특성, 특히 상대적 및 절대적 요소부존도가 다국적 기업의 존재에 어떤 영향을 미치는지, 그에 따라 무역 패턴과 규모에 어떤 영향을 미치는지 설명할 수 있다.

---

21) Markusen, J. R. (1995), "The Boundaries of Multinational Enterprises and the Theory of International Trade", Journal of Economic Perspectives, 9(2), 169-189.

그들의 접근법은 균형 상태에서 생산 '체제(regime)'(다국적 또는 국내 기업 유형)를 내생화하고 무역 패턴과 요소 이동 유인을 설명한다. Helpman—Krugman 및 Dixit—Norman 모형은 그들 모형의 한 특수한 경우로 나타난다. 그들의 연구 결과는 다국적 기업이 존재하지 않을 경우, 운송비용의 효과와 관련 있다. 이는 H—K 접근 방식을 일반화하는 것인데 차이점이 있다면 요소가격 균등화의 발생 공간이 2차원에서 1차원이 된다는 점이다. 산업 간 무역은 상대적 및 절대적 자원보유량 차이가 순수출의 결정 요인이 된다. 그들이 무역 이론에 기여한 건, 생산 체제를 결정하는 요인들을 설명한 것이다. 절대적 요소부존량 면에서 두 국가 간 유사성, 상대적 요소부존량 면에서 두 국가 간 유사성, 무역비용, 그리고 국가 내에 단일 공장의 경우 고정비용과 다국적 생산을 위한 고정비용의 비율이다. 절대적 및 상대적 요소부존량이 주어진 경우, 다국적 기업은 두 고정비용의 비율이 비교적 낮고 무역비용이 비교적 높을 때 존재한다. 무역비용과 상대적 고정비용 수준이 주어진 경우, 다국적 기업은 국가가 상대적 및 절대적 요소부존량에서 비교적 유사할 때 존재한다. 그들은 무역과 다국적 생산 활동이 실질 요소수익에 미치는 영향과 요소 이동 유인을 설명했다. 무역비용의 존재가 요소 집적 유인이 될 수 있다는 것이다. 즉, 요소이동성이 무역량을 증가시킬 수 있다.

과점과 무역

'무역에 대한 두 가지 반 이론'이란 말이 있다. 그 말은 폴 크루그만의 글에서 나온 게 아니라 크루그만의 구전에서 나온 것으로 보인다. 폴 크루그만이 국제 무역에 대한 공로로 노벨상을 수상했는데 피터 니어리(Peter Neary) 교수의 논문에 따르면, 그가 폴 크루그만에게서 개인적으로 들은 말이라는 것이다. 당시 그는 여러 무역 이론가들과 함께 논문 발표 세미나에 앉아 있었는데 Keith가 프레젠테이션에서 Brander(1981)와 Brander와 Krugman(1983)의 '상호 덤핑' 모형을 논의하려고 할 때, 폴 크루그만 교수가 니어리 교수에게 돌아서서 음모론적으로 "저는 항상 무역에 대한 이론이 두 개 반 있다고 말합니다"라고 했다는 것이다. 과점하의 국제 무역을 지적한 것이다. 니어리 교수 표현에 따르면, 과점하의 국제 무역은 학계의 '신데렐라'이다. 즉, 완벽한 경쟁에 기반한 비교우위 이론과 독점적 경쟁에 기반한 제품 차별화 이론인 것이다. 국제 무역 이론은 두 종류뿐이었다. 리카르도 시대부터 1980년대까지, '완전 경쟁'에 기반한 모델이 무역의 긍정적 측면과 규범적 측면에 대한 주류적 사고를 지배했었다. 1980년대에 폴 크루그먼과 많은 연구자들이 '완전 경쟁'의 독점을 종식시키고 '불완전 경쟁' 시대를 열었다고 말할 수 있다. 그 '불완전 경쟁' 형태는 주로 '독점적 경쟁'이다. 멜리츠의 논문 이래, 최근 이질적 기업에 대한 이론 및 실증 연구가 폭발적으로 증가하고 있다. 그에 따라, 독점적 경쟁 이론이 무역 이론의 지배적 접근 방식으로 보일 때가 많다. 하지만 교육과 연구에서 완전 경쟁적 접근 방식을 과소평가해서는 안 될 것이다.

과점과 비교할 때, 완전 경쟁 모형과 독점적 경쟁 모형은 서로 많은 공통점을 갖고 있다. 기업의 자유로운 진입과 퇴출에 대한 가정뿐만 아니라 사전에 모두 동일하고 그 규모가 무한히 작으며 전략적으로 행동하지 않는다. 예를 들어, 독점적 경쟁 모형에서 파생된 중력 방정식은 CES 선호도를 바탕으로 Anderson(1979)이 처음 소개한 방정식과 유사하다. 차이점은 그 대체 탄력성이 추정 방정식에 한 번 더 나타나 한계비용 마크업(markup)과 소비자 취향을 반영한다는 것이다. 두 패러다임 모두 경제의 생산 부문을 효율적이라고 특징지을 수 있기에, Dixit과 Norman(1980)에 따라 GDP 함수를 수학적으로 표현할 수 있다. 두 접근 방식 간의 그러한 형식적 동등성은 연구 의제를 열어준다고 할 것이다.

독점적 경쟁적인 무역 모형에 대해 어느 누구도 이의를 제기할 수 없다. 반면, 과점 무역 모형은 상황이 다르다. 무역 이론 발전을 위해 주목할 만한 기여가 있었지만, 두 가지 지배적인 패러다임보다 그 중요성이 낮게 평가된다. 하지만 무역 이론에 과점 경쟁이 고려될 여지는 충분하다. 직관적으로 보아도, 세계 시장에서 대기업이 차지하는 비중이 매우 크고 그들의 지배력이 갈수록 더 강해진다는 것도 생각해 볼 부분이다.

최근 무역 이론에서 기업과 무역과 관련해 미시적 자료를 바탕으로 한 분석이 큰 흐름을 형성하고 있다. 1990년대 중반부터 시작된 그 흐름은 수출 기업이 예외적이고, 평균보다 규모가 크고, 생산성이 높다는 사실을 보여주었다. 최근 자료들은 기업 활동에 대해 보다 세분화된 정보를 제공하고, 수출업체 내에서도 이질성이 발견된다.

TABLE 1
Distribution of Manufacturing Exports by Number of Products and Markets

Number of		US 2000		France 2003	
Products	Markets	% Share of Exporting Firms	% Share of Value of Exports	% Share of Exporting Firms	% Share of Value of Exports
1	1	40.4	0.2	29.6	0.7
5+	5+	11.9	92.2	23.3	87.3
5+	1+	25.9	98.0	34.3	90.8

Notes:
Data are extracted from Bernard et al. (2007, Table 4), and Mayer and Ottaviano (2007, Table A1). Products are defined as 10-digit Harmonised System categories.

위의 표는 Bernard et al.(2007)과 Mayer and Ottaviano(2007)의 연구를 토대로 Neary(2010)가 미국과 프랑스의 수출분포를 요약 정리한 것이다. 판매된 제품 수와 해외 시장 수에 따른 분류를 살펴보면 두 가지 특징이 두드러진다. 첫째는 기업 분포가 이중 모드라는 것이다. 미국 기업의 40.4%(프랑스 기업의 29.6%)가 단 하나의 시장에 단 하나의 제품을 수출하는 반면, 11.9%(23.3%)는 5개 이상의 시장에 5개 이상의 제품을 수출한다. 둘째, 후자의 기업은 수출 가치의 대부분을 차지한다. 92.2%(87.3%)에 달한다. 즉, 수출 판매의 분포는 상위 수출업체에 거의 집중되어 있다. 목적지의 수를 무시하고 5개 이상의 제품을 수출하는 기업에만 초점을 맞추면 미국 기업의 25.9%(프랑스 기업의 34.3%)를 차지하지만 수출에 있어선 압도적인 비중 98.0%(90.8%)를 차지한다. 비수출 기업은 제외된다는 점을 염두에 두면, 그 자료는 가장 큰 수출 기업이 대부분 종류가 다름을 시사한다. 특히, Xavier Gabaix(2005)의 '세분성(granulity)'에 대한 연구FMF 최근 di Giovanni 와 Levchenko(2009)가 국제 무역으로 확장해 거시부문에서 대기업의 역할을 강조했다. 하지만 그들은 자신들의 모형에서 여전히 기업 간의 독점적 경쟁을 가정한다. 그들은 대기업을 허용하는데, 예를 들면 기업 생산성이 파레토 분포를 따른다고 가정하는 것이다. 그럼에도 불구하고 그들은 모든 기업이 규모 면에서 무한히 작다고 가정한다.

과점 경쟁을 바탕으로 한 무역 이론 연구는 이미 존재한다. 1980년대 등장한 신 무역 이론에서 독점적 경쟁 모형이 주류가 되었지만 과점적 경쟁 모형도 크게 부상했다. 가장 주목할 만한 건 Brander(1981)의 연구와 Brander와 Krugman(1983)이 공동 수행한 연구이다. 그들은 과점 경쟁이 비교우위와 제품 차별화를 넘어 국제무역에 세 번째 이유를 제공할 수 있음을 보여주었다. 그 외에도, Brander와 Spencer(1985)는 개입주의 무역 정책을 설명했다. 무역 정책에 전념함으로써 정부는 기업 간의 전략적 상호작용 조건을 변경할 수 있다. 하지만 그러한 기여에도 불구하고, 과점하의 국제 무역 이론은 두 가지 주요 패러다임에 비해 위상이 높지 못하다. 그 이유는 뭘까? 니어리는 자신의 연구에서(Neary, 2003a, 2003b 참조) 과점하의 무역 모형이 마땅히 누려야 할 위상만큼 높지 못한 이유 중에 하나가 일반균형을 도출하지 못하기 때문이라고 주장했다. 과점 경쟁 모형은 재화시장과 요소시장 간의 상호작용을 다룰 수 없다. 일반균형에 과점 경쟁을 내재화하려는 목표는 극복하기 어려운 문제가 되는 듯했다. 니어리는 자신의 논문을 통해 과점을 반영한 일반균형 도출의 어려움이 어떻게 극복될 수 있는지를 보여주었다. Dornbusch et al.(1977)이 완전 경쟁 모형에서 개척한 것과 같은 종류의 연속체 접근 방식과 Dixit과 Stiglitz(1977)가 독점적 경쟁 모형에서 개척한 것과 같은 종류의 연속체 접근 방식을 사용했다. 즉, 개별 기업은 '작은 곳에서는 크고 큰 곳에서는 작다'는 것인데 이는 연속체 부문 가정을 의미한다. 시장에서 중요한 참여자이며 지역 경쟁자와 전략적으로 상호작용하지만 경제 전체로 보면 매우 작다고 보는 것이다. 이전 논문에서 니어리는 그 접근 방식이 '일반 과점 균형' 또는 'GOLE(general oligopolistic equilibrium)'이라고 불렀다. 말 그대로 '일반 균형' 에 '과점'을 넣는 것이다.

그는 자신의 연구(Neary, 2002b)에서 과점하의 무역이 흥미로울 수 있는 이유는 과점 진입 장벽이 국제적 특화의 정도를 줄이는 역할을 하기 때문이라고 주장했다. 또한 그는 일반균형에서 무역의 경쟁 효과가 비교우위 차이와 상호작용할 수 있음을 보여주었다.

무역 자유화는 국가 소득에서 이윤의 점유율을 낮추는 게 아니라 높일 수 있다. Neary(2002a)는 과점 모형이 외국에서의 경쟁 증가가 국내 기업의 행동에 영향을 미치고, 이를 통해 숙련 노동의 상대적 임금을 높이는 이유가 된다고 설명했다. 심지어 수입 가격과 수입량이 거의 변하지 않더라도 그 논증은 유효하다. 그리고 Neary(2007)는 과점 모형이 무역 정책과 기타 충격이 국경 간 인수 합병을 장려해, 시장 구조 자체에 영향을 미칠 수 있음을 강조했다. 외국인 직접투자도 고려 대상이다. 하지만 과점 모형에는 산업조직론의 한계를 벗어나지 못하게 하는 문제가 하나 있다. Matsuyama(1995)는 독점적 경쟁 모형이 과점 경쟁 모형보다 우수한 이유를 '진입-퇴출 과정에 대한 명확한 분석'이라고 주장했다. 단기간을 제외하고, 대부분의 과점 모형에서 주어진 기업의 수에 대한 가정은 세계에서 관찰되는 지속적인 진입과 퇴출을 설명하지 못한다. 동시에, 많은 산업에서 그러한 '교란'이 소수 대기업의 핵심적 위치를 전혀 훼손하지 않는다. 독점적 경쟁 모형에서는 설명할 수 없는 특징이다. 따라서 과점 경쟁을 일반균형에 포함시키는 것 외에도 전략적으로 경쟁하는 대기업의 역할을 유지하면서 진입과 퇴출을 내생화하는 작업이 현대 무역 경쟁의 본질일 수도 있다.

먼저 기업 간 전략적 상호작용의 중요한 역할을 설명하면서 내생적 진입 및 퇴출을 모형화하는데 기술적 어려움이 따른다. 자유 진입이 있는 과점은 쉽다고 할 수 있다. 가변적이지만 유한한 수의 기업으로 시장을 모형화하려면 어떻게 해야 할까? 자유 진입이 있지만 정수 문제를 무시한 과점은 실제로 별개의 시장 구조라고 보기 어렵다. 왜냐하면 그 속성이 독점적 경쟁이나 심지어 제품이 동질적일 경우 완전 경쟁과 크게 구별할 수 없기 때문이다. 즉, '정수 문제'가 등장한다. 예를 들어, 자유 진입과 기업 수가 정수가 아니면, Brander와 Krugman(1983)은 무역 자유화가 후생을 낮출 수 없음을 보였다. Markusen과 Venables(1988)는 그 경우, 전략적 무역 정책의 역할이 없음을 보였고, Head et al.(2002)은 국내 시장 효과가 사라짐을 보였다. 반면에 비교적 소수의 예외를 제외하면, 정수 문제는 기술적 문제를 야기한다. 그 문제를 해결하기 위해, 과점-다중 게임인 '집계 게임'에 주의를 기울일 필요도 있어 보인다. 그러한 게임에서 각 기업의 한계비용은 산출량과 무관하며, 각 기업의 균형 이윤은 자체 비용과 모든 기업의 평균 비용과 기업 수에 의존한다. 이는 당연하다. 자체 비용이 상승하거나 더 많은 경쟁자가 있는 경우, 그 기업의 이윤은 감소하고 모든 기업을 대상으로 한 평균 비용이 상승하면 그 이윤은 증가한다.

'슈퍼스타' 기업

셔윈 로젠(1981)에 의해 슈퍼스타 기업 이론이 제시됐다. 산업 내 지배력이 강한 몇 개 기업들이 그 산업 전체 매출의 큰 부분을 차지한다. 그러한 현상은 어디서나 나타난다. 심지어는 스포츠 시장에서도 관찰되는데 소수의 한 팀에서 한 선수의 연봉이 전체 연봉의 반 이상을 차지하는 경우도 있다. 과거 MLB 신시내티 레즈의 조이 보토라는 선수의 연봉이 팀 전체 연봉의 70%를 차지한 적이 있었다. 슈퍼스타 기업 이론은 그러한 맥락이다. 하지만 슈퍼스타 기업이 우연히 발생하지는 않았을 것이다. 슈퍼스타 기업의 출현 메커니즘을 설명한 게 바로 멜리츠의 연구일 수도 있다. 즉, 어느 한 기업이 두 가지 선택에 직면한다는 것이다. 먼저 진입할지 여부를 선택하고, 고정비용을 지불한다. 두 번째 단계에서는 '소규모' 기업으로 남거나 추가 비용을 지불하여 투자를 통해 '대형' 기업, 즉 '슈퍼스타'가 될지 선택하는 것이다. 그 투자는 능력, R&D, 우수한 기술 도입 또는 확장된 제품 범위 등에 대해서 이뤄진다. 흥미로운 사례 중에 하나는 슈퍼스타 기술이 다수의 제품을 생산할 수 있는 경우다. 그 경우, 소수의 슈퍼스타 기업은 다제품 회사인 반면 경쟁적 주변부를 구성하는 나머지 핵심부는 단일 제품 회사이다. 그 구성은 특히 제조업 전체가 아닌 단일 산업 수준에서 적용될 때 더욱 뚜렷한 경향이 있다. 그러한 방식으로 슈퍼스타 기업을 모형화하면 과점 경쟁과 일반균형에 관한 기술적 어려움이 해결될 가능성이 있다. 즉, 다제품 기업이 연속적인 제품을 생산할 때, 대형 기업과 달리 소규모 기업의 영향력은 '0'이 되기 때문이다. 연속적인 제품을 생산하는 다제품 기업의 여러 모형이 최근 국제 무역 연구에 등장하고 있다.

국제 무역 이론에서 과점 모형의 역할은 매우 중요할 수 있다. 실제로 모든 대형 기업은 전략적으로 행동하기 때문이다. 그리고 대형 기업들에 의해 국제 거래가 많이 이뤄진다. 무역의 본질적인 문제에 대해 자세한 예측보다는 모형 문제 자체에 논의도 필요하다. 그러한 접근 방식을 구현하기 위해서는 작업이 있다. 유요한 건 산업조직 분야의 전략적 경쟁 모형이다. 그리고 기업 규모 분포 모형도 있다. 두 모형 모두 현실 세계의 중요한 측면을 분명히 포착하고 있다. 지금까지 국제 무역 이론에서 독점적 경쟁에 더 많은 관심을 기울였는데, 최근엔 기업 이질성을 포함한 연구가 많아지고 있다. 대기업의 특징도 고려될 필요가 있다. 수출에서 지배적인 위치는 대기업이고, 상호 덤핑 이상의 의미가 있을 수 있다. 정책 면에서, 과점적 관점이 더 중요할 수도 있다. 그 국가가 슈퍼스타 기업을 보유하고 있는지 여부도 중요할 수 있다. 예를 들어, 대규모 국내 다국적 기업이 있는 핀란드와 비슷한 규모의 국내 기업이 없지만 외국계 다국적 기업의 성공적인 수출 플랫폼 역할을 한 아일랜드는 대조를 이룬다. 다양한 정책 문제는 기업 규모 분포의 하위권에서 발생한다. 모든 곳의 정부는 기업가 정신을 육성하고 신규 기업의 진입을 촉진하는 데 많은 노력을 기울이지만, 과점적 시장 구조가 지배적인 경우 그러한 접근은 실효적이지 못할 수 있다. 또한 일반균형에서의 경쟁 정책과 대기업 수가 적은 산업에 대한 무역 자유화 같은 정책 문제는 과점 모형이 꼭 필요하다.

최근 국제 무역 연구에서 흥미로운 현상 중 하나는 기업 수준 자료 사용이 많아졌다는 것이다. 이는 기업의 이질성과 독점적 경쟁을 분석하는 데 적합하다. 이론과 실증 연구가 상호작용하며 무역 이론에 크게 기여했다. 한 가지 문제는 기업 수준 자료 자체가 모두가 설명이 되는 건 아닐 수도 있다는 것이다. 대기업이 수출 활동에서 지배력을 발휘하고 있는 경우, 기업규모 분포의 상위권 부분을 예측하는 데 오류가 발생하면 기업 수준의 자료 분석에 큰 의미를 둘 수 없다. 그리고 또 하나의 문제는 대부분의 기업 수준 자료가 광범위한 제조업을 포괄한다는 것이다. 따라서 어떤 단일 기업의 관점에서 보면, 그러한 자료에 직접 경쟁하지 않는 많은 기업이 포함되어 있을 수 있고, 직접 경쟁하는 일부 외국 기업은 제외될 수 있다. 산업을 세계적 수준에서 생각하는 것이 더 유리할 수도 있다. 상대적으로 소수 회사들 간의 정면 경쟁이 아닌 국가 수준에서 독점적 경쟁 모델에서처럼 연속적인 회사 간의 대칭적 경쟁을 설정할 수 있는 것이다. 니어리는 '무역 이론 3.0'을 주장한다. 그의 어휘를 빌리면, 무역 이론의 '빅 투'는 스스로를 방어할 수 있으며, 글로벌 현상을 모형화하는 데 교과서적인 방법으로 남을 것이다. 하지만 니어리는 완전 경쟁 이론에서처럼 기업을 완전히 무시하거나 독점적 경쟁 이론에서처럼 대기업을 소규모의 생산성 높은 기업의 집계(aggregation) 식으로 모형화하는 방법은 충분치 않다고 주장한다. 두 가지 모두 기업의 규모 분포의 '세분성'과 수출에서 대기업의 지배력을 설명하지 못하기 때문이다. 니어리는 더욱 설득력 있는 과점 모형을 개발하는 것, 특히 자유로운 진입을 허용하지만 '세분성'의 핵심을 놓치지 않는 모형이 필요하다고 역설한다.

생산성 '블랙박스'

고전적 무역 이론과 신 무역 이론을 구성하는 세 가지 핵심은 소비 선호도, 요소 부존량, 그리고 생산 기술이다. 생산 기술은 생산요소가 소비재로 전환되도록 돕는 역할을 한다. 그러한 분석틀은 간단하지만 실용적인 이론을 만들어 냈다. 하지만 가장 큰 한계는 생산 기술이 생산 요소와 최종 소비재 간의 매핑(mapping)인데 그걸 '블랙박스(blackbox)'로 취급한다는 것이다. 실제로 그 매핑은 기업조직 내 의사결정에 따른 결과일 수도 있다. 최근 급속히 성장하고 있는 조직 경제학은 그러한 기업조직의 결정이 생산 요소와 소비재 간의 매핑을 어떻게 형성하는지에 연구 초점을 맞춘다. 그러한 미시 경제적 분석은 그 자체만으로도 지적 호기심을 준다. 예를 들어, 특정 거래는 기업 내에서 수행되고 다른 거래는 기업 간에 수행되는 경우가 있다. 그 이유를 헤아리기 위해 많은 연구들이 존재한다. 따라서 기업조직의 결정을 연구하는 것이 국제 무역 이론을 위해서도 통찰력을 제공한다고 볼 수 있다. 생산 기능의 기원과 속성을 미시적으로 파악해야만 무역비용 또는 통신비용 감소나 계약 이행과 같은 환경 변화가 경제 활동에 어떤 영향을 미치는지 완전히 이해할 수 있다. 생산 기술에 대한 고전적이고 너무 단순한 방식의 접근법은 그러한 경제 환경의 변화에 대한 기업조직의 내생적 반응을 간과하게 한다. 기업조직의 의사결정을 분석해 보면, 고전적 모형이 예측한 결과에 변화가 있거나 결론이 뒤집힐 수도 있다. 예를 들어, 국가 간에 가치 사슬을 분해하면 선진국과 개발도상국 모두에서 요소 소득에 대한 무역 통합의 예측 결과가 바뀔 수도 있는 것이다. 기업의 내부화 결정이 전 세계 다국적 기업(MNE) 활동의 전반적인 패턴에 어떻게 영향을 미칠 수 있는지 파악이 필요하다.

논의를 간단히 해보자. 한 국가의 생산 함수를 $F(L)$이라 정의하자. 여기서 L은 전통적인 투입물(다양한 유형의 노동과 자본, 토지 등)의 벡터를 나타낸다. 그러한 투입물의 주요 특징은 공급이 생산 과정 밖에서 결정된다는 것이다. 예를 들어,

총 노동공급 결정은 임금에 대응하여 대리인이 내리는 것이지, 기업 생산 과정의 일부가 아니다. F(L)은 특정 위치에서 투입물 L 벡터를 사용하여 생산할 수 있는 산출물을 나타낸다. 이제 기업이 어떤 투입물을 사용하고 어떻게 결합할지 결정할 수 있다고 가정해 보자. 예를 들어, 일부 중간 투입물을 구매하고 생산 과정의 일부만 직접 생산하기로 결정할 수 있다. 그게 아웃소싱이다. 생산 방법에 대한 최적의 결정은 함수 F(L)의 특성을 충분히 이해한 결과일 것이다.

그렇다면 기업조직의 문제는 그 생산 함수가 경제의 특성에 어떻게 의존하는지를 이해하는 것이다. 고전적 무역 이론에서 생산 문제와 조직경제학 문제 간의 주요 구분은 기업조직 문제가 제품이 어떻게 생산되는지를 결정한다는 것이다. 고전적 무역 이론에서 생산 문제는 무엇을 생산할 것인지와 얼마나 생산할 것인지에 대한 결정이다. 그렇기에 조직경제학에선 조직을 생산 과정에 참여하는 모든 에이전트(회사 또는 개인)들로 생각한다. 따라서 조직 이론적 문제는 생산 과정의 부분들을 어디에 배치할 것인지, 어떤 유형의 대리인과 자본을 고용할 것인지, 그리고 단일 회사에서 물건을 생산할 것인지 아니면 생산 과정의 일부를 아웃소싱할 것인지에 대한 결정이 포함된다. 무역과 조직은 생산 과정의 일부를 여러 위치에 배치할 수 있는 능력과 관련 있다. 고전적 무역 이론에서 그 국가의 경제 능력은 생산 가능성곡선 확장이라고 이해할 수 있다. 무역은 수입 상품을 생산하는 대체 기술로 볼 수 있기 때문이다. 마찬가지로, 외국 요인, 기술, 기관 등을 사용하여 생산 과정을 구성하는 능력은 생산 과정의 조직 형태를 결정하고 그 생산 과정의 생산성을 결정한다. 생산 조직이 무역에 영향을 미치는 경로가 될 수 있다.

무역 이론과 조직이론을 결합하면 새로운 예측을 할 수 있다. 조직이론을 일반균형 무역 모형에 통합함으로써 연구자들은 그러한 특정 생산 과정을 이해하고 새로운 예측을 할 수 있었다. 예를 들어, 생산 과정을 구성하는 국가별 능력에 따라 비교우위의 패턴이 바뀔 수 있고 나아가 무역 패턴도 바뀔 수 있다. 조직이론을 통해 무역 모형이 더 유연해지고 정교해질 수 있는 것이다. 조직경제학에서 얻어지는 통찰이 무역 이론을 보완할 수 있기 때문이다. 그러한 연구는 많이 있다. 크게 네 갈래로 분류할 수 있다.

생산 과정의 국제적 분해

생산 과정에서 다양한 부분이 공존하고 기업에 따라 그 생산 과정은 더 작은 단위로 분해될 수 있다. 하지만 여기에선 기업 경계(firm boundary)에 대해 논의하지 않고 국제 생산 과정 분해만 논의하기로 한다. 국제 무역 모형에서 생산의 다단계적 특성은 경제적 환경, 즉 무역비용, 정보 및 통신 기술, 요소가격 등이 다양한 작업 또는 생산 단계에 걸쳐 영향을 미치기 때문에 중요하다. 생산 과정 일부를 다른 국가에서 수행하는 이유가 되기도 한다. 기업의 생산성은 국가가 비교우위를 지닌 산업의 정체성과[22], 무역자유화 또는 무역비용 감소가 요소가격에 미치는 영향[23]에도 중요한 영향을 미칠 수 있다. 무역은 생산 과정의 각 부분이 수행되는 위치에 영향을 미침으로써 조직 행태를 결정한다. 즉, 생산 함수에 영향을 미치는 방식으로 무역 패턴을 바꿀 수 있는 것이다. Dixit & Grossman(1982)은 조직 결정과 무역 이론이 결부된 최초의 연구를 했다고 볼 수 있다. 생산 과정의 분리는 중간재 무역과 오프쇼어링의 편재성 때문에 무역 이론에서도 끊임없이 연구 대상이 되어 왔다. 생산 과정의 분리를 지적하는 많은 실증 연구들이 있다.[24] 생산 단계 중 많은 부분이 다른 국가에서 수행되고 있으므로 특정 제품을 통해 나타난 한 국가의 부가가치 점유율은 지난 30년 동안 계속 감소해 왔다. 국제경제학자들은 그러한 현상이 발생한 데 있어 통신 및 운송기술 발전이 큰 역할을 했다고 지적한다. 기술 향상에 따라, 특정 작업을 수행하는 데 드는

---

22) Dixit and Grossman(1982), Baldwin and Robert—Nicoud(2007), Grossman and Rossi—Hansberg(2008b)
23) Grossman & Rossi—Hansberg(2008b), Rodriguez—Clare(2007)
24) Baldwin & Robert—Nicoud(2007) 참조; Hümmels et al.(2001) 및 Hanson et al.(2005)

비용이나 중간재 생산을 위해 들어가는 비용을 줄이기 위해 국제적으로 생산 과정을 분해하는 게 더 경제적일 수밖에 없다. Grossman과 Rossi−Hansberg (2008b)가 주장하듯, 통신비용과 무역비용의 감소는 '작업을 교환'하거나 생산 과정을 '분해'함으로써 기업 조직이 생산 거점을 굳이 이전하지 않더라도 노동력 전문화와 생산성 향상을 꾀할 수 있게 한다.

Baldwin은 2006년 연구를 통해 생산 과정 분해 효과를 기술 개선의 효과와 비교했다. Jones와 Kierkowski(1990, 2001)는 두 산업과 두 요소가 존재하는 헥셔−올린 모형을 기초로 생산과정 분해를 연구했다. 그 분석틀에서는 생산이 처음 한 단계에서 완료되어야 한다. 어느 시점에서는 산업 내에서 두 개의 중간재를 통해 생산 과정 분할이 가능해진다. 그 생산 단계는 서로 다른 국가에서 수행될 수 있다. 두 단계에서 요소 집약도가 충분히 다를 경우 기업이 그 가능성을 활용할 것이기 때문이다. 산업에서 그렇게 중간 단계를 거래하면 산업 내 요소 생산성 향상과 비슷한 효과를 낸다. 그러한 생산 분해는 무역에서 전반적인 이익을 가져오지만 대부분의 경우 분배 갈등을 발생시킨다. 이는 헥셔−올린 모형에서 무역장벽이 감소하는 효과와 비슷하다. 비숙련 노동력이 풍부한 가난한 국가와 무역할 때, 생산 과정을 파편화할 수 있는 능력은 저숙련 노동자의 임금을 감소시키고, 고숙련 노동자의 임금을 증가시킬 수 있다.[25]

Yi(2003)는 생산에 있어 연속 세 단계를 상정해 이론을 제시했다. 그가 강조한 건 생산의 순차성이다.[26] 처음 두 단계는 해외에서 생산할 수 있지만, 마지막 세 번째 단계는 자국 본사 근처에서 완료된다. Yi는 20세기 후반 GDP 대비 무역이 크게 증가한 걸 설명하기 위해 다단계 생산의 중요성을 보여주었다. 관세와 중간재 운송비용이 감소함에 따라 기업들은 해외에서 더 많은 생산 단계를 거치

---

25) Arndt(1997), Egger & Falkinger(2003), Kohler(2004a, b)는 이 분석을 여러 방향으로 확장한다. 특히, 그들은 두 산업 모두에서 생산을 단편화할 가능성을 추가한다(Deardoff 2001a, b 참조).
26) Jones & Kierkowski(1990)와 관련하여 생산 단계가 순차적으로 이루어져야 한다는 가정이다.

도록 하고 있고, 이는 무역 증가로 이어졌다. 관세는 해외에서 추가된 가치가 아닌 제품의 총 가치에 적용되기 때문에 무역에 미치는 영향이 크다. 그렇기에 해외에서 두 단계를 완료하기로 결정한 기업은 마지막 한 단계가 본국에서 완료된다 하더라도 그렇게 추가된 가치에 대해 관세를 지불해야 할 수도 있다. 이는 무역 정책에 대한 국제 생산 조직의 내생적 반응이 무역 규모에 큰 영향을 미칠 수 있음을 명확히 보여준다. 그는 후속 논문에서 다단계 생산을 바탕으로 무역비용을 추정했다. 다단계 생산은 국제 무역이 국내 무역에 비해 부족한 이유를 설명하기 위해 작은 무역비용을 필요로 한다. 그 모형의 단점 중 하나는 생산 분해 가능성과 분해된 각 생산 단계의 요소집약도가 외생적이라는 것이다.

Grossman과 Rossi-Hansberg(2008b)는 생산이 각 생산 요소의 연속적인 작업을 필요로 한다고 가정해 깊은 통찰을 제공한다. 즉, 저숙련 및 고숙련 근로자는 각각 별개의 작업을 연속적으로 수행한다고 본다. 모든 작업은 상품 생산을 위해 필요하며 각 작업은 국내 또는 해외에서 완료될 수 있다. 해외에서 작업을 수행하려면 작업에 따라 다른 비용을 지불해야 한다. 일부 작업은 해외에서 쉽게 생산할 수 있지만, 다른 작업은 해외에서 생산하기 어렵거나 불가능할 수도 있다. 어떤 작업을 해외로 이전할지는 기업 조직의 결정이다. 그 결과 생산 과정이 표준 무역 모형에 포함되어 생산 과정의 일부를 해외로 이전할 때 그 비용의 영향을 연구할 수 있게 된다. 그로스만과 로시한스버그는 헥셔-올린 맥락에서 한 요소가 수행하는 해외 작업의 평균 비용이 감소하면, 기술 변화와 유사한 효과가 있음을 보였다. 그러한 작업은 한 가지 요소로 생산되기 때문에 해외 이전 비용의 감소는 해당 산업에서 힉스 중립적 기술 변화 대신 요소를 증가시키는 기술 변화로 이어진다. 그건 저숙련 작업의 해외 이전 비용의 감소가 모든 생산 요소에 대한 이익으로 이어질 수 있음을 의미한다. 저숙련 근로자는 기술이 풍부한 국가에서 더 생산적이게 되는데, 이는 외국인이 생산한 저렴한 작업과 산출물을 결합하기 때문이다. 그 효과(생산성 효과라고 함)는 기술이 풍부한 국가의 저숙련 근로자에게 이롭다. 그럼에도 불구하고 기존 무역 모형에서 확인된 스톨퍼-새뮤얼슨 효과는 여전히 존재하므로 저숙련 근로자에게 미치는 최종적인 영향은 불확실하다.

위에서 언급한 모든 연구는 서로 다른 기술이나 서로 다른 요소 자산을 가진 국가 간의 생산 조직에 초점을 맞춘다. 작업은 다른 국가에서 더 저렴하게 또는 보다 효율적으로 수행할 수 있고, 비용이 너무 크지 않기에 해외 생산이 수행된다. Baldwin & Robert-Nicoud(2007)는 국가가 특정 작업을 생산하는 데 사용하는 기술은 다르지만 전반적인 기술 수준은 유사한 경우를 논의했다. 그러한 국가는 유사한 총요소 생산성을 가질 수 있으며 여전히 작업을 거래할 수 있다. 리카르도 무역 모형에서와 같이 Baldwin & Robert-Nicoud(2007)는 이러한 국가가 특정 작업의 생산에 특화되어 있음을 보여주었다. Grossman & Rossi-Hansberg(2008a)는 국가 간 작업에 대한 특화 패턴을 연구했다. 규모만 다를 뿐 동일하다. 그들은 일반적으로 산출량 측면에서 더 큰 국가가 더 높은 임금을 받고, 해외 진출시 비교적 더 많은 비용이 드는 작업에 특화할 것임을 보여주었다. 그러한 모든 이론은 정태적이며 생산 및 무역의 국제 조직과 관련된 문제에 초점을 맞췄다. 하지만 시간 변화에 따라 기술이나 요소 집적 상태, 그리고 생산의 국제 조직이 변화함에 따라 그 변수들이 어떻게 변할 수 있는지에 대한 동태적 분석을 생략했다. 생산의 국제 조직이 더 많은 곳에 위치함에 따라 그러한 국가로의 기술 이전은 미래에 그 국가의 생산 가능성 또는 사람들이 더 나은 교육, 특정 실무 기술을 습득하도록 유인을 줄거라고 주장하기 쉽다. Rodriguez-Clare (2007)는 그러한 문제를 해결하기 위한 최초의 노력을 시도한다. 그들은 Eaton & Kortum(2002)의 개념을 '품질 사다리 성장' 모형에 넣어 현상을 설명한다. 그런 다음 오프쇼어링을 소개하고 오프쇼어링 비용 감소가 성장에 미칠 수 있는 영향을 분석한다. Rodriguez-Clare는 부국은 장기적으로 오프쇼어링 비용 감소로 항상 이익을 얻지만 빈국은 연구 노력을 줄여 장기적으로 어려움에 직면할 수 있음을 보였다. 그러한 통찰력은 연구 부문과 국가 간 잠재적 기술 이전을 모형화하는 데 기여한다.

매칭 및 요소 이질성

생산 방법뿐만 아니라 생산에 투입될 요소에 대한 결정도 내생화될 수 있다. 지금까지 언급할 때는 요소가 대개 두 가지뿐이었다. 따라서 요소 이질성은 고려 대상이 아니었다. 이론이 생산 방법 결정을 깊이 파고들면, 요소 이질성이 매우 중요해진다. 기업은 높은 재능의 개인 몇 명과 재능이 덜한 이들을 고용, 생산하기로 결정할 수도 있고 비슷한 재능을 가진 근로자를 고용할 수도 있다. 그 두가지 방식 중 어떤 방법이 보다 많은 산출량을 줄지는 확실치 않다. 결론은 그 기술이 하위 모듈식인지 초모듈식인지 여부와 인구의 재능분포에 따라 달라진다.[27] 평균이 일정하게 유지되면, 높은 재능 인구와 낮은 재능 인구 간의 분산이 큰 경우 첫 번째 유형의 조직을 유리하게 할 것이다. 왜냐하면 중간 수준의 재능을 지진 에이전트가 높은 임금을 요구할 것이기 때문이다. 생산 조직에 중요한 재능분포에 대한 핵심 사항은 기술 보완성, 근로자 간의 불완전한 대체성, 기술에 대한 민감도 차이 등이다.[28] 더 나은 팀원이 근로자의 한계 생산물을 증가시키면 생산 기술은 보완성을 보인다고 말한다. 불완전한 대체성은 다양한 기술을 가진 근로자가 서로 다른 역할을 수행한다는 것을 의미한다. 기존 이론과 달리, 생산량을 결정하는 건 기술 단위의 수가 아니라 생산 팀 내 에이전트 간의 기술 단위가 어떻게 분포되는지이다. 마지막으로 근로자 기술의 한계적 증가는 생산량의 한계적 증가로 이어져야 한다. 이는 다른 근로자가 생산에서 다른 역할을 수행하므로, 그들 기술의 한계 가치는 팀원에 따라 다르다는 개념과 일치한다. 그 세 가지 기본 요구 사항을 충족하는 모든 기술은 기업이 누구를 고용하고 어떻게 생산할지 결정해야 하는 문제로 이어진다.

---

27) Grossman and Maggi(2000)
28) Kremer and Maskin(1996)

루카스(1978)는 요소 이질성과 관련해 기초 이론을 제공했다. 그는 경제의 모든 에이전트가 경영 관리 능력에 있어서 이질적이지만 근로자로서 모두 동일하다고 가정한다. 그는 AF(n) 형태의 생산 함수를 가정한다. 여기서 A는 회사(또는 기업가)가 고용한 한 관리자의 능력이고 n은 선택된 근로자 수이다. F(.)는 근로자 수에 대해 증가하고 오목하다고 가정한다. 함수가 여전히 모든 요소에 대해 감소 수익을 보이는 한 다른 요소도 추가할 수 있다. 모든 사람이 동질적이기 때문에 노동자의 능력은 생산 함수에 직접 들어가지 않지만 관리자의 능력은 들어간다. 물론 노동자의 능력이 생산 수준을 결정하는 것으로 생각할 수 있으며, 이는 기업들 모두에 대해 일정하다고 가정한다. 루카스(1978)는 경영관리 기술의 외생적 분포로 인해 발생하는 직업 결정을 연구했다. 그의 연구에서 기술은 보완성을 지니지 않았다. 개별 관리자의 능력은 노동자의 생산성에 영향을 미치지만 노동자가 갖는 경영관리 능력은 관리자의 생산성과 무관하다. 보완성이 부족하다는 건 매칭 문제가 없음을 의미한다. 따라서 조직 문제는 직업 선택 문제로 축소된다.

버스타인과 몽게−나란조(2008)는 그 모형을 국내 관리자가 해외에서 생산할 수 있는 리카르도 국제 무역 모형에 포함시켰다. 그들 연구의 경우, 기업의 생산성은 관리자의 능력과 근로자가 고용된 국가의 특성에 따라 곱셈을 통해 결정된다. Burstein과 Monge−Naranjo(2008)는 그 모형을 사용하여 국가 간 팀 형성의 역할을 정량적으로 탐구했으며 오프쇼어링을 없애면 부정적 후생 효과가 발생할 수 있음을 보였다. 특히 흥미로운 점은 이론적 모형을 사용해 지역 생산성을 제어할 수 있다는 사실이다. Grossman & Maggi(2000)는 두 국가와 두 산업이 있는 세계를 연구했다. 한 산업은 생산에 필요한 두 가지 작업을 초모듈러 기술(두 작업 수준에 대한 생산 함수의 양의 교차 도함수와 본질적으로 동일)과 결합하고 다른 산업은 하위 모듈러 기술(기본적으로 음의 교차 도함수)과 결합한다. 초모듈러 기술이 있는 부문에서 기업은 동일한 유형의 인재들을 원한다. 즉, 균형 상태에서 근로자는 자신과 비슷한 다른 사람과 매칭된다. 반면, 하위 모듈형 산업에서 기업은 저숙련 및 고숙련 인재들을 결합해 최대 교차 매칭을 달성한다.

그 결과, 각 국가에서 극단적 유형(가장 숙련된 유형과 가장 숙련되지 않은 유형)이 서로 매칭되고 중간 유형이 자체 매칭되는 할당이 이뤄진다. Grossman과 Maggi(2000)는 재능분포의 분산이 국가마다 다르지만 그 분포가 공통 평균을 기준으로 대칭인 경우 분산이 더 큰 국가가 하위 모듈형 부문에서 비교우위를 갖게 됨을 보여주었다. 그들의 연구는 생산 조직이 기술 분포를 통해 비교우위에 영향을 미칠 수 있는 방법에 대한 좋은 예를 제공한다. 그 이론에서 생산 조직은 풍부한 요소 시장과 상호작용하여 더 흥미로운 결과를 이끌어낼 수 있다. 통찰력이 돋보이지만 한계도 있다. 특히 Grossman과 Maggi(2000)는 매칭이 일대일이라고 가정한다. 즉, 생산 과정에서 각 유형별로 한 명씩 두 사람만 매칭되는 것이다. 따라서 생산 조직은 인재 배분 문제만 포함하며 조직 설계 문제는 고려되지 않는 것이다. 특히, 근로자 중 한 명을 여러 부하 직원이 있는 관리자로 해석하기 어렵다. 그 분석은 또한 국가 간 재능분포가 대칭적이어야 하고 분산 크기만 달라야 한다는 가정도 너무 임의적이다.

Kremer와 Maskin(2006)은 국제 팀의 형성을 처음으로 도입했다. 그들은 서로 다른 기술을 가진 두 에이전트가 매칭을 통해 같은 팀이 되어 생산하는 모형을 제시한 것이다. 그들의 모형은 계수가 1 이상으로 합산되고, 두 기술은 서로 다른 Cobb-Douglas 생산 함수에 표현된다. 그 기술은 매칭을 위해 세 가지 요구 사항을 충족해야 한다. 그들은 여러 기술을 보유한 근로자가 존재하는 세계를 상정, 형성 가능한 국제적 매칭을 연구했고, 기술의 특성과 다양한 근로자의 공급에 따라 근로자가 받을 임금을 특징지었다. 그 논문은 가능한 사례(자기 매칭, 교차 매칭 등)에 대한 유용한 분류법을 제공하지만 어떻게 그 매칭들을 구분지을 건지에 대해선 상세한 설명이 누락됐다. Grossman과 Maggi(2000)에서와 같이 두 명의 에이전트가 있는 팀(일대일 매칭)만 고려한다.

Antràs et al.(2006)은 Garicano(2000)가 도입하고, Garicano와 Rossi Hansberg(2004, 2006)가 제공한 '계층' 개념을 활용해 국가 간 팀 형성이 생산 및 임금 결정에 미치는 영향을 연구했다. 두 국가의 이질적 에이전트로 구성된 연속체는 한 명의 관리자와 여러 명의 근로자로 구성된 생산 팀을 형성할 수 있다. 그 생산 함수는 Lucas(1978)가 분석한 것과 다르다. 통제 범위(즉, 관리자당 근로자 수)는 근로자의 능력에 따라 달라진다. 즉, 근로자의 재능 간에 보완성을 보이며, 이는 긍정적인 보완적 매칭으로 이어짐을 의미한다. Lucas의 모형에서는 근로자의 재능이 중요하지 않기 때문에 매칭이 존재하지 않는다. 보다 일반적으로 생산 함수는 Kremer와 Maskin(1996)에서 논의한 모든 특성을 보이지만, 한 명의 관리자가 여러 근로자와 매칭되는 팀 생산을 추가한다. 보완적 매칭에 따라, 최고의 관리자가 최고의 근로자와 팀을 형성한다. 국가마다 재능 분포가 다르면 관리자가 외국인 근로자와 팀을 구성할 수 있을 것이다. 최고 또는 최악의 관리자가 어떤 팀을 구성하는지는 두 나라의 재능분포 특성에 따라 달라질 것이다. 개발국이 개도국보다 훨씬 더 기술이 뛰어나다면 그 개발국 최악의 관리자가 국제 팀을 구성할 것이다. Antràs et al(2006)은 또한 그러한 국제 생산의 재편이 개도국의 임금 불평등을 증가시키고 개발국의 임금 불평등에 모호한 영향을 미침을 보여주었다. 개도국의 우수한 근로자는 개발국의 더 나은 관리자와 매치되면 이익을 얻는다. 개발국의 생산 기술이 훨씬 더 뛰어나고 통신 기술이 뛰어나다면, 관리자의 통제 범위가 넓어져 개발국의 임금 불평등은 더 커질 수 있다.

Antràs et al(2006)은 한 관리자가 잠재적으로 많은 수의 근로자와 내생적으로 매칭되는 최초의 국제 무역 모형을 제공했다. 나아가 실제 팀 생산 함수는 생산 및 지식에 대한 근로자 전문화에서 비롯되며, 여기서 관리자의 기술과 근로자의 기술 간의 관계는 통신 기술을 통해 매개된다. 모형의 한계는 두 국가 모두

균일 분포를 가정한다는 것이다. 그 가정을 완화해 다양한 분포를 적용해 볼 수 있다. 2008년도에 그들은 자신들의 분석틀을 확장, 다층 생산 팀이 존재할 가능성을 분석했다. 그들은 최대 3개의 관리 계층이 있는 국제 팀에 초점을 맞췄다. Lee(2021a, 2021b)도 3개의 관리 계층을 상정해 개방경제하에서 관리 위임(managerial delegation)이 어떻게 노동시장과 거시 변수들에 영향을 미치는지를 분석했다. 기업은 경제적 상황에 대응, 그 계층 수를 변경하고 생산 과정의 일부를 해외에서 조직할 수 있다. Antràs et al(2009)은 해외에 근로자가 있는 기업이 현지에서 발생한 간단한 문제를 처리하기 위해 외국에 관리자 계층을 추가하고, 그를 통해 국제적 의사소통 비용을 절약할 수 있음을 보여준다. 기업이 그 추가 계층을 도입할지 여부는 국내 및 국제적 의사소통 기술의 차이와 외국의 관리자가 자체 회사를 시작할 수 있는 기회에 따라 달라질 것이다. 계층을 추가하고 빼는 건 생산 과정을 이해하고 연구하는 데 중요한 주제가 될 수 있다. 조직을 평평하게 하는 데 있어, 정보 및 의사소통 기술의 역할이 크다. 이는 조직 내 관리 계층 수의 감소로 이해될 수 있다.29) 국제 생산 조직을 처리하기 위해 계층을 추가하는 경우는 더 많은 연구가 필요하다.

그러한 형태의 생산 조직 재편은 관찰이 상대적으로 쉽고, 조직 구조에 큰 영향을 미칠 수 있으므로 국제 생산의 비용과 이점을 파악하는 게 중요하다. 마지막으로, Nocke와 C Yeaple(2008)은 FDI의 할당 모형을 제시했다. 그들은 다양한 품질의 브랜드와 이질적인 능력을 가진 기업가 간의 매칭에 초점을 맞추었다. 그들의 연구는 매칭 맥락에서 해외에서 생산하는 데 사용하는 공장을 설립하거나 매수하기로 한 기업의 결정을 분석한 최초의 연구라고 볼 수 있다. 해외 생산은 고정 비용을 의미하지만 기존 공장의 가치는 생산성과 산출량에 비례하기 때문에, 더 생산적인 기업일수록 궁극적으로는 규모가 더 큰 기업일수록 그린필드 FDI를 선호하게 된다. 즉, 새로운 공장을 건설하는 것이다.

---

29) Rajan and Wulf (2006), Caroli and Van Reenen (2001) 참고

계약적 마찰과 다국적 기업

　　지금까지 검토한 이론적 모형은 무역과 FDI 흐름에 대해 이해도를 높여 주지만 다국적 기업의 경계를 명확히 하지는 못한다. 일부 모형은 국경을 넘나드는 생산 분해 또는 경영 노하우를 활용해 외국에서 찾을 수 있는 잠재적 이익을 식별하지만, 그건 다국적 기업 이론이 아니라 국제 생산 조직 이론이라고 볼 수 있다. 경제학 분야의 많은 문헌은 외국 시장에 서비스를 제공하는 방식이나 국가 간 생산 분할과 관련 기업의 의사 결정을 연구하는 데 중점을 두어왔다. Markusen(1984)은 수출과 다국적 생산 활동 간의 소위 근접성－집중성 상충관계를 도입했다. 국내 생산 과정을 복제해 외국에서 현지 계열사를 만들어 해외 시장에 서비스를 제공하는 건 수출에 비해 운송비용을 절감할 수 있는 방법이 된다. 하지만 규모에 대한 보수가 증가함에 따라 수출은 단일 위치에서 생산을 집중하는 것과 같은 효과를 누리게 한다. 따라서 수익성이 더 높을 수도 있다. Helpman(1984)은 국가 간 요소 가격 차이와 본사 서비스(경영 노하우, 유통, 제품별 R&D) 생산에서 규모에 대한 보수가 증가하는 상황에서 생산자가 생산 과정을 분해하고, 본사 서비스와 특정 제조 과정을 다른 국가에서 수행하는 게 최적이 될 수 있음을 보여줬다. 헬프먼(1984)의 모형은 국가 간 상대적 요소 보유 차이가 증가하면 다국적 활동 범위가 넓어진다고 예측한다.

　　그러한 이론은 다국적 기업 활동이 무역 흐름 구조, 요소 가격 차이, 국가 간 기술 확산에 어떤 영향을 미치는지에 대해 귀중한 통찰력을 제공했다. 그럼에도 불구하고, 그들은 국경을 넘는 생산과정 파편화 또는 생산과정 복제가 수익성이 있을 때 기업 경계 내에서 수행될 것이라 가정한다. 실제로 기업의 중요한 결정 중 하나는 소위 '내부화'이다. 이는 국제 무역 이론 차원에서도 매우 중요하다. 예를 들어, 1997년 인텔은 마이크로프로세서 생산의 일부를 코스타리카에 있는 3억 달러 규모의 제조 공장으로 이전하기로 결정했다. 또한 인텔은 해당 시설에 대한 통제권을 유지하기로 결정했다. 인텔은 그 시설을 완전히 소유하고 있다. 반대로 Nike도 해외 생산에 의존하지만, 제품 생산은 태국, 인도네시아, 캄보디아, 베트남 및 기타 저임금 국가의 독립 생산자에게 하청하고, 생산의 설계 및 마케팅 단계만 기업 내에서 이뤄진다. 이어서 설명하듯이, 내부화 결정은 다른 조직 이론적 결정과 마찬가지로 생산요소와 최종 제품 간의 매핑에 영향을 미치는 경우가 많다. 많은 실증연구에 따르면 다국적 기업의 내부화 결정은 무작위적이지 않다. 즉, 외국 인소싱과 외국 아웃소싱의 상대적 보급률은 특정 회사, 산업 및 국가 특성과 체계적으로 관련이 있다. 이에 대해 설명이 필요하다. 일반적으로, 기업의 소유 구조에 대한 자료는 얻기 어렵다. 하지만 국제 무역 이론을 위해, 정치적 경계를 넘는 모든 상품 또는 서비스 거래는 정부 통계에 기록된다.

그러한 통계 기록에는 상품이나 서비스를 거래하는 당사자가 관련 있는지 여부에 대한 정보도 포함될 수 있다. 즉, 기업 내 또는 기업 간 무역의 예를 제공한다. 전 세계적으로 기업 내 무역은 모든 거래의 3분의 1을 차지한다. 미국에선 수입의 50%에 가깝고, 수출의 3분의 1 이상을 차지한다. 전체 무역에서 기업 내 무역의 비중은 산업과 국가에 따라 상당히 다르며, 그러한 관계별 변동의 상당 부분은 여러 특성이 있다. 예를 들어, Antràs(2003)는 R&D와 자본 집약도에 대한 간단한 측정이 전체 미국 수입에서 기업 내 수입 점유율의 산업 간 변동의 (거의 75%) 큰 부분을 설명할 수 있다고 보고했다. 더 자세한 자료를 활용하여 Yeaple(2006), Nunn과 Tefler(2008), Bernard et al.(2008)은 유사한 결과를 보고하고 더욱 범주화된 사실을 밝혀냈다. 그러한 발견은 다국적 기업의 내부화 결정 연구를 위한 이론적 작업을 자극했다. 문헌의 주제는 전통적인 '계약 완전성' 가정에서 벗어나는 것이다. 1937년 Coase의 연구 이래로, 계약 당사자가 마주할 수 있는 모든 상황들에 대해 취해야 할 조치과장을 명시하는 완전한 계약은 상상하기 어렵다. 내부화 결정을 설명하기 위해선 기업 경계와 불완전한 계약에 대한 이론적 접근이 필요하다.[30] 그러한 불완전 계약 개념을 일반균형 모형에 통합하는 방법이 개발됐다.

그러한 방법은 무역 기업 내 체계적 패턴을 설명하는 데 도움이 된다. 특히, 계약적 마찰이 일반균형 모형에 어떤 영향을 미치는지에 대한 연구도 많아졌다. Coase(1937)와 Williamson(1975, 1985)은 거래 비용 접근 방식을 채택했다. 그 접근 방식은 계약이 불완전할 때 자연스럽게 발생하는 계약적 마찰을 설명한다. 특히 윌리엄슨은 그러한 계약적 격차(및 계약 관련 재협상 또는 조정)가 거래 관련 당사자가 관계—특수(relationship—specific) 투자를 하거나 관계—특수 자산을 사용하는 상황에서 어떻게 비효율성을 발생시키는지 공식화했다. 본질적으로 그 특수성(specificity)은 재협상 단계에서 한 당사자가 비용 없이 상대 당사자를 전환할 수 없고, 양자 관계에 갇힘을 의미한다. 양자 협상과 메뉼 비용의 조합은 사후적 비효율성(비효율적인 계약 종료 또는 실행)과 사전 또는 보류(holdup) 비효율성(관계—특수 투자의 비최적 상태)에 이를 수 있다. 거래 비용 접근 방식의 한계는 기업 내 거래 비용에 대해 거의 언급하지 않는다는 것이다. 시장 시스템이 그렇게 불완전하다면 왜 전 세계의 모든 상품 생산을 하나로 통합하는 대기업이 존재하지 않을까? 거래 비용 접근 방식은 단순히 통합 구조를 운영하는 데 따른 외생적 거버넌스 비용의 존재를 가정한다.

에티어(1986)는 국제 경제에 대한 거래 비용 접근 방식의 적용을 제안한다. 에티어의 관점에서, 다국적 기업 경계 내에서 거래하는 것과 제3자 거래를 하는 것의 주요 차이점은 후자의 경우 본사가 하류(downstream) 생산자 또는 유통업체에 품질이 보장되는 계약을 제공할 수 없다는 것이다. 결과적으로 본사는 항상 사후 효율성을 보장하고 계약 파트너로부터 모든 잉여를 추출하는 계약을 고안하기 어렵다. 그러한 상황에서 본사는 하류 생산자를 통합하는 것이 가장 효과적인 방법이 될 수 있다. 흥미롭게도, 일반균형 모형을 풀 때 에티어(1986)는 국가

---

30) Williamson (1975, 1985), Grossman and Hart(1986)

간 상대적 요소 보유의 차이가 작을 때, 통합이 더 매력적이라는 것을 발견했다. 그 결과는 Helpman(1984)이 얻은 결과와 대조되며, 통합 결정의 미시적 분석 모형이 국제 생산 조직 모형에서 나오는 예측에 어떤 영향을 미칠 수 있는지 잘 보여준다. McLaren(2000)과 Grossman과 Helpman(2002)은 일반균형 공식화를 제안하는데, 사전 또는 보류 비효율성을 강조한다. 그들의 분석틀에서 공급업체는 최종 생산자가 판매하는 상품 가치를 높이는 관계-특수 투자를 수행한다. 그러한 모형에서 거래 비용 가정은 최종 생산자가 수직 통합을 이룰 때에만 정해진 가격으로 공급업체와 거래하기로 계약을 맺을 수 있다는 것이다. 아웃소싱의 경우 최종 생산자는 이미 투자한 것에 대해 비교적 낮은 보상을 제공함으로써 사후 협상 단계에서 공급업체를 보류할 인센티브를 갖게 된다. 사후 지연을 예상해 공급업체는 사전에 비효율적인 수준의 투자를 제공하기로 선택하는 것이다. 그렇기에 수직적 통합은 외생적 비용을 수반하지만 지연 비효율성이 충분히 클 때 최적일 수 있다. 어떤 경우든 공급업체를 통합할지 또는 공급업체에 아웃소싱할지에 대한 결정은 투입물과 최종 제품 간의 매핑에 영향을 미친다.

McLaren(2000)과 Grossman과 Helpman(2002)의 가장 흥미로운 결과는 모형의 산업 균형에서 발생하는데, 기업이 공급업체를 수직 통합하기로 결정하면 요소 시장에 영향을 미쳐 나머지 비통합 양자 관계에 부정적인 외부 효과를 미칠 가능성이 있다는 것이다. 외부 효과의 결과로, 그들의 모형은 사전에 동일 국가 또는 동일 산업에서 다양한 조직 형태(또는 산업 시스템)가 존재하는 균형이 나타날 수 있다. 그들은 무역 개방이 요소 시장을 두껍게 하여 세계적으로 더욱 분해된 산업 시스템으로 이동할 것이라 예측한다. 그로 인해 세계 후생이 증가하고 전통적인 무역 이론에서 강조하는 것과는 다른 형태의 무역 이익이 발생한다고 설명한다. 다시 말해, 기업의 내생적 조직 선택은 그 경제의 무역 자유화 과정에 대한 반응 특성에 상당한 영향을 미칠 수 있다.

거래 비용 접근 방식은 수직 통합 비용의 원천에 대해서 언급하지 않는다. 기업의 재산권 이론에 대한 선구적 연구를 위해, Grossman과 Hart(1986)는 통합되지 않은 두 기업 간의 관계를 괴롭히는 계약적 마찰이 기업 통합을 통해 완전히 사라진다고 가정하는 건 무리라고 주장했다. 기업 내에서 계약은 불완전하고, 대리인은 기회주의적이며, 통합이 투자의 관계적 특수성을 변경하는 이유는 불분명하다. 그렇다면 기업의 경계는 어떻게 정의될까? 재산권 접근 방식은 계약이 불완전할 때 소유권이 지배력의 원천이라고 가정한다. 보다 구체적으로, 당사자가 초기 계약에서 예상치 못한 우발 상황에 직면할 때, 물리적 자산(기계, 건물, 재고, 특허, 저작권)의 소유자는 그러한 잔여 통제권(residual rights)을 가지며 통합된 당사자의 자산을 활용, 이익을 극대화할 수 있다. 그로스만과 하트(1986)는 관계−특정 투자가 있는 경우 그러한 고려 사항이 모두 내생적인 기업의 경계 이론으로 이어짐을 보여주었다.

재산권 접근 방식은 Antràs(2003)와 Antràs와 Helpman(2004, 2008)에 의해 국제 무역 이론에 적용되었다. 그 논문은 최종 생산자와 공급자(다른 국가에 위치할 수 있음)가 모두 가치를 높이는 비계약적 관계−특정 투자를 수행하는 불완전한 계약 세계를 구성한다. 그렇기에 상황은 양면적 '홀드업' 중 하나이며 두 유형의 생산자 모두의 최적이 아닌 투자로 이어진다. Grossman과 Hart(1986)에서와 같이 수직적 통합은 계약 공간에 영향을 미치지 않는다. 단순히 최종 생산자가 공급 부서와 협상할 때 더 강력한 교섭력을 수반할 뿐이다. 그 논문의 핵심적 부분균형 결과는 수직적 통합이 최종 생산자의 비계약적 투자에 대한 산출량의 탄력성이 공급업체의 비계약적 투자에 대한 산출량의 탄력성에 비해 클 때에만 최적이라는 것이다. 다시 말해, 통합은 본사−집약적(headquarter−intensive) 산업에서 아웃소싱을 지배하지만, 본사 집약도가 낮은 산업에서는 그 반대가 실현된다. Antràs(2003)는 그 구조를 보수 증가, 제품 차별화 및 독점적 경쟁을 특징으로 하는 국제 무역의 일반균형 모형에 포함시켰다. 그는 실제로 최종 생산자가 수행하는 비계약적 투자는 공급 회사가 수행하는 투자보다 더 자본 집약적일 가능성이 높다고 주장했다. 결과적으로, 그 모형은 자본 집약도와 통합의 매력도 사이에 연관성을 제공한다. 개방 경제 모형에서 이는 자본 집약도와 세계 무역에서 차지하는 기업 내 무역의 비중 사이에 양의 상관 관계를 의미한다. 더욱이, 일반균형을 풀 때 그 모형은 국가의 상대적 자본 풍부도와 모든 국가에 대한 총수출에서 기업 내 수출의 비중 사이에 양의 상관관계를 예측하게 한다.

Antràs와 Helpman(2004)은 다국적 기업의 재산권 이론을 개발, 산업 내 이질적 생산성과 차등적 고정 비용을 허용한다. 결과적으로, 그들의 모형은 산업 내에서 여러 조직 형태를 특징으로 하는 균형을 제공한다. 고정 비용에 대한 가정과 무관하게, 그 분석틀은 본사 집약 산업에서 아웃소싱보다 해외 인소싱(또는 FDI)이 만연할 것임을 예측한다. 더욱이, 고정 비용이 기업 경계 내에서 소싱할 때보다 해외에서 소싱할 때 더 크다는 가정하에, 그 모형은 산업에서 가장 생산적인 기업만이 해외 공급업체를 수직적으로 통합할 것으로 예측한다. Antràs와 Helpman(2004)은 다양한 조직 형태의 보급을 연구했고 Antràs(2003)의 모형을 확장했다. 그리고 생산의 국제 조직 특성에 대해 보다 완전한 실증적 연구의 문을 열었다. Antràs와 Helpman(2008)은 투자의 부분적 수축성을 허용하기 위해 분석틀을 더욱 확장했고, 다국적 기업의 거래 비용 이론에서 예측했던 것과는 달리, 한 국가의 투자 수축성이 그 국가에서 FDI(아웃소싱 대비) 보급률의 증가로 이어질 수 있음을 보여주었다.

계약적 마찰과 다국적 기업의 경계에 대한 최근의 연구는 Feenstra와 Hanson(2005), Yeaple(2006), Defever와 Toubal(2007), Tomiura(2007), Bernard et al.(2008), Nunn와 Trefler(2008) 등이 손꼽힌다. 주로 다국적 기업의 재산권 모형에 대한 실증 모형 개발이다. 히자만 그러한 연구들은 일반적 원리를 찾기보다는 재산권 모형의 특정 변형에 대한 예측을 검증하는 데 중점을 두었다. 더욱이 지금까지는 모형을 검증하려고 할 때 발생할 수 있는 일련의 계량경제학적 편향을 처리하려는 시도가 부족했다. 따라서 향후 연구 노력은 그 방향으로 이뤄져야 할 것이다. 향후 연구를 위한 또 다르게 유익한 영역은 지식의 비적용적 특성이 내재화 결정에 미치는 영향을 연구하는 것과 관련이 있다. 과거 연구는 내재화 결정의 주요 동인으로서 '홀드업' 비효율성에 지나치게 집중된 경향이 있었다. 인텔이 코스타리카에서 운영을 완전히 내재화하기로 한 사례는 양면적인 홀드업 문제보다는 기술 수용에 대한 두려움으로 더 잘 설명될 수 있다. 다국적 기업의 일반 균형 모형에 비적용 가능한 지식 개념을 통합하려는 초기 시도는 에티어와 마르쿠센(1996)이 개발했으며, 그들은 FDI가 모든 유형의 지식 소실을 피하는 거래 비용 접근 방식을 채택한다고 주장했다. 더 만족스러운 접근 방식은 재산권 접근 방식과 라잔과 징갈레스(2001)가 개발한 접근 방식일 수 있다.

계약적 마찰과 기타 조직적 결정

지금까지 살펴본 연구들은 기업의 내부화 결정에 초점을 맞췄다. 기업의 아웃소싱 결정에서 관찰된 체계적 패턴은 우리가 불완전한 계약의 세계에 살고 있음을 시사한다. 그에 따라, 두 가지 자연스러운 질문은 다음과 같다. 계약적 마찰은 기업의 다른 조직적 선택에 어떤 영향을 미치며, 그러한 선택은 국제 무역과 어떻게 상호작용할까? 지금까지 행해진 연구는 그러한 질문에 대해 임시적인 답변만 제공했다. 이상 설명한 다국적 기업 경계에 대한 이론이 개발된 이래, 연구자들은 불완전한 계약이 기업의 소유 구조뿐만 아니라 지리적 위치에도 영향을 미칠 수 있음을 인정했다. 그러한 이해는 이미 검토한 생산과정 파편화에 대한 문헌과 연결된다. Antràs(2005)는 국제 거래를 규제하는 계약의 불완전한 특성은 생산 과정이 국경을 넘어 파편화될 수 있는 범위를 제한한다고 주장했다. 북—남 무역의 역동적이고 일반 균형적인 리카르도 모형에서 그는 계약의 불완전성이 버논 유형의 제품 주기의 출현으로 이어짐을 보였다. 새로운 제품은 처음에 북

(제품 개발이 이루어지는 곳)에서 제조되고, 나중에(제품이 성숙할 때) 남에서 제조된다.

Acemoglu et al.(2007), Costinot(2007), Levchenko(2007), Nunn(2007)은 계약적 마찰이 생산의 위치와 무역 흐름의 구조를 형성할 수 있다고 주장한다. 생산과정의 파편화가 없는 모형에서도 마찬가지다. 특히, 계약적 마찰이 기업의 조직적 선택으로 이어져 부문 간에 투입과 산출 간의 매핑에 영향을 미치는 한, 불완전한 계약은 비교우위의 원천이 될 것이다. 계약 제도를 잘 갖춘 국가는 계약 집약적 제품의 순수출국이 될 것이다. 그 논문들은 제안된 계약 의존성 측정에서 차이가 있다. Acemoglu et al(2007)은 불완전한 계약이 있는 경우 기술 도입(회사의 또 다른 조직적 결정)에 대한 미시적 분석 모형을 구축했으며, 더 큰 계약적 불완전성은 덜 발전된 기술 도입으로 이어짐을 보여주었다. 또한 그들은 중간 투입물 간에 더 큰 보완성이 있을 때 효과가 더 두드러짐을 보여주었다. Costinot(2007)은 생산성이 노동 분업에 의해 결정되고 후자의 정도는 계약 환경과 생산의 복잡성에 의해 영향을 받는 모형을 개발했다. 그런 다음 그는 계약 제도를 더 잘 갖춘 나라가 첨단 제품 또는 생산과정이 복잡한 제조 분야에서 비교우위를 갖는다고 설명했다. 그는 실증분석을 통해 자신의 이론을 뒷받침했다. Levchenko(2007)와 Nunn(2007)도 국가의 비교우위가 일부 계약 기관에 의해 결정된다는 실증적 분석 결과를 제시했으며 상류(upstream)와 하류(downstream) 생산자 간 계약 비용과 관련된 계약 의존성 측정을 제안했다.

기업에서 중요한 또 다른 조직 이론적 결정은 직원 간의 의사 결정권 배분과 관련 있다. 이론적으로, 관리자는 근로자에게 의사 결정권을 부여하는 것과 그 권리를 스스로 유지하는 것 사이에서 균형을 이루게 된다. 근로자에게 주도권을 부여하면 이점도 있지만 관리자의 관점에서 반드시 최적이 아닌 의사 결정이 초래될 수 있다. 위임(즉, 권한 행사)을 피하는 건 근로자의 주도권을 억제하는 경향이 있고, 생산 과정에 대한 통제력이 더 커질 수 있기 때문이다. 그러한 힘의 결과로 생산 요소와 상품 간의 매핑은 대리인 간의 의사 결정권 배분에 의해 영향을 받을 수 있다.

Aghion과 Tiróle(1997)은 그러한 균형을 처음으로 공식화했고, Puga와 Trefler(2002), 그리고 Marin과 Verdier(2008a, b)는 그러한 원리를 일반균형 분석 틀에 적용했다. 특정 상황에서 관리자는 근로자에게 인센티브를 제공하는 방법을 사용할 수 있다. 예를 들어, 근로자의 보수는 근로자의 노력 결정 그리고 관찰 가능한(그리고 검증 가능한) 변수에 따라 달라질 수 있다. Holmstrom(1982) 그리고 Holmstrom과 Milgrom(1994) 두 연구는 근로자의 인센티브에 영향을 미치는 조건부 보상의 역할을 강조했다. 무역 자유화가 이 인센티브 제도의 기울기에 어떤 영향을 미치는지, 그리고 이 내생적 변화가 무역 개방에 대한 경제의 반응에 어떤 영향을 미치는지에 대한 문제는 잘 해결되지 못하고 있다. Grossman과 Helpman(2004) 그리고 Vogel(2007)은 그러한 질문에 대해 좋은 답을 제공하지만 그 분야에서는 더 많은 연구가 필요하다. 유익한 연구 분야는 기업이 불완전한 계약에 따라 조직적 결정을 내리는 세상에서 무역 정책의 역할과도 관련 있다. Antràs와 Staiger(2008), 그리고 Conconi et al.(2009)는 최적의 무역 정책 설계를 위한 불완전한 계약의 추가적인 의미를 연구했다.

기업조직과 무역에 대한 기존 연구들을 간략히 검토해 보았지만, 언급하지 못한 논문과 주제들이 많다. 최근엔 다제품(multi-product) 기업에 대한 연구도 많다. Bernard et al. (2006)과 Bernard et al. (2007)이 대표적이다. 기업조직과 무역에 관한 대부분의 연구는 정태적 분석에 중점을 두고 있다. 소수의 연구만이 지식의 진화, 기술의 분배 및 기타 국가별 특성에 대한 생산의 국제 조직의 역동적인 영향을 연구할 뿐이다. 생산 분해가 개발도상국의 기술 업그레이드로 이어질 수 있는지 여부도 의문이다. 그러한 유형의 학습을 감안할 때 전문화 패턴의 진화 역시 연구 대상이 될 수 있다. 또한 글로벌 생산 체인이 소득 수준의 수렴으로 이어지는지도 중요하다. 이론적 작업이 많이 필요한 상황이다. 기업조직 이론을 국제 무역모형에 많이 적용되고 있지만, 일반균형 시각에서 더 많은 연구가 기대된다. 그러한 대안적 접근 방식은 국제 무역 연구에 중요한 통찰력을 제공할 수 있다.

CHAPTER 06

국제 수직적 특화

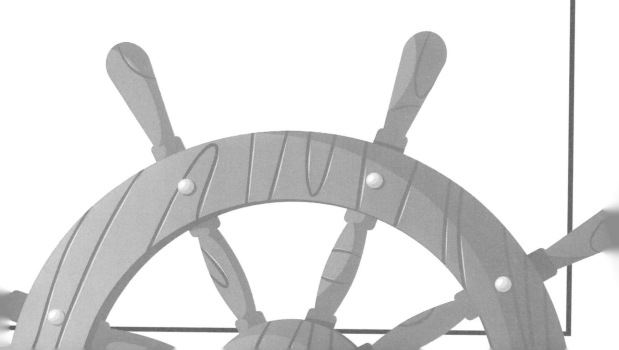

고전적 무역 이론과 신 무역 이론에서는 생산성이 향상되려면 외생적인 기술개발 또는 발전이 있어야 가능했다. 하지만 현대 무역 이론에서는 국제무역 자체가 기업들 간의 경쟁을 심화시켜 생산성을 향상시키는 효과를 낸다고 본다. 따라서 시장개방 확대가 생산성 향상을 바탕으로 경제성장을 촉진하는 동력이 될 수 있다. 실업률은 어떨까? 고전적 무역 이론에서 시장개방과 국제무역은 비교열위 산업을 축소시키고 그 산업의 고용도 축소시킨다. 현대 무역 이론에서 시장개방과 국제무역은 낮은 생산성의 기업들을 시장에서 퇴출시킨다. 하지만 거대한 다국적 기업 등장을 예측한다. 즉, 세계화가 진행됨에 따라 기업들이 더욱 거대해지고 그 기업들의 이윤은 더욱 커진다는 것이다. 선택효과가 나타나기 때문이다. 수출시장에 진입하기 위해서는 고정비용이 들기 때문에 생산성이 충분히 높은 기업들만 수출 활동을 할 수 있고 그 결과 그 기업들은 더 넓은 국제시장을 활용하여 더 큰 이윤을 얻을 수 있게 된다. 현대에 들어 다국적 기업들은 더욱 거대해지고 있다. 이제 현대 무역 이론은 그 거대기업을 중심에 놓고 한 단계 더욱 도약하게 된다. 오늘날 거대 다국적기업들 공통된 특징은 '오프쇼어링(offshoring)'과 '아웃소싱(outsourcing)'이다. 그 기업들은 이윤을 찾아 생산설비 또는 고객센터 등을 본국에서 다른 나라들로 옮기고 있다. 그에 맞는 새로운 이론들이 등장하고 있다.

로버트 핀스트라(Robert C. Feenstra)는 1998년 자신의 논문31)을 통해 세계 경제는 통합되고 생산과정은 분해가 이뤄지고 있음을 지적했다. 그는 몇 가지 데이터를 통해 생산과정의 분해가 교역 증대를 가져왔다는 사실을 보였다. 핀스트라는 세계경제가 통합되고 있다고 주장했다. 그렇다면 그 통합에 대한 바른 정의가 필요할 것이다. 통합이란 뭘까? 전 세계가 국제무역을 통해 서로 연결된 상태라고 할 수 있다. 그렇다면 상품의 수출입 규모를 조사해 보면 세계 경제 통합의 정도를 파악하는 단서가 될 수 있다. 하지만 핀스트라는 자신의 논문을 통해

---

31) Feentra, R. C. (1998), "Integration of Trade and Disintegration of Production in the Global Economy", 12(4), 31–50.

1990년도를 기준으로 국가별 상품교역 비중이 1910년도에 비해 크게 늘어나지 않았음을 주장했다. 그는 자신의 논문에서 주요 선진국들, 즉 미국, 영국, 독일, 그리고 일본의 상품교역 비중을 조사했다. 그 조사에 따르면, 1913년도 미국과 독일의 상품교역 비중은 각각 6.1% 그리고 19.9%였다. 그랬던 게 1990년도 각각 8.0% 그리고 24.0%로 그 비중이 증가했다. 하지만 핀스트라가 강조하는 바는 그 증가세가 그렇게 크지 않았다는 것이다. 영국과 일본의 경우는 1913년도 상품교역 비중이 각각 29.8% 그리고 12.5%였는데 1990년도 각각 20.6%와 8.4%로 오히려 감소했던 것으로 나타났다. 핀스트라의 분석에 따르면 국가별 상품교역 비중이 생각보다 그렇게 크지 않았던 것이다. 사람들은 시간이 흐를수록 교역 규모가 커졌을 것으로 생각하는 경향이 있는데 핀스트라가 찾아낸 결과는 반대였다. 1990년도를 기준으로 볼 때, 주요 선진국들의 상품교역 비중은 가장 큰 경우에도 30%를 넘지 못했다. 그게 핀스트라가 제기했던 문제의 핵심이었다.

분명한 것은 과거보다 현재에 세계 경제는 더욱 통합된 상태일 수밖에 없다는 사실이다. 그런데 핀스트라가 제시한 통계치로만 보면 세계 경제가 과거와 달리 통합되었다는 큰 단서를 찾기 어렵다. 그 통계치들이 과거와 비교해 볼 때 크게 다르지 않기 때문이다. 하지만 이는 어딘가 어색하다. 현대에 들어 매우 오랜 기간 자유무역이 보편화되었고 과거에 비해 운송기술도 훨씬 발달했기 때문이다. 누가 보더라도 세계경제는 통합 추세에 있다. 핀스트라는 통계 측정방식에 대해 문제를 제기했다. 'GDP 대비 상품교역의 비중'만으로는 경제통합의 근거가 되기 어렵다는 식이다. 선진국들의 경우 GDP에서 제조업이 차지하는 비중도 크지만 서비스업이 차지하는 비중도 매우 크다. 하지만 핀스트라가 찾아냈던 통계치는 GDP 대비 상품교역 비중을 기준으로 했기 때문에 현실적이지 못하다는 주장이다. 즉, 상품교역의 규모가 증가한 것이 분명하다 하더라도 다른 요인들에 의해 GDP가 더 크게 성장했다면, 상대적으로 상품교역 비중이 낮게 나타날 수밖에 없다. 핀스트라는 그러한 점을 고려해 제조업과 서비스업 모든 부가가치를 포함하는 GDP 대신 제조업 부가가치만을 놓고 교역 비중을 다시 조사했다. 그리고 전혀 다른 결과를 얻었다. 처음엔 상품교역 비중이 대체로 낮았다. 그 비중이 가장 큰 경우가 노르웨이였는데 그나마 그 비중이 30%가 채 되지 못했었다. 하지만 측정방식을 달리하니 괄목할 만큼 차이가 나타났던 것이다. 덴마크의 경우 상품교역 비중이 85.9%를 기록한 결과를 보였다. 사람들의 직관대로, 시간이 가면서 대부분 나라들의 상품교역 비중이 크게 증가한 것으로 나타났다. 세계경제 통합 추세를 반영한다고 평가할 수 있다. 하지만 주목할 것은 따로 있다. 바로 '이중계산(double counting)' 문제이다. 핀스트라가 자신의 논문을 통해 지적하고자 했던 문제로 볼 수 있다. 그건 생산과정이 '분해' 되면서 중간재 부품의 수출입이 많아진 결과이다. 그 이중계산(double counting)으로 인해 교역 통계치가 두드러지게 높았다는 반론 제시가 가능한 것이다.

현대 무역에선 최종재만 교환되는 것이 아니다. 중간재 교역도 매우 많다. '글로벌 공급망'이 형성된 이유이기도 하다. 한국에서 사용되는 스마트폰을 예로 들어보자. 스마트폰은 미국에서 설계되었지만 한국에서 생산하고 있고 그 공정 과정을 보면 중간재 수출입이 반드시 필요하다. 먼저 일본에서 생산한 기초소재가 반도체 공정을 위해 한국에 수입된다. 한국과 일본 간에 분쟁이 발생했을 때 한국의 반도체 생산에 빚어졌던 이유이다. 한국에서 반도체 공정을 통해 생산된 반도체가 중국으로 수출되고 현지에서 조립된다. 경우에 따라서는 중국 현지에서 완제품 스마트폰이 생산되어 한국으로 다시 수입되기도 하고 한국에서 완제품 스마트폰이 생산되기도 한다. 중국과 한국에서 생산된 완제품 스마트폰이 미국으로 수출되기도 한다. 그 과정에서 일본산 기초소재는 경우에 따라 국경을 세 번 넘기도 하고, 한국의 반도체는 두 번 넘기도 한다. 따라서 '이중계산(double counting)' 문제가 발생되는 것이다. '글로벌 공급망'이 활성화될수록 '이중계산'으로 인해 총 교역규모가 크게 측정될 수밖에 없는 구조이다. 핀스트라가 생산과정이 분해되며 세계경제가 통합됐다고 주장하는 배경이다.

핀스트라는 조사와 분석을 통해 글로벌 공급망에 대해 역설했다. 그의 1998년 논문에 분석에 따르면 1925년에서 1995년까지 미국의 수출입 중 가장 큰 부분을 차지했던 품목은 산업용 원자재였다. 그에 비하면 자본재 비중은 상대적으로 적었다. 1965년까지 미국의 자본재 수입 비중은 10%도 채 되지 못했던 것으로 보인다. 하지만 1980년대부터 수입품의 비중 변화가 나타났다. 산업용 원자재의 수입 비중이 1980년과 1995년 각각 31.3% 그리고 18.2%로 크게 떨어진 반면 자본재의 비중은 1980년과 1995년 각각 19.0% 그리고 33.6%로 크게 증가했다. 완성품인 소비재의 비중도 1980년과 1995년 각각 21.5%와 24.3%로 증가했다. 그러한 현상을 놓고 핀스트라는 미국으로 수입되는 상품들은 공정과정이 상당히 진행된 상태로 파악했다. 잘 알려진 사실이지만 글로벌 공급망에서 미국이 맡은 역할은 주로 연구개발, 설계와 디자인 등 서비스 관련 업무이고 개도국들은 주로 제조를 맡고 있다. 생산과정이 분해된 것이다. 실제로 기업들은 '아웃소싱'을 통해 공정의 일부를 다른 나라에 배치하고 더 큰 이윤을 창출하고 있다. 인건비를 포함해 여러 가지 측면에서 부담을 덜 수 있기 때문이다. 그 결과 제조업이 지향해온 전통적인 '수직통합'적인 생산방식이 퇴조세에 처해진 것이다.

핀스트라의 주장대로 1990년대 들어 미국 내 '수직통합'적 생산방식은 퇴조단계에 들어섰다고 평가할 수 있다. 미국 제조업의 공정 단계가 분해되어 공정 일부가 여러 나라로 이전된 상태이다. 핀스트라의 1998년도 논문은 세계 무역구조에 변화가 있음을 역설했다. 하지만 각 나라가 글로벌 공급망에 어떻게 참여하고 있는지를 정확히 분석하지 못했다. 현대에 들어와 국제무역은 나라별로 '수직적 생산 특화(Vertical Specialization)'를 바탕으로 이뤄지고 있다고 평가할 수 있다. 데이비드 후멜스(David Hummels), 준 이시히(Jun Ishii), 그리고 케이－무 이(Kei－Mu Yi)는 2001년도 공동연구[32]를 발표해 수직적 생산특화 정도를 측정할 수 있도록 방법을 제시했다.

32) Hummel, D, Ishii, J, and Yi, K (2001), "The Nature and growth of vertical specialization in world trade", 54(1), 75－96.

그 정도를 측정하기 위해서는 먼저 수직적 특화가 무엇인지 개념을 정확히 파악할 필요가 있다. 전통적인 방식의 무역패턴을 생각해보자. 일반적으로 최종재를 생산하기 위해서는 중간재를 확보하고 추가적인 부가가치를 창출하기 위해 노동과 자본 등과 같은 생산요소를 투입한다. 그렇게 만들어진 최종재를 외국에 수출하는 것이다. 즉, 자국 내에서 중간재가 생산되고 그 중간재를 이용해 최종재를 만들어 낸 다음 외국에 수출한다. 그 최종재가 수출될 때 국경을 한 번 넘게 된다. 하지만 수직적 특화는 다르다. 특징이 있다. 첫 번째, 상품이 여러 단계를 통해 생산된다. 두 번째, 여러 나라들을 통해 부가가치가 창출된다. 세 번째, 상품 생산과정에서 최소한 한 개의 나라가 수입 중간재를 반드시 사용해야 하며 그렇게 만들어진 상품은 반드시 수출되어야 한다. 후멜, 이시히 그리고 이(2001)가 정의한 수직적 특화는 위의 세 가지 조건을 모두 만족시켜야 한다. 전통적 무역과는 달리 수직적 특화는 '원자재' 또는 '중간재'를 수입하고 국내에서 '최종재'를 생산한 다음 다시 외국으로 수출하게 된다. 따라서 수직적 특화에서 중간재는 전통적 무역과 달리 국경을 두 번 이상 넘게 된다.

후멜, 이시히 그리고 이(2001)는 개별 국가가 수직적 특화에 참여하는 방식을 두 가지로 나누었다. 첫 번째, 수입 중간재를 이용하여 국내에서 최종재를 생산하고 이를 외국으로 수출하는 것이다. 예를 들면, 한국이 일본에서 중간재를 수입해 완성품을 제조한 다음 미국으로 수출하는 경우가 이에 해당된다고 볼 수 있다. 두 번째, 한국이 특정 국가에 중간재를 수출하고 그 중간재가 들어간 최종재가 제3국으로 수출되는 경우이다. 첫 번째의 경우 다음과 같은 값을 측정할 수 있다.

$$VS = \left(\frac{수입중간재}{국내총생산} \right) * 수출$$

두 번째의 경우 다음과 같은 값을 측정할 수 있다.

$$VSI = \sum_{j=1}^{n} [j\text{국으로 중간재 수출}] \left[\frac{j\text{국의 수출}}{j\text{국의 국내총생산}} \right]$$

　　그들은 1972년부터 1990년까지 미국 총수출 중 '수직특화' 방식 수출의 추세를 찾아 보여주었다. 그들 분석에 따르면, 시간이 흐를수록 미국의 수직적 특화 경향이 더 강해지고 있다는 것이다. 1972년 미국의 '수직특화' 비중이 6%에 불과했던 것이 1990년 11%로 괄목할 만큼 증가했다. 즉, 미국 기업들의 아웃소싱이 더 활발해지고 있다는 단서로 볼 수 있다.

글로벌 가치사슬과 고용

　　생산과정 분해로 인해 발생 된 새로운 경제구조와 그에 따른 무역패턴을 분석하려면 새로운 접근이 필요할 것이다. 기존 수출입 데이터를 새롭게 해석할 필요가 제기됐고 글로벌 가치사슬에 참여하는 정도를 측정하는 방법도 개발됐다. 이 시점에서 질문을 던질 수 있다. 바로 창출되는 부가가치이다. 전통적인 무역에서는 수출액이 대부분 자국 내에서 창출된 부가가치를 포함하고 있었다. 반면 수입액은 외국에서 만들어진 부가가치가 포함되어 있었다. 하지만 글로벌 가치사슬이 실현되고 있는 상황에서는 단순히 총수출 및 총수입만을 가지고 부가가치를 추산하면 큰 오류가 발생할 수밖에 없을 것이다. 글로벌 가치사슬 때문에 앞서 언급한 '이중산입(double counting)' 문제가 발생할 수 있기 때문이다. 어떠한 나라들은 중간재들이 국경을 몇 번씩 넘나들기도 한다. 그 결과 총수출입 규모가 왜곡되어 매우 크게 나타날 수 있는 것이다. 그 경우 자국과 외국에서 창출된 부가가치가 각각 얼만큼인지 추정이 쉽지 않게 된다.

　　글로벌 가치사슬은 세계적으로 무역패턴과 고용에도 큰 영향을 미치고 있다. 예를 들면, 미국은 2017년 기준 중국으로부터 약 6,000억 달러를 수입하고 중국으로 약 2,000억 달러를 수출한 것으로 알려져 있다. 단순한 계산 방식으로 파악하면, 미국의 대중국 무역이 4,000억 달러 가까운 적자를 기록한 것이 된다. 도널드 트럼프 대통령은 그러한 대규모 무역수지 적자에 대해 문제를 제기했다. 그리고 중국의 불공정 무역을 비판하기 위한 근거로 삼았다고 말할 수 있다. 하지만 그렇게 총 수출입을 기준으로 측정한 무역수지를 근거로 삼아 무역 파트너 국가를 비난하는 것은 타당하지 않을 수도 있다. 앞서 멕시코의 사례를 통해 분석했듯이 부가가치를 기준으로 측정하면 실제 그 무역적자의 폭이 더 작을 수도 있기 때문이다. 이에 대해 연구를 수행한 대표적인 학자가 바로 존슨(Johnson, 2014)이다. 그는 자신의 논문[33]에서 미국의 대중국, 대일본, 그리고 대한국 무역수지를 총 수출입액을 기준으로 삼지 않고 부가가치를 기준으로 삼아 측정했다. 보편화된 글로벌 가치사슬을 연구에 반영하기 위한 의도였다. 그 결과 미국의 대중국 무역수지 적자 폭은 줄어들었고 미국의 대일본 무역수지 적자와 대한국 무역수지 적자 폭은 더욱 확대된 것으로 나타났다. 기존 방식으로 총 수출입을 기준으로 하는 무역수지(gross balance)와 부가가치를 기준으로 나타낸 무역수지(value-added balance)가 따로 측정되어 제시되었다. 존슨의 분석에 따르면 2009년 기준 미국의 대중국 무역수지 적자는 총 수출입을 기준으로 했을 때 2,000억 달러 정도 되었는데 부가가치 기준으로 다시 측정하자 그 액수가 1,500억 달러 정도가 되어 20% 가까이 그 폭이 줄어들었다. 그게 핵심이다. 글로벌 가치사슬을 생각해보면 그 결과는 당연하다고 볼 수 있다.

운송비용과 통신비용

핀스트라는 미국 수입품 중에 자본재 비중이 증가한 사실에 주목했다. 미국 기업들이 제조 공정단계 전체를 미국 내에서 하지 않고 있다는 단서가 됐기 때문이다. 글로벌 가치사슬에서 미국이 주로 맡는 역할은 연구개발, 설계, 그리고

---

33) Robert C. Johnson (2014), "Five Facts about Value-Added Exportsand Implications for Macroeconomics and Trade Research", Journal of Economic Perspective, 28(2), 119-142.

디자인 등과 같은 서비스 업무에 집중된다. 그리고 상품의 대량생산은 중국을 포함한 개발도상국들이 주로 맡고 있다. 핀스트라가 자신의 연구를 통해 분석하고자 했던 것은 미국 기업들의 아웃소싱이 미국 내 임금 불평등에 미치는 영향이었다. 앞서 언급한 대로, 노동력은 크게 숙련 노동자와 비숙련 노동자로 나눌 수 있다. 미국이 주로 맡는 연구개발, 설계 그리고 디자인 업무는 대부분 숙련 노동자들을 위한 일자리라고 볼 수 있다. 반면 상품의 대량생산을 위한 업무는 비숙련 노동자들에게 돌아가는 일자리라고 볼 수 있다. 따라서, 미국 기업들이 아웃소싱을 하고 있다는 말은 미국 내 비숙련 노동자들을 위한 일자리들이 사라지고 있고 숙련 노동자들을 위한 일자리가 늘어나고 있음을 의미한다. 그에 따라 숙련 노동자와 비숙련 노동자 간의 임금 격차가 커질 수밖에 없다는 결론이 된다. 하지만 그 임금 격차의 근본 원인이 국제무역 때문이라고 단정 지을 수는 없을 것이다. 기업의 아웃소싱 때문에 중간재 수출입이 많아진 것은 사실이지만 아웃소싱의 이유가 기술수준 차이일 수도 있다. 지금도 연구자들은 임금 격차의 원인이 국제무역 때문인지 또는 기술수준 때문인지 논쟁 중이다. 핀스트라는 자신의 연구를 통해 아웃소싱이 한 나라의 고용에 영향을 미칠 수 있음을 보였다. 그는 아웃소싱의 증가가 통신기술(ICT) 발전 때문이라고 주장했다.

핀스트라의 주장대로 통신기술(ICT)의 발전이 없었다면 글로벌 공급망 또는 글로벌 가치사슬 형성이 어려웠을 수도 있다. 세계 경제 통합 추세 속에서 소비자들은 공정 과정이 여러 나라들로 분해되어 있는 상품들을 많이 사용하고 있다. 예를 들면, 아이폰은 미국, 한국, 그리고 중국이 함께 생산하고 있다고 해도 과언이 아니다. 글로벌 가치사슬이 없었다면 현재 판매되고 있는 아이폰 가격은 더 높을 수밖에 없을 것이다. 이 시점에서 제기할 수 있는 문제는 왜 글로벌 가치사슬이 주로 동아시아에 집중되어 있느냐는 것이다. 이유는 바로 공급망(Supply Chain) 때문이다. 예를 들어, 아이폰에 들어가는 주요 부품들은 중국에 인접한 나라들, 즉 한국, 대만, 그리고 일본 등지에서 조달할 수 있기 때문에 중국에 공급망이 형성되기 쉽다. 그리고 중국의 저렴한 임금수준과 기업들에게 유리한 노동 기준 등도 공급망이 중국에 형성되도록 큰 영향을 미쳤다고 볼 수 있다.

글로벌 공급망 형성을 위한 결정 인자는 또 있다. 바로 '운송비용'이다. 운송 비용이 하락하면서 생산이 집중되기 시작했다고 볼 수 있다. 과거 한국엔 오일장이 있었다. 다른 나라들도 마찬가지였다. 사람들은 마을에서 농산물들을 수확해 스스로 소비하고 남은 것을 장터에서 교환했다. 상거래의 지역적 범위가 제한되어 있었는데 이는 운송수단이 없었기 때문으로 볼 수 있다. 그 경우에는 생산과 소비가 한 지역에서 이루어질 수밖에 없다. 생산한 것을 소비하고 소비를 위해 생산하는 식이다. 그랬던 것이 20세기 중반 컨테이너선이 만들어지고 국가 간 교역 규모가 크게 늘어나기 시작했다. 미국과 서유럽에서 만들어진 공산품과 서남 아시아와 중남미 등에서 채굴된 자원들이 세계 전 지역으로 옮겨질 수 있었던 배경이다. 그에 따라 지구촌 구석구석해서 다양한 소비가 가능해졌다. 즉, 운송 비용이 하락하면서 국가 간 교역 규모가 더욱 커지게 됐고 비로소 생산과 소비의 공간적 분리가 이뤄질 수 있었던 것이다. '통신비용' 감소로 인해 개발국과 개도국 간의 협력이 더 쉬워졌다. 1990년대 들어 ICT 기술이 발달하면서 세계경제 구조와 교역방식이 변하기 시작했던 것이다.

새로운 운송수단이 개발되고 발전하면서 상품 운송비용이 감소했다면 통신 기술 발달은 공간적 거리를 없애주었다. 원거리에 위치한 사람들 간에 소통이 보다 쉬워졌기 때문이다. 그 결과 개발국 본사에서 일하는 근로자와 개도국 생산단지에서 일하는 근로자 간에 아이디어를 더 쉽게 교환할 수 있게 된 것이다. 그에 따라 최종재 생산을 위해 개발국과 개도국 간에 역할이 나눠지게 된다. 개발국에 위치했던 생산단지들은 저임금 노동력을 찾아 개도국으로 이동하게 됐다. 그 결과 개도국은 개발국들이 만들어 놓은 지식을 활용해 상품들을 대량 생산할 수 있는 위치에 설 수 있었다. 상품 제조 공정도 여러 나라들을 거치게 됐다. 중간재와 자본재 부품을 수입해 조립을 하고 다시 외국으로 수출을 하고 그 나라는 완성품을 만들어 다시 수출하게 된다. 이때 원활한 중간재 교역을 위해 제조 공정에 참여하는 나라들이 지리적으로 밀접한 곳에 모여 있으면 유리할 것이다. 그 과정에서 '글로벌 공급망(global supply chain)'이 형성되고 생산과정 분리(unbundling)가 이뤄졌다고 볼 수 있다. 오늘날 개발국들은 연구개발, 설계 그리고 디자인 등의 서비스 업무 그리고 개도국들은 대량생산 업무로 역할 분담이 이뤄진 이유라고 말할 수 있다. 개발국들에 위치했던 제조업이 개도국으로 이전해가면서 개도국들의 공업화를 촉진한 결과를 낳기도 했다.

'대분기'와 '대수렴'

현대 무역 이론에 등장하는 새로운 개념들이 있다. 바로 '대분기(The Great Divergence)'와 '대수렴(The Great Convergence)'이다. 결론지어 말하면, 운송비용 하락은 '대분기'로 이어지고 통신비용 하락은 '대수렴'으로 이어진다. 과거엔 개발국에 제조업이 집중됐기 때문에 개발국과 개도국 간의 경제력 격차가 크게 날 수밖에 없었다. 그래서 '대분기'였다. 오늘날엔 반대다. 개도국으로 개발국의 제조업들이 이전해 가면서 개발국과 개도국 간에 경제력 격차가 축소되고 있다. '대수렴'이라고 부를 수 있다. 리차드 볼드윈(Richard Baldwin)은 자신의 논문들을 통해 '대분기'와 '대수렴'에 대해 설명했다.[34] 리처드 발드윈의 설명은 폴 크루그먼의 신경제지리학(New Economic Geography)과 폴 로머의 '신 성장이론(New Growth Theory)'에 기반을 두고 있다. 폴 크루그먼(Paul Krugman)은 1995년 자신의 논문[35]을 통해 운송비용이 낮아지면 개발국과 개도국이 수렴한다고 주장했다. 폴 크루그먼은 신

---

34) Baldwin, R. E and Forslid, R (2000), "The Core–Periphery Model and Endogenous Growth: Stabilizing and Distabilizing Integration", Economica, 67(267), 307–324.
   Baldwin, R, Martin, P. and Ottaviano, G. P. (2001), "Global Income Divergence, Trade and Industrialization – the Geography of Growth Take–Offs", Journal of Economic Growth, 6(1), 5–37.
35) Krugman, P. (1995), "Globalization and the Inequality of Nations", Quarterly Journal of Economics, 110(4), 857–880.

경제지리학을 북반구에 위치한 개발국들과 남반구에 위치한 개도국에 적용해 국가 간 불평등을 설명했다. 그의 이론을 적용해 보면 나라들 간에도 핵심부－주변부 이론이 들어 맞는다. 여기에서 핵심부는 산업화된 나라들, 즉 북반부의 개발국들이 된다. 주변부는 농업 중심의 개도국들일 것이다. 운송비용이 높은 수준으로 남아있으면 제조업은 핵심부인 개발국들에 집중될 것이고 개도국들은 농업 중심의 국가 경제를 이끌게 될 것이다. 그에 따라 개발국들은 계속해서 핵심부가 되고 개도국들은 계속해서 주변부에 머무르게 된다. 그 결과 선진국과 후진국 간에 경제수준은 더 격차가 나게 된다. 즉, 분기(divergence)가 나타난다. 이때 운송비용이 충분히 낮아진다면 반대 현상이 나타나게 된다. 볼드윈과 오쿠보는 2019년에 자신의 논문[36]을 통해 세계적으로 핵심부와 주변부의 구분이 사라지고 수렴 현상이 나타나고 있음을 보여줬다.

그들은 자신들의 논문에서 G7 선진국들의 제조업 비중이 감소하고 있는 반면 중국의 제조업 비중이 증가하고 있음을 보였다. 바로 '수렴' 현상이다. 그렇게 수렴이 나타나는 데 가장 큰 역할을 한 것은 바로 절감된 운송비용이라고 볼 수 있다. 개도국들은 시장 크기가 개발국들에 비해 작다. 하지만 개도국 국민들도 개발국에서 제조한 공산품들을 큰 운송비용을 지불하지 않고 소비할 수 있기 때문에 소비 다양성을 이유로 개발국으로 이주할 유인이 존재하지 않게 된 것이다. 크루그만에 의해 이미 설명이 되었지만 절감된 운송비용은 기업들의 입지 전략에도 영향을 미치게 된다. 기업들은 시장규모 크다는 이유로 개발국들에 입지할 이유가 없어진다. 주변부 개도국들의 지대는 핵심부 개발국들의 지대에 비해 훨씬 낮다. 그뿐이 아니다. 주변부 개도국들의 임금수준도 핵심부 개발국들에 비해 훨씬 낮다. 따라서 핵심부 개발국들의 기업들이 주변부인 개도국들로 이전해가면 생산요소 비용이 적게 들어가기 때문에 '큰 시장'에서 멀어지며 나타나는 불

---

36) Baldwin, R, and T, Okubo (2019), "GVC journeys －Industrialization and Deindustrialization in the age of Second Unbundling", Journal of the Japanese and International Economies, 52, 53－67.

이익이 상쇄된다. 따라서 운송비용이 충분히 낮아지게 되면 핵심부 개발국 기업들은 주변부 개도국으로 이전해 갈 유인이 발생하고 그 결과 개도국들의 제조업이 발전해 개발국들과 경제수준 격차가 줄어들게 된다. 즉, 수렴(convergence)이 나타난다.

폴 로머(Paul Romer)는 1990년 '내생적 기술변화(Endogenous Technological Change)'를 통해 새로운 아이디어가 다양한 종류의 투입요소들을 만들어 내면서 끊임없이 경제성장을 이끈다고 주장했다. 바로 신성장 이론이다. 그 이후에도 폴 로머는 자신의 논문37)을 통해 경제발전을 위해 아이디어의 중요성을 역설했다. 물적 자본과 달리 아이디어는 경합성과 배타성이 없다. 즉, 여러 나라에서 여러 사람들이 동시적으로 사용할 수 있는 것이다. 지식과 노하우도 마찬가지다. 누군가가 혁신적인 생산 방식을 생각해내 생산성을 획기적으로 높였다고 해보자. 그 혁신적인 생산 방식은 그 한 사람에 의해서만 사용되는 것도 아니고 한곳에서만 쓰이는 것도 아니다. 그 방식을 많은 사람들이 여러 곳에서 동시에 쓸 수 있다. 따라서 아이디어는 공공재와 유사한 측면이 있다. 그렇기에 개발국들이 주로 엄청난 연구개발(R&D) 비용 지출을 통해 새로운 지식을 창출하고 그 지식은 개도국들로 전파된다. 개발국들과 개도국들이 그 지식을 동시에 이용해 가치를 만들어 내는 것이다. 그 결과 개도국들의 경제 성장이 빨라질 수 있는 것이다. 즉, 로머의 '신성장 이론'에 따르면 아이디어 또는 지식 때문에 나라들 간의 경제수준이 수렴한다고 설명할 수 있는 것이다. 개발국의 지식이 개도국에 전해지면서 개도국의 경제성장을 촉진한 결과이다.

운송비용이 충분히 적어지고 통신비용이 절감될수록 선진국들의 지식과 노하우가 후진국들로 더 쉽고 자유롭게 전달될 수 있을 것이다. 이에 따라 세계적

---

37) Romer, P (1993), "Idea Gaps and Object Gaps in Economic Development", Journal of Monetary Economics, 32, 543−573.

으로 경제수준 격차가 줄어들게 된다. 볼드윈(2019)은 그와 같은 로머의 주장을 실증적으로 뒷받침할 수 있는 사실을 찾아냈는데 바로 개발국과 신흥공업국들 간의 지적재산권 수출입 추이라고 할 수 있다. 나라들 간 지적재산권 수출입이 더 많아지고 있는 추세인 것이다. 그렇게 세계적으로 지적재산이 이동하고 된 계기는 바로 통신기술 발달이라고 볼 수 있다. 인터넷이 보급되고 전 세계는 통신기술 혁명이 일어났다. 그 결과 학자들 간에 국경을 넘는 공동연구도 매우 쉬워지는 추세이다. 그뿐만이 아니다. 다국적기업들은 지식과 아이디어 전파에 더 적극적이다. 다국적기업은 직접투자 또는 라이센스 협약 등을 통해 개도국들에 지식과 노하우를 전달하고 있다. 다국적기업들은 개도국들의 경제수준을 끌어올리는데 큰 역할을 하고 있는 중이다. 중국이 '세계의 공장'이 된 배경에도 다국적기업들의 역할이 있다. 경제개발을 위해 중국은 외국인 직접투자(FDI)를 적극적으로 받아들였고 개발국 기업들은 저임금 노동력을 활용하기 위해 중국 투자에 적극적으로 나선 결과 중국은 빠르게 성장할 수 있었던 것이다. 그렇게 개발국의 다국적기업들은 개도국들에 지식과 노하우를 전달하고 있고 개도국들의 경제수준은 크게 향상되고 있다. 통신비용 절감은 개발국의 지식과 노하우를 개도국에 빠르게 확산시키는 계기가 됐다고 평가할 수 있다.

하지만 통신비용 절감으로 모든 개도국들이 이득을 본 것은 아니다. 개발국 기업들은 주로 동아시아로 이동했기 때문이다. 그 덕에 동아시아는 빠르게 산업화가 이뤄지고 있지만 중남미와 아프리카는 여전히 1차 산업 위주의 경제수준에 머무르고 있다. 그 이유가 있다. 볼드윈(Baldwin) 주장에 따르면 운송비용과 통신비용은 낮아졌지만 생산요소 이동이 여전히 어렵기 때문이다. 대표적인 생산요소는 바로 노동이다. 개발국 다국적기업이 본사의 관리 인력을 개도국에 보내려고 하면 유인(인센티브)을 제공해야 한다. 그 직원이 개도국 거주를 주저해 다른 기업으로 이직을 원할 수 있기 때문이다. 거주 환경이 좋지 않을수록 인센티브를 더 많이 제공해야 한다는 결론이 된다. 따라서 개발국 다국적기업은 제조업 인프라가 잘 갖추어져 있고 직원들이 거주하기 좋은 환경이 조성된 개발국을 중심으로 오프쇼어링(offshoring)을 하는 것이 유리하다. 그러한 조건을 충족시키는 곳이 바로 동아시아이다. 중남미 나라들은 과거 수입대체 산업화 전략으로 인해 제조업이 제대로 정착하지 못했다는 약점이 있다. 반면 수출주도형 산업화 전략을 택한 한국과 대만 등은 제조업 기반이 잘 갖추어져 있고 직원들이 거주하기도 상대적으로 문제가 덜하다. 그러한 나라들은 투자를 위한 특별지구를 만들어 외국인 투자를 유도하고 있고 외국인들에 대한 편견도 덜 하다는 강점도 있다. 그렇기에 개발국들의 직접투자가 동아시아 지역에 몰리고 세계적으로 동아시아의 제조업 비중이 커지고 있다고 파악할 수 있다.

무역과 노동시장

오프쇼어링이 임금, 고용, 그리고 이민에 미치는 영향이 있을 것이다. 그에 대한 최근의 연구들이 많다. 오프쇼어링의 핵심 요소가 있다. 생산을 위한 중간 투입물이다. 이는 최종 소비재와 대조된다. 그리고 수입 투입물이 있다. 이는 국내 생산 제품과 대조된다. 그 관련 투입물은 같은 회사 내에서 내부적으로 생산될 수 있다. 오프쇼어링 관련 이론을 간략히 소개할 필요가 있다. 아울러 오프쇼어링과 임금효과에 대해서도 논의가 필요하다. 지난 20여 년간 계량경제학을 활용해 오프쇼어링이 노동시장에 미치는 효과에 대해 많은 연구가 이뤄졌다. 가장 두드러진 패턴은 숙련 노동자에게 지급되는 프리미엄이 전 세계적으로 증가했고 숙련 노동의 고용이 전반적으로 증가했다. 무역 패턴은 국가가 최종 재화를 소비와 교환하는 대신 생산 단계에 더 특화되고 있음을 보여주었다. 최종 재화에서 요소 기반 비교우위를 강조하는 고전적 무역 모형은 그러한 사실을 설명할 수 없다. 무역 이론은 과거 고전적 이론에서 기업의 이질성, 규모의 경제, 해외 직접투자, 내생적 혁신, 대리인 문제, 불확실성하의 투자, 계약의 불완전성 등과 관련해 많은 이슈들을 포함하고 있다.

많은 국제경제학자들이 오프쇼어링에 관심을 갖는 건 오프쇼어링에 대한 우려감도 있기 때문이다. 언론보도를 보면, 오프쇼어링의 부정적인 측면이 부각된다. 오프쇼어링에 따른 일자리 상실, 중산층 임금 감소, 불평등 증가로 이어질 수 있다는 우려다. 아웃소싱에 대한 논쟁은 변모해 왔다. 한 기업이 생산 과정에서 필요한 일부 작업을 아웃소싱을 하는 게 비합리적이라고 볼 수 없다. 하지만 지금은 아웃소싱이 보편화되어 개발국에서 구조적 실업을 만들고 특정 산업을 사양세에 들게 한다는 우려가 제기되는 것이다. 그러한 우려는 미국의 정치 캠페인에서도 나타난다. 2012년 9월 17일 오하이오주 신시내티에서 열린 집회에서 당시 오바마 대통령은 "상대 후보(밋 롬니)는 … 중국과 같은 국가에 일자리를 아웃소싱하는 사업에서 '선구자'라고 불리는 회사를 소유한 경험이 있습니다. 그는 여기(미국)에서 뿌리를 뽑아 중국으로 간 회사에 투자하여 돈을 벌었습니다. 오하이오, 당신은 중국에 맞설 수 없어요. 당신이 한 일이 그저 중국에 일자리를 넘긴 것뿐이니까요"라고 발언한 적 있다.

밋 롬니는 그 주장을 두고 격렬하게 논쟁했지만, 폐쇄된 미국의 공장들이 선거 캠페인 소재가 됐다. 오프쇼어링은 단순 작업을 하는 공장에만 국한되지 않았다. 당시 논쟁은 고등 교육을 필요로 하는 직업 쪽으로 옮겨 붙었다. 2012년 12월 USA Today는 법률 서비스의 해외 이전을 강조했다. 2005년 이래로 문서 검토 및 계약 초안 작성과 같은 법률 서비스가 점점 더 해외로 이전되고 있으며, 특히 인도가 그 대표 나라로 떠올랐다는 것이다. 인도인 변호사는 미국에서는 때때로 법률 보조원이 하는 일을 절반 정도의 비용으로 할 수 있다는 게 초점이었다. 2013년 1월 영국 신문 Guardian은 Verizon의 최고 컴퓨터 프로그래머, '밥'에 대해 보도했다. 그의 워크스테이션을 조사한 결과 중국 선양의 제3자 계약자/개발자로부터 수백 개의 PDF 송장들이 발견됐던 것이다. 결국 밥은 자신의 일을 중국 컨설팅 회사에 아웃소싱했던 것이다. 밥은 자신의 6자리 급여의 1/5도 채 안 되는 비용을 들여 중국 회사로 하여금 자신의 일을 대신하게 했다. 그는 그 아웃소싱이 성공적이었다고 평가했다. 무역 이론에서 오프쇼어링에 대한 분석은 그러한 관점과 우려 사항 중 많은 것들을 논의한다. 오프쇼어링이 발생하는 이유에 대한 보다 체계적인 설명, 그리고 오프쇼어링에 의한 후생효과까지도 논의된다. 전문화를 통해 발생되는 무역이익이라고 볼 수 있다.

오프쇼어링이란 뭘까? 무역 이론에서 최종 상품 또는 서비스 생산은 여러 작업으로 구성되어 있다. 단계도 많다. 연구 및 설계, 중간재 생산 및 조립, 그리고 마케팅 및 유통이 필요하다. 이상 언급한 범주 내에도 여러 하위 작업이 있을 수 있다. 작업 생산은 지리적으로(국가 내 또는 국가 간) 그리고 조직적으로(회사 내 또는 회사 간) 세분화될 수 있다. 오프쇼어링은 단일 최종 상품 또는 서비스를 생산하는 데 필요한 작업들의 지리적 위치를 바꾸는 것이라고 말할 수 있다. 한때 설계, 중간재 생산, 그리고 조립 관련 작업이 국내에서 이뤄졌다가 그 중간재 생산 과정이 해외로 옮겨지고, 최종 조립은 또 다른 곳에서 할 수도 있다. 오프쇼어링의 이유도 있다. 지금까지의 연구는 일반적으로 특정 작업에 있어 그 나라의 비교우위에 주목한다. 즉, 기술 또는 요소 공급 때문인 것이다. 하지만 그러한 비교우위의 실현은 무역 및 조정 비용과의 상호작용에도 달려 있다. 미국 엔지니어의 설계에 따라 말레이시아에서 생산된 전자 부품을 중국에서 조립하는 식이다. 말레이시아는 중간재 생산에 비교우위를, 중국은 조립에 비교우위를 갖는 것이다. 하지만 그러한 작업들이 해외로 이전하려면 낮은 운송비용이 필요하다. 그렇게 해외 이전을 촉진하는 세 가지 기본 채널이 있다.

첫째, 기업은 무역 및 조정 비용(관세 인하 또는 운송, 정보통신 기술 개선)이 감소하여 주어진 작업을 분할해도 큰 어려움이 없다. 둘째, 작업과 생산을 위한 지리적 비교우위가 달라질 수 있다. 셋째, 기업이 먼 거리에서 생산을 조정하거나 기술적 이점을 한 위치에서 다른 위치로 이전하는 능력 또한 변경될 수 있다. 오프쇼어링은 '아웃소싱', 다국적 기업의 활동 및 수입 경쟁을 포함한 여러 관련 개념과 다르다. 오프쇼어링에는 아웃소싱이 포함될 수 있으며, 일부 작업을 비공식 당사자가 맡는 것을 의미한다. 하지만 아웃소싱은 국내에서 주로 발생할 수 있고, 오프쇼어링은 다국적 기업 내의 제휴 당사자가 수행할 수도 있다. 다국적 기업에 대한 전문 용어로, 수직적 해외 직접 투자(FDI)는 정확히 생산 과정을 지리적으로 분리하는 것이다. 하지만 그에 대해 동기(수평적 및 수출 플랫폼 FDI)가 있으며, 근본적으로 생산과 관련된 작업을 분리하는 걸 말하지 않는다. 마지막으로, 수입 경쟁은 작업 수준에서 발생할 수 있지만 최종 제품 수준에서도 발생할 수 있다. 이는 기업의 수익성과 노동 수익에 영향을 미칠 수 있으며, 어떤 기업의 생산 조직이나 운영 위치를 변경하지 않는다. 그러한 직관을 바탕으로 오프쇼어링에 관한 질문을 던져볼 수 있다.

국제 경제적 현상으로서 얼마나 중요한지, 그리고 이를 두고 다른 기업 활동과 어떻게 구별할 수 있느냐는 것이다. 오프쇼어링을 발생시키는 정책 또는 기술적 충격은 무엇이냐는 것이다. 그리고 해외에서 생산되는 작업의 조합을 결정하는 것은 무엇이냐는 질문에 작업의 요소 집약도, 원거리 작업을 조정하는 데 따르는 비용이라고 말할 수도 있다. 해외 생산의 노동 대체 효과는 회사의 규모와 생산성 향상으로 보상되느냐는 질문도 있고, 해외 이전은 임금과 고용, 실업률, 실직 근로자의 수입에 어떤 영향을 미치느냐는 질문도 있다.

오프쇼어링이 상대적 노동수요와 임금에 미치는 영향을 이론적으로 분석해볼 필요가 있다. 소득배분 형태를 설명하는 기존의 무역 이론과 달리 오프쇼어링이 한 국가의 노동시장에 영향을 미쳐 소득배분의 새로운 메커니즘이 있을 수 있다. 업무 연속선상에서 산업 내 전문화의 범위, 회사 유형, 생산성, 규모에 대한 이익 등이 포함될 수 있다. 보다 근본적인 질문도 있다. 모든 업무가 오프쇼어링이 가능한가, 아니면 일부 일자리들만 가능하느냐는 것이다. 노동시장에 미치는 영향에 대해 새로운 통찰력도 필요하다. 최근 오프쇼어링은 어느 국가나 매우 중요한 이슈가 되고 있다.

무역과 소득 불평등

한국, 대만, 중국 등 동아시아 지역에 제조업이 몰리면서 '글로벌 가치사슬'이 형성되기 시작됐다. 그에 따라 원자재 수요가 증가했고 중남미와 중동에 자원 풍부국들 덩달아 경제 성장이 시작됐다. 즉, 세계적으로 개발국과 개도국 간의 경제수준 격차가 줄어든 것이다. 앞서 언급한 대로 '대분기' 시대를 지나 '대수렴' 시대에 접어들었다는 평가가 나올 정도이다. 대수렴 시대를 상징하는 어휘들이 바로 '글로벌 가치사슬', '이머징 마켓(Emerging Market)', 그리고 'BRICS'이다. 여기서 'BRICS'라고 하면 브라질, 러시아, 인도, 중국, 남아공을 일컫는다. '대수렴' 시대에 들어 또 하나 주목할 것이 바로 '소득 불평등'이다. 소득 불평등 패턴이 변하고 있다. 과거엔 주로 나라들 간에 소득 불평등이 발생했다고 평가할 수 있다. 전 세계 인구를 소득수준으로 일렬로 줄을 세워 놓으면 미국, 서유럽, 그리고 일본에서 거주하는 사람들은 주로 앞쪽에 속했던 것이다. 따라서 나라들 간에 소득 불평등이 발생했다고 말하는 것이다. 하지만 현대에 들어와 '국적'에 따른 소득 불평등은 해소되는 추세에 있다. 이젠 미국, 서유럽, 일본 등 나라에서 중하위층에 속하는 사람들보다 신흥개발국 상위층에 속하는 사람들의 소득수준이 더 높아지고 있다. 신흥개발국에 부자들이 많아지고 있기 때문이다. 이젠 '부자 나라'의 가난한 이들보다 '가난한 나라'의 부자들이 더 부자라는 뜻이다. 과거엔 '부자 나라' 국민이면 '부자'였는데 이젠 국적과 상관없이 어느 나라에 살더라도 무엇을 하고 있느냐에 따라 부의 정도가 결정된다는 뜻이다. '대분기' 시대가 아니라 '대수렴'의 시대이기 때문이다. 현대에 들어 나라들 간의 소득 불평등보다 한 나라 안에 소득 불평등이 이슈로 떠오르고 있다.

앞서 지적한 대로 개발국들은 주로 연구개발, 설계, 디자인 등과 같은 서비스 업무에 집중하고 있다. 반면 개도국들은 대량생산에 집중하고 있다. 그러한 나라 간의 역할 분담 속에 개발국들은 손해를 감수해야 한다. 제조업 관련해 많은 일자리들이 사라지고 있기 때문이다. 개발국에서 새로이 창출되는 일자리들은 주로 연구개발, 설계, 디자인 등과 관련한 것들이다. 따라서 문제는 개발국에서 제조업 분야에 종사해왔던 근로자들이다. 글로벌 공급망이 형성되면서 가장 큰 피해자들이 바로 개발국의 제조업 분야 종사자들이다. 그 과정에서 개발국은 중산층 인구 감소를 겪을 수밖에 없다. 예를 들어, 애플은 아이폰을 주로 동아시아 지역에서 생산하고 있다. 생산비용 때문이다. 미국 캘리포니아 지역에서 생산하면 동아시아 지역에서 생산하는 것보다 몇 배의 비용이 더 들어갈 것이다. 그 결과 캘리포니아 애플 생산단지의 반복적인 업무 중 일부가 해외로 이전될 수밖에 없었다. 그 후 로봇이 상용화되었고 근로자들 업무가 대체되었다. 그 과정에서 중산층을 형성하게 하는 일자리들이 줄어들었다. 지금도 개발국에선 신규 일자리들이 서비스 업무에 주로 몰리는 경향이 있다. 미국도 마찬가지이다. 미국의 중산층을 형성했었던 제조업 일자리들이 많이 사라졌다. 그리고 미국엔 'AS 서비스'와 같은 저숙련 업무와 연구개발, 설계, 디자인 등과 같은 고숙련 업무들만 남게 되었다. 그 과정에서 미국 내 소득 불평등이 심화 되었다. 오프쇼어링(offshoring) 때문이었다. 도널드 트럼프(Donald Trump) 미국 전 대통령이 인기를 얻었던 이유이기도 하다. 그렇게 오프쇼어링(offshoring)에 의해 일자리를 잃은 사람들이 트럼프 대통령을 많이 지지했다고 한다.

2000년대 들어 미국의 제조업 일자리가 많이 감소했다. 그 원인에 대해 학계의 의견이 대체로 일치한다. 자유무역이 미국의 중산층 일자리를 사라지게 한 것이 아니라 기술변화가 중산층 일자리를 사라지게 했다는 것이다. 그 기술변화는 비숙련 근로자들의 일자리를 사라지게 했고 숙련 근로자들의 임금을 상승시키는 '숙련노동 편향적'이라고 볼 수 있다. 그 과정에서 개발국 내에 소득 불평등이 심화됐다고 지적할 수 있는 것이다. 일자리를 잃은 이들은 정치적 지향점이 분명해질 수밖에 없다. 그들은 주로 트럼프 전 대통령과 뜻을 같이 하고 오프쇼어링을 문제의 근원으로 지적하고 있으며 현재 리쇼어링을 요구하는 중이다.

소득 불평등을 심도 있게 연구하는 학자들은 그 불평등의 근원이 자유무역이냐 아니면 기술진보이냐를 따지기보다 자유무역과 기술진보가 상호작용한다는 사실에 주목한다. 오프쇼어링 자체는 국제무역의 결과라고 말할 수 있다. 하지만 동아시아에 글로벌 공급망이 형성된 것은 통신비용 하락 덕분이기도 하다. 오프쇼어링 때문에 개발국과 개도국 내에서 임금 불평등이 확대된다는 주장이 제기되고 있다. 2000년대 미국 내 제조업 일자리들이 사라지게 된 배경에는 기술변화가 있다. 오프쇼어링에 주목하는 연구자들도 있다. 그들은 지금도 개발국에서 개도국으로의 오프쇼어링을 분석하고 오프쇼어링이 어떻게 일자리와 임금에 영향을 미치는지를 연구하고 있다. 대표적인 연구자가 앞서 언급한 '핀스트라'이다. 핀스트라는 개발국과 개도국이 글로벌 생산공유를 목적으로 중간재 부품을 교환하면서 세계시장 통합을 주도하고 있다고 분석한다. 그 과정에서 세계 경제구조가 달라지고 있다는 것이다. 핀스트라는 여러 논문들[38])을 통해 개발국과 개도국 간 글로벌 생산공유가 양국 공히 임금 불평등에 영향을 미칠 수 있다고 주장하고 있다.

오프쇼어링은 같은 산업 내 숙련직 비숙련직 노동수요 패턴을 변화시킨다. 최근 미국에서 나타나고 있는 숙련직과 비숙련직 간에 소득 불평등이 자유무역에서 기인했다고 보기 어려운 이유가 있다. 자유무역도 소득 불평등을 발생시킬 수 있다. 고전적 무역 이론은 무역이 주로 비교우위에 따라 발생한다고 본다. 비

---

38) Feenstra, R and H. Gordon (1996), Globalization, Outsourcing, and Wage Inequality, American Economic Review, 240－245.
Feenstra, R and H. Gordon (1997), Foreign Direct Investment and Relative Wages: Evidence from Mexico's Maquiladoras, Journal of International Economics, 42, 371－393.
Feenstra, R. (2003), Global Production Sharing and Rising Inequality: A Survey of Trade and Wage, Handbook of International Trade.

교우위에 기반한 무역모형의 예측대로라면 숙련 노동집약 산업에서 생산이 팽창한 결과 비숙련 노동집약 산업이 위축된다. 그 결과 노동수요도 달라진다. 숙련 노동에 대한 수요는 증가하고 비숙련 노동에 대한 수요는 감소한다. 따라서 숙련 근로자에게 보다 높은 소득이 돌아가고 비숙련 근로자에게 보다 적은 소득이 돌아간다. 그 과정에서 산업 간 소득 불평등이 발생하는 것이다. 핀스트라는 최종재를 교환하는 무역이 아니라 생산과정을 공유하는 오프쇼어링으로 인해 산업 내 소득 불평등이 심화된다고 주장한다.

핀스트라는 산업 내 생산 활동을 세 가지로 구분한다. 첫째는 비숙련노동 집약적 부품 생산이고, 둘째는 숙련노동 집약적 부품 생산이며, 셋째는 두 부품을 결합을 통한 최종재 생산이다. 개발국 기업은 자국의 비숙련 근로자의 임금수준이 개도국보다 상대적으로 높다고 판단되면, 비숙련노동 집약적 부품 생산 활동을 개도국으로 이전시킬 것이다. 그러한 결정은 개발국에서 비숙련 근로자에 대한 노동수요를 감소시켜 임금하락으로 이어지게 한다. 즉, 오프쇼어링은 기술 변화로 인해 비숙련 노동이 대체되듯 같은 산업 내에서 비숙련 노동수요를 감소시킨다. 따라서 오프쇼어링은 개발국과 개도국 공히 소득 불평등을 발생시키는 것이다. 헥셔-올린 이론과 스톨퍼-새뮤얼슨 정리는 개발국에서 소득 불평등이 증가하고, 개도국에서 소득 불평등이 감소한다고 예측했다. 하지만 현실은 개발국과 개도국 모두에서 소득 불평등이 증가하는 경우가 많았다. 핀스트라는 '숙련 노동'과 '비숙련 노동'에 대해 관점이 바뀌어야 한다고 주장한다. 즉, 개발국에서 개도국으로 이동한 생산 단계는 개발국의 관점에서는 비숙련 노동 집약적 활동이라고 볼 수 있지만 개도국의 관점에서는 숙련 노동 집약적 활동일 수 있다는 것이다. 동남아에 진출한 한국의 제조업을 보면 이해가 쉽다. 의류산업은 한국에서 대부분 동남아로 이전한 상황이다. 한국에서 의류산업은 비숙련 노동자들이 주로 일했던 곳이었지만, 동남아에서는 상대적으로 교육수준이 높은 근로자들이 자국 기업보다 높은 임금을 받고 근무를 하고 있다. 국가 간 숙련 노동과 비숙련 노동은 상대적일 수 있다. 비숙련 노동 집약 생산과정을 개도국으로 이전시켜버린 개발국은 그 산업 내 평균 숙련집약도가 상승할 것이다. 개발국으로부터 그 생산과정을 받아들인 개도국에서도 숙련 노동 수요가 증가한 결과로 이어진다. 그렇기에 개발국과 개도국 모두에서 소득 불평등이 심화되는 것이다.

기술변화를 국제무역과 분리해 생각할 수 없다는 주장도 많다. 기업의 아웃소싱 결정은 국제무역 때문이다. 하지만 글로벌 가치사슬이 전 세계적으로 확산될 수 있었던 것은 통신기술의 발전 때문이다. 기술변화는 국제무역으로 인해 촉진될 수 있다. 시장개방을 하면 경쟁이 격화되기 때문이다. 그 과정에서 기업들이 생존을 위해 혁신이 절실해진다. 새로운 기술을 개발하거나 기존의 기술을 발전시키기도 한다. 또는 생산비용을 낮추기 위해 최대한 노력하게 되는 것이다. 그 과정에서 아웃소싱이 이뤄지기 때문에 국제무역과 기술변화가 무관하다고 말하기 어렵다. 그러한 논의를 거치면서 연구자들은 국제무역이 노동시장에 미치는 영향을 보다 다양한 관점으로 바라보기 시작했다.

일자리 양극화

기술이 발전함에 따라 일자리가 감소할 수 있다는 우려가 있다. 산업혁명 이래 그러한 우려는 항상 있었다. 인간소외에 대한 우려이다. 모든 게 기계화 또는 자동화되면서 인간의 노동력을 대체할 수 있기 때문이다. 하지만 우려와는 달리 일자리는 완전히 대체되지 않고 새로운 일자리들도 창출되고 있다. 산업혁명 이후 기술발전은 생산성을 크게 증대시켰고 그에 따라 새로운 산업이 만들어지고 필요한 일자리들이 만들어진다. 하지만 최근 들어 일자리 감소에 대한 우려가 다시 커지고 있다. 로봇과 인공지능 때문이다. 통신기술은 인터넷이 보급되며 1990년대부터 획기적으로 발달해 왔다. 통신기술 발달로 인해 기술진보는 더욱 가속화되고 있다. 인간이 언어를 만들고 문자를 만들고 기록을 하고 인쇄를 하면서 인간의 지식은 축적되고 전파될 수 있었다. 그 과정에서 새로운 지식이 더 쉽게 만들어졌다. 통신기술 발달은 지식 창출과 전파를 훨씬 유리하게 한다. 인터넷 보급은 통신기술을 한 단계 진일보 시켰다고 평가받는다. 그렇게 기술진보가 가속화되며 일자리 논란이 불거지고 있는 것이다.

이 문제에 대해 연구한 학자들이 있다. 데이비드 오토어(David Autor), 프랑크 레비(Frank Levy), 그리고 리차드 머내인(Richard Murnane)이다. 그들은 2003년 논문[39]을 통해 기술이 발전하면 반복적 업무(routine task)가 사라진다고 주장했다. 그 이유는 '폴라니의 역설(Polanyi's Paradox)'[40] 때문이다. 오토어는 자신의 2014년 NBER 논고의 초록 부분에 철학자 폴라니가 1966년에 한 말을 인용해 놓았다. 바로 "We can know more than we can tell..."이다. 직역하자면, "우리는 말할 수 있는 것보다 더 많은 것을 알 수 있다"이다. 그 논고가 지적하는 것은 컴퓨터가 인간의 모든 일을 대체할 수 없다는 사실이다. 그에 따라 노동시장 양극화가 발생할 수 있다는 것이다. 컴퓨터가 대체할 수 있는 것은 정해진 규칙에 따라 반복되는 업무일 뿐이다. 말 그대로 반복적 업무(routine task)이다. 그러한 반복적 업무는 대개 숙련도 중간 정도에 해당하는 일자리(middle-skilled jobs)이다. 예를 들면, 인사관리 노하우와 정서적인 측면의 소통 기법 등과 같은 것들은 반복적인 업무가 될 수 없다. 즉, 비반복적인 업무(non-routine task)이다. 그 비반복적 업무는 추상적인 업무(abstract task)가 있고 수동적인 업무 (manual task)가 있다. 그러한 비반복적인 업무들은 컴퓨터가 대체할 수 없다. 그 과정에서 일자리 양극화가 발생할 수 있는데 1990년대 들어 중간숙련 일자리(middle-skilled jobs)가 감소하고 상하층 일자리가 증가하는 현상이 나타났다.

---

39) Autor, D, Levy, F. and R. Murnane (2003), "The Skill Content of Recent Technological Change: An Empirical Exploration", Quarterly Journal of Economics, 118(4), 1279-13333.
40) Autor, D. (2014), "Polanyi's Paradox and the Shape of Employment Growth", Working Paper, NBER.

데이비드 오토어(David Autor), 로렌스 카츠(Lawrence Katz), 그리고 멜리사 키어니(Melissa Kearney)는 2006년 논문41)을 통해 노동시장 양극화 현상을 분석했다. 그들 분석에 따르면 1990년대에 들어서서 고숙련 일자리와 저숙련 일자리의 비중이 커지고 중간숙련 일자리의 비중은 적어졌다. 중간숙련 일자리가 줄어드는 현상은 미국뿐 아니라 다른 개발국들에서도 관찰되었는데 데이비드 오토어가 2014년에 발표한 NBER 페이퍼42)를 통해 그 점을 역설했다. 노동시장 양극화는 EU 16개 선진국들에서도 나타났다. 1990년대 이래 중간숙련 일자리들이 줄어들고 고숙련과 저숙련 일자리들이 늘어났다. 컴퓨터가 반복적 업무를 대체하고 비반복적 업무를 대체하지 못한 결과로 파악할 수 있다.

숙련 편향적 기술변화

전산화 또는 자동화를 지향하는 기술발전은 숙련 노동 편향적이다. 숙련도가 높은 근로자에게 보상이 더 많이 돌아가기 때문에 '숙련 편향적 기술발전(SBTC, Skill-Biased Technological Changes)'이라고 한다. 컴퓨터는 추상적인 업무(abstract tasks)와 보완관계(complement)가 성립한다. 컴퓨터는 고숙련 근로자로 하여금 일을 더 쉽게 할 수 있도록 돕는다. 지적 재산도 더 쉽게 만들 수 있도록 한다. 하지만 고숙련 노동력 공급은 제한적이다. 전문적인 지식이 필요하기 때문이다. 교육을 오랫동안 받아야 한다. 단기간에 고숙련 노동력 공급이 늘어날 수 없기에 임금 하락 가능성도 낮다. 오토어, 카츠, 그리고 키어니(2006)의 분석 결과를 보면 통신기술이 비약적으로 발전하기 시작한 1990년대부터 고학력 근로자의 고용이 증가한 한 사실을 알 수 있다. 즉, 1990년대에 들어 고학력 일자리의 고용이 크게 증가했다는 것이다. 그에 따라 소득 불평등도 새로운 양상을 보이기 시작했던 것으로 파악 가능하다. 과거엔 소득 불평등이 주로 고소득층과 저소득층의 차이를 나타냈다. 하지만 1990년대에 들어 소득 불평등이 고숙련 근로자들

41) Autor, D, Katz, L. and M. Kearney (2006), "The Polarization of the U.S. Labor Market", American Economic Review, 96(2), 189-194.
42) Autor, D. (2014), "Polanyi's Paradox and the Shape of Employment Growth", Working Paper, NBER.

과 중숙련(middle-skilled) 근로자들의 차이를 나타냈던 것으로 보인다. 즉, 저숙련 근로자들을 위한 일자리는 유지되고 중숙련 근로자들을 위한 일자리는 줄어들었기 때문이다.

하지만 오토어는 2014년 NBER 페이퍼에서 노동시장 양극화 현상을 컴퓨터 기술 발전으로 돌리는 것에 대해 회의감을 드러냈다. 그는 1999년 이후 컴퓨터 기술의 발전이 노동수요를 줄였다고 보기 어렵다는 취지의 주장을 했다. 오토어는 2006년에 발표된 논문을 통해 기술발전이 저숙련 근로자의 임금을 증가시켰다고 주장한 바 있다. 하지만 이후 통계 자료를 살펴보면 2000년대에 들어 저숙련 근로자의 임금이 증가하지 않았던 것으로 나타났다. 기술발전이 저숙련 근로자의 수동 반복적 업무를 대체하지 않았고, 중숙련 근로자들이 저숙련 노동시장에 진입했기 때문으로 풀이될 수 있다. 고숙련 노동시장과 달리 저숙련 노동시장의 진입장벽은 낮다. 따라서 전산화와 자동화로 인해 일자리를 잃게 된 중숙련 근로자들이 저숙련 노동시장에 진입했던 것으로 파악 가능하다. 그 결과 저숙련 근로자의 임금이 상승하지 않았던 것이다. 기술발전에 따른 '일자리 양극화'가 '임금 양극화'로 이어지지 않았던 이유라고 해석될 수 있다.

오토어는 자신의 페이퍼를 통해 '인적자본' 투자를 강조하고 기술발전이 중간숙련 일자리를 완전히 사라지게 할 수 없을 것이라고 예측했다. 고용 양극화가 지속되지 않을 것으로 본 것이다. 그의 주장에 따르면 많은 중숙련 업무(middle-skilled tasks)들이 대체된 것이 사실이지만 대체되지 않는 중숙련 업무들도 많다는 것이다. 결국 그는 반복 업무(routine tasks)와 비반복 업무(non-routine tasks)가 서로 보완관계를 유지하며 공존할 것이라고 전망했다. 기술발전이 고숙련 근로자의 노동수요를 계속 증가시킬 것으로 예상되는 상황에서 근로자들이 인적자본 투자를 통해 숙련도를 쌓을 필요가 있다고 주장한다.

CHAPTER 07

무역과 제도

사회적 자본은 사회구성원 간의 협력을 촉진하는 비공식적 규범이라고 말할 수 있다. 경제 측면에선 거래비용을 줄이고, 정치 측면에선 현대 민주주의의 성공에 필요한 것이기도 하다. '죄수의 딜레마' 반복게임에서 발생하는 균형 경로를 나타내기도 한다. 그 균형 경로는 그 국가 경제 주체들의 시간에 따른 최적 전략 선택으로 구성되어 있는데 전통과 문화의 영향을 크게 받기도 한다. 사회적 자본은 중요하지만 정부 정책을 통해 만들어지기 어렵다. 사회적 자본은 현대 경제의 효율적 기능을 위해 중요하며 안정적인 자유주의와 민주주의 유지를 위해 필요 조건이다. 하지만 경제 정책이나 경제 제도와 달리 사회적 자본은 정부가 정책을 통해 쉽게 만들 수 없다. 프랜시스 후쿠야마(2001)는 자신의 논문에서 사회적 자본을 정의하고, 경제적, 정치적 기능과 기원을 탐구하며, 어떻게 배양할 수 있는지에 대해 연구했다.

사회적 자본이란 무엇인가? 후쿠야마가 내린 정의는 두 명 이상의 개인 간의 협력을 촉진하는 구체화된 비공식적 규범이다. 그러한 규범은 인간관계에서 구체화되어야 한다. 호혜 규범은 모든 사람과의 거래에서 잠재적으로 존재하지만, 친구와의 거래에서만 실현되는 게 특징이다. 그 정의에 따르면, 사회적 자본과 관련된 신뢰, 네트워크, 시민 사회 등은 모두 부수적 현상이며, 사회적 자본의 결과로 발생하지만 사회적 자본 자체를 구성하지는 않는다. 어떤 구체화된 규범의 집합이 사회적 자본을 구성하는 것은 아니다. 그러한 규범은 그룹 내 협력으로 이어져야 하며 따라서 정직, 약속 준수, 의무 이행, 호혜성 등과 같은 전통적 미덕과 관련이 있다.

에드워드 반 필드가 남부 이탈리아를 특징짓는 것으로 묘사한 규범은 개인이 직계 핵가족 구성원을 신뢰하되 다른 모든 사람을 이용하도록 한다. 이는 분명히 사회적 자본의 기반이 될 수 없다. 사회적 자본 용어가 더 많이 사용되도록 일조한 제임스 콜먼은 한때 그게 공공재이기 때문에 시장에서 과소 생산될 것이라고 주장했다. 오해일 수 있다. 협력이 모든 개인에게 이기적 목적을 달성하는 수단인 건 사실이다. 사회적 자본은 긍정적인 또는 부정적인 외부 효과를 만들 수 있다. 긍정적인 외부 효과의 예는 막스 베버가 묘사한 청교도주의의 명령으로, 형제나 가족 구성원뿐만 아니라 모든 사람을 도덕적으로 대우하라는 것이다. 따라서 협력의 잠재력은 청교도적 규범을 공유하는 집단을 넘어 확산된다. 부정적인 외부 효과도 있다. 집단에 따라 외부인을 희생시켜 내부적 응집력을 달성하는 경우가 있다. 외부인에 대해 의심, 적대감 또는 노골적인 증오가 돌아갈 수 있다.

사회적 자본은 여타 자본과는 다르다. 물적 자본엔 아무런 가치관이 없고, 인적 자본은 잘못된 가치관으로 무장해 있을 수 있다. 사회에는 '나쁜 재화' 생산을 방지하는 법률이 있다. 때로 사회적 자본은 부정적인 외부성으로 인해 법에 비해 나쁜 인상을 줄 수 있다. 이는 앞서 설명한 대로, 인간 공동체의 집단적 연대가 가끔 외부 집단 구성원에 대한 적대감으로 표출되기 때문이다. 그렇기에 네 편 내 편으로 나누는 인간의 성향이 정치의 기초인 것처럼 보인다. 사회적 자본을 측정할 때 유용성을 고려할 필요가 있다. 후쿠야마는 '신뢰의 반경'이라는 개념을 제시한다. 사회적 자본을 구현하는 모든 그룹은 일정한 신뢰의 반경, 즉 협력 규범이 작동하는 사람들로 구성된 원이 존재한다. 그룹의 사회적 자본이 긍정적인 외부 효과를 낳는다면 신뢰의 반경은 그룹 자체보다 클 수 있다. 또한 신뢰의 반경이 그룹의 리더십이나 상임 직원 사이에서만 적용된다면 신뢰의 반경은 그룹 자체보다 작다. 현대 사회는 동심원이고 신뢰의 반경으로 파악할 수 있다는 것이다.

전후 연구자들은 그러한 형태의 사회적 자본이 자산이라고 생각했다. 이는 마르크스부터 시작, 인도와 같은 나라의 전통 관습 그리고 그 사회적 관계를 개발의 장애물로 여긴 좌파의 많은 이론가들도 해당되었다. 경제적 근대화는 전통적 문화와 사회 조직에 반대되는 것으로 여겨졌으며, 이는 전통주의자들에 의해 차단될 것으로 보였다. 사회적 자본이 진정한 자본의 한 형태라면 그럴 이유가 없을 것이다. 후쿠야마는 그 이유를 그러한 집단의 신뢰 반경이 좁기 때문이라고 설명했다. 집단 내 연대는 집단 구성원이 외부인과 협력하는 능력을 감소시키고, 후자에게 부정적인 외부 효과를 발생시킨다. 예를 들어, 동아시아의 중국 지역과 라틴 아메리카의 대부분 지역에서 사회적 자본은 주로 가족과 좁은 범위의 개인적 관계로 국한된다. 사람들은 그 좁은 범위 내에 속하지 않는 사람들을 신뢰하기 어렵다. 낯선 사람은 친족과 다른 범주에 속한다. 그건 부패에 대한 문화적 토양을 제공한다. 그러한 사회에서는 누군가가 가족을 대신해 도둑질할 수 있다고 느낄 수 있다. 부패에는 여러 가지 원인이 있다. 가장 중요한 건 공공기관의 유인체계이다. 하지만 유인체계가 잘 마련된 경우에도 사법 계층의 최상위에 있는 공무원과 정치 지도자가 행동 규범이 없다면 그 체계는 제대로 기능할 수 없다. 전통적인 사회 집단은 마크 그라노베터가 '약한 유대(weak ties)'라고 불렀던 것의 결여로 인해 더 힘들어할 수 있다. 사회의 다양한 사회적 네트워크의 주변에 있는 이단적 개인은 집단 사이를 이동할 수 있고 따라서 새로운 아이디어와 정보의 전달자가 될 수 있다. 전통적인 사회는 마을이나 부족처럼 많은 수의 자립적 사회 단위로 구성된다. 대조적으로 현대 사회는 여러 구성원과 정체성을 허용하며 중첩적인 사회 집단으로 구성되어 있다. 전통 사회는 약한 유대감에 따라 정보, 혁신 및 인적 자원이 쉽게 교류되지 못한다. 자유시장 자유 민주주의에서 사회적 자본은 어떤 기능을 맡을까? 사회적 자본의 경제적 기능은 계약, 계층, 관료적 규칙 등과 같은 공식적인 조정 메커니즘과 관련해 거래 비용을 줄이는 것이다. 물론 사회적 자본이 없는 사람들 사이에서 조정은 가능하지만, 이는 공식적인 계약을 감독, 협상, 소송 및 집행하는 데 추가 거래비용을 수반하게 된다. 어떤 계약도 당사자 간에 발생할 수 있는 모든 우발 상황을 명시할 수 없기 때문이다. 그게 '계약의 불완전성'이다. 그렇기에 대부분의 계약은 당사자가 예상치 못한 계약의 허점을 이용하지 못하도록 하는 일정량의 선의를 전제로 할 수밖에 없다. 모든 우발적 사건을 명시하려는 계약은 결국 유연하지 못할뿐더러 시행하는 데 큰 비용이 든다. 사회과학자들은 근대화가 비공식적 조정 메커니즘을 공식적 메커니즘으로 점진적으로 그리고 필연적으로 대체할 것이라고 생각했었다. 아마도 인간 역사에서 공식적인 법률과 조직이 거의 존재하지 않았고 사회적 자본이 조정을 가능케 하는 유일한 수단이었던 시기가 있었을 것이다. 막스 베버는 반대로 합리적 관료제가 근대성의 본질을 구성한다고 주장했다. 사실 비공식적 규범에 기반한 조정은 현대 경제의 중요한 부분으로 남아 있으며 경제 활동의 본질이 더 복잡해지고 기술적으로 정교해짐에 따라 그 역할이 더욱 중요해지고 있다.

복잡한 서비스는 모니터링하는 데 비용이 많이 들고 공식적인 모니터링 메커니즘보다 내재화된 전문적 표준을 통해 더 잘 제어될 수 있다. 고도로 교육받은 소프트웨어 엔지니어는 종종 자신의 상사보다 자신의 생산성에 대해 훨씬 더 많이 알고 있다. 조달은 많은 정부 조달의 경우처럼 교과서대로 이뤄지는 것보다 경험이 풍부한 조달 담당자의 판단에 맡길 때 더 효율적일 수 있다. 여러 실증 연구에 따르면, 첨단 R&D는 지적 재산권의 비공식적 거래에 의존하기도 한다. 그 이유는 공식적 거래가 과도한 거래비용을 수반하고 거래 속도를 늦추기 때문이다. 첨단산업이 아닌 환경에서도 사회적 자본은 공식적인 조정보다 더 큰 효율성을 가져올 수 있다. 작업장을 고도로 중앙 집중화되고 관료화된 방식으로 조직한 고전적 테일러리즘은 의사 결정이 지연되고 정보가 왜곡되면서 계층적 명령 체계를 위아래로 이동시키는 과정에서 많은 비효율성을 초래한다. 많은 제조 시설에서 테일러리즘은 훨씬 더 구체적인 관리 구조로 대체되었으며, 이는 실제로 책임을 공장 현장에 맡긴다. 현지 정보에 훨씬 더 가까운 근로자는 관리자 계층으로 결정을 묻기보다 스스로 결정 내릴 권한을 갖는다. 이는 효율성이 크게 향상시킬 수 있지만, 전적으로 그 근로 현장의 사회적 자본에 달려 있다. 근로자와 관리자 사이에 불신이 있거나 기회주의가 널리 퍼져 있다면, 권한 위임은 부정

사익 추구와 도덕적 해이로 이어질 수 있다.

　　현대 민주주의에서 사회적 자본의 정치적 기능은 토크빌이 『미국에서 민주주의(Democracy in America)』에서 가장 잘 설명했다. 그는 미국인의 시민 연합에 대한 성향을 설명하기 위해 '연합의 예술'이라는 표현을 썼다. 토크빌에 따르면, 현대 민주주의는 귀족 사회에서 사람들을 하나로 묶는 대부분의 사회 계급이나 물려받은 신분과 지위를 없애는 경향이 있다. 현대 민주주의의 악덕은 지나친 개인주의, 즉 사생활과 가족에 대한 집착과 공적 마인드 부재 등이다. 미국인들은 그러한 과도한 개인주의 경향에 맞서 자발적 연합을 통해 대처했다. 이는 미국보다 개인주의에 더 시달렸던 그의 고향 프랑스와는 극명한 대조를 이루었다. 토크빌이 '구체제와 프랑스 혁명'에서 설명했듯이, 혁명 직전에는 공동의 대의를 위해 함께 모일 수 있는 프랑스인이 열 명도 없었다. 하지만 시민 연합을 통해 약한 개인이 강해졌다. 그들이 형성한 연합은 정당이나 이익집단처럼 정치에 직접 참여할 수 있었다. 풍부한 사회적 자본이 아마도 조밀한 시민 사회를 만들어 내는 것일 텐데, 이는 결국 거의 보편적으로 현대 자유주의 민주주의의 필요조건으로 여겨져 왔다. 자유주의 사회는 국가 간섭이 제한되고 개인 자유가 보호된다. 그러한 정치 체제가 무정부 상태로 전락하지 않으려면, 보호된 영역에 존재하면서 그 사회는 자체적 시스템을 유지하고 있어야 한다. 시민 사회는 국가의 권력을 균형 있게 조절하고 개인을 국가의 권력으로부터 보호한다. 과도한 개인주의의 결과는 자유가 아니라 폭정이다.

　　사회적 자본 수준이 낮으면 여러 가지 정치적 기능 장애가 발생할 수 있다. 토크빌이 프랑스를 분석한 후, 많은 연구자들은 행정 중앙 집권화가 어떻게 지나치게 경직되고 무책임한 정치 체제로 이어졌는지 주목했다. 후쿠야마는 사회적 자본 수준이 낮으면 이탈리아 남부의 경우처럼 비효율적인 지방 정부가 등장하고 부패가 만연해진다고 주장한다. 많은 라틴 아메리카 사회에서 신뢰의 반경이

좁으면 '두 집단 도덕 체계(two-tier moral system)'가 생겨 자신의 가족과 친구에게만 좋게 대하고, 공공 영역에서는 그 행동 기준이 달라진다. 이는 부패의 문화적 기반이 된다. 가족들끼리 사적 이윤을 챙기는 좋은 방법이 될 수 있다. 공공 선택 관련 연구는 현대 민주주의에 대한 '지대추구(rent-seeking)'의 결과를 분석했다. 노벨경제학상을 수상한 맨커 올슨은 영국의 장기적 경제 침체가 오랫동안 만들어진 이해 집단의 과오라고 주장했다. 자칭 공익 NGO가 실제로 공익을 추구한다는 보장도 없다. 너무 활동적인 NGO 부문이 공공 생활의 과도한 정치화를 나타낼 수 있으며, 이는 오히려 공공정책을 왜곡하거나 교착상태로 이어지게 할 수 있다.

사회적 자본이 너무 많은 것보다 너무 적은 것이 더 심각한 문제다. 사회적 자본은 자연스럽게 조직된 집단이기도 하지만 공식적 공공기관이 적절히 기능하기 위해 필수적이다. 문화적 측면보다는 제도적 측면에서 사회를 비교하는 게 더 유용하다고 주장하는 경우도 있다. 예를 들어, 차머스 존슨은 일본과 미국의 경제 정책의 차이는 문화적 기반이 아니고, 일본에는 MITI가 있고 미국에는 MITI가 없다는 사실의 결과라고 주장한다. MITI는 일본의 통상산업성(通商産業省, Ministry of International Trade and Industry, MITI)을 말한다. MITI는 1949년부터 2001년까지 일본 정부의 한 부처였는데 일본 산업 정책을 지휘하고 연구자금을 지원했다. 일본에서 가장 강력한 정부 기관 중 하나였는데 2001년 중앙 정부 개혁 과정에서 MITI는 다른 기관과 합병되어 지금은 일본 경제산업성(METI)을 구성하고 있다. 이는 미국이 워싱턴에 MITI와 비슷한 기관을 만든다면 비슷한 결과가 나올 것임을 의미한다. 하지만 서로 다른 사회가 서로 다른 제도를 구축하는 건 문화적 배경이 있을 수 있다. 일본이 신용 할당을 위해 막대한 권한을 가진 경제계획 기관을 배치했지만 라틴 아메리카나 아프리카처럼 부패 시스템으로 이어지지 않았다. 관료들에게 주어지는 존경, 높은 수준의 교육과 전문성, 권위 부여 등이 일본의 문화적 특성이다. 따라서 어느 한 나라에서는 좋은 기능을 하는 기관이 다른 나라에서는 제대로 된 기능을 할 수 없는 경우가 있다. 이는 사회적 자본의 차이를 반영한다.

제도와 비교우위

제도와 산업 구조, 또는 제도와 비교우위 간의 연관성은 수십 년 동안 연구되어 왔다. 그 연관성에 대한 체계적인 실증 연구가 이뤄진 건 최근이다. 물론 개발 수준과 산업구조 간의 관계를 분석한 역사는 길다. 부유한 나라와 가난한 나라는 매우 다른 상품들을 수출한다. 수출상품 조합과 소득 간의 관계 분석은 Chenery(1960)와 Leamer(1984)가 '개발 사다리'에 대해 논의할 때로 거슬러 올라간다. 그 연구에 새롭게 기여한 건 기업조직과 장기적 성장에 관한 분석이다.[43] 비교우위와 경제 발전에 대한 이전 연구에서는 기술 혁신과 물적 및 인적 자본 축적을 성장의 원동력으로 삼았다. 그리고 리카르도와 헥셔-올린의 고전적 접근에 따라 비교우위를 원동력의 근원으로 주목했다. 하지만 그 외에도 성장 원동력이 그 자체로 '제도'라는 범주에 모인 더 깊은 사회, 문화, 정치 등을 아우르는 것임을 알고 있다. 그 통찰력은 국제 무역에 있어 제도의 역할에 대한 분석이 필요함을 시사한다. 간단한 예는 비교우위를 위한 제도의 역할이다. 상업용 여객기와 같은 복잡한 제품을 생각해 보자. 그 생산에는 높은 기술력과 작업 관련 당사자의 높은 수준의 노력이 필요하며, 그러한 노력은 법적 테두리 내에서 검증이 어려워, 불완전한 계약만 가능하다. 반면 의류 제품은 관계에 특화된 비계약적 투입물이 필요하지 않다. 따라서 좋은 계약 제도와 사회적 자본이 잘 갖춰진 나라는 항공기 생산이 상대적으로 더 쉬울 수 있고, 계약 제도가 미비하고 사회적 자본이 갖춰지지 않은 나라는 의류 제품 생산이 상대적으로 더 쉬울 수 있다. 즉, 계약제도 자체가 비교우위의 원천이 될 수 있다.

---

43) 이 주제에 대한 논의는 Helpman(2004), Acemoglu et al.(2005a), La Porta et al.(2008)을 참조하라.

제도는 자본 축적, 인재 개발, 그리고 기술 혁신에 영향을 미치기 때문에 비교우위에 중요한 역할을 한다. 단순히 비교우위의 결정 요인을 부존자원에서 제도로 바꿀 수 있는지를 놓고 여전히 논쟁 중이다. 실증 연구에 따르면, 제도는 고전적 비교우위의 원천인 부존자원과 근본적으로 다른 채널을 통해 작동한다. 즉, 제도는 요소 자산을 통제한 후에도 통계적으로 비교우위의 중요한 결정 요인으로 남는다. 실제로 제도가 그렇게 고전적인 원천만큼 중요하다는 증거가 되는 것이다. 회의론자는 비교우위에 있어 계약 자체가 중요하지 않다고 주장할 수도 있다. 왜냐하면 계약 기관이 없어 저투자 문제가 발생하면 대체 기관이 나타날 것이기 때문이다. 사실 국제 무역 연구에서 그에 대한 증거를 찾을 수 있다. 장기적 관계, 친족 및 민족 기반 네트워크, 수직 통합에서 반복되는 상호작용은 모두 계약의 미비함을 보완하는 데 활용될 수 있다. 문화적 신념 또는 신뢰도 비슷한 역할을 할 수 있다. 제도가 비교우위에 미치는 영향을 분석함에 있어 가장 큰 장애물은 역인과성이다. 즉, 비교우위가 국내 기관에 강력한 영향을 미칠 수 있다는 것이다. 그 인과 메커니즘에는 권력과 정치가 포함되기에 분석이 더 어려울 수 있다. 국제 무역은 부와 권력을 창출하며, 이는 포괄적으로 또는 배타적으로 분배된다. 전문화와 무역이 그 국가의 특정 집단을 부유하게 하면, 이는 정치권력으로 전환되고 제도 변화에 영향을 미치게 되는 것이다.

이는 역사적으로 17~19세기 대서양 삼각 무역을 조사한 연구에서 나타난다.[44] 역사적 문헌에서 얻어진 교훈은 초기 조건이 비교우위에 미치는 영향을 통해 국제 무역 패턴의 변화가 나타났고 그게 제도적 변화로 이어졌을 수 있다는 것이다. 예를 들어, 대서양 삼각 무역은 카리브 해의 농장 엘리트를 부유하게 했고, 그들은 부를 사용하여 노동자를 정치권력뿐만 아니라 교육 및 기타 공공재에서 배제시켰다. 유럽에서 대서양 삼각 무역은 성장을 촉진하는 재산권 제도 개선을 위해 신흥 상인 계층을 부유하게 했다. 아프리카 내에서 노예 생산의 전문

---

[44] Engerman and Sokoloff (1997), Acemoglu et al. (2005b), Nunn (2008a), Dippel et al. (2012).

화는 국내 제도와 재산권의 악화를 초래했다. 즉, 국제 무역 패턴의 변화에 대한 그러한 제도적 반응은 대부분 수출 상품의 특성에 의해 설명 가능하다. 예를 들어, 설탕 생산은 노예라는 생산 요소가 투입됐다. 즉, 무역에 대한 제도적 반응은 초기 비교우위에 따라 달라질 수 있는 것이다. North(1990)는 제도를 '게임의 규칙'이라고 정의했다. 하지만 그 정의는 제한적일 수 있다.

'제도'는 계약 이행의 질, 재산권, 또는 주주 보호 정도 등을 반영하는데 최근 국제 무역 이론 연구에서 큰 주목을 끌고 있다. 대개 국제 무역 이론 연구는 제도적 차이의 의미를 고려하지 않았다. Levechenko(2007)는 불완전한 계약의 틀 안에서 제도적 차이가 투영되는 간단한 무역 이론 모형을 소개했다. 비교우위의 원천으로서의 제도적 차이는 큰 의미를 던진다. 제도가 덜 발달된 국가가 무역이익을 얻지 못할 수도 있고, 무역의 결과로 인해 요소 가격이 실제로 달라질 수 있기 때문이다. 그는 국가 및 산업별로 구분된 미국 수입 자료를 사용하여 제도가 무역의 원천으로 작용하는지 실증 분석했는데 그 결과는 '제도적 차이'가 무역 패턴의 중요한 결정 요인이었다는 것이다. 흔히 제도라는 용어가 담는 범위는 매우 넓다. 계약 이행, 재산권, 투자자 보호, 정치 시스템 등도 포함된다. La Porta, Lopez−de−Silanes, Shleifer 및 Vishny(1997, 1998)의 연구 그리고 Acemoglu, Johnson 및 Robinson(2001, 2002)의 실증 연구에 따르면 두 가지 중요한 사실을 알 수 있다. 첫째, 제도는 경제적 성과를 내는 데 중요하다는 것이다. 둘째, 선진국(북부)은 개발도상국(남부)보다 훨씬 더 나은 제도를 가지고 있다는 것이다.

제도의 중요성이 인정됨에 따라, 제도적 차이가 남북 무역에서 비교우위의 원천이 될 수 있다고 생각하는 건 자연스럽다. 제도 관련 무역의 분석은 현대에 들어 많은 상품 생산이 제도에 크게 의존한다는 사실에서 시작한다. 제도에 대한 의존성은 일부 산업의 생산 과정에서 기술적 특징이다. 예를 들어, 생산을 위해 요소 투입이 필요한데 그 투입이 시장에서 단순하게 조달할 수 없고 대신 서로 다른 요소 간에 특수 관계가 존재하는 경우다. 선진국의 더 나은 제도는 '제도적 비교우위'의 패턴을 시사한다. 이를 모형화하기 위해 Levechenko는 Williamson(1985)과 Grossman 및 Hart(1986)의 연구에서 얻어진 '불완전 계약'의 통찰력을 활용한다. 계약 집행, 재산권, 투자자 보호 등은 두 당사자가 생산 관계에 들어갈 때 발생하는 마찰을 극복할 수 있도록 하기 때문에 중요하다. 일부 생산 부문에서 당사자가 관계−특수(relationship−specific) 투자를 해야 하며, 이는 '홀드업(hold−up)' 문제로 이어질 수 있다. 그러한 분석틀은 제도적 비교우위를 모형화하는 데 적합하다. 제도가 나쁜 국가에서는 계약이 더 불완전할 것이기 때문이다. '불완전 계약' 분석틀을 활용, 제도적 비교우위를 설명하면 놀라운 결론에 도달한다. 선진국은 제도적 비교우위 주도 무역에서 확실히 이익을 얻지만 후진국은 손실을 볼 수 있다는 것이다.

무역 자유화의 결과로 요소 소득이 달라질 수 있다. 선진국에서는 무역을 통해 노동이 가장 많은 이익을 얻을 수 있고, 후진국에서는 자본이 이익을 얻는 반면 노동은 손실을 입을 가능성이 있다. 제도적 질이 무역이익에 어떤 영향을 미치는지도 분석 가능하다. 특히 선진국에서 제도를 개선하면 후진국과의 무역에서 얻는 이익은 증가하지만 선진국이 얻는 이익 자체는 감소할 수 있다.

그러한 결과가 뜻하는 직관적 의미가 있다. 계약 불완전성은 요소 시장 왜곡으로 이어진다. 특히 불완전한 제도는 부문 간 요소 이동성도 다르고 각 산업마다 요소 소득이 다를 수 있음을 의미한다. 중요한 점은 제도적 차이가 비교우위의 원천이라는 것이다. 선진국의 제도가 더 좋기 때문에 선진국만이 무역을 위해 '제도 종속'적인 재화를 생산할 수 있게 된다. 무역 자유화 이후, 후진국에서 좋은 일자리가 사라지고 그 결과 임금이 감소할 수 있다. 반면 선진국의 고임금 산업은 자유무역을 통해 수요가 확장되기 때문에 더 많은 이익을 얻을 수 있다.

결론은 선진국의 우수한 제도 덕분에 보다 부가가치가 높은 첨단산업에 특화할 수 있다는 것이다. 그러한 결론을 얻기 위해 두 가지 종류의 통찰력이 필요하다. 첫 번째는 계약이 불완전할 때 그 경제의 자원배분이 비효율성을 보인다는 것이다. 특히 Caballero와 Hammour(1998)는 요소시장이 세분화되어 있음을 보였다. 요소 소득은 산업 부문마다 다르다. 두 번째는 왜곡이 존재할 경우 얻어지는 무역이익에 관한 것이다. Haberler(1950), Hagen(1958), Bhagwati와 Ramaswami(1963)가 그에 대해 연구를 했다. Levechenko는 요소 보상이 산업 부문마다 다를 때, 무역에서 얻는 이익과 손실은 결과적으로 요소 보상이 더 높은 부문에서 확대되거나 축소됨으로써 발생한다고 지적한다. 그 논문의 기여는 계약의 불완전성이 분할된 요소 시장으로 이어지고 비교우위가 제도적 차이에서 비롯됨을 설명한 것이다. '불완전 계약'의 접근 방식을 통해 실증 결과를 제시함으로써 제도적 비교우위를 공식화했다. 그는 이 대안을 리카르도적 관점이라고 불렀다.

　　선진국의 더 나은 제도적 환경은 선진국이 '제도 종속'적 산업 부문에서 비교우위를 보유하게끔 한다. 따라서 리카르도적 의미를 찾을 수 있다. 그렇기에 모든 국가가 무역 자유화를 통해 무역이익을 얻을 수 있다. 후진국은 '제도 종속' 상품의 생산을 중단하고, 제도 미비에서 발생하는 비용을 겪지 않기 때문에 가장 많은 이익을 얻을 수 있다. 제도의 질이 낮으면 제도의 역할이 중요한 산업 부문에서 생산성이 낮을 수밖에 없다. 그리고 적절한 계약 집행이 이뤄지지 않으면 생산에서 상당한 왜곡이 발생하게 된다. Levechenko의 모형이 갖는 핵심적 의미는 국가 간 제도적 차이가 무역 패턴 결정을 위한 주요 인자라는 것이다. 그는 산업 및 국가로 구분된 미국 수입 자료와 Romalis(2004)가 개발한 무역의 요소 함량 방법론을 사용해 제도적 비교우위 가설을 검증했다. Romalis는 생산 요소가 풍부한 국가가 해당 요소가 비교적 집약적인 산업에서 더 큰 미국 수입 점유율을 차지하는지 여부를 검증했다. Levechenko는 더 나은 제도 기관을 보유한 나라가 더 많은 '제도 종속'적 부문에서 더 높은 미국 수입 점유율을 확보하는지를 검증했다. 주요한 발견은 제도적 차이가 실제로 무역 패턴의 중요한 결정 요인이라는 것이다. Levechenko의 연구는 무역과 제도와의 상호작용에 대한 연구들 중의 일부일 뿐이다.

앞장에서 설명한 대로 '불완전 계약' 분석틀은 Grossman과 Helpman(2002a,b, 2005)과 Antràs(2003, 2005)가 국제 무역에 처음 적용해 생산의 국제 조직과 다국적기업의 경계를 연구했다. 그러한 연구들은 일반적으로 제도가 아닌 기술 또는 생산 요소 관리 측면에서 선진국 후진국 간 차이를 모형화한다. 그렇기에 비교우위의 원천으로 여겨지는 제도적 차이의 결과를 다루지 않는다. Costinot(2005)의 논문과 Acemoglu, Antràs, Helpman(2007)은 불완전하게 집행된 계약이 있는 환경에서 제도적 차이가 어떻게 비교우위를 창출하는지에 대한 추가적 이론을 제공한다. 또 다른 접근 방식으로 Vogel(2006)은 제도적 차이가 있는 상황에서 무역과 요소 축적을 모형화하기 위해 도덕적 위험을 고려한다. 또한 제도와 관련된 것은 금융 비교우위(Matsuyama, 2005, Ju and Wei, 2005)에 대한 연구로 제도적 차이로 인해 금융 시스템의 차이가 무역 패턴에 영향을 미치는지를 분석한다. 국제 무역에서 제도의 역할에 대해 실증 연구도 있다. Anderson과 Marcouiller(2002)는 중력 모형을 사용해 양자 무역이 국가의 제도에 따라 영향을 받으며, 더 나은 제도가 더 큰 무역량으로 이어짐을 보였다. Ranjan과 Lee(2003)는 양자 무역이 보다 제도 집약적이라고 분류된 부문에서 제도로 인해 더 큰 영향을 받는다는 것을 보였다. Schuler(2003)는 구소련 블록 국가의 무역 구성의 변화를 조사하고 계획경제 제도가 붕괴됨에 따라 제도 집약적인 산업 부문의 순수출이 다른 산업의 순수출보다 더 많이 감소했음을 보였다. Nunn(2007)은 산업 수준의 제도적 강도에 대해 새로운 척도를 사용해 제도적 비교우위를 검증했고 Levechenko와 유사한 결론에 도달했다.

CHAPTER 08

무역수지 딜레마

1997년 한국에 외환위기가 닥쳤다. 갑작스레 급격한 환율변동으로 인해 벌어진 재앙적 사건이었다. 뒷장에서 다시 언급하겠지만 당시에 한국의 외환위기를 예견한 학자가 있었다. 바로 폴 크루그만이었다. 자세한 얘기는 다시 하기로 한다. 중요한 건 금융시장과 실물시장이 연동될 수 있다는 사실이다. 금융시장의 충격이 실물시장에 영향을 미칠 수 있고, 실물시장의 충격이 금융시장에 영향을 미칠 수 있다. 금융시장과 실물시장은 완전 독립적인 게 아니다. 한국만 그러한 금융 위기가 있었던 것도 아니다. 전 세계에 보호무역 추세가 강해질 조짐이다. 역사는 반복된다. 1980년대 초중반 미국 또한 무역수지 적자 문제를 겪고 있었는데 그 이유를 놓고 학자들 간 의견이 분분했다.

세계 경제에서 미국이 차지고 있던 위상에 변화가 나타났다고 분석하는 이들도 많았다. 당시 미국 경제는 세계 GDP에서 차지하는 비중이 감소했고 생산성 향상 폭이 둔화되고 있었으며 실업률 또한 폭등하고 있었다. 특히 당시 미국인들은 미국의 대일본 무역수지 적자가 확대되는 것에 크게 우려했다. 1980년대 미국 GDP 대비 무역적자 비중은 계속 증가하고 있었다. 그중에 대일본 무역적자가 차지하는 비중이 반 가까이 됐다. 미국인들은 그러한 무역적자 확대가 미국의 국가 경쟁력 악화되어 나타난 결과라고 인식하는 경향이 있었다. 특히 전자와 반도체 등 첨단산업(high-tech)과 제조업에서 미국의 경쟁력 약화를 말하는 이들이 많았다. 그 대상은 일본이었다. 그렇기에 1980년대 초중반 미국의 국가경쟁력을 회복하고 대일본 무역수지 적자 문제를 해결하기 위해 보호주의(protectionism) 산업정책 추진의 필요성이 제기될 수밖에 없었다.

그렇게 보호주의 압력이 거세지는 상황 속에서 잘못된 사실을 지적했던 연구자도 있었다. 바로 마틴 펠드스타인(Martin Feldstein)이다. 마틴 펠드스타인(Martin Feldstein)은 미국의 경제학자로 레이건 행정부 시절이었던 1982년 10월에서 1984년 7월까지 대통령 경제자문위원장(Chair of the Council of Economic

Advisers)을 지내며 감세 정책을 주도했다. 그의 지향점은 무역 적자 축소와 작은 정부였다. 펠드스타인 교수는 2000년 대선 때 부시 후보의 감세정책 공약을 이론적으로 뒷받침하기도 했다. 실업수당 때문에 실업률이 높게 유지되고, 세금이 기업과 개인에게 비효율적 결정을 내리도록 한다는 등의 이론을 펴기도 했다. 그가 사실상 '레이거노믹스'로 불린 공급 중시 경제학 창시자라고 평가받는다.

그는 1983년 대통령 경제 보고서(Economic Report of the President)를 통해 당시 미국이 직면했던 무역수지 적자의 원인을 지적했는데 많은 사람들의 생각과 달랐다. 그가 지적한 건 바로 재정적자(Budget Deficit)였다. 그 보고서는 미국 경쟁력 약화 우려가 잘못된 인식에서 출발했음을 밝혔다. 특히 세계 시장에서 미국 기업들이 주도권을 잃었다는 주장이 빈번하게 제기된 상황이었다. 하지만 펠드스타인은 달러 가치 상승으로 인해 미국 제품들이 일시적으로 경쟁력을 상실한 건 사실이지만 문제의 본질은 미국 제품들의 경쟁력 상실이 아니라 '강달러' 현상이라고 파악했다. 당시 미국은 약 10년 동안 무역수지 흑자를 기록했다가 펠드스타인이 문제를 제기할 시점에서 무역수지 적자로 전환된 것이다. 그걸 두고 미국 경쟁력 상실의 징후로 파악할 수 없다는 게 펠드스타인 주장의 요지였던 것이다. 그 보고서에 따르면 미국 국제수지 구조 변화는 생산성 둔화 때문이 아니었다. 미국 내 총저축과 총투자가 변화한 결과였다. 1950년대 그리고 1960년대만 하더라도, 미국은 무역수지 흑자를 유지했고, 다른 나라들에 대규모 투자를 하던 중이었다. 하지만 1973년 이후, 미국은 무역수지 흑자가 무역수지 적자로 전환되었다. 그리고 외국인들에 의한 미국 내 투자가 미국인들에 의한 대 외국 투자 규모를 넘어섰다. 이와 같이 미국 무역수지 변화는 투자 흐름 변화와 연관성을 찾을 수 있다. 미국은 자본수출국이 아니라 자본유입국이 되었던 것이다.

1982년 달러화의 가치는 1973년 변동환율제 도입 이후 가장 높은 수준으로 상승했다. 한 나라의 통화 가치가 상승하면 수출 경쟁력이 저하될 수밖에 없다.

환율을 적용하면 자국 상품이 상대적으로 비싸지기 때문이다. 강달러 현상이 미국 수출상품의 가격경쟁력을 약화시켰기 때문에 무역수지 적자 문제가 초래됐던 것이다. 미국 달러화가 강세를 보였던 이유는 미국 자산에 대한 세계적 수요가 많아졌기 때문이다. 투자 대상지로 미국을 선호하면 달러 가치가 상승할 수밖에 없다. 미국 자산을 구입하기 위해서는 달러가 필요하기 때문이다. 핵심은 미국 자산 수요를 증가시킨 요인이 뭐냐는 것이다. 그 중요한 요인 중에 하나가 바로 실질 금리이다. 그 당시 미국의 실질 금리가 매우 높은 수준이었다. 실질 금리는 명목 금리에서 물가상승률을 빼 구할 수 있는데 당시 미국의 실질 금리는 다른 나라에 비해 매우 높은 수준을 유지하고 있었다.

달러화의 가치가 너무 크게 상승하면 이는 미국 기업의 생산비용을 증가시킬 수밖에 없다. 펠드스타인 보고서에 따르면, 1980년 3분기에서 1982년 2분기까지, 미국 제조업의 단위노동비용은 다른 산업국가에 비해 32% 가까이 증가한 것으로 나타났다. 노동투입 비용 증가는 미국 산업의 경쟁력 약화로 이어지게 된다. 그렇기에 달러의 가치 절상이 계속되면 미국의 무역적자는 더욱 심화될 수밖에 없는 구조인 것이다. 그 보고서는 미국의 무역수지 적자가 지속적일지 여부는 미국 정부의 거시경제정책에 달려있다고 파악했다. 특히 국가재정이 중요하다고 봤는데 만약 대규모 재정적자가 계속되고 미국의 국민저축률이 낮아진다면 실질 금리는 다시 상승할 것이고 그에 따라 달러화 가치는 계속 절상될 것으로 예측했다. 그 경우 무역수지 적자의 폭이 더욱 커지게 된다. 외국의 보호주의 무역정책이 세계 무역패턴을 왜곡시키고 경제적 효율성을 감소시킨 것도 사실이다. 하지만 미국의 대규모 무역수지 적자는 외국의 불공정 경쟁 때문이 아니라 미국 내부의 문제였다고 짚은 것이다. 미국의 대규모 무역수지 적자 원인을 대규모 재정적자로 파악한 건 매우 의미 깊다.

변동환율제를 채택하고 있는 나라는 정부가 외환시장에 직접 개입, 환율에 영향을 줄 수 없다. 하지만 정부가 통화정책 또는 재정정책을 통해 간접적인 방식으로 환율에 영향을 미칠 수 있다. 펠드스타인이 볼 때, 당시 미국은 무역 수지 적자 문제를 해결하기 위해 달러화의 가치 절하가 필요했다. 달러화 절하를 유도하기 위한 정책은 확장적 통화정책과 긴축적 재정정책이 활용될 수 있다. 그러한 정책들이 단기적으로나마 미국의 실질 금리를 낮추어 미국으로의 자본 유입을 줄여 달러 가치를 절하시킬 수 있다는 의미이다. 고정환율제하에서, 재정적자는 국내투자를 줄어들게 한다. 변동환율제하에서, 재정적자는 통화가치 상승을 통해 수출을 줄어들게 한다. 그렇기에 재정적자 감축은 국내투자뿐만 아니라 무역수지 개선을 불러올 방법이 된다고 보는 것이다. 그릇된 인식을 통해 달러화 절상이 미국 정부로 하여금 자유무역에서 보호무역으로 선회하도록 하고 그 결과 다른 주요 교역 대상국들과 마찰을 일으킨다는 지적도 가능하다. 그 보고서에 따르면 미국 기업의 경쟁력과 국제수지는 거시경제 현상으로 봐야 했다. 즉, 미시경제 해법을 제시해 거시경제 문제를 치유할 수 없다고 그 보고서는 지적했던 것이다. 따라서 미국이 추구해야 할 가장 효과적인 정책은 재정적자와 실질 금리를 인하시키는 것이었다.

1980년대 초반, 미국의 생산성 둔화는 일본의 눈부신 경제성장과 크게 대비됐다. 미국의 대일본 무역수지 적자 확대 폭이 커지자 많은 미국인들이 보호주의적 산업정책 추진을 요구하는 상황이었다. 그때 마틴 펠드스타인은 보호무역보다 재정적자 감축을 주장했던 것이다. 대다수의 사람들은 그와 같은 마틴 펠드스타인의 주장에 공감하지 못했을 것이다. 그가 분석한 결과로 볼 때, 1980년대 초중반 발생한 미국의 심각한 무역수지 적자의 직접적 원인은 환율 때문이었다. 즉, 달러화 절상이 미국 제품의 수출 경쟁력을 약화시켰던 것이다. 그 보고서에 따르면, 달러화 절상은 1980년부터 본격화됐고 그와 함께 무역수지 적자 폭도 크게 확대됐다. 주요국 통화가치 대비 미국 달러화의 가치는 1980－1985년 동안 환율을 기준으로 할 때 무려 40% 가까이 상승했다고 한다. 마틴 펠드스타인이 그 보고서를 작성했던 시점(1982-83년 2월)에도 달러화 가치는 1973년 변동환율제 도입 이후 사상 최고치를 기록하고 있었다. 시간이 흐를수록 미국 무역수지 적자는 심화되었다. 달러 가치의 절상은 처음엔 미국 기업들의 수입비용을 절감시켜 유리함을 주는 듯했지만 결국은 그 기업의 수출 경쟁력을 떨어트리게 된다. 문제로 지적된 미국 무역수지 적자의 원인이었던 것이다. 그렇다면 달러화 가치 절상의 이유를 묻지 않을 수 없다. 자동조정 메커니즘에 따라 수출이 줄고 수입이 늘면 자국의 통화가치가 하락하는 게 자연스럽다. 그럼에도 불구하고 미국 달러화의 가치가 지속적으로 상승한 이유는 앞서 언급한 미국 자산의 국제적 수요였다. 마틴 펠드스타인의 주장을 이해하려면 1971년 이후 세계정세를 파악할 필요가 있다.

닉슨 쇼크

1971년은 세계경제에 큰 변화가 있었던 해이다. 외국이 가져온 금 1온스를 35달러로 교환해 주던 금태환제가 폐지되었다. 바로 닉슨 쇼크(Nixon Shock)이다. 이후 미국을 포함한 주요국들은 고정 환율제도에서 벗어나 1973년부터 변동 환율제도로 이행하게 됐고 국가 간 자본이동이 보다 자유로워지게 됐다. 1971년 이전까지 외환시장은 주로 무역거래를 목적으로 사용되었지만 1971년 이후부터 외환시장은 자산증식을 위한 자본거래가 더 큰 목적이 되다시피 했다. 통화가치도 자산수요에 따라 결정되는 건 당연했다. 외국인이 미국 내에서 자산 구입을 하려면 달러화가 필요할 것이다. 그 과정에서 미국 달러화에 대한 수요가 증가하게 된 것이다. 즉, 미국의 자산수요 증가가 미국의 달러 가치를 절상시킨 것이다. 미국 자산수요 증가는 미국으로의 자본 유입을 의미한다. 반대로 미국인이 외국의 자산을 구입하려면 달러화를 외국의 통화로 교환해야 할 것이다. 미국의 달러 가치가 절하된다. 외국 자산 수요가 증가하면 미국으로부터의 자본유출을 의미한다. 1980년부터 시작된 달러가치 절상은 미국의 자산수요 증가에 따른 달러화 수요 증가에서 그 직접적 이유를 찾을 수 있다. 직관적으로 보더라도, 미국으로 자본유입이 많아진 건 앞서 지적한 대로 미국의 높은 실질금리 때문이었다.

　일본이 외환 거래 자유화도 미국으로의 자본유입을 더 많아지게 한 결정적 요인이 되었다고 말할 수 있다. 일본은 1973년도 변동환율제로 전환했다고 하지만 엄격한 외환통제를 실시하던 중이었다. 외환시장이 정부에 의해 통제되었기 때문에 내용면에서 볼 때 고정환율제라고 해도 과언이 아니었다. 그랬던 것이 1980년 12월, 일본에서 새로운 외환거래법이 시행 되었는데 예외적인 경우를 제외하고 모든 외환거래를 자유롭게 허용하도록 한 것이다. 보험사와 신탁은행 등과 같은 기관투자자들에게 부과되던 외국증권투자에 대한 규제도 사라지게 됐다. 그에 따라, 일본에서 막대한 자본유출이 나타났고 그 자본들은 대개 미국으로 유입되었다. 즉, 1980년 12월 일본에서 있었던 외환관리에 대한 제도변경이 일본의 자본유출을 발생시켰고 그 자본들이 대거 미국으로 유입되며 달러화 가치 절상을 견인했던 것이다. 1981년 당시 미국의 실질금리 수준은 주요 선진국들에 비해 약 4% 정도 높았다고 한다. 자산가치 접근법에 기초한 환율결정 원리에 따르면 미국의 높은 실질금리는 달러화 절상으로 이어질 수밖에 없다. 그렇다면 당시 미국은 다른 선진국들에 비해 왜 실질금리가 높았는지에 대한 설명이 필요하다. 설명을 위해서는 먼저 1979년에서 1982년 사이 미국 연방준비위원회의 통화정책과 당시 거시경제 상황을 분석해 볼 필요가 있다.

　당시 연준 의장은 폴 볼커(Paul Volcker)였다. 그는 1979년 8월에 취임해 1987년 8월까지 의장직을 맡았는데 취임 이후부터 강력한 반-인플레이션 정책을 폈다. 그 정책은 성공적이었다. 1970년대 미국 소비자들이 직면한 문제는 생산성 둔화와 무역수지 적자 외에도 높은 물가상승률이 있었다. 1970년대에 발생한 두 번의 오일쇼크로 인해 물가상승률은 10%를 넘겼다. 거시경제학에 따르면 인플레이션은 자연스럽다. 경제성장의 결과로 해석될 수 있기 때문이다. 실업률과 인플레이션율의 역관계를 나타내는 필립스 곡선도 자주 인용된다. 즉, 높은 인플레이션율은 낮은 실업률과 총생산 증가를 의미한다. 하지만 당시 미국의 인플레이션은 달랐다. 수요 증가에서 기인한 것이 아니고 오일쇼크와 같은 공급충격에서 기인했다. 그렇게 인플레이션이 발생하면 오히려 실업률을 높이고 총생산을 줄일 수 있다. 이른바 스태그플레이션(stagflation)이다. 당시 미국은 공급충격에 의해 인플레이션률이 상승, 스태그플레이션이 실현됐던 것이다. 그러한 상황 속에서 1979년 8월 폴 볼커가 연준 의장에 취임했던 것이다. 폴 볼커는 인플레이션율을 줄이기 위해 강력한 정책을 펼칠 것을 약속했다. 경제주체의 기대 인플레이션이 낮아질 때까지 긴축 통화정책 운용을 시사했던 것이다. 볼커의 연준은 통화공급 증가율을 낮췄다. 단기적 금리 상승으로 이어질 수밖에 없었다. 그 결과 1980년 상반기 연방기금 금리가 올랐다. 1980년 대선을 앞두고 금리 인상이 잠시 소강상태에 들어갔다가 대선이 끝나고 연준은 통화긴축을 단행했다. 그러한 긴축적 통화정책은 1982년 상반기까지 계속됐고 그 결과 1970년대 10%를 상회하던 소비자 물가상승률이 1983년 들어 2%대까지 하락했다. 볼커의 긴축적 통화정책은 미국의 인플레이션을 진정시키는 데 성공적이었다. 이후로 세계의 인플레이션도 진정되기 시작했다. 볼커가 의장을 맡고 연준은 경제주체의 인플레이션 기대심리를 바꾸는 데 성공했다. 긴축적 통화정책이 경제주체의 신뢰를 회복했던 것이다. 즉, 공급충격으로 인플레이션이 나타났다 하더라도 연준이 긴축 통화정책을 통해 인플레이션을 진정시킬 것으로 기대했다. 기대엔 '자기실현성(self-fulfillness)'이 있다. 모두가 같은 기대를 하면 그 기대는 실현된다. 따라서 모두가 인플레이션이 발생하지 않을 것으로 기대한 결과 실제로 인플레이션률이 크게 높아지지 않았던 것이다. 하지만 성공적이라고 평가받았던 연준의 반 인플레이션 정책이 의도치 않게 부작용을 초래했다.

'쌍둥이 적자'

1981년 레이건 행정부가 들어서고 재정적자가 심화되었다. 1979년부터 1982년까지 연준이 긴축 통화정책을 실시하던 중이었는데 1981년 레이건 대통령이 취임하고 대폭적인 감세와 대대적인 국방비 지출을 추진했기 때문이다. 재정적자가 심화된 직접적 이유였다. 감세 정책으로 인해, GDP 대비 정부수입은 당연히 감소할 수밖에 없었다. 반면 국방비 지출이 증가함에 따라, 재정적자와 함께 정부부채가 증가하게 됐다. 레이건 행정부는 '작은 정부'를 추구했다. 감세를 추구한 배경이었다. 세금인하 폭은 기대보다 컸던 것에 반해 정부지출 감소폭은 기대보다 적었다. 다시 언급하지만 주로 국방비 지출 때문이었다. 1970년대 후반에서 1980년대 초반까지 중동과 동아시아 지역에서 안보 불안이 이어지며 많은 군사 작전이 수행되었다. 그리고 공산주의 국가 소련과의 냉전이 심화되면서 국방비 지출 증가는 필연적이었다. 그러한 국제정치적 환경 속에서 1982년 10월 마틴 펠드스타인이 대통령 경제자문위원장으로 취임했던 것이다.

그는 재정적자 감축을 위해 목소리를 냈다. 하지만 레이건 행정부 경제 정책 담당자들이 볼 때 재정적자는 큰 문제로 보이지 않았다. '작은 정부'를 지향하는 레이건 행정부는 펠드스타인의 증세 주장을 받아들이기 어려웠을 것이다. 그들은 감세가 경제성장을 견인한다는 신념이 있었고, 경제성장을 통해 세원이 넓어지고 조세수입이 많아질 것으로 기대했다. 국민들에게 높은 실업률과 높은 인플레이션율은 문제로 비춰졌지만 재정적자는 그들에게 큰 문제로 다가가지 않았다. 안보 불안이 환기되며 도리어 국방비 지출 감소 주장에 더 반감을 드러낼 정도였다. 국민들의 그러한 인식은 역설적이게도 연준의 성공적인 정책에서 기인했다고 볼 수 있다.

일반적으로 정부는 재정적자를 만회하고 정부부채를 상환하기 위해 통화량을 늘리는 경향이 있다. 그 과정에서 인플레이션이 발생한다. 하지만 당시 미국은 연준의 성공적인 긴축 통화정책으로 인해 인플레이션율이 낮아졌고, 향후에도 격심한 인플레이션이 발생하지 않을 것이란 기대감도 형성되어 있었다. 따라서 미국 국민은 마틴 펠드스타인이 제기한 재정적자 문제에 대해 공감하지 못했던 것이다. 하지만 마틴 펠드스타인은 재정적자가 장기적으로 투자 위축을 통해 자본형성을 방해하고, 경제성장 속도를 둔화시킬 것으로 전망했다. 단기적으로는 저축 위축을 통해 무역적자 폭을 심화시킬 것이라고 보았다. 당시 미국은 외생적으로 총저축이 줄어든 상태였다. 거시경제 이론에서 총저축은 국민저축(national saving)이라고 불리는데, 개인저축(private saving)과 정부저축(government saving)의 합이다. 1981년 레이건 행정부는 감세정책으로 일관했고 국방비 지출을 늘렸기 때문에 재정적자 증가는 필연적이었던 것이다. 그 과정에서 정부저축이 감소하였고 그에 따라 자연스레 국민저축도 감소했다. 미국의 실질금리가 다른 선진국들에 비해 높았던 이유이다. 마틴 펠드스타인의 주장을 축약해보면 재정적자가 실질금리를 상승시키고 미국 달러화의 가치를 절상시켰으며 그 결과 무역수지 적자 폭이 커졌다는 것이다. 즉, 미국 무역수지 적자 폭 증가는 미국 기업 경쟁력 약화에서 비롯된 것이 아니라 미국의 거시경제 정책에서 비롯됐다고 파악할 수 있다.

마틴 펠드스타인은 1980년대 미국 무역수지 적자의 원인이 국가경쟁력 상실이 아니라 재정적자라고 지목했지만 많은 이들로부터 호응을 얻기 어려웠다. 특히 전문적 지식이 없는 이들은 무역수지 적자가 미국 제조업의 경쟁력 부족에서 비롯됐다고 생각하기 쉽다. 그리고 당시 많은 호사가들이 일본 제조업의 부상을 얘기했다. 따라서 사람들은 자연스레 미국 기업들이 일본 기업들과 경쟁에서 밀린 결과 그 무역수지 적자가 발생했던 것으로만 파악했던 것이다. 그런데 이미 언급한 대로, 그 무역수지 적자는 거시경제 정책에서 기인한 측면도 있다. 문제의 핵심은 '쌍둥이 적자'였다. 그 '쌍둥이 적자'는 무역적자와 재정적자였다. 경제학자들은 재정적자가 실질 금리 상승을 불러오고 나아가 달러화 가치 절상으로 이어져 무역적자를 발생시켰다는 사실을 이해할 수 있지만 비전공자들은 그 메커니즘을 파악하는 데 어려움이 따를 수 있다. 마틴 펠드스타인은 자신이 대통령 경제자문위원장을 역임하고 있었을 때 재정적자와 무역적자의 연결고리를 설명할 때마다 수많은 회의론에 부딪혔다고 술회한다. 달러가치는 외국으로부터의 자본유입과 무관하고 자국의 통화정책에 의해서 주로 결정된다는 통화주의자들도 만났고, 재정적자는 무역적자를 심화시킬 수 없다는 공급주의자들도 만났다고 한다. 그는 모두를 향해 재정적자가 실질금리, 달러가치, 그리고 무역수지에 연쇄적으로 영향을 미칠 수 있음을 설명할 수 없었다고 토로했다. 1984년 초반, 당시 재무부장관 돈 레이건은 상원예산위원 청문회에 나가 마틴 펠드스타인의 보고서가 틀렸고 쓰레기통에 버려야 한다고 말했다. 그가 쓴 NBER 보고서엔[45] 그가 대통령 경제자문위원장을 역임하며 했던 재정적자에 대한 큰 고민이 담겨 있다. 그는 그 보고서에서 외국으로부터의 자본유입은 일시적이며 결국 재정적자는 국내저축을 줄여서 투자를 위축시킬 것이라고 주장했다. 하지만 레이건 행정부 내 '공급중시론자'들은 일단 경기회복이 시작되고 나면, 세금인하에도 불구하고 세금수입이 많아져 재정적자가 줄어들 것으로 내다봤다. 따라서 그들은 증세가 필요하지 않다는 입장을 고수했다. 재정 적자문제가 지속된다 하더라도 그 문제가 증세로 인한 문제보다 덜 심각하다 여겼을 것이다. 왜냐하면 세율 인상은 시장 내 유인체계에 직접적인 영향을 미치지만 재정적자가 시장 내 유인체계에 직접적으로 영향을 미치지 않기 때문이다. 그렇기에 그들은 재정적자가 실질금리를 인상시킨다는 마틴 펠드스타인의 주장에 공감하기 어려웠을 것이다.

마틴 펠드스타인은 자신이 재정적자가 초래할 장기적 악영향을 강조했고, 대통령에게 증세 필요성을 요구했고, 그리고 정부지출 감소를 주장하면서 자신이 백악관 내에서 인기가 없어졌다고 회고했다. 그는 '작은 정부'를 지향하는 당시 정부를 향해 증세를 요구하고 다른 지출을 줄여야 국방비 지출 증대를 감당할 수 있음을 지적해 레이건 행정부 내에서 논란을 일으켰다. 그는 증세를 하지 않을 거라면, 행정부의 국방비 지출 증액 요구를 의회가 거부해야 한다고 주장하기도 했다. 그는 실업률과 인플레이션은 대중들에게 잘 보이지만 재정적자 문제

---

45) Martin Feldstein (1993), The Dollar and the Trade Deficit in the 1980s: A Personal View, NBER working paper.

는 그들에게 잘 보이지 않는 것도 문제라고 지적했다. 그는 자신의 책무를 행정부 내에 동료뿐만 아니라 대중을 상대로 재정적자의 장기적 악영향을 설명하는 것이라고 여겼다. 하지만 재정적자를 줄이기 위해 레이건 정부는 노력할 유인이 적었다. 재정적자를 줄였을 때 발생할 정치적 비용 때문이었다. 경제 분석은 과학에 기초한다. 그들의 주장을 이해하기 위해서는 수학적 지식이 있어야 하고 기본적인 교과서 내용을 알고 있어야 한다. 따라서 기업인들은 이론에 기초한 그들의 주장을 받아들이지 못한다. 논리 전개 과정에서 그만큼 충돌도 많을 수밖에 없다. 무역적자가 심화되었던 당시 많은 거시경제적 사건들이 있었다. 닉슨쇼크, 브레튼우즈체제 붕괴, 일본의 외환거래 자유화, 폴 볼커 연준의 긴축 통화정책, 그리고 레이건 행정부의 감세정책 등이 있다. 특히 당시 마틴 펠드스타인이 제기했던 주장은 지극히 이론적이었다고 볼 수 있다. 거시경제 전문가 시각에서 볼 때 무역적자 원인을 설명할 때 타당하게 들릴 수 있지만, 현실 속에서 치열한 기업 경쟁을 겪고 있는 경영자들이 볼 때는 그러한 식의 주장은 공감을 얻지 못할 수 있다. 기업 경영자들은 지금 당장 일본 기업들과의 경쟁 때문에 힘든 시간을 보내고 있는 상황인데 한 학자가 정부를 향해 재정적자를 줄이라고 조언한다면 그들은 공감할 수 없을 것이다.

폴 크루그만의 역설

경제학자 폴 크루그먼(Paul Krugman)은 신 무역 이론과 신경제지리학에 기여한 공로로 2008 노벨경제학상을 수상했다. 그는 1980년대 미국의 무역정책을 둘러싼 논쟁에서 빠질 수 없다. 폴 크루그만은 미국이 자유무역을 고수해야만 하는 이유에 대해 논리적인 주장을 제기했고, 잘못된 사고방식을 지적했다. 그러면서도 그는 현실 속 경쟁에 직면해 있는 기업 경영자들이 국제무역을 바라보는 관점을 수용했다. 그 시각에서 '동태적 비교우위'를 설파했던 것이다. 즉, 외국 기업에게 한번 시장을 내주면 되찾기 어려운 현실을 담았다. 그러한 통찰은 비교우위에 따른 특화가 실은 '역사적 우연성'에 의해 결정됐을 수 있고, 정부가 보호와 지원을 통해 비교우위를 새로 창출할 수 있고 나아가 자국 기업에게 초과이윤을 가져다 줄 수 있다고 생각하게 했다. 그 기반 위에 '전략적 무역정책(strategic trade policy)'이 올라선 것이다. 폴 크루그먼은 1994년 포린 어페어스(Foreign Affairs)에 기고한 '경쟁력: 위험한 강박관념(Competitiveness: A Dangerous Obsession)'과 1991년 사이언스지(Science)에 '미국 경쟁력의 신화와 실체(Myths and Realities of U.S. Competitiveness)'를 기고했다. 그 글들을 통해 폴 크루그만은 사람들이 갖고 있는 국가경쟁력에 대한 우려가 실은 잘못된 인식에 출발하고 있음을 지적했다.

폴 크루그만은 '위험한 강박관념'이란 칼럼을 썼다. 그 내용을 간략히 정리해 보자. 1993년 6월이다. 코펜하겐에서 열린 유럽공동체(EC) 회원국 지도자들 회의에서 자크 들로르(Jacques Delors)가 유럽에 만연해 가는 실업문제를 놓고 연설을 했다. 당시 유럽 상황을 연구하고 있던 경제학자들은 EC위원회 의장인 들로르의 연설 내용이 궁금했을 것이다. 그는 유럽 실업문제의 근본적 이유는 미국과 일본에 대한 경쟁력 부족이라고 지목했다. 그리고 유럽 실업문제의 해결책은 사회간접자본과 첨단기술에 대한 투자라고 주장했다. 들로르의 연설은 다소 실망스러웠다는 평가를 받았다. 하지만 놀라운 것도 아니다. 왜냐하면 당시 '경쟁력'이란 말은 이미 세계적으로 여론 형성자들 사이에서 유행어가 되었기 때문이다. 클린턴도 비슷한 요지로 말한 바 있다. 국가도 세계시장에서 경쟁하는 기업들과 비슷하다는 식이었다. 당연한 인식일 수도 있다. 사람들은 어떠한 나라가 경제 문제에 직면하면 국가 경쟁력을 기준으로 말하는 것을 좋아한다. 미국과 일본을 보는 시각도 마찬가지였다. 코카콜라─펩시가 경쟁하듯 그 두 나라도 경쟁한다는 식이었다는 것이다. 크루그만은 들로르의 주장에 비판적이었다.

크루그만은 당시 미국 클린턴 행정부의 인식에 대해서도 비판적이었다. 당시 클린턴 행정부 역시 미국의 경제 및 무역정책을 수립하는 데 있어 경쟁력을 강조했었기 때문이다. 크루그만은 유럽의 실업문제에 대해 들로르가 제기한 대안은 잘못됐다고 평가했다. 그 나라의 기업들이 세계시장에서 활약하는 것은 맞지만 그렇다고 해서 그 나라의 경제가 전적으로 자국기업들이 세계시장에서 펼치는 활동에 따라 좌우된다는 단정할 수 없다는 논리였다. 그건 진리가 아니고 가설에 불과하다는 것이 크루그만의 생각이다. 크루그만의 주장에 따르면 사람들은 '경쟁력(competitiveness)'이라는 단어를 별 생각 없이 쓴다는 것이다. 그래서 '생각 없는 경쟁력(mindless competitiveness)'이라고 표현했다. 사람들은 국가와 기업을 비슷하게 보는 것을 두고 합리적이라고 생각한다. 세계시장에서 제너럴 모터스(General Motors: GM)의 경쟁력이 미국 경쟁력이라고 생각하는 경향도 비슷한 맥락에서 파악할 수 있다. 무역수지를 바탕으로 그 국가경제의 손익을 측정하려는 것도 꼬집었다. 중상주의적인 마인드이기도 하다. 국가 경쟁력은 수입하는 것보다 수출을 더 많이 할 수 있는 능력으로 파악하는 건 어리석다. 무역흑자가 나타났다고 해서 국가 경쟁력이 실현된 것이 아닐 수 있기 때문이다. 실제로 그 나라 국민들이 소득이 부족해 소비를 자제하면 수입이 줄어들어 무역흑자가 나타날 수 있는 것이다. 그 시각에서 보면 오히려 무역수지 적자를 기록하는 나라들 중에 국가 경쟁력이 강한 나라가 있을 수 있다. 크루그만 주장에 따르면 국가들은 기업들처럼 경쟁하지 않는다고 한다. 예를 들어, 코카콜라와 펩시는 거의 완벽한 경쟁자들이다. 코카콜라와 펩시가 완전대체 관계이기 때문이다. 코카콜라 매출의 극히 일부만이 펩시 노동자들에게 판매되고, 펩시 매출의 극히 일부만이 코카콜라 노동자들에게 판매된다. 따라서 펩시의 성공은 코카콜라를 대체할 때 나타난다. 하지만 국가들의 경우는 다르다고 볼 수 있다. 크루그만은 선진국들은 서로 경쟁하는 상품을 팔기도 하지만, 서로에 대해 주요 수출시장이 되기도 한다고 지적했다. 그의 지적대로 선진국들은 서로에게 수입품을 공급하기도 한다. 신무역 이론의 설명에 따라 '산업 내 무역'이 이뤄지고 있는 것이다. 유럽 경제가 호황이라면 그게 반드시 경쟁국 미국의 희생을 통해 이뤄지는 것이 아니라는 뜻이다.

미국도 마찬가지다. 사실 유럽 경제가 호황이면 미국경제도 호황이 될 수 있다. 미국 기업들의 수출시장이 확대되기 때문이다. 따라서 크루그만의 말대로 국제무역은 제로섬 게임이 아닌 것이다. 마틴 펠드스타인이 주장과도 일맥상통 하다고 볼 수 있다. 무역수지는 거시경제 총저축과 총투자에 따라 나타난 결과라 는 것이다. 총저축이 총투자보다 많으면 무역수지 흑자, 반대이면 적자가 나타난 다. 국가 경쟁력 부족으로 무역수지가 결정되는 것이 아니다. 무역수지 적자는 도리어 국가 경쟁력의 지표가 될 수도 있다. 총투자가 계속 많아지는 상태이기 때문이다. 그럼에도 불구하고 각 나라 사람들은 그 나라 경제 성장률이 지체될 기미를 보이면 경쟁력을 우려한다. 잘못된 인식이긴 하지만 보편적인 현상이라 고 볼 수 있다. 크루그만의 설명은 이어진다.

전 세계의 노동 생산성이 미국과 외국 모두 연간 1%씩 증가한다고 가정해 보자는 것이다. 그 경우 실질임금이 각 나라에서 연간 약 1%씩 상승할 것이라고 예측할 수 있다. 이번엔 미국의 생산성은 연간 1%씩 증가하는 데 반해 다른 나 라는 생산성이 연간 4%씩 증가한다고 해보자는 것이다. 이때 사람들은 미국경제 에 심각한 어려움이 나타날 것으로 생각하기 쉽다. 생산성 차이로 인해 기업들은 세계시장 점유율이 줄어들고 그에 따라 실업이 발생할 것으로 예측한다. 그리고 그 국가 경제에도 어려움이 발생할 것으로 보는 것이다. 하지만 크루그만은 그게 사실이 아니라고 지적한다. 국제경쟁으로 인해 기업은 도산할 수 있지만 국가가 도산하는 일은 일어나지 않는다는 것이다. 크루그만은 국가에는 균형을 유지하 게 하는 강력한 힘이 작용하기 때문이라고 설명한다. 그 힘이 그 국가가 설령 생 산성이 낮고 기술수준이 낮아도 그에 맞게 상품을 계속 생산해서 세계시장에 팔 수 있게 한다는 것이다. 즉, 국가경제는 계속 돌아가고 그에 따라 장기적으로 무 역수지도 균형이 맞춰지는 것이다. 국제무역을 통해 각 나라 경제는 더 좋아지게 된다.

크루그만의 주장을 짧게 설명하면 생산성 둔화와 무역수지 간에 인과관계가 존재하지 않는다는 말이 된다. 그 이유는 국가 내에 균형을 유지하게 하는 강력한 힘이 존재하기 때문이다. 200여 년 전 금본위제 시대에 살았던 데이비드 흄(David Hume)도 그러한 자동조정 메커니즘을 이해하고 있었다. 그는 수출보다 수입이 많은 나라는 금과 은화의 지속적 유출을 겪게 되고 그 결과 그 나라의 물가와 임금 수준이 하락하게 된다. 그렇게 되면 그 나라는 상품가격이 낮아지기에 수출이 많아지고 그 과정을 통해 무역적자 문제가 자연스레 해소된다는 것이다. '가격－정화흐름 기제(Price-specie flow mechanism)'라고 부른다. 현대에 들어 그 조정과정은 임금과 물가의 직접적인 변화 대신 외환시장 내 환율변동을 통해 이루어진다. 무역수지 적자 국가는 통화가치가 하락해 수출이 늘어나고, 무역수지 흑자 국가는 통화가치가 상승해 수입이 늘어난다. 어느 한 나라의 절대생산성이 뒤진다 하더라도, 환율 조정을 통해 상대생산성 우위와 비교우위를 유지할 수 있는 것이다. 따라서 절대생산성이 뒤처진 국가도 여전히 비교우위 원리에 따라 수출을 할 수 있다. 그럼에도 불구하고 미국인들이 볼 때 일본의 생산성이 연간 4%씩 성장할 때 미국이 4% 이상 성장하길 바랄 것이다.

국제무역이 거의 없는 폐쇄적 경제에서는 생활수준과 소비가능성이 주로 국내 생산성 수준에 따라 결정될 것이다. 하지만 자국 내 생산성 수준이 국가 경쟁력을 결정한다고 말하기 어렵다. 국제무역 때문이다. 크루그만 주장대로라면 생활수준 향상을 위해 생산성 향상이 필요하다. 사실이다. 솔로우 모형과 로머의 모형과 같은 경제성장이론들이 그 필요성을 말해준다. 크루그만은 국내 생산성 증가율이 지체되면 생활수준 향상이 더뎌지고 있다고 주장할 수 있지만 그것을 바탕으로 국가경쟁력이 약해지고 세계 시장 경쟁에서 밀리고 있다는 식으로 주장할 수 없다. 1980년대 나타났던 미국의 생산성 둔화는 미국 국민들의 생활수준 향상을 만들었기 때문에 문제라고 봐야 한다. 일본의 생산성 증가율에 비해 낮기 때문에 나타난 국가경쟁력 부족 문제가 아닌 것이다. 그 논리를 바탕으로 해석해 보면, 미국이 생산성을 향상시켜야 하는 이유는 미국 국민들의 생활수준을 향상시키기 위해서이지 다른 국가들과의 경쟁에서 생존하기 위해서가 아니다.

미국 국민들이 우려해야 할 것은 국가 경쟁력 취약으로 인한 '타국과의 경쟁에서의 패배'가 아니라 '미국 생산성 자체의 둔화(productivity slowdown)'인 것이다. 전자와 후자는 큰 차이가 있다. 미국 정부는 문제가 전자라고 본다면, 각종 보호무역 조치로 일본상품의 수입을 막거나 국내 생산자에 보조금을 지원해주는 정책이 시행될 수 있을 것이다. 반면 후자가 문제라고 본다면, 자유무역체제를 유지하는 상황에서 국내생산성 향상을 위해 R&D 지원을 통해 혁신(innovation)을 목표로 하는 것이 더 현실적이다. 슘페터 식의 창조적 파괴가 필요한 상황인데 역설적이게도 창조적 파괴를 위해선 자유무역이 필요하다. 마틴 펠드스타인과 폴 크루그먼 같은 전문 연구자들이 무역수지, 경쟁력, 그리고 생산성 향상 등에 대해 올바른 이해를 주장했던 것은 보호무역 정책에 대한 우려 때문이라고 볼 수 있다. 당시 정세로 볼 때 미국의 경기침체와 일본의 경제성장이 보호주의 무역정책에 대한 목소리를 키울 수 있었다. 잘못된 인식으로 인해 레이건 행정부가 보호무역 정책을 선택할 가능성을 우려했다고 볼 수 있다. 하지만 경제학을 전문적으로 공부한 적 없는 일반 대중들은 마틴 펠드스타인과 폴 크루그만의 설명이 선뜻 와 닿지 않았을 수도 있다. 즉, 무역수지 적자가 경쟁력 약화에서 비롯된 것이 아니라 총저축과 총투자의 결과라는 설명을 받아들이기 어려웠던 것이다.

특히 수입경쟁부문(import-competing sector)에 종사하는 근로자들과 기업 경영자들에게는 한가한 소리로 들렸을 수도 있다. 또한 생산성 향상에 대한 문제제기는 R&D의 중요성을 일깨운 효과를 가져왔다. 그리고 R&D에 대한 정부지원이 자국 내 첨단산업(high-tech)을 보호하고 육성하는 전략으로 활용될 수 있다는 논리도 등장하게 된다. 바로 전략적 무역 정책과 산업정책이다. 어쨌든 마틴 펠드스타인과 폴 크루그만의 주장은 경제학자들 간의 많은 논쟁을 만들어 냈다. 기업 경영자들은 경제학자들의 주장을 탁상공론이라 여기는 경향이 있다. 그들이 볼 때 세계시장은 열 띤 경쟁의 장일 수밖에 없다. 경제학자들이 그러한 기업 경영자들에게 비교우위에 따른 생산특화를 얘기하고 자동조정 메커니즘을 설명하면 그들은 귓등으로도 듣지 않을 것이다. 기업 경영자들이 보는 시각에서 이론 정립도 필요하다.

비교우위 탁상공론

다시 강조하지만 기업 경영자들이 볼 때 세계시장은 열띤 경쟁의 장이다. 그렇기에 그들은 '경쟁력(competitiveness)'이란 개념이 더욱 현실감이 있게 느껴질 수밖에 없다. 이유는 한번 외국기업에게 경쟁에 밀려 그 시장 점유율을 내주면 되찾기가 매우 힘들기 때문이다. 경제학자들의 주장에 따르면, 통화가치 하락과 임금인하로 인해 비교우위가 유지될 수 있다고 한다. 기업가들이 들을 때 그러한 주장은 탁상공론으로 밖에 들리지 않을 것이다. 그들 경험에 비추어 보면, 경쟁 과정에서 한번 시장 지위를 잃게 되면 회복이 어렵다는 것을 알기 때문이다. 그러한 맥락에서 폴 크루그먼은 1987년에 연구논문[46]을 발표했다. 그 논문을 통해 폴 크루그만은 한 번 성립된 비교우위가 학습효과에 의해 강화 될 수 있음을 보여주었다. 리카르도와 헥셔−올린의 비교우위론은 한 나라의 생산 특화가 기술 수준 차이 또는 자원 부존량 차이에 의해 결정된다고 본다. 상대적으로 높은 기술 수준을 이용하거나 상대적으로 많은 부존자원을 이용해 특정 산업에 생산 특화를 통해 공급이 쉽고 많아지면 외국에 수출을 하는 것이다.

일시적 충격으로 인해 그 비교우위 패턴에 교란이 발생한다 하더라도 환율 조정과 임금수준 조정이라는 자동조정 메커니즘을 통해 비교우위를 유지할 수 있는 것이다. 하지만 폴 크루그만은 그 일시적 충격 이후 비교우위가 유지되지

---

46) Krugman, Paul, 1987. "The narrow moving band, the Dutch disease, and the competitive consequences of Mrs. Thatcher : Notes on trade in the presence of dynamic scale economies," Journal of Development Economics, 27(1−2), 41−55.

않을 가능성에 주목했다. 생산의 학습효과(Learning by Doing) 때문이다. 생산의 학습효과란 말 그대로 생산을 통해 학습이 이뤄진다는 뜻이다. 생산을 할수록 노하우가 쌓이기 때문이다. 현재의 생산성은 우연한 결과가 아니라 과거 생산을 통해 학습된 지식이 축적된 결과이다. 미래의 생산성은 현재 생산을 통해 획득된 노하우가 축적된 결과일 것이다. 앞서 신 무역 이론을 설명할 때 이미 언급한 바 있지만 폴 크루그먼은 누적된 생산량이 현재의 생산성을 결정하는 '동태적 규모의 경제(dynamic economies of scale)' 형태로 '생산의 학습효과'를 모형에 도입했다. 일반적인 '규모의 경제'에서 그 '규모'가 현재 생산량 크기를 의미했다면, 새로운 맥락에서 그 '규모'는 과거부터 누적된 생산량을 의미하는 것이다. 그렇기에 생산량이 많은 기업이 규모의 경제를 달성했던 것과 유사하게 과거부터 많은 양을 생산해 지식과 노하우가 축적된 기업이 '규모의 경제'를 실현하며 더욱 높은 생산성을 발휘할 수 있는 것이다. 그 학습효과로 인해 한번 고착된 생산 특화가 더욱 강화될 수 있음을 시사한다. 즉, 폴 크루그먼은 학습효과로 인해 일단 한번 만들어진 생산 특화 패턴이 더욱 강화될 수 있다고 설명한다. 그리고 그에 따라 생산성 변화가 나타난다는 것이다.

기업 경영자들이 외국 경쟁 기업에게 '경쟁력' 부족으로 인해 한번 시장을 내주면 더욱 불리해지는 상황을 떠올리는 이유일 것이다. 기업 경영자들의 직관은 현실을 반영한다. 그 외국 경쟁 기업은 '생산의 학습효과'를 활용하면 '동태적 규모의 경제'가 실현될 것이고 그에 따라 그 시장을 되찾기가 더욱 어려워질 수 있는 것이다. 그렇다면 외국 기업들은 미국 시장에 진입해 어떻게 시장 점유율을 높일 수 있었을까 의문이 제기될 수 있다. 외국 정부의 보호정책 때문이다. 만약 외국 경쟁 기업이 자국 정부의 보조금 지원 또는 관세라는 보호조치에 힘입어 자국 내에서 더 많은 양을 생산할 유인이 발생한다면 그 기간 중에 '생산의 학습효과'로 인해 더 많은 지식과 노하우를 쌓을 수 있게 된다. 그 지식과 노하우를 이용한 결과 상대적 생산성에서 우위를 확보할 수 있는 것이다. 특히 폴 크루그만은 일본기업들의 성공 요인을 일본 정부의 보호정책에서 찾았다. 일시적인 보호조치가 '생산의 학습효과'를 통해 비교우위를 영구히 바꾸어 놓았다고 볼 수 있는 것이다. 세계 시장은 그렇게 치열한 경쟁 속에 돌아가고 있는데 일시적 충격으로 인한 비교우위 교란이 시장의 자동조정 메커니즘에 의해 회복된다고 경제학자들이 주장할 때 기업 경영자들은 탁상공론이라고 생각할 수밖에 없었던 것이다.

그렇다. '생산의 학습효과'로 인해, 일단 한번 확보된 비교우위는 시간이 갈수록 더욱 고착될 수 있다. 그러한 폴 크루그만의 통찰은 또 다른 통찰로 이어졌고 보호무역 정책을 정당화하는 논리로 활용되기도 했다. 리카르도와 헥셔-올린의 비교우위론에 따르면 기술수준 차이 또는 요소부존량 차이로 인해 생산특화가 이뤄진다고 설명한다. 생산의 학습효과가 비교우위 및 특화패턴을 강화할 수 있음을 고려해 보면, 현재 어떤 한 나라가 갖는 비교우위와 특화는 '역사적 우연성'에 의해 확보된 것일 수도 있다. 그 우연성으로 인해 그 나라가 특정 산업에 일찍 진출하게 됐고 그 결과 누적된 생산량이 많은 가운데 지식과 노하우가 축적되어 비교우위가 확보된 것으로 파악할 수 있기 때문이다. 그렇다면 그 나라가 과거부터 특정 산업에 진출하게 된 이유가 무엇이냐는 것이다. 그냥 우연일 수도 있다. 폴 크루그만의 설명에 따르면 어떤 한 나라가 그 상품 생산에 비교우위를 갖고 있을 이유는 없고 굳이 그 이유를 찾자면 매우 단순하게 그 나라가 과거에 먼저 생산을 시작했기 때문이라는 것이다. 사실 그와 같은 폴 크루그만의 통찰은 새로운 게 아니다.

존 스튜어트 밀도 같은 생각을 했다. 존 스튜어트 밀은 1848년 자신의 저서 『정치경제학 원리』를 통해 직접 시도해 보는 것이 향상을 촉진하기 위해 가장 좋은 방법이라고 강조했다. '학습'인 것이다. 즉, 어떤 한 나라가 먼저 그 상품 생산을 시작하면 경험을 더 많이 축적할 수 있고 그 '역사적 우연성'에 따라 현재 비교우위가 형성됐을 수 있다는 통찰을 제시했던 것이다. 그러한 통찰은 정책적 함의를 던져 준다. 즉, 아직 시작을 하지 않은 나라가 시도를 통해 경험을 축적하면 현재 비교우위를 확보하고 있는 나라보다 더 생산을 잘할 잠재적 가능성이 있다는 것이다. 그렇게 잠재성을 갖춘 나라가 단지 '역사적 우연성' 때문에 그 산업에 진입하지 못하고 있는 경우, 일시적인 유치산업 보호 정책을 통해 보다 세계 후생을 높일 수 있다는 논리로 이어질 수 있는 것이다. 폴 크루그먼이 강조한 '생산의 학습효과(learning by doing)'도 유사한 함의를 던진다. 그 과정에서 전략적 무역정책과 산업보호 정책이 정당화되는 것이다.

국제무역 패턴이 단지 '역사적 우연성'에 의해 확립된 것이라면 정부가 일시적으로 개입해 산업 육성을 위해 노력할 필요가 있다는 논리로 이어질 수 있다. 정부 개입이 계속될 필요도 없다. 일단 기초적 환경만 조성해줘도 성공으로 이어질 수 있기 때문이다. 한번 기반이 만들어지면, 기업들이 생산을 통해 지식과 노하우를 계속 축적할 수 있게 된다. 미국도 마찬가지였다. 폴 크루그만의 논리는 '경쟁력' 약화를 우려했던 이들에겐 호소력 있게 다가갔을 것이다.

미국 정부를 향해 전략적 무역정책과 산업보호 정책을 요구하는 목소리가 많아지게 된 배경이다. 일본 기업들과의 경쟁에서 패배해 시장 점유율을 잃고 있는 미국 기업들을 지원해야 한다고 주장할 때 항상 반론이 제기됐다. 인위적인 정부 개입이 시장 효율성을 떨어트릴 수 있다는 것이었다. 하지만 세계시장에선 얘기가 약간 달랐다. 정부가 처음에 자국 기업들에게 도움을 조금만 주면, 이후 그 기업들이 경쟁력을 갖춰 국가 경제에 기여할 수 있다는 논리였다. 특히 그와 같은 주장이 전자 반도체와 같은 첨단산업을 위해 더욱 힘을 받게 됐다. 생산을 통해 획득할 수 있는 지식과 노하우가 더욱 중요하기 때문이다. 첨단산업에 대한 지원과 보호가 정당화되는 이유는 또 있었다. 첨단산업은 대규모 R&D 투자가 수반되고, 그 결과 획득된 지식과 노하우는 다른 산업에도 여향을 끼칠 수 있기 때문이다. 따라서 1980년대 미국의 무역정책을 둘러싼 논쟁은 더욱 격화됐다.

그만큼 일본 첨단산업의 부상을 견제해야 한다는 목소리도 등장하게 됐다. '공격적인 무역정책'의 필요성이 제기됐다. 전략적 무역정책과 산업보호 정책이 미국정부가 미국기업을 돕는 것이라면, '공격적 무역정책'은 미국정부가 일본기업이 자국정부로부터 도움을 받지 못하도록 막아야 한다는 논리였던 것이다. 크루그만의 논리를 따르면, 일본정부는 자국기업에 대한 일시적 보호조치를 통해 비교우위를 영원히 바꾸어 놓았다고 볼 수 있다. 일본의 통상산업성(MITI, Ministry of International Trade and Industry)은 자국시장을 보호하며 전자, 반도체, 자동차, 철강 산업 등을 집중 육성했다. 그건 자유무역 원칙에도 어긋날 뿐만 아니라 일본기업에 혜택을 준 것이기 때문에 미국기업들은 자국 행정부를 대상으로 일본의 '불공정 무역관행(unfair trade practice)'을 방관하지 말라고 요구하게 된다. 그러한 맥락 속에, 1980년대 미국 무역정책의 목표는 외국의 불공정 무역관행에 더욱 적극적으로 맞서는 '공격적 일방주의(aggressive unilateralism)'를 통해 '평평한 경기장(level playing field)'을 만들어 '공정무역(fair trade)'을 실현하는 것이 되었다.

폴 크루그만은 여러 연구들을 통해 '전략적 무역정책'의 토대를 만들었다고 평가받는다. 하지만 그는 자유무역 원칙에 역행하는 보호무역 또는 산업보호 정책을 주장하지 않았다. 그는 오히려 산업보호 정책을 우려했던 것으로 보인다. 정부의 일시적인 지원을 통해 비교우위가 영구히 바뀔 수 있겠지만 그게 세계 전체 후생에 미치는 영향을 따져봐야 하기 때문이다. 폴 크루그만은 기업 경영자들의 관점을 수용했을 뿐인데 의도와는 달리 자유무역에 역행하는 대안이 제시되는 과정에서 그의 논리가 활용되는 경우가 많다. 그가 '전략적 무역정책(Strategic Trade Policy)' 분야 연구에 많이 기여했기 때문이다.

CHAPTER 09

전략적 무역정책

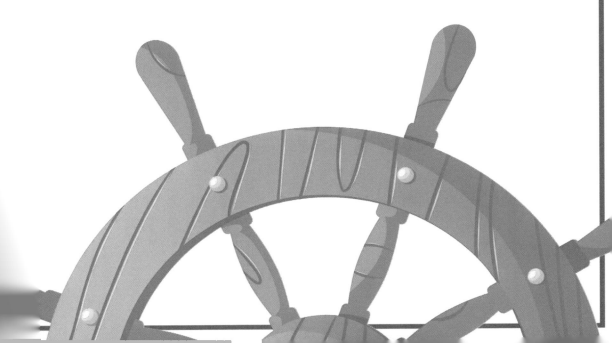

무역정책도 시대에 따라 달라질 수밖에 없다. 특히 시장구조가 달라지면 그 상황을 파악해 정책을 수립해야 할 것이다. 1980년대 미국은 무역정책 방향을 놓고 논쟁이 있었다. 과연 자유무역이 최선인가에 대해 회의론이 제기되기도 했다. 당시 미국은 생산성이 둔화되고 무역적자가 심화되고 있는 상황이었다. 세계 전체 GDP에서 미국이 차지하는 비중도 줄어들고 있었다. 게다가 첨단산업에서 일본이 부상하는 중이었다. 미국의 문제를 대하는 경제학자들의 반응은 대체로 일치했다. 실질금리 인상으로 인한 달러 강세가 무역적자를 초래했다는 지적이었다. 하지만 무역적자가 국가경쟁력 하락을 의미하지 않는다는 설명도 있었다. 달러 강세가 진정되면 무역적자가 시정될 것으로 봤다. 하지만 미국에서 기업을 경영하는 이들의 시각은 학자들의 이론적 설명에 무작정 동의하기 어려웠다. 경험적으로 볼 때 시장 점유율은 한번 밀리면 회복하기 어렵기 때문이다. 외국 기업들이 미국 시장을 더 많이 점유해가고 있는 상황에서 나올 만한 우려였을 것이다.

기업 경영자들이 볼 때 산업 간 무역패턴을 결정짓는 비교우위는 너무 이론적이었다. 그들이 분석하는 국제무역은 기업들이 경쟁을 펼치는 시장을 의미했다. 따라서 기업경쟁력이 관건이었던 것이다. 앞서 언급했지만, 폴 크루그먼은 그러한 시각을 반영해 연구를 수행한 결과 한번 획득된 비교우위가 강화될 수 있음을 보였다. '학습효과' 때문이었다. 과거부터 누적된 생산량이 많아질수록 경험과 지식이 쌓이게 되고 그 결과 높은 생산성을 유지하면 비교우위가 굳건해지는 것이다. 그렇기에 한 나라가 외국 기업들에게 한번 시장을 내준다면 시간이 갈수록 비교우위를 회복하기가 더욱 어려워 질 수 있다.

신 무역 이론에 따르면 산업 내 무역이 실현된다. 즉, 동일한 상품이 국가 간에 서로 교환되는 것이다. 하지만 기존 무역 이론은 시장구조 변화에 따른 무역패턴을 충분히 설명하지 못했다. 리카르도와 헥셔─올린과 같은 고전적 무역

이론들은 완전경쟁을 상정하고 있었는데 산업 내에 무수히 많은 생산자들이 존재한다고 봤다. 그 상황에서 무역을 하는 나라들이 서로 다른 산업 생산에 특화한 후 재화를 교환하기 때문에 산업 간 무역이 실현되는 것으로 설명했다. 하지만 1980년대 기업들이 국제시장에서 직면한 시장구조는 고전적 무역 이론의 시대와는 많이 달랐다. 전장에서 언급한 '규모의 경제'와 '외부성' 때문에 시장에서 완전경쟁이 아니라 불완전경쟁이 나타나고 있었다. 보다 구체적으로 말하면 산업 내에 소수의 기업들이 존재하는 식이었다. 과점 형태가 흔했다. 그리고 산업 내 무역이 보다 보편성을 띄고 있었다. 특히 미국과 일본의 주축 산업이었던 자동차, 전자, 철강 분야는 생산 이전에 대규모 고정투자가 필요했다. '규모의 경제'가 실현되고 있었기에 많은 기업들이 존재하지 않는 상황이었다. 대부분 과점 형태였다.

과거에는 선진국은 주로 제조업 그리고 개발도상국은 1차 산업에 특화했던 결과 나타난 무역패턴과 달리 1970년대와 80년대에는 개별 국가들이 동일한 제조업 생산에 특화한 후 서로 간에 상품을 교환하는 산업 내 무역패턴이 보편화되었던 것이다. 미국과 일본은 서로 자동차를 수출하고 자동차를 수입했고 전자제품을 수출하고 전자제품을 수입하는 중이었다. 산업 내 무역 증대는 독과점 시장구조와 밀접한 연관이 있었다. 자유무역 개시 이전 기업들은 자국 내에서 독과점의 지위를 누리는 경우가 많았다. 자유무역에 따라 시장개방이 이뤄지자 기업들은 수출활동에 더 적극적으로 나섰다. 수출확대는 생산량 확대를 의미했기 때문이다. 이미 설명했지만 규모의 경제가 실현되는 상황에서 생산량 확대는 그 기업에 더 큰 이윤을 가져다 준다. 단위당 생산비용이 절감되어 가격경쟁력을 향상시키기 때문이다.

게임이론과 전략적 사고

그렇게 달라진 시장구조는 자국기업을 보호하고 지원하기 위한 보다 적극적인 무역정책의 정당성을 부여하게 됐다. 특히 국제시장에 소수의 기업들이 과점 경쟁하는 경우가 많았다. 그러한 과점 경쟁하에서는 무역정책을 통해 자국과 외국 기업의 최선 전략을 바꾸게 유도할 수 있다. 여기에서 전략은 추상적인 개념이 아니다. 게임이론에서 등장하는 전략을 말한다. 그 전략은 상호작용의 헤아림에서 나온다. 즉, 자국 기업과 외국 기업의 선택들이 상호작용하는 가운데 최적의 선택을 할 수 있도록 돕는 것이다. 정부의 무역정책은 자국 기업의 이윤 극대화를 돕는다고 볼 수 있다. 정부의 지원 아래 그 나라의 기업은 더 큰 이윤을 얻을 수 있고 그 결과 그 나라의 사회적 후생도 개선될 수 있다는 논리인 것이다. 바로 전략적 무역 정책이다. 1980년대 게임이론을 응용해 전략적 무역 정책 연구를 선도한 학자들은 제임스 브랜더, 바바라 스펜서, 폴 크루그먼, 엘하난 헬프만 등이었다. 특히 제임스 브랜더와 바바라 스펜서는 여러 논문[47]을 통해 전략적 무역 정책에 대한 연구가 본격화되도록 했다.

기업들이 과점상황에서 경쟁을 하고 있는 경우 전략적 무역정책은 자국기업이 보다 유리한 선택을 할 수 있도록 돕는다. 그 결과 자국기업의 경쟁기업, 즉 외국기업은 불리해질 수밖에 없는 것이다. 그 과정에서 전략적 무역정책은 자국 시장을 보호하는 효과를 발생시킨다. 규모의 경제가 실현될 때 자국에서 수확체증 산업이 성장하기 위해서는 생산량이 매우 중요하다. 자국 시장을 외국 기업들에게 빼앗기면 자국 기업들의 생산량이 감소할 수밖에 없고 그 경우 자국 산업

---

47) James A. Brander and Barbara J. Spencer (1981), "Tariffs and the Extraction of Foreign Monopoly Rents under Potential Entry", Canadian Journal of Economics, 14(3), 371−389.

James A. Brander and Barbara J. Spencer (1983), "International R&D Rivalry and Industrial Strategy", Review of Economic Studies, 50(4), 707−722.

James A. Brander and Barbara J. Spencer (1985), "Export Subsidies and International Market Share Rivalry", Journal of International Economics, 18, 83−100.

은 경쟁력을 잃게 된다. 따라서 자국 기업의 생산량이 증대될 수 있도록 정부는 정책을 마련할 유인이 커진다. 또한 전략적 무역정책은 외국기업으로 하여금 생산량을 줄이도록 유도한다. 그 결과 자국기업의 생산량 증대 그리고 자국 산업의 수출 진흥 효과를 낼 수 있는 것이다. 그러한 결과를 내다보고 여러 나라들은 자국 산업의 규모를 키우기 위해 전략적 무역정책을 활용했던 것이다. 전략적 무역정책은 외국기업의 이윤을 자국기업으로 이전시킨다. 완전경쟁 시장과는 달리 불완전경쟁 시장에선 이윤이 발생한다. 독과점 시장에선 그 이윤이 더 커진다. 이때 자국기업에 보조금을 지원하면 외국기업의 이윤 일부를 자국기업으로 이전시킬 수 있다. 그 결과 자국기업의 국제경쟁력이 강화되고 그 경쟁력을 바탕으로 세계시장 점유율을 높일 수 있는 것이다. 전략적 무역정책 성공을 위한 조건은 외국기업이 생산 계획을 변경하도록 '신빙성 있는 위협(credible threat)'이 되느냐 여부에 달려있다고 볼 수 있다. 그 '신빙성 있는 위협'을 만들어 내기 위해 1980년대 미국 포함 선진국들은 자국기업의 R&D 투자를 정부가 지원했다. 그 경우 외국기업은 R&D 투자를 위해 상대적으로 더 큰 비용을 감수해야 하고 그 결과 기업의 생산 계획에도 영향을 줄 수밖에 없을 것이다.

기업의 전략 선택

전략적 무역 정책은 독과점 시장구조를 그 배경으로 한다. 따라서 독과점 시장구조에 대한 정확한 이해가 있어야 전략적 무역정책을 이해할 수 있다. 앞서 언급했지만 독과점 시장은 기업들이 불완전경쟁을 하고 있기에 이윤이 발생한다. 완전경쟁하에선 이윤이 발생하지 않는다. 말 그대로 완전경쟁이란 무수히 많은 생산자가 시장 내에 존재하기에 어느 한 생산자에게도 그 시장 내 가격결정에 영향력을 행사하지 못하는 상태이다. 또한 진입(Entry)과 퇴출(Exit)이 자유로운 상태이기도 하다. 반면, 독점 또는 과점과 같이 불완전경쟁은 어느 한 생산자가 그 시장 내 가격결정에 영향력을 행사할 수 있고 소수의 생산자들만 존재하는 상태이다.

완전경쟁 시장과 불완전경쟁 시장의 차이는 이윤이 존재하느냐 여부이다. 완전경쟁하에서는 장기적으로 생산자의 이윤은 0이 된다. 반면 불완전경쟁하에서는 생산자의 이윤은 0을 초과할 수 있다. 그 차이가 발생하는 이유는 생산자들의 시장 진입과 진출이 무한히 자유로우냐 여부에 달려 있다. 완전경쟁 시장에선 생산자들의 진입과 진출이 무한히 자유롭다. 만약 현재 시장 가격이 장기 평균한계비용보다 높게 주어졌다면, 즉 P>LMC일 때, 정(+)의 이윤을 기대하는 생산자들이 그 시장에 신규로 진입하게 된다. 이에 따라 생산량이 늘어나고 시장 가격을 하락시켜 그 정(+)의 이윤은 장기적으로 0으로 수렴한다. 시장 가격은 장기 평균한계비용과 같아진다. 즉, 'P=LMC'가 성립한다. 만약 현재 시장 가격이 장기 평균한계비용보다 낮게 주어졌다면, 즉 P<LMC일 때, 손실을 보고 있는 생산자들이 차례대로 시장 진출(exit)을 결정하게 된다. 이에 따라 생산량이 줄어들고 시장 가격을 상승시켜 시장 내 기업의 손실은 장기적으로 0으로 수렴한다. 즉, 'P=LMC'가 성립한다. 따라서 시장 진입과 진출이 무한히 자유로운 완전경쟁 시장에서 장기적으로 기업의 이윤은 0이 될 수밖에 없다. 하지만 불완전경쟁 시장에서는 생산자들의 진입이 무한히 자유롭지 못하다. 대규모 고정투자로 인해 큰 고정비용이 발생하기 때문이다. 따라서 시장 진입이 그렇게 쉽지 않다. 만약 진입을 한다고 해도 기업 경쟁력을 보여주지 못하면 0보다 적은 이윤을 보게 되고 그에 따라 퇴출될 수밖에 없다. 그렇기에 소수의 기업들만 그 시장에 존재하고 정(+)이윤을 얻을 수 있는 것이다. 시장 진입이 자유롭지 않은 독과점 시장에서 기존 생산자들에겐 초과이윤, 즉 지대가 발생한다.

독점 상태는 한 개의 생산자만 존재하고 과점 상태에서는 두 개 이상이 존재한다. 독점 상태와 다르게 과점 상태에서는 기업들이 '상호작용'을 헤아려 전략 선택을 하게 된다. 독점 생산자는 그 시장 내에 경쟁 기업들이 없기 때문에 '상호작용'을 고려할 필요가 없을 것이다. 자신의 이윤을 극대화할 수 있도록 가격과 생산량을 결정하면 된다. 하지만 과점 상황에 있는 생산자는 게임 상황에 처해 있다. 즉, 경쟁 기업의 '전략 선택'을 고려하여 '전략 선택'을 스스로 할 수밖에 없는 것이다. 그러한 고려가 없으면 이윤 극대화가 불가능하기 때문이다. 과점 시장에서 시장 총생산량이 증가하면 가격이 내려가게 된다. 따라서 상대의 생산량을 고려하지 않고 독점 생산자처럼 자신 단독으로 생산량을 결정했을 때, 다른 경쟁 기업들의 전략 선택에 따라 시장 가격이 크게 하락하는 경우 자신의 생각대로 이윤이 극대화되지 않는다. 그렇기에 소수 기업들이 존재하는 과점 시장에서는 '상호작용'을 헤아려 전략 선택을 해야 한다.

쿠르노(Cournot) 모형

과점 시장에서 두 기업이 존재한다. 그 두 기업은 전략적 고려(strategic consi—deration)를 통해 자신의 최적 생산량을 동시적으로 결정한다. 동시적인 결정은 두 기업들 간의 전략 선택에 시차가 존재하지 않음을 의미하지 않는다. 상대 기업의 선택이 무엇인지 알지 못하는 상황에서 자신의 선택을 결정해야 하는 상황임을 의미한다. 서로 다른 두 기업이 동시에 산출량을 결정하는 과점 모형이 쿠르노 경쟁(Cournot Competiton)이다. 그 모형에서 각 기업의 생산량이 어떻게 결정되는지 이해하기 위해서 추가 설명이 필요하다.

시장의 역수요 함수: $P(Q) = a - bQ = a - b(q_1 + q_2)$

기업1의 비용함수: $C_1(q_1) = c_1 q_1$, 기업2의 비용함수: $C_2(q_2) = c_2 q_2$.

기업1의 이윤함수: $\pi_1 = P(Q)q_1 - c_1(q_1)$

$$\pi_1 = [a - b(q_1 + q_2)]q_1 - c_1 q_1$$

기업1의 최적 반응함수: $BR_1(q_2) = q_1(q_2) = \dfrac{a - c_1 - bq_2}{2b}$

기업1의 1계도함수: $\dfrac{d\pi_1}{dq_1} = a - 2bq_1 - bq_2 - c_1 = 0$

기업2의 이윤함수: $\pi_2 = P(Q)q_2 - c_2(q_2)$

$$\pi_2 = [a - b(q_1 + q_2)]q_2 - c_2 q_2$$

기업2의 1계도함수: $\dfrac{d\pi_2}{dq_2} = a - 2bq_2 - bq_1 - c_2 = 0$

기업2의 최적 반응함수: $BR_2(q_1) = q_2(q_1) = \dfrac{a - c_2 - bq_1}{2b}$

기업1의 이윤극대화 산출량 $q_1^* = \dfrac{a - 2c_1 + c_2}{3b}$

기업2의 이윤극대화 산출량 $q_2^* = \dfrac{a - 2c_2 + c_1}{3b}$

쿠르노 경쟁 모형에서 두 기업의 목적은 단순하다. 이윤 극대화이다. 주목할 것은 시장 가격(P)이다. 그 시장 가격은 두 기업이 전략적으로 선택한 산출량의 합($Q = q_1 + q_2$), 즉 전체 산출량에 의해 결정된다. 시장 가격은 전체 산출량과 함수 관계에 있다. 이에 따라 각 기업은 경쟁기업이 어떠한 선택을 할 것인지에 대해 전략적 고려를 해야 하는 것이다. 각 기업의 산출량은 경쟁기업의 산출량에 영향을 주고 받는다. 경쟁기업이 선택한 임의의 산출량에 대해 자신의 이윤을 극대화시켜줄 수 있는 자신의 산출량을 최적 반응함수(Best Response Function)라고 한다. 경쟁기업이 선택할 정확한 산출량을 알 수 없는 상황에서 그 기업의 산출량에 대한 자신의 최적 대응 산출량 사이에 존재하는 함수 관계를 찾을 수 있는 것이다. 전략적 고려를 통해 경쟁기업 입장에서 생각하면 경쟁기업의 최적 반응함수를 찾을 수 있다. 기업1의 최적반응은 $BR_1(q_2)$이가 되고 기업2의 산출량 q_2에 따라 달라진다. 변수 q_2는 음(−)의 계수를 갖고 있다. 이는 기업2의 산출량이 증가할 때 기업1의 최적반응은 자신의 산출량을 줄이는 것임을 뜻한다. 반대로 기업2의 최적반응은 $BR_2(q_1)$이며, 비슷하게 기업1의 산출량이 증가하면 기업2의 산출량은 감소하게 된다. 그렇게 경쟁기업의 산출량이 늘어날 때 자신의 산출량이 감소하는 관계를 '전략적 대체관계(Strategic Substitute)'라고 표현한다. 제한된

시장 내에서 두 기업이 시장 점유율을 나눠 갖는 관계라는 뜻이다.

직관적으로 파악할 때, 그 시장에서 총산출량은 두 기업의 최적 반응함수가
교차하는 점에서 결정된다. 그 교차점은 '내쉬균형(Nash Equilibrium)'을 나타낸다.
그 균형점에서 각 기업은 자신의 이윤을 극대화한다. 그 이윤 극대화는 경쟁기업
의 전략적 선택을 고려한 결과이다. 그 경쟁기업도 마찬가지다. 즉, 상대의 전략
적 선택을 고려한다. 그 결과 내쉬균형이 결정되는 것이다. 직관적으로 파악할
때, 각 기업은 경쟁기업이 자신을 의식하고 있다는 것을 인지하고 있으며, 그렇
기에 자신 또한 경쟁기업의 전략적 선택을 고려해야 한다는 것을 의미한다. 결과
적으로, 각 기업은 상대의 최적 반응을 생각하고 이윤 극대화 산출량을 결정하게
된다. 수학적으로, 그 값은 두 기업의 최적 반응 방정식을 연립해 푼 해라고 말할
수 있다. 즉, 최적 반응 그래프의 교차점인 것이다. 기업1과 기업2의 이윤 극대화
산출량은 각각 q_1^*, q_2^* 로 표시한다.

$$q_1^* = \frac{a - 2c_1 + c_2}{3b},$$
$$q_2^* = \frac{a - 2c_2 + c_1}{3b}.$$

내쉬균형은 $(q_1^*, q_2^*) = \left(\dfrac{a - 2c_1 + c_2}{3b}, \dfrac{a - 2c_2 + c_1}{3b} \right)$이다.

q_1^*은 자사의 한계비용 c_1과는 부($-$)의 관계이며 경쟁기업의 한계비용 c_2와
는 정($+$)의 관계를 보여준다. q_2^*은 자사의 한계비용 c_2과는 부($-$)의 관계이며
경쟁기업의 한계비용 c_1과는 정($+$)의 관계를 보여준다. 해석하자면, 자사의 한계
비용이 증가하면 자사의 이윤 극대화 산출량이 감소하고 경쟁기업의 한계비용이
증가하면 자사의 이윤 극대화 산출량이 증가한다.

자사의 한계비용 감소는 자사의 생산성 향상으로 해석할 수 있다. 따라서
자사의 생산성이 향상되면 그 경쟁기업의 산출량이 감소하게 되는 것이다. 이를
국제적인 시각에서 바라보면, 자국 기업의 생산성이 향상되면 외국 기업의 산출

량이 감소하게 되는 것으로 해석될 수 있다. 반대의 해석도 가능하다. 즉, 외국 기업의 생산성이 향상되면 자국 기업의 산출량이 감소하게 되고 외국 기업의 산출량이 증가하게 되는 것이다. 이는 쿠르노 과점 모형에서 기업1과 기업2가 전략적 대체 관계에 있기 때문에 이끌어지는 결론이다.

기업1의 생산성이 향상되어 한계비용이 감소했을 때, 양쪽 기업들 모두의 산출량이 변하는 결과로 이어진다. 기업1의 새로운 이윤 극대화 산출량은 이전보다 증가하게 되고, 기업2의 새로운 이윤 극대화 산출량은 이전보다 감소하게 된다. 쿠르노 모형은 과점 시장에서 자국 기업이 외국 기업보다 더 큰 산출량을 확보하고 더 큰 이윤을 얻을 수 있도록 조언한다. 즉, 자국 기업이 외국 기업보다 산출량이 많아지려면 생산성을 향상시켜 한계비용을 줄여야 한다는 결론이 된다. 따라서 자국 기업에 대한 정부지원이 필요한 것이다. 정부의 지원 아래 자국 기업의 생산성이 향상되고 그 한계비용이 줄어들면 외국 기업의 산출량을 대체해 자국 기업의 이윤을 증가시킬 수 있다.

스타겔버그(Stackelberg) 모형

기업의 규모가 커지면 시장 경쟁에서 유리한 점이 많다. 특히 게임이론 시각에서 설명할 때 그 시장에서 '선도자' 역할을 맡을 수가 있기 때문이다. 따라서 시장 점유율 확보는 매우 중요하다. 그러한 관점에서 볼 때, 정부는 자국 기업의 최적 생산량을 더욱 크게 할 방법을 모색할 수 있다. 자국 기업이 그 산업 내에서 '선도자(leader)' 역할을 맡게 되면 외국 기업과의 경쟁에서 우위를 확보하게 된다.

쿠르노 모형은 두 기업이 상대의 '전략적 고려'를 고려하여 그리고 경쟁기업도 자사의 '전략적 고려'를 고려한다는 전제하에 동시에 산출량을 결정한다. 즉,

동시적 게임(simultaneous game) 상황인 것이다. 하지만 스타겔버그 모형은 기업들 간에 선도자(leader)와 추종자(follower)가 구분되고, 선도자가 먼저 산출량을 결정한 후 추종자가 산출량을 결정한다. 즉, 순차적 게임(sequential game) 상황인 것이다. 그렇다면 쿠르노 모형과 스타겔버그 모형에서 산출량의 결과가 다를 수밖에 없을 것이다. 그 이유는 선도자의 전략적 우위 때문이다. 쿠르노 모형에서 기업들은 상대의 산출량을 정확히 알지 못한 채 자사의 최적반응이 정해졌지만, 스타겔버그 모형에서 선도자는 자사가 어떠한 선택을 할 때 그 추종자가 어떻게 반응할 것인지를 알고 있는 상태이다. 즉, 추종자가 전략적으로 선택할 산출량은 선도자의 선택에 달려 있는 것이다. 예를 들면, 대기업과 소기업이 시장 안에서 같이 경쟁하는 상황을 떠올려보면 이해가 쉽다. 소기업은 대기업의 전략 선택을 기다릴 수밖에 없다. 대기업이 산출량을 늘린다고 해서 소기업이 무작정 따라서 같이 산출량을 늘릴 수 없을 것이다. 스타겔버그 모형은 그러한 상황을 표현한다고 볼 수 있다. 다음과 같다.

시장의 역수요 함수: $P(Q) = a - bQ = a - b(q_1 + q_2)$

기업1의 비용함수: $C_1(q_1) = c_1 q_1$

기업2의 비용함수: $C_2(q_2) = c_2 q_2$.

기업1은 선도자이고 기업2는 추종자이다.

이때 추종자인 기업2의 최적 반응함수를 다음과 같이 구할 수 있다.

기업2의 이윤함수: $\pi_2 = P(Q)q_2 - c_2(q_2)$
$$\pi_2 = [a - b(q_1 + q_2)]q_2 - c_2 q_2$$

기업2의 1계도함수: $\dfrac{d\pi_2}{dq_2} = \dfrac{a - 2c_1 + c_2}{2} - bq_1 = 0$

기업2의 최적 반응함수: $BR_2(q_1) = q_2(q_1) = \dfrac{a - c_2 - bq_1}{2b}$

이때 선도자인 기업1의 이윤함수는 다음과 같이 구해진다.

기업1의 이윤함수: $\pi_1 = P(Q)q_1 - c_1(q_1)$

$$\pi_1 = [a - b(q_1 + BR_2(q_1))]q_1 - c_1 q_1$$

$$\pi_1 = \left[a - b\left(q_1 + \dfrac{a - c_2 - bq_1}{3b}\right)\right]q_1 - c_1 q_1$$

기업1의 최적 반응함수: $BR_1(q_2) = q_1(q_2) = \dfrac{a - c_1 - bq_2}{2b}$

기업1의 1계도함수: $\dfrac{d\pi_1}{dq_1} = a - 2bq_1 - bq_2 - c_1 = 0$

기업1의 이윤극대화 산출량 $q_1^{**} = \dfrac{a - 2c_1 + c_2}{2b}$

$$q_1^{**} = \dfrac{a - 2c_1 + c_2}{2b} > \dfrac{a - 2c_1 + c_2}{3b} = q_1^{*}$$

기업2의 이윤극대화 산출량 $q_2^{**} = \dfrac{a - 3c_2 + 2c_1}{4b}$

$$q_2^{**} = \dfrac{a - 3c_2 + 2c_1}{4b} < \dfrac{a - 2c_2 + c_1}{3b} = q_2^{*}$$

스타겔버그 모형에선 선도자인 기업1이 먼저 생산량을 결정하게 된다. 이때 추종자인 기업2는 기업1이 어떤 선택을 할 것인지에 대해 알지 못하고 있고, 기업1이 선택할 임의의 산출량에 대해 최적 반응을 생각하고 있다. 따라서 기업2의 최적 반응함수는 쿠르노 모형과 동일하다. 하지만 선도자인 기업1은 추종자인 기업2의 최적 반응함수를 알고 있는 상태이다. 즉, 자사가 임의의 생산량 q_1을 선택하면, 기업2가 최적 반응 계획에 따라 산출량을 $BR_2(q_1)$만큼 선택할 것을 알고 있다. 즉, 선도자 기업1은 추종자 기업2에 대해 전략적 우위를 확보하고 있다. 그렇기에 선도자 기업1은 자사가 확보한 전략적 우위를 이용해 자신의 이윤을 극대화하는 것이다. 그에 따라 자사의 산출량이 결정되고 이후 추종자 기업2의 산출량이 결정되는 것이다. 스타겔버그 모형에서 얻어진 결과를 쿠르노 모형에서 얻어진 결과와 비교하면 그 차이가 명확하다. 선도자 기업1의 산출량과 이윤은 늘었고, 추종자 기업2의 산출량과 이윤은 감소하게 된다. 선도자 기업1이 전략적 우위를 확보하기 있기 때문이다. 스타겔버그 모형이 시사하는 점이 있다. 정부가 지원을 통해 자국 기업을 선도자(leader)가 되도록 만들면 외국 기업의 산출량과 이윤을 줄일 수 있고 자국 기업의 산출량과 이윤을 증가시킬 수 있다는 것이다.

최적 반응함수에 대한 의문이 있을 수 있다. 이윤 극대화 산출량을 기업1과 기업2의 최적 반응함수를 연립방정식의 해로 풀어냈다. 그런데 그 기업들이 최적 반응함수대로 산출량을 결정한다는 보장이 없다. 물론 최적 반응함수는 자사의 이윤 극대화를 위한 최적 반응(Best Response)을 나타내고 있기 때문에 기업이 그 계획에 어긋난 결정을 한다면 합리적이지 않다. 게임이론에서는 '허구적 위협 (non-credible threat)'이란 개념이 있다. 상대에게 자신에게 유리한 결정을 강요하고 그렇게 하지 않으면 자신이 비합리적인 선택을 통해 응징할 것이라는 위협이다. 그러한 위협은 허구적이다. 왜냐하면 자신이 위협한 그 선택을 할 경우 자신의 이윤도 해치기 때문이다. 따라서 합리적인 기업이라면 항상 최적 반응함수에 따라 선택을 한다고 보아야 한다. 최적 반응함수는 공약(commitment)인 것이다.

자국시장효과(Home Market Effect)

개발도상국 중심으로 유치산업 보호론에 대한 논의가 많다. 전략적 무역정책은 유치산업 보호론 연장선 상에 있다고 볼 수 있는데 '신 유치산업 보호론'으로 불리우기도 한다. 개발도상국의 경제발전 전략이 될 수 있기 때문이다. 전략적 무역정책을 통해 나타나는 보호효과는 특징이 있다. 자국 기업을 보호하고 지원하는 데에 그치는 것이 아니라 자국 기업과 외국 기업의 전략적 선택에 영향을 미치기 때문이다. 이론적으로 분석할 때 자국시장을 보호하기 위해 부과하는 관세가 자국에 항상 유리한 것은 아니다. 그 관세부과가 교역조건을 개선시켜 자국에 유리함을 주는 반면 시장 내 자원배분 형태를 왜곡시켜 후생 감소로 이어지기 때문이다. 하지만 제임스 브랜더와 바바라 스펜서는 1981년 연구 논문[48]을 통해 보호관세를 통해 외국 기업의 독점이윤을 자국으로 이전시키고 자국 기업의 시장 진입을 유도할 수 있다고 주장했다. 즉, 관세가 외국 기업의 독점이윤을 자국으로 이전시키는 역할을 할 수 있다는 것이다. 이유는 다음과 같다.

개발도상국 내에는 대개 경쟁력 강한 기업이 많지 않다. 따라서 외국 기업이 제조한 상품들이 그 시장을 장악해 독점이윤을 누리는 경우가 흔하다. 개발도상국 정부 시각에서 개입을 통해 그 상황을 시정하고 싶을 것이다. 즉, 독점 상황에서 만들어지는 그 초과이윤이 외국으로 유출되고 있는 상황을 개선하면 자국의 후생이 증가할 수 있다는 생각 때문이다. 하지만 수입상품에 무작정 관세를 부과하면 수입량이 줄어들면서 가격상승을 부채질할 수 있다. 그 경우 소비자 후생이 감소하게 된다. 이 상황에서 자국 생산자가 그 시장에 진입할 가능성이 있다면 관세정책 수립이 쉬워진다. 즉, 자국 기업이 자국 시장에 진입하면 시장구조는 독점에서 과점으로 변하게 된다. 그 경우 자국 기업은 추종자가 된다. 따라서 선도자인 외국 기업이 먼저 산출량을 결정한 다음 자사의 산출량을 결정해야 한다. 스타켈버그 모형이 적용되는 것이다. 하지만 그 외국 기업이 전략적 고려를 하고 있다면 자국 기업의 시장 진입 자체를 막는 것이 가장 유리한 전략이 될 것이다. 따라서 자국 기업의 시장 진입을 막기 위해 전략적으로 산출량을 정해놓은 상태일 것이다. 즉, 규모의 경제가 실현되고 있는 상황 속에서 기업은 생존

48) James Brander and Barbara J. Spencer (1991), "Tariffs and the Extraction of Foreign Monopoly Rents under Potential Entry", Canadian Journal of Economics, 14(3), 371–389.

을 위해 최소한의 생산량이 필요하다. 외국 기업은 잠재적 자국 기업이 그 최소한만큼을 생산할 수 없도록 전략적 우위를 이용해 자신들의 생산량을 결정했을 것이라는 뜻이다. 하지만 역설적이게도 그러한 상황은 그 개발도상국으로 하여금 관세정책을 수립하기 쉽게 한다. 외국 기업은 그 개발도상국 내 어떤 기업이 그 시장에 진입하는 것보다 차라리 그 정부에 세금을 납부하는 것이 더 유리하다고 판단하기 때문이다. 그렇기에 정부가 관세를 부과하더라도, 그 나라 기업의 잠재적 진입을 막으려 하는 외국 기업은 생산량을 감축할 수 없다. 따라서 시장가격은 오르지 않게 된다.

그 결과 관세부과는 소비자 후생을 감소시키지 않고 외국 기업의 독점이윤을 자국으로 이전시킬 수 있는 것이다. 그 개발도상국 정부는 관세부과가 소비자 후생을 감소시키지 않고 재정수입을 증가시키므로 관세율을 계속 높일 유인이 있다. 언제까지 계속 관세율을 높일까 하는 질문을 던질 수 있다. 간단하다. 관세율이 계속해서 높아지면, 외국 기업이 얻고 있는 독점이윤이 과점이윤보다 작아지게 된다. 즉, 그 나라의 어떤 한 기업이 그 시장에 진입해 그 외국 기업과 시장내에서 과점 경쟁을 할 때 얻어지는 과점이윤보다 독점이윤이 작다는 뜻이다. 그경우 외국 기업은 진입 억제 전략을 포기할 것이다. 개도국 정부는 관세정책을 통해 자국 내 어떤 한 기업이 시장에 진입하도록 유도하는 것까지 성공한다. 그렇게 시장에 진입한 자국 기업은 과점 상태에서 이윤을 외국 기업과 나누어 갖게된다. 즉, 관세부과를 통해 외국 기업이 누려오던 독점이윤을 자국으로 이전시켰으며 자국 기업의 시장 진입을 돕게 된다.

수입보호책

개발도상국 정부는 수입보호 정책을 통해 외국 기업의 독점이윤을 자국으로 이전시키고 자국 기업의 시장 진입까지 유도할 수 있다고 했다. 폴 크루그먼 연구에 따르면 수입보호가 자국 기업의 시장 진입을 유도한 것을 넘어 그 기업의 수출을 촉진할 수 있다고 한다. 폴 크루그먼은 1984년 발표한 한 연구논문[49]을 통해 수입보호 정책이 수출진흥책이 될 수 있음을 보여줬다. 간략한 내용은 다음과 같다. 자국 기업과 외국 기업이 한 산업 내에 과점 상태를 유지하며 두 나라 모두에 상품을 공급하고 있다고 해보자. 이들 기업이 속해있는 산업은 규모의 경제가 실현되고 있기 때문에 생산량이 많을수록 단위 당 평균 생산비용이 낮을 것이다. 하지만 과점 상태이기 때문에 무작정 생산량을 늘릴 수는 없다. 경쟁기업의 '전략적 고려'를 파악해 자사도 전략적인 고려를 해보아야 할 것이다. 그 과정에서 두 기업의 전략적 선택이 이뤄진다. 쿠르노 모형을 통해 두 기업의 전략적 선택을 분석해 보았다. 그 분석 결과를 상기해 보자.

기업1의 생산성이 향상되면 한계비용 c_1이 감소할 것이다. 한계비용 c_1이 감소하면, 기업1은 더 많은 양을 생산하게 되고 기업2는 더 적은 양을 생산하게 된다. 이 상황에서 개도국 정부가 외국으로부터 수입을 막는 보호 정책을 채택했을 때 결과를 예측해 볼 수 있을 것이다. 보호 속에서 자국 기업은 자국 내 생산량을 늘릴 것이다. 규모의 경제가 실현되는 상황에서 생산량이 늘면 한계비용이 줄어들게 된다. 이미 쿠르노 모형에서 분석했듯이 어떤 기업의 한계비용이 줄어들면 그 기업의 최적 반응곡선은 바깥쪽으로 이동하게 된다. 즉, 보호 조치에 따라 자국 기업의 이윤 극대화 산출량은 증가하게 된다. 그에 따라 외국 기업의 산출량은 감소하게 된다. 그렇게 산출량이 늘어나면 규모의 경제 실현 속에서 한계비용을 더욱 감소시킨다. 한계비용이 감소하면 산출량이 다시 늘어난다. 즉, 보호무역 정책이 자국 기업의 생산량을 증가시켜 한계비용을 감소시키고 그에 따라 다시 생산량을 증가시키는 선순환 인과관계를 만들어 내는 것이다. 반면 외국 기업은 악순환 인과관계에 빠지고 말 것이다. 이때 주목해야 하는 사실은 더 있다. 바로 수입보호 정책 덕분에 자국 기업의 생산량이 자국 시장에서만 아니라 외국 시장에서도 증가한다는 것이다. 고전적 무역 이론을 통해 수입 보호 정책이

---

49) Paul Krugman (1984), "Import Protection As Export Promotion: International Competition in the Presence of Oligopoly and Economics of Scale"

자국 기업의 수출을 촉진한다는 설명을 끌어낼 수 없다. 하지만 과점 경쟁속에 규모의 경제가 실현된다고 전제하면 수입 보호에 의한 수출 촉진이 이론적으로 가능하다. 폴 크루그먼의 연구 결과이다.

전략적 보조금

전략적 무역정책 사례는 많다. 자국 기업에 대해 전략적인 보조금을 지원하는 방법도 있다. 1980년대 미국에서 큰 관심을 끌었던 전략이다. 일본이 보호 체제를 통해 전자, 자동차, 철강 등의 산업에 진입하고 수출확대를 통해 '규모의 경제'를 더욱 강화해 나가자 미국 내에서 정부가 대책 마련을 해야 한다는 주장이 많아졌다. 특히 R&D의 역할을 강조하는 연구들이 무역 이론 분야에 등장했다. 제임스 브랜더와 바바라 스펜서는 1983년과 1985년도에 논문[50] 발표를 통해 정부가 자국 기업 경쟁력 강화를 위해 R&D 보조금 지원이 필요하다고 주장했다. 최첨단산업(high-tech)을 지원하고 육성하기 위한 목적이었다. 그 이론적 근거는 다음과 같다.

쿠르노 모형을 상기해 보자. 자국기업과 외국기업이 동시에 산출량을 결정한다. 이때 R&D 투자가 많은 기업은 한계비용이 절감될 것이다. 그렇게 되면 최적 반응함수가 자신들에게 유리하도록 달라지게 된다. 그 결과 경쟁기업에 비해 더 많은 양을 생산하게 되는 것이다. 제3 세계시장은 자국기업과 외국기업 이렇게 두 개의 기업만 존재하는 과점 상태라고 가정한다. 그리고 이 두 기업은 정해진 R&D 수준에서 산출량을 동시에 결정하고 있는 것이다. R&D 투자를 하는 이유는 신기술을 개발하기 위해서다. 따라서 R&D 투자가 많아지면 전반적으로 그 기업의 생산성이 높아져 한계비용 절감으로 이어지는 것이다. R&D 투자가 많아

---

50) Barbara J. Spencer and James A. Brander (1983), "International R&D Rivalry and Industrial Strategy", Review of Economic Studies, 50(4), 707-722.
Barbara J. Spencer and James A. Brander (1985), "Export Subsidies and International Market Share Rivalry", Journal of International Economics, 18, 83-100.

진 기업은 최적 반응함수가 자신들에게 유리하도록 달라져 산출량 증가로 이어진다. 그 결과 경쟁기업의 산출량은 감소하게 된다. 중요한 건 각 기업의 R&D 투자 수준이다. R&D 투자 수준에 따라 산출량이 결정되기 때문이다. 그렇기에 각 기업은 제품 생산에 앞서 R&D 투자 수준도 동시에 결정하게 된다. 즉, 순차적으로 전략 선택을 하게 되는 상황이 된다. 기업들은 R&D 투자 수준을 결정하는 단계가 지나고 차후 산출량이 결정됨을 알고 있다. 첫 번째 단계에서 R&D 투자 수준이 결정되고 두 번째 단계에서 산출량이 결정되는 것이다. 그렇기에 기업들은 두 번째 단계에 산출량 결정이 나타날 결과를 미리 헤아린 상태에서, 자사의 이윤 극대화를 위해 R&D 투자수준을 선택하는 것이다. 첫 번째 단계에서 두 기업의 동시적인 R&D 투자 수준 결정이 이뤄지게 된다.

자국기업과 외국기업이 R&D 투자를 위해 경쟁을 하는 상황이니 무작정 많이 지출을 할 것이라고 생각하기 쉽다. 그렇지 않다. 그 지출은 비용이 되기 때문이다. 따라서 비용 극소화 문제가 제기된다. R&D 투자를 통해 이윤이 증대하게 될 것인데 그 이윤증대 크기가 비용보다 적으면 안 될 것이다. 따라서 R&D 투자 수준도 최적화가 필요하다. 그 최적화된 R&D 투자 수준은 차후에 결정되는 산출량과 이윤 크기에 의해 제약을 받는 것이다. 즉, 첫 번째 단계에서 R&D 투자수준은 두 번째 단계에서 이윤을 극대화 시켜준다.

이렇게 자국기업과 외국기업이 단계적으로 R&D 투자수준을 먼저 결정하고 그 다음 산출량을 결정하는 상황에서 R&D 투자에 대한 정부의 보조금 지원은 자국기업의 R&D 투자 수준을 높이게 된다. 자국기업은 세계시장에서 점유율을 높이기 위해 R&D 투자를 늘리고 싶어도 이윤 극대화 이유 때문에 무작정 R&D 투자를 늘릴 수 없는 상태이다. 앞서 지적한 대로 R&D 투자는 비용이 따르기 때문이다. R&D 투자 수준도 최적화되는 것이다. 순차적 게임 상황이니 공약의 신빙성 문제도 제기될 수 있다. 예를 들어, 자국기업이 첫 번째 단계에서 R&D 투자 수준을 높일 거라고 선언한다면 이를 듣고 외국기업이 최적 반응함수에 따라 자사의 R&D 투자 수준을 변경하게 되고 산출량 감소로 이어질 것이라고 생각하기 쉽다. 이는 '허구적 위협'이라고 파악할 수 있다. 외국기업은 경쟁기업의 최적 R&D 투자 수준을 알고 있다. 그리고 자국기업이 합리적이라면 최적 반응계획을 따를 것이기 때문에 자국기업이 그처럼 R&D 투자 수준을 늘릴 것으로 선언한다고 해도 그 선언이 '허구적 위협'이라고 파악하고 신뢰하지 않게 된다. 따라서 그와 같은 자국기업의 선언은 의미가 없어진다. 이 상황에서, 정부의 역할이 필요하다.

즉, 정부가 나서서 자국기업의 R&D 투자에 대해 보조금을 지원하겠다고 하면. 자국기업이 R&D 투자를 늘린다고 선언할 때 그 선언은 신빙성을 얻게 된다. '선제적 공약(pre−commitment)'이 되는 것이다. 정부가 세액 공제를 해준다거나 또는 직접적 형태의 보조금을 지원하게 되면, 자국기업은 R&D 투자에 대한 비용부담이 줄어들게 된다. 그렇게 되면 R&D 투자수준이 높아질 수 있고 산출량도 증가하게 된다. 그 결과 자국기업은 세계시장에서 시장점유율을 높일 수 있다. 브랜더와 스펜서는 정부의 R&D 보조금 지원 정책이 기업 간 쿠르노 경쟁을 스타겔버그 경쟁으로 바꿀 수 있는데 그 스타겔버그 경쟁에선 자국기업이 선도자가 된다고 분석했다. 즉, 자국 정부는 기업 간 과점 경쟁에 개입해 자국기업이 선도자 역할을 맡을 수 있도록 돕는다. 이미 살펴보았듯이 스타겔버그 경쟁 모형에서는 선도자의 산출량이 많고 더 큰 이윤을 가져간다. 따라서 정부의 개입은 초과이윤을 만들어 내는 과점 경쟁 상태에서 외국기업의 이윤을 자국기업에게 이전시키는 역할을 할 수 있다. 아울러 자국기업이 세계시장 점유율을 높일 수 있도록 돕는 결과를 가져온다.

비판

제임스 브랜더와 바바라 스펜서에 의해 시작된 전략적 무역 정책은 게임이론적 이해를 기본으로 한다. 쉽게 표현하면, 쿠르노 모형은 동시적 게임 상황이고 스타겔버그 모형은 순차적 게임 상황인 것이다. 전략적 무역 정책의 이론적 약점들도 존재한다.

다음은 미국의 '보잉'과 EU의 '에어 버스' 간의 과점 상황을 표현해 주는 보수행렬표이다.

◆ ◆ [표3]

		유럽 에어버스	
		생산	포기
미국 보잉	생산	-5, -5	100, 0
	포기	0, 100	0, 0

미국 보잉은 '생산'과 '포기' 두 가지 중에 한 가지 선택이 가능하다. 유럽의 에어버스도 마찬가지이다. 위 표를 놓고 분석해 보면, 유럽 에어버스가 생산할 때, 미국 보잉의 최적 반응은 생산을 포기하는 것이다. 비슷하게, 미국 보잉이 생산할 때, 유럽 에어버스의 최적 반응은 생산을 포기하는 것이다. 위의 표 각 칸에 기재된 숫자는 보수의 크기를 나타낸다. 앞의 숫자는 미국 보잉이 가져가는 보수 뒤의 숫자는 유럽 에어버스가 가져가는 보수이다.

미국 보잉의 행동 계획은 다음과 같다.

만약 유럽 에어버스가 먼저 생산을 하고 있다면, 미국 보잉이 그 시장에 진입해 얻는 보수는 '-5'에 불과하다. 반면 그 시장 진입을 포기하면 '0'의 보수를 얻게 된다. 따라서 그 경우 미국 보잉은 시장 진입을 포기하는 것이 더 유리하다.

만약 유럽 에어버스가 먼저 생산을 하고 있지 않다면, 미국 보잉이 그 시장에 진입해 얻는 보수는 '100'이 된다. 반면 그 시장 진입을 포기하면 '0'의 보수를 얻게 된다. 따라서 그 경우 미국 보잉은 시장에 진입하는 것이 더 유리하다.

유럽 에어버스의 행동 계획은 다음과 같다.

만약 미국 보잉이 먼저 생산을 하고 있다면, 유럽 에어버스는 그 시장에 진입해 얻는 보수는 '−5'에 불과하다. 반면 그 시장 진입을 포기하면 '0'의 보수를 얻게 된다. 따라서 그 경우 유럽 에어버스는 시장 진입을 포기하는 것이 더 유리하다.

만약 미국 보잉이 먼저 생산을 하고 있지 않다면, 유럽 에어버스가 그 시장에 진입해 얻는 보수는 '100'이 된다. 반면 그 시장 진입을 포기하면 '0'의 보수를 얻게 된다. 따라서 그 경우 유럽 에어버스는 시장에 진입하는 것이 더 유리하다.

따라서 균형은 두 개다. 즉, (생산, 포기)와 (포기, 생산)이다. 그 두 개의 균형 중에 어떤 것이 실현될지는 알 수 없다. 역사적 우연성이 작용한다고 해석할 수도 있다. 즉, 어떤 기업이 먼저 그 산업에 진입했느냐에 따라 전략적 우위가 결정되는 것이다. 항공기 제조업은 생산을 위해 막대한 고정비용이 들어가고 신기술을 이용해 큰 규모의 R&D 투자도 필요하다. 따라서 전 세계적으로 소수의 기업만이 존재할 수 있다. 대표적인 과점 시장이라고 볼 수 있다. 이때 정부가 개입하는 상황을 생각해 보자. 즉, 미국과 EU가 자국의 기업이 항공기 제조업에 진입할 수 있도록 하는 정부 역할이 있는 상황이다.

미국 정부가 보잉에 보조금을 지원한다고 가정하자. 즉, 위와 같은 상황을 타개하고 보잉으로 하여금 시장에 진입해 이윤을 창출할 수도 있도록 하기 위해, 미국 정부가 보잉에 '25'만큼의 보조금을 지원하는 것이다. 그 경우 앞의 표는 아래와 같이 수정될 수 있다.

◆ ◆ [표4]

		유럽 에어버스	
		생산	포기
미국 보잉	생산	20, -5	125, 0
	포기	0, 100	0, 0

　　유럽 에어버스가 생산을 하건 하지 않건 미국 보잉은 무조건 생산하는 것이 유리하다. 반면 유럽 에어버스는 미국 보잉이 생산을 하건 하지 않건 무조건 생산을 포기하는 것이 유리해진다. 정부의 보조금 지원을 통해 미국 보잉의 행동 계획이 달라진다.

　　변경된 미국 보잉의 행동 계획은 다음과 같다.

　　만약 유럽 에어버스가 먼저 생산을 하고 있다면, 미국 보잉이 그 시장에 진입해 얻는 보수는 '20'이 된다. 반면 그 시장 진입을 포기하면 '0'의 보수를 얻게 된다. 따라서 그 경우 미국 보잉은 시장을 진입하는 것이 더 유리하다.

　　만약 유럽 에어버스가 먼저 생산을 하고 있지 않다면, 미국 보잉이 그 시장에 진입해 얻는 보수는 '125'가 된다. 반면 그 시장 진입을 포기하면 '0'의 보수를 얻게 된다. 따라서 그 경우 미국 보잉은 시장에 진입하는 것이 더 유리하다.

　　즉, 유럽 에어버스가 먼저 생산을 하건 하지 않건 미국 보잉은 무조건 시장에 진입하는 것이 유리하다.

　　유럽 에어버스의 행동 계획은 그대로이다.

　　만약 미국 보잉이 먼저 생산을 하고 있다면, 유럽 에어버스는 그 시장에 진입해 얻는 보수는 '-5'에 불과하다. 반면 그 시장 진입을 포기하면 '0'의 보수를 얻게 된다. 따라서 그 경우 유럽 에어버스는 시장 진입을 포기하는 것이 더 유리하다.

　　만약 미국 보잉이 먼저 생산을 하고 있지 않다면, 유럽 에어버스가 그 시장에 진입해 얻는 보수는 '100'이 된다. 반면 그 시장 진입을 포기하면 '0'의 보수를 얻게 된다. 따라서 그 경우 유럽 에어버스는 시장에 진입하는 것이 더 유리하다.

유럽 에어버스는 미국 정부의 보조금을 지원받고 있는 보잉의 행동계획을 알고 있다. 즉, 자사가 어떤 선택을 하건 미국 보잉은 시장에 진입할 것으로 예측한다. 미국 보잉이 생산을 하고 있을 때, 유럽 에어버스가 시장 진입을 하게 되면 보수를 '−5'만큼 얻고 시장 진입을 포기하게 되면 '0'만큼의 보수를 얻는다. 시장 진입을 포기하는 것이 더 유리해지는 것이다. 따라서 유럽 에어버스는 항공기 제조업에 진입하지 않는다.

그 결과 유럽 에어버스는 생산을 포기하고 미국 보잉은 그 시장에서 단독으로 생산을 하게 된다. 결과적으로 미국 보잉은 '125'만큼 보수를 얻게 되고 유럽 에어버스는 '0'만큼 보수를 얻게 된다. 정부가 보조금 지원이라는 전략을 통해 자국기업이 독점이윤 125를 얻도록 하는 것이다.

그 나라에 항공기 제조업과 같은 첨단산업이 존재하는 것과 존재하지 않는 것은 큰 차이가 있다. 첨단산업은 중산층이 형성되도록 좋은 일자리를 창출하기 때문이다.

EU의 보복

앞서 살펴보았지만 미국 정부의 보조금 지원은 유럽 에어버스의 행동 계획을 변경시켜 자국 기업 보잉으로 하여금 독점이윤을 얻게 했다. 그걸 보고 EU는 불공정하다고 여길 수 있다. 그리고 EU도 미국 정부를 모방해 에어버스에 보조금을 지원하면 어떻게 될까? 생각해 보자.

		유럽 에어버스	
		생산	포기
미국 보잉	생산	20, 20	125, 0
	포기	0, 125	0, 0

즉, 미국 정부의 보조금 지원 정책에 맞서 EU도 같이 보조금을 지원하는 것이다. 그 경우 보잉과 에어버스 모두 무조건 시장에 진입하는 것이 유리해진다. 그 결과 미국 보잉과 유럽 에어버스 각각 '20'만큼 보수를 얻게 된다. 하지만 그 보수는 보조금 '25'보다 적다. 사회 전체적으로 볼 때 '25'만큼을 들여 '20'만큼 얻은 격이다. 따라서 '-5'만큼 사회전체 후생이 감소된 것으로 해석할 수 있다. 미국의 보조금 지원 정책이 EU의 보복을 불러와 세계 후생 감소를 야기한 것으로 평가할 수 있다. 즉, 전략적 무역정책이 세계 경제를 유리하게 하지 않았다는 것이다. 전략적 무역 정책은 자국 기업이 유리해지도록 돕는 역할을 한다. 그 과정에서 외국기업의 이윤을 희생시키는 결과를 가져올 수 있다. 그에 따라 외국 정부의 보복(retaliation)을 초래할 수 있다.

문제는 정부가 자국기업과 외국기업의 보수를 정확히 알 수 없다는 것이다. 지금까지의 분석을 보면 보수행렬표를 만들어 각 기업의 최적 반응을 알 수 있다고 전제했다. 하지만 상황에 따른 기업의 보수를 알지 못하기 때문에 최적 반응 또한 알 수 없는 것이다. 예시했지만, 보수행렬표에 들어가 있는 숫자들이 조금씩 달라지면 각 기업의 행동계획도 달라지고 그에 따라 균형도 달라지게 된다. 쿠르노 모형과 스타겔버그 모형 등을 사용하여 전략적 무역 정책을 설명하였지만 만약 정부가 보수행렬표에 들어가 있는 보수의 크기들을 정확히 알지 못하면 기업의 최적반응을 파악하지 못하게 된다. 그 경우 어느 정도의 보조금을 지원해야 하는지도 알 수 없게 된다. 그렇다고 해서 지금까지의 논의가 무의미해지는 것은 아니다. 분석 모형은 여전히 유효하지만 문제는 정보가 없을 뿐이다. 바로 보수에 대한 정보이다. 그렇게 정보가 부족한 가운데 정부는 잘못된 정책을 수립할 수 있다. 예를 들어 볼 수 있다. 정부가 정보부족으로 인해 자국기업과 외국기업을 잘못 평가하고 있는 경우이다. 그 경우 합리적인 보조금 지원책이 나올 수 없다. 다음은 그 예시이다.

◆ ◆ [표6]

		유럽 에어버스	
		생산	포기
미국 보잉	생산	−30, 30	50, 0
	포기	0, 100	0, 0

위와 같은 보수구조하에서 균형은 (포기, 생산)이 된다. 즉, 유럽의 에어버스는 무조건 시장에 진입해 생산을 한다. 유럽의 에어버스가 시장에 진입할 것을 안다면 미국의 보잉은 시장 진입을 포기하는 것이 더 유리하다. 그럼에도 불구하고 미국 정부가 자국 기업 보잉의 능력을 고평가하고 유럽 에어버스의 능력을 저평가할 수 있다. 그렇게 해서 아래와 같은 보수행렬표를 바탕으로 정책을 수립한다고 해보자.

◆ ◆ [표7]

		유럽 에어버스	
		생산	포기
미국 보잉	생산	−5, −5	100, 0
	포기	0, 100	0, 0

앞서 분석했지만 위의 경우 미국 정부는 현재 유럽 에어버스가 항공기 제조업에 진입해 있고 미국 보잉은 시장 진입을 못하고 있는 경우라면 그 이유가 '역사적 우연성' 때문이라고 상황을 오판할 수 있다. 그러한 결론에 따라 자국 기업 보잉에 '25'만큼 보조금을 지원해 보잉이 그 산업에 진출하도록 도울 수 있다고 생각한다. 그리고 미국 정부는 보잉에 보조금을 지원한다. 그 결과 보수행렬표는 다음과 같이 된다.

◆ ◆ [표8]

		유럽 에어버스	
		생산	포기
미국 보잉	생산	−5, 30	75, 0
	포기	0, 100	0, 0

유럽 에어버스가 생산하고 있을 때 미국 보잉이 시장에 진입하면 자국 정부의 보조금을 받는 결과 보수를 '−5'만큼 얻고 생산하지 않고 있을 때 시장에 진입하면 '75'만큼의 보수를 얻게 된다. 유럽의 에어버스는 미국 보잉이 생산을 하건 하지 않건 상관없이 무조건 시장에 진입해 생산을 하는 것이 더 유리하다. 정부의 보조금을 받는다 하더라도 유럽 에어버스가 시장에 진입해 생산을 하고 있으면 미국 보잉은 시장에 진입하지 않는 것이 더 유리하다. 따라서 균형은 여전히 (포기, 생산)이 된다. 즉, 유럽 에어버스만 시장에 진입해 보수를 '100'만큼 얻는 것이다. 미국 정부의 전략적인 보조금 지원책은 항공기 제조업 내 균형에 영향을 끼치지 못한다.

1980년대 들어 전략적 무역정책 연구가 활발해졌다. 문제는 독과점을 통해 초과이윤이 발생하는 산업이었다. 그 경우 미국 정부가 어떠한 정책을 수립해야 하느냐는 큰 관심사일 수밖에 없었다. 특히 당시 시대적 배경도 있었다. 일본의 보호체제에 대응하고 R&D 투자를 늘려 최첨단산업 육성을 통해 미국 이익을 위해서였다. 당시 일본의 보호체제는 미국의 일본 시장 진입을 어렵게 했다. 따라서 그 문제에 대응할 필요가 제기됐다. 그리고 미국 최첨단산업 지원은 독점이윤을 얻을 수 있기 때문에 큰 관심이 모아졌던 것이다. 하지만 자유무역을 지지하는 이들은 전략적 무역정책이 한계가 있다고 회의론을 제기했다.

CHAPTER 10

공격적 일방주의

최근 미국과 중국의 무역 갈등이 심화되고 있다. 무역 때문에 갈등이 발생하는 것은 어제 오늘의 일이 아니다. 오랜 역사가 있다. 미국 경제는 1945년 2차 세계대전이 종식되고 일극 강대국의 지위를 누려왔지만 서유럽이 전후 복구를 완료하고 한국을 비롯해 동아시아 개도국들이 경제개발을 시작하면서 세계에서 차지하는 비중이 축소되기 시작했다. 게다가 1970년대 들어 고도성장을 기록했던 일본 경제는 미국인들에게 경각심을 주었다. 대일본 무역수지 적자도 커졌다. 로널드 레이건 미국 대통령은 연설을 통해 외국의 불공정무역 관행으로 인해 미국 기업들이 피해를 보고 있다고 평가했다. 그리고 그러한 불공정무역 관행을 바로잡겠다는 뜻을 내비쳤다. 미국 기업들은 폐쇄적인 일본시장에 불만을 터트렸다. 공식적으로는 관세율이 높진 않았다고 하더라도 보이지 않는 차별적 규제도 많았고 특히 일본기업들 간 폐쇄적 경영 행태 등으로 인해 미국기업이 일본시장에 진입하기 까다로웠다. 그럴수록 미국의 대일본 무역수지 적자는 폭이 커져갔다. 미국기업들은 일본 반도체 산업은 일본 정부의 보호와 지원에 힘입어 성장한 것으로 보았다. 실제 1990년 세계 반도체 회사 매출액별 순위를 보면 일본기업들의 위상을 확인할 수 있다. 1970년대 중반 반도체 세계시장에서 미국기업들이 차지하는 비중은 60% 정도였고 일본기업들이 차지한 비중은 30%가 채 되지 않았다. 하지만 일본기업들 성장이 이어지다 1980년대 들어 두 나라의 비중이 거의 비슷해지더니 1990년대 일본기업들의 시장점유율이 미국기업들을 추월하게 된 것이다.

실제 일본 반도체 기업들 성장 배경엔 일본정부의 도움이 있었다. 통산성은 외국 기업들의 일본시장 접근을 최대한 차단했고 기술이전을 하지 않으면 일본시장에 진입을 못하게 했다. 재무성은 일본 기업들에게 연구개발을 위해 대규모로 금융지원을 했다. 그 결과 일본 기업들은 미국 기업들의 선진적 기술을 빌리거나 모방할 수 있었고, 덤핑을 통해 해외시장 점유율을 높여갔다. 미국 반도체 기업들이 경기장이 기울어졌고 불공정하다고 파악했다. 그 근거는 자국의 법률이었다. 그 법률은 1974년 무역법 301조(Section 301 of the Trade Act of 1974)였으며, 1988년 종합무역법(the Omnibus Foreign Trade and Competitiveness Act of 1988)의 슈퍼 301조(Super 301) 및 스페셜 301조(Special 301)로 강화됐다. 미국 정부는 1980년대 '공정무역(fair trade)'을 외쳤는데 그 대상은 주로 일본이 될 수밖에 없었다. 결국 미국은 1986년 미-일 반도체협정을 체결해 향후 5년간 외국산 반도체의 시장점유율이 20%를 달성하도록 유도했다. 당시 세계무역은 '관세와 무역에 관한 일반협정(GATT)'에 바탕을 두고 있었다. 그렇기 때문에 자국법을 근거로 특정 국가에게 시장개방을 강요하는 미국의 무역정책은 매우 특수한 경우라고 볼 수 있다.

당시 GATT는 100개 이상의 국가들이 참여하고 있었고 '최혜국대우', '관세', '비관세장벽' 등의 규칙들(rules)을 명시했기에 협정 당사국은 이를 준수해야 했다. 하지만 미국은 국제협정을 따르지 않고, 자국의 법률을 근거로 외국시장을 개방시켰다. 이를 일방주의(Unilaterlism)라고 부른다. 80년대 미국의 '일방주의' 정책이 2016년 트럼프가 대통령이 당선되고 나서 반복됐다는 평가가 나왔다. 당시 트럼프 행정부는 중국, EU, 한국 등 거의 주요 교역상대국들을 무역협정 개정을 추진했다. 미국에게 유리한 방향이다. 미국이 외국의 무역행위를 불공정하다고 판단하는 근거는 세계무역기구(WTO)의 규약이 아니라 자국 법률인 1974년 무역법 301조와 1988년 종합무역법 슈퍼 301조, 스페셜 301조이다.

그러한 일방주의적 무역정책은 역사적 배경이 있다. 19세기 영국은 1846년 곡물법을 폐지하며 보호무역체제를 철폐하고 자유무역체제로 들어섰다. 비교우위 개념을 만들어 낸 데이비드 리카르도 역시 곡물법 폐지를 주장했다. 당시 영국은 다른 나라들이 보호무역체제를 유지하고 있었음에도 불구하고 아랑곳하지 않고 수입 곡물에 관세를 철폐하며 홀로 자유무역체제를 도입했던 것이다. 이를 '일방주의'라고 한다. 20세기 초반 미국도 다른 나라들과 교섭을 통해 무역장벽을 낮춰가며 무역자유화를 이뤘다. '윈-윈(win-win)' 전략이다. 상호 간의 이득을 증가시키기에 이를 '상호주의(Reciprocity)'라고 부른다. 즉, 영국은 일방주의에 기반을 두고 미국은 상호주의에 기반을 두고 무역자유화를 추진해 왔다. 상호주의는 언제든지 일방주의로 변할 수 있다. 미국은 자유무역을 추구하다가도 국제정치 상황이 변한다거나 경기침체 등의 거시경제 상황이 달라지면 보호무역을 선회할 수 있음을 보여준다.

1947년 GATT 체제가 수립된 이유는 보호무역의 폐해 때문이었다. 1930년대 대공황 이후 보호무역이 확산되며 세계대전까지 발발했었다. 2차 세계대전이 종전된 이후, 미국과 영국 주도로 자유무역 추진을 위해 GATT 체제를 만들었던 것이다. 물론 미국의 국제정치적 전략도 있었을 것이다. 즉, 공산주의에 맞서기 위해 서유럽과 패전국 일본의 부흥이 필요했기 때문이었다. 시간이 흐르고 미국과 영국의 구상대로 서유럽과 일본 경제가 부흥하자 자동차, 반도체, 철강 등의 산업에서 국제경쟁이 치열해졌다. 거기에 더해 1970년대 말 오일쇼크가 닥치자 세계는 경기침체에 빠져들게 되고 보호주의 목소리가 다시 터져 나오기 시작했다. 미국의 정치인들은 미국 기업과 근로자들의 요구를 들어주기 위해 각종 보호주의 법안을 마련했다. 특히 미국 중서부 러스트벨트(rust belt)에 정치적 기반을 둔 의원들이 적극적으로 나섰다. 결국 미국은 국내법을 근거로 보호주의 무역정책을 활용한 결과 규칙에 기반을 둔 다자주의 세계무역시스템 GATT와 충돌하게 된다. 1947년 체결된 GATT는 규칙에 기반을 둔 다자주의 세계무역시스템이다. 따라서 참여 국가들은 GATT 규칙을 준수해야 한다. 핵심은 무조건적 최혜국대우(Unconditional MFN)와 비차별주의(Non-Discrimination) 원칙이다. 하지만 1980년대 미국의 공격적 일방주의 무역정책은 GATT의 규칙이 아니라 자국의 법(domestic laws)을 근거로 외국의 행위를 판정했다. 그리고 GATT의 분쟁해결절차를 따르지 않고 일방적인 보복(Unilateral Retaliation)을 행사한 격이다. 특정 국가를 상대로 하는 보복과 보호무역 조치는 최혜국대우와 비차별주의 원칙에 위배될 수 있다.

하지만 GATT는 구속력이 없었다.

따라서 1995년 WTO라는 새로운 세계무역시스템이 태동하게 된다. WTO에는 분쟁해결기구(Dispute Settlement Body)가 새롭게 만들어졌고, 각국 간 무역분쟁을 WTO가 다룰 수 있도록 했다. 미국은 클린턴 대통령 시절 기존 1947 GATT 규칙을 수정한 1994 GATT에 더하여, 우위를 점하고 있는 서비스부문(GATs)·지적재산권(TRIPs) 부문 개방을 얻어내고 WTO에 참여하게 된다.

세계 무역사조는 이러하다. 대공황 이후 보호주의가 확산됐고 세계의 나라들은 1947년 미국 코네티컷 주 브레튼 우즈(Bretton Woods)에 모여 자유무역을 전파하기 위해 GATT를 발족시켰고 1980년대 미국의 공격적 일방주의 무역정책이 등장하고 이를 견제하기 위해 1995년 새로운 다자주의 무역시스템인 세계무역기구(WTO: World Trade Organization)가 창설됐다. 트럼프가 미국 대통령이 되면서 일방주의가 다시 등장한 격이다.

일방주의와 상호주의

무역자유화를 달성하는 방법은 크게 일방주의와 호혜주의가 있다. 일방주의는 다른 나라가 보호무역 정책을 채택하고 있느냐 여부에 개의치 않고 자국은 자유무역 정책을 채택하는 것이다. 이는 말 그대로 일방적인 무역자유화이다. 영국이 1846년 곡물법 폐지를 통해 자유무역을 실시한 경우가 대표적이다. 위협을 통해 상대국의 무역장벽을 일방적으로 낮추는 경우도 있다. 앞서 언급한 대로 공격적 일방주의라고도 한다. 전자는 국제경제학자들이 이상적으로 여기는 형태의 자유무역이고 후자는 갈등을 야기하는 형태의 극단적 보호무역에 가깝다고 평가할 수 있다. 1980년대 미국의 무역정책과 트럼프 행정부의 무역정책의 경우가 대표적이다. 호혜주의도 있다. 호혜주의는 다시 다자적 호혜주의와 양자적 호혜주의가 있다. 다자적 호혜주의란 GATT, WTO 등 다자주의 무역시스템 안에서 여러 나라들이 협상을 통해 점진적으로 무역자유화를 이루어 나가는 것을 뜻한다. 예를 들면, 초기 GATT 체제에서 각 나라들은 수입 공산품을 대상으로 관세율을 점점 낮추어 가며 무역장벽을 제거해 나갔다. 이후 농산물 수입개방과 보조금, 덤핑 등과 같은 비관세장벽 제거 여부가 큰 이슈로 남아있던 상태에서 WTO 체제에 들어섰고 이후 서비스부문, 지적재산권 까지 개방 범위를 넓혀 갔다. 양자적 호혜주의는 두 나라 간 협상을 통해 무역자유화를 실시하는 것을 뜻한다. GATT와 WTO는 무조건적 최혜국대우를 기본원리로 하기 때문에 모든 무역상대국을 공평하게 대우해야 하지만 자유무역협정(FTA) 체결을 통해 특정 나라에만 더 낮은 관세율을 부과할 수 있다. 따라서 산업구조가 보완성을 띄는 두 나라들 간에 자유무역협정을 체결하면 상호 간에 무역이득을 얻을 수 있다. 한국이 칠레와 처음으로 자유무역협정을 체결했던 것도 양국 간 산업구조가 보완성이 있었기 때문이다.

영국의 일방적 무역자유화

일방주의라고 하면 오해하기 쉽다. 공격적인 일방주의를 떠올리기 때문이다. 19세기 영국은 일방적 무역자유화를 단행했다. 즉, 다른 나라들이 보호무역을 하고 있는 가운데 영국은 자유무역 정책을 채택했던 것이다. 1846년 영국은 곡물법을 폐지했다. 그리고 단독으로 자유무역 정책을 채택했던 것이다. 19세기 초반 영국은 곡물법을 통해 수입산 곡물에 관세율을 높이고 자국 농업을 보호하고 있었다. 하지만 앞서 설명한 대로 데이비드 리카도(David Ricardo)는 1818년 식량 수입을 자유화하면 자본축적에 유리하다며 곡물법 폐지를 주장했다. 당시 곡물법이 곡물 가격을 상승시키고 임금을 인상시키기 때문에 자본가가 이윤을 창출하기 쉽지 않다는 것이다. 결과 자본축적이 어렵다고 본 것이었다. 이윽고 1846년 영국 수상 로버트 필(Robert Peel)은 곡물법 폐지를 단행하며 일방적 무역자유화를 실시했다. 그는 자유무역을 통해 영국이 무역이득을 얻을 것으로 확신했다. 영국이 무역이득을 얻는 것을 보면 다른 나라들도 자유무역을 실행할 것도 확신했다. 이처럼 19세기 영국은 호혜주의가 아니라 일방주의를 바탕으로 자유무역 정책을 추진해 나간 결과 자본축적이 이뤄지고 제조업이 발전하며 경제가 성장할 수 있었던 것이다.

반면 20세기 초반 미국의 상황은 영국과 전혀 달랐다. 데이비드 리카르도가 주장한 곡물법 폐지와 비교우위는 다른 나라들의 호응을 이끌어 내기에 한계가 있었다. 1920-30년대 호주와 1950-70년대 중남미 나라들은 스스로 제조업을 육성하기 위해 보호무역이 필요하다고 판단했다. 18-19세기 미국 또한 같은 입장이었다. 미국은 제조업 육성의 중요성을 강조했으며 당시에 유럽의 선진공업국들과 자유무역을 하면 제조업 육성이 불가능하다고 파악했다. 18세기 미국 초대 재무부장관 알렉산더 해밀턴과 19세기 경제학자 프리드리히 리스트는 자유무역 사상을 비판하며 제조업 육성을 위해 '유치산업 보호'가 필요하다고 설파했다. 그 결과 미국의 보호주의 무역정책은 계속되었고 대공황 직후 1930년에 스무트-홀리 관세법이 제정되었다. 미국은 고율의 관세를 부과해 수입품 가격을 높이면 자국산 상품들 판매량을 늘어나고 불황 탈출에도 기여할 수 있다고 판단했던 것이다. 스무트-홀리 관세법에 따라 미국은 2만여 수입품들에 대해 평균 50%가 넘는 관세율을 부과했다. 스무트-홀리 관세법은 대공황을 더욱 심화시킨 결과를 가져왔다. 하지만 루즈벨트가 집권하면서 미국의 무역정책은 새로운 전기를 맞게 된다. 특히 국무장관 코델 헐(Cordell Hull)이 큰 역할을 맡았다.

코델 헐은 테네시 주 상원이었다. 테네시 주는 미국 남부의 한 주로 농축산업 비중이 매우 크다. 반면 북부는 남부보다 공업화가 빨랐기 때문에 제조업 중심이었다. 미국의 공업발전 수준은 유럽에 비해 낮은 단계였기 때문에 북부는 보호무역 정책을 선호했고 유럽에 비해 농업 분야에서 경쟁력이 확고했던 남부는 자유무역 정책을 선호했다. 따라서 코델 헐은 낮은 관세율과 자유무역 정책을 지지했다. 코델 헐의 생각은 영국의 리카르도와 비슷했다. 과도한 수입관세를 부과하면 자국 내 물가가 상승하고 소비자 후생이 낮아진다고 생각했다. 생산자 후생은 늘어날 수 있는데 그 증가분은 주로 북부 제조업 분야를 중심으로 배분될 것으로 분석했다. 그렇기에 코델 헐은 무역장벽 철폐에 정성을 다했고 1934년 제정된 호혜통상법(RTAA, Reciprocal Trade Agreement Act)이 제정됐다. 이는 미국 무역정책의 기조를 바꾸었다. 1934 호혜통상법의 주요 내용은 무역협상의 권한을 의회에서 대통령으로 이전하는 것이다. 그리고 대통령은 외국과의 양자 호혜협정을 통해 관세율을 최대 50%까지 인하할 수 있도록 했다. 새롭게 설정된 관세율은 '최혜국대우' 원칙을 통해 다른 나라의 수입품에도 같이 적용되도록 한 것이다. 이론적으로 무역정책은 그 나라 전체의 후생을 극대화하는 차원에서 채택되는 것이 맞다. 하지만 현실은 정치인들이 자신들의 정치적 이득을 위해 결정하는 경우도 많다. 정치인들은 이해관계가 엇갈릴 수밖에 없다. 당시 미국의 북부 주들 의원은 보호무역을 선호했고 남부 주들 의원은 자유무역을 선호하는 것이 당연했다. 주로 북부 주들에 기반을 뒀던 제조업체들은 자유무역에 의해 경쟁이 격화되면 피해를 입을까봐 우려했기 때문에 높은 관세율을 유지하고 싶어 했다. 보호주의 무역을 위한 로비가 있을 수밖에 없었던 이유이다. 당시 루즈벨트 대통령은 대공황에서 벗어나려면 교역량 확대가 필요하다고 파악했다. 그래서 교역량 확대를 위해 양자 협상을 통해 미국과 미국 상대국의 관세율을 동시에 낮추려고 노력했던 것이다. 그 결과 루즈벨트 대통령은 호혜통상법안을 제안했고 1934년 6월에 그 법안이 통과됐다. 그리고 미국의 정책 기조는 자유무역 쪽으로 선회하게 된다. 호혜통상법이 제정된 이후 미국의 평균 관세율은 가파르게 하락했다. 1930년 스무트-홀리 관세법으로 인해 평균 관세율이 50%가 넘었던 것이 1934년 이후 평균 관세율이 크게 낮아졌으며 2차대전 이후 GATT와 WTO 같은 다자주의 자유무역시스템이 발족하면서 미국의 평균 관세율은 한 자리수를 유지하고 있다.

당시 미국엔 보호무역 정책을 주장하는 이들이 많았다. 대공황 이후 외국의 수입장벽이 높은 가운데 미국만 단독으로 수입장벽을 낮춘다면 미국이 불리하리란 우려가 많았던 것이다. 그렇기에 일방적인 무역자유화는 정치적 동의를 얻기가 어려운 상태였다. 호혜주의에 기반한 미국의 무역자유화 방식은 성공적이었다고 평가할 수 있다. 국제경제학자 자그디쉬 바그와티(Jagdish Bhagwati)는 호혜주의를 통한 무역자유화가 일방주의적 무역자유화보다 더 유리하다고 주장한다. 여러 가지 이점들이 있기 때문이다.

자국이 무역자유화를 할 때 외국도 무역자유화를 한다면, 자국의 무역이득이 더 커진다. 자국의 일방적 무역자유화는 수입상품을 더 싸게 이용할 수 있게 한다. 이때 상대방도 무역자유화를 통해 비교우위가 있는 재화를 특화 생산한다면 자국이 수입하는 상품 가격이 더 저렴해진다. 따라서 호혜적 무역자유화가 일방적 무역자유화보다 더 큰 이득을 얻게 한다. 자국과 외국이 같이 무역자유화를 한다면 단기 무역수지 불균형의 문제를 해결할 수 있다. 그뿐이 아니다. 외국도 동시에 무역자유화를 추진하면 자국 기업들에게 해외 시장 진출 기회가 발생한다. 무역자유화를 실행하기 어려운 이유는 보호무역 정책의 수혜를 누리고 있는 이익단체가 반대하기 때문이다. 이때 외국이 동시에 무역자유화를 실행하면 수출기회가 확대되기에 자유무역을 지지하는 이익단체가 늘어날 수 있다. 그렇게 되면 자유무역을 추진하는 데 유리한 정치적 환경이 조성될 수 있고 호혜주의에 입각한 자유무역은 명분도 충분하다. 미국은 영국과는 다르게 호혜주의에 입각해 무역자유화를 추구했던 것이다.

호혜주의와 공격적 일방주의

자그디쉬 바그와티(Jagdish Bhagwati)는[51] 호혜주의의 장점을 설파했지만 호

---

51) 바그와티는 복수의 논문들과 저서를 통해 호혜주의의 장점과 문제점들을 지적했다. 그 논문들은 다음과 같다.

혜주의가 가지고 있는 문제점도 지적했다. 호혜주의가 공격적 일방주의로 돌변할 수 있다는 것이었는데 그 관점에서 80년대 미국의 공격적 일방주의 무역정책에 대해 우려했었다. '호혜주의(Reciprocity)'는 다른 나라와의 협상을 통해 같이 동시에 무역장벽을 낮추어 이익을 도모한다는 긍정적인 뜻을 담는다. 무역상대국이 무역장벽을 낮추지 않을 경우 자국 단독으로 무역장벽을 낮출 이유가 없어진다. 그 경우 시장개방을 통한 상호 동등한 접근을 요구할 수 있다는 의미의 '상호주의'로 표현할 수 있다. 상호주의는 받은 만큼 베푸는 것이다. 따라서 상호주의에 기반한 무역자유화는 언제든지 보호주의와 공격적 일방주의로 돌변할 가능성이 상존한다. 그 시각에서 바그와티가 볼 때 1980년대 미국은 영국과 달리 무역자유화 이데올로기가 없다는 것이다. 당시 미국은 유럽에 비해 후발 공업국가로서 알렉산더 해밀턴의 '제조업에 관한 보고서' 이래 보호주의가 무역정책의 핵심이었고 상호주의(reciprocity)를 기반으로 무역자유화를 실행했다. 아닌 게 아니라 서유럽과 일본 경제 부흥이 이뤄지고 1970－80년대 미국에 불황이 도래하자 상호주의는 공격적 일방주의로 돌변했다. 바그와티는 당시 미국을 '작아지는 거인'으로 묘사했었다. 미국 달러 강세로 인해 무역적자가 심화되고 실업률이 증가했고 세계경제에서 차지하는 위상이 하락하기 시작했다. 미국 정치에서 '공정무역' 목소리가 커지기 시작한 배경이다. 1981년 레이건 대통령이 집권하면서 처음에는 자유무역을 강조했지만 재선 후 1985년부터는 '상호주의'와 '공정무역'을 화두로 내세우기 시작했다. 이에 따라 공화당 의원들도 무역상대국 시장을 개방시켜야 한다고 목소리를 냈다.

1970년대와 1980년대 미국 무역정책의 단면을 보여주는 것이 바로 1974년

Jagdish N. Bhagwati and Douglas A. Irwin (1987), "The Return of the Reciprocitarians U.S.Trade Policy Today", World Economy, 10(2), 109－130.
Jagdish Bhagwati (1988), Protectionism, MIT press.
Jagdish Bhagwati (1989), United States Trade Policy at the Crossroads, World Economy, 12(4), 439－480.
Jagdish Bhagwati (2004), In Defense of Globalization, Oxford University Press.

무역법 301조와 1988년 종합무역법의 슈퍼 301조 및 스페셜 301조이다. 1974년 무역법 301조(Section 301 of the Trade Act of 1974)는 공격적 일방주의의 기초라는 평가를 받을 정도이다. 그 조항에 따르면, 외국의 상거래가 GATT 및 양자협정의 권리에 반한다고 판단되면 미국 대통령은 보복 조치를 취할 수 있다. GATT는 보복 조치를 명시하지 않는다. 따라서 무역법 301조는 GATT에 위배된다고 볼 여지가 있다. 특히 외국의 무역행위를 판단하는 기준이 자의적이라는 지적도 피하기 어렵다. 따라서 '공격적 일방주의'에 기초가 된다는 평가를 듣는 것이다. 이 법안은 무역대표부(USTR)의 조사에 의해, 외국의 무역 법률, 정책, 관행 등이 무역협정을 위반하고 있거나, 정당화될 수 없거나(unjustifiable), 비합리적(unreasonable) 이거나 또는 차별적인 것으로 드러나면 대통령은 의무적 또는 재량적 조치를 취해야 한다고 명시한다. 문제는 '비합리적(unreasonable)'인 경우가 모호하다는 것이다. '비합리적'인 경우는 '협정에 명시된 사항을 위반하지 않았으나 불공정 (unfair)하거나 불공평(inequitable)한 행위'를 의미할 것이다. 하지만 이는 외국의 무역행위를 주관적으로 평가할 가능성이 상존함을 시사한다. 그렇기에 무역법 301조는 주관에 따라 외국의 불공정 무역관행을 시정하고 나아가 시장개방을 위한 수단이 될 수 있다는 지적이 있었다. 1988년 종합무역법은 기존의 무역법 301조를 더 강화시켰다. 기존의 무역법 301조는 대통령에게 대폭적인 재량이 부여되었기 때문에 보복 조치가 반드시 실행되지 않을 수도 있었다. 하지만 1980년대 대일 무역적자가 커지자 이를 시정하기 위해서라도 새로운 법안이 필요했다. 이에 따라 1988년에 종합무역법이 제정되었다.

종합무역법은 무역대표부(USTR)가 '무역장벽 연차보고서'를 매년 의회에 제출하며 '우선 협상국(priority countries)'과 '우선 협상항목(priority practices)'을 반드시 지정하도록 요구했다. 그리고 무역대표부는 '우선 협상국'에 대해 반드시 301조 조사와 협상을 실시하도록 의무화 하였고, 제제 권한은 대통령에서 무역대표부로 이전 되었다. 그렇게 강화된 301조 제제를 일명 '슈퍼 301조(Super 301)'라고 부른다. 지적재산권에 관한 조항은 '스페셜 301조(Special 301)'라고 부른다. 자그디쉬 바그와티가 볼 때 1980년대 무역정책은 '공격적 일방주의'에 가까웠을 것이다. '공정무역'을 이유로 무역상대국의 시장개방을 요구하고 자국의 법률을 근거로 외국의 무역행위를 판단했기 때문이다. '공정무역'이란 명분으로 외국의 무역장벽을 낮추어 자국의 수출을 확대시키고 자국 수출업자들을 보호하는 '수출 보호주의'였다는 것이다.

바그와티 주장에 따르면 '공격적 일방주의' 때문에 EU, 일본 등 세계 여러 나라들이 피해를 입은 것이 된다. 다자주의 세계무역시스템 안에서 각국은 규칙(rules)에 따라 행동하고 있지만 자국의 법률을 근거로 외국의 무역행위를 판단했기 때문이다. 이에 따라 EU와 일본을 비롯해 세계 많은 나라들은 새로운 다자주의 세계무역시스템을 만들고 싶어 했다. 미국도 마찬가지였다. GATT를 대체할 새로운 다자주의 무역시스템이 필요함을 인식했다. 기존 GATT는 외국의 불공정 무역관행 시정에 한계가 있었고 특히 '시장개방'엔 더 큰 한계를 드러냈기 때문이다. 무엇보다 구속력 결여가 큰 단점이었다. 따라서 미국은 분쟁해결기구(DSB)를 통해 외국의 불공정 무역관행을 시정하기를 원했다. 특히 자국이 우위를 보유하고 있는 서비스(GATS) 분야 시장을 개방하고 지적재산권(TRIPS)을 강화하고 싶었던 것이다. 1986년부터 1994년까지 개최됐던 우루과이 라운드를 통해 세계 나라들이 의견을 개진한 결과 빌 클린턴 대통령 집권 시절 1995년 1월 1일에 새로운 다자주의 세계무역시스템 WTO가 공식 출범하게 되었다. 클린턴 대통령이 집권하면서 미국은 만성적인 재정적자 문제가 해결되고 경제력을 회복하는 계기를 마련했다. 그에 따라 미국은 공격적 일방주의 무역정책 사용을 자제했고, 다자주의 세계무역시스템 WTO를 통해 자유무역 사상을 전파하기 시작했다. 다시 '팍스 아메리카나'로 돌아간 것이다.

트럼프 주의

'팍스 아메리카나'는 버락 오바마 대통령이 집권하던 시절까지 유지됐던 것으로 평가할 수 있다. 세계 무역사조는 순환하는 경향이 있다. 보호무역에서 자유무역으로 그리고 다시 보호무역으로 그 사조가 변해간다. '팍스 아메리카나'는 다시 변곡점을 맞게 된다. 도널드 트럼프가 미국 대통령이 되면서부터다. 세계 언론들은 그가 '공격적 일방주의' 카드를 꺼내 들었다고 지적했다. 트럼프 대통령이 재선에 실패하고 조 바이든 대통령이 집권했어도 여전히 '공격적 일방주의'를 포기하지 못했다는 평가를 들었다. 2017년에 집권한 트럼프 대통령의 구호는 '미국을 다시 위대하게!(Make America Great Again!)'였다. 매우 상징적이었다. 트럼프 행정부는 미국이 기존에 맺었던 무역협정을 다시 평가했고 재협상에 나섰다. 2017년 8월 18일, 미국은 1974년 무역법 301조와 302조를 바탕으로 중국의 불공정 무역관행을 조사했고 이듬해 2018년 3월 22일 그 조사결과를 근거로 관세부과, WTO 제소 등의 대응을 한다. 하지만 이는 오해이다. 트럼프 행정부는 중국하고만 무역전쟁을 벌였던 것이 아니다. 그는 집권하자마자 미국의 'TPP 탈퇴'를 선언했다. TPP는 환태평양 경제 동반자 협정(Trans-Pacific Partnership)이다. 말 그대로 일본, 호주, 뉴질랜드, 베트남, 싱가포르 등 태평양을 둘러싼 11개 나라들을 위한 대규모 지역협정이다. 버락 오바마 대통령 시절에 체결됐다. 하지만 트럼프는 대통령이 되자 그 TPP를 폐기했다. 그리고 안보동맹을 맺고 심지언 자유민주주의 가치를 공유하고 있는 EU, 일본과도 재협상에 나섰었다. 자동차와 철강재 때문이었다. 그뿐이 아니었다. 트럼프 행정부는 WTO와 같은 다자주의 무역시스템이나 TPP 등의 다자주의 협정을 비판하고 나섰다. 그 결과 '공격적 일방주의'를 추구한다는 비난에 직면하게 됐다. '미중 패권경쟁' 도식으로만 트럼프의 무역정책을 모두 설명하기 어렵다. 1995년 WTO가 출범했을 때는 냉전이 종식되고 난 다음이었다. 냉전에서 승리한 미국은 적극적으로 자유무역에 나서야 했다. 다자무역체계에 WTO가 필요했던 이유이다.

클린턴 행정부는 '관여와 확장(engagement and enlargement)'이라는 전략하에 전 세계에 민주주의와 시장경제를 전파하려 나섰는데 WTO가 그 역할을 맡았던 것이다. 그 과정에서 개도국들이 수혜를 입었다. 그 나라들은 WTO에 참여함으로써 큰 무역 이득을 챙길 수 있었다. 특히 중국이 가장 큰 수혜자였다. 중국은 WTO 가입 이후 경제성장 속도가 매우 빨랐다. 미국은 중국의 경제성장을 원했다. WTO 가입한 중국이 시장경제 국가로 전환될 것으로 기대했기 때문이었다. 하지만 중국은 시장경제 국가로 전환되지 않았다. 중국은 공산주의 체제를 유지하면서 다자주의 무역시스템의 이익만을 향유하고 있다는 평가를 듣고 있다.

특히 이미 설명했지만 중국이 WTO에 가입하고 2000년대 나타난 IT 혁명은 전 세계 무역패턴도 크게 바꾸어 놓았다. 이제 선진국 – 선진국(North – Nroth) 간 교역보다는 선진국 – 개도국(North – South) 간 교역이 활발해졌다. 통신기술이 발달하면서 개도국으로의 오프쇼어링(Offshoring)도 보편화되었다. '산업 간 무역'이 '산업 내 무역'으로 그리고 다시 '기업 내 무역'으로 전환되었다. 전체 공정의 한 단계가 해외로 이전해 갔기 때문이었다. 그 결과 글로벌 밸류체인(Global Value Chain)이 형성되기 시작했고 미국 내 제조업 일자리는 줄어들고 저소득층 소득이 감소했던 것이다. 미국의 러스트 벨트(Rust Belt) 지역들 정치인들 중심으로 새로운 무역정책을 요구했던 것이다. 트럼프도 같은 생각이었다. 미국인들의 일자리를 희생시키면서까지 세계에 자유주와 시장경제를 전파할 필요가 없다고 생각했던 것이다. 그렇기에 트럼프 행정부는 집권 후 '미국 우선주의(America First)'를 천명했던 것이다. 그리고 다자주의 무역시스템의 규칙에 의존하기보다 양자협상을 통해 자국에 유리한 무역협정 체결을 하기 위해 노력했다. 트럼프 행정부가 추진했던 것은 단순한 '미중 패권경쟁'이 아니라 자국 우선주의였던 것이다.

"America First!"

2016년 대선에 나선 도널드 트럼프 후보(당시)의 구호였다. 그에겐, 자국이 우선이었다. 2015년 6월 16일 도널드 트럼프는 대통령선거 출마를 공식 선언했다. 그는 미국이 심각한 위기에 처해 있다고 목소리를 높였다. 미국의 진짜 실업률은 5.6%가 아니라 18%~20% 정도 된다고 주장했다. 많은 미국인들이 일자리를 가지지 못하고 있는데 그 이유는 중국과 멕시코가 미국인들의 일자리를 가져갔기 때문이라고 했다. 특히 그는 중국을 겨냥했다. 중국은 자국의 통화가치를 떨어뜨려 미국 기업들이 경쟁을 할 수가 없다고 지적했다. 그는 극단적인 표현을 자주 써가며 그 상황에서 미국은 자신처럼 강한 리더가 필요하다고 역설했다. 자신이 대통령이 된다면, 아메리칸 드림을 다시 '더 크고 더 낫고 더 강하게' 되돌려 놓을 것이고 미국을 '다시 위대하게' 만들겠다고 포부를 밝혔다.

'미국을 다시 위대하게!(Make America Great Again!)'라는 구호와 함께 '미국 우선주의(America First)'를 표방해 온 도널드 트럼프는 2016년 미국 대선에서 승리를 거두었다. 예상치 못한 결과였다. 언론은 대부분 민주당 후보 힐러리 클린턴이 대선에서 낙승할 것으로 예상하고 있었다. 하지만 승자는 도널드 트럼프였다. 그리고 그는 2017년 1월 20일 미국의 45대 대통령으로 취임했다. 취임식에서 그는 두 가지를 강조했다. 미국산 제품을 구매하게 하고 미국인들을 고용하게 한다는 것이다. 선거전 중에도 트럼프는 무역적자, 일자리 유출 등에 대해 문제를 제기했었다. 트럼프는 부임 후 7개월 정도 지난 2017년 8월 14일 행정명령을 내렸다. 트럼프 대통령은 특히 중국의 지적재산권 침해와 기술이전 강요를 문제 삼았다. 중국은 오래전부터 자국 시장 진입을 허가해 주는 조건으로 중국 기업과의 합작회사 설립과 기술이전을 강요해 온 것으로 알려졌다. 중국 정부는 자국 기업을 우대하고 외국 기업을 차별적으로 대우했으며 자국 기업에 의한 '지적재산권 침해' 행위를 방조해 왔다. 그렇게 중국은 미국의 기술을 이용해 전자산업을 육성했고 단순가공을 주로 했었던 자국 제조업을 최첨단 산업으로 도약시키려는 중이다. 트럼프와 그 지지자들은 그와 같은 중국의 행태를 방관할 수 없었을 것이다. 중국 기업의 지적 재산권 침해는 미국 이익의 침해를 의미했기 때문이다. 그에 따라 트럼프는 1974년 무역법 301조를 카드로 꺼내 들었다. 행정명령에는

302조를 언급했으나, 302조는 301조를 시행하는 절차를 담는 조항이다. 그는 미국 무역대표부(USTR)로 하여금 중국의 법률, 정책, 관행, 행위가 '불합리'한지(unreasonable) 또는 '차별적'인지(discriminatory) 조사하라는 명령을 내렸다. 그에 대해 미국 무역대표부(USTR) 라이트하이저(Lighthizer) 대표는 조사를 시행하겠다고 화답했다. 그리고 미국 산업의 미래를 보호한다는 명분으로 조사에 착수했다. 1년 후인 2018년 3월 22일 무역법 301조 침해 여부를 조사한 결과가 발표되었고, 트럼프 대통령은 중국산 수입품들에 대해 관세부과를 지시한다. 그 이후 바이든 대통령이 재임 중인 지금까지 미국과 중국은 서로 보복에 보복을 거듭하며 무역전쟁을 계속해 오고 있는 중이다.

1980년대 미국의 대일 무역정책이 반복되고 있다는 평가도 있다. 유사한 점이 있다. 미국의 무역수지 적자에서 문제가 비롯됐고 첨단산업에 대한 주도권 경쟁이 문제의 핵심이며 방법은 일방주의라는 것이다. 실제 지난 트럼프 행정부의 무역정책은 1980년대 미국의 대일 무역정책을 연상시킨 측면이 있다. 그 상대국이 일본에서 중국으로 대체됐을 뿐이다. 이미 언급했지만 1980년대에도 문제의 시작은 대일 무역수지 적자였다. 당시 미국의 전체 무역수지 적자액 중 대일 무역수지 적자가 차지하는 비중은 절반 가까이 됐기 때문이다. 트럼프가 중국에 대해 '조사'를 명령한 2017년에도 문제는 대중 무역수지 적자였다. 1999년 미중 양자 무역협정이 체결된 이후 미국의 대중 무역수지 적자는 매년 증가해 왔다. 1980년대에 이슈가 된 산업은 D램 등과 관련한 첨단 하이테크 산업이었고 2017년대 이슈가 된 산업은 5G, AI 등 4차 산업이라고 볼 수 있다.

1980년대 전 세계 반도체 시장에서 일본기업이 차지했던 위상은 미국기업에 버금갔다. 당시 미국인들은 첨단산업이 국가 경쟁력의 원천이라고 봤다. 미국기업이 첨단산업에서 한번 일본 기업에게 미국 시장을 내주면 되찾을 수 없다는 인식이 강했다. 그렇기에 그들은 미국 정부가 관세, 보조금 등과 같은 정부 정책을 통해서라도 자국 기업을 도울 수 있도록 전략적 무역정책을 채택해야 한다는 생각에 이르렀던 것이다. 미국 정치인들과 미국 기업들은 외국산 상품들에 대해 지극히 폐쇄적인 일본 시장을 개방시켜야 한다고 생각했다. 그 결과 '공정무역(fair trade)'이라는 명분으로 그리고 '평평한 경기장'을 만들기 위해 미국은 일본과 반도체 협정을 맺었다. 그 핵심은 매우 구체적이었다. 협정 체결 시점에서 '향후 5년 내' 일본 시장에서 '외국산' 반도체 상품 점유율이 최소 20%를 기록해야 한다는 것이다. 그 '외국산' 반도체엔 미국산도 포함됐을 것이다. 그리고 엔화 가치를 절상시키는 '플라자 합의'도 이루었다.

2017년 트럼프가 중국을 겨냥했던 시점엔 중국 기업 화웨이가 5G 네트워크 분야에서 선두를 달리고 있다고 평가받고 있었다. 당시 미국은 5G와 AI 등 4차 산업 주도권을 중국에게 내줄 가능성을 우려했었다. 미국이 서유럽 등 우방국들을 향해 5G 네트워크 인프라 건립에서 중국 화웨이 장비를 제외하라고 요구한 건 주지의 사실이다. 또한 미국 상무부는 화웨이가 미국 기술을 사용하지 못하도록 그 제재 리스트에 이름을 올렸다. 트럼프 대통령이 재선에 실패하고 바이든 대통령이 그 자리를 대신했지만, 중국의 지적 재산권 침해와 기술도용에 대한 미국 정부의 문제 제기는 끝나지 않았다. 미국은 4차 산업 주도권 경쟁을 국가안보 문제로 인식하고 있는 것으로 보인다.

2018년 3월 22일, 미국 무역대표부(USTR)가 내놓은 조사 후 보고서를 발표했다. 기술이전, 지적재산권, 혁신과 관련한 중국의 행위, 정책, 관행을 조사한 결과라고 볼 수 있다. 1980년대 미국 레이건 행정부 때에도 대일 무역수지 적자, 폐쇄적인 일본시장, 그리고 일본 정부의 보조금 지원 등을 시정하기 위하여 무역법 301조를 이용해 공격적 일방주의 무역정책을 활용했었다. 당시 GATT라는 다자주의 무역시스템이 있었음에도 불구하고 미국은 자국법을 근거로 대일 무역수지 적자 문제를 시정했다. GATT로는 일본의 불공정 무역관행을 시정하는 데 한계가 있다고 봤기 때문이다. 1980년대 미국의 공격적 일방주의를 제어하기 위해 새로운 다자주의 무역시스템 WTO가 창설되었지만 미국의 공격적 일방주의가 다시 등장했다. 2017년 집권한 미국 트럼프 행정부 또한 현재의 다자주의 무역시스템인 WTO에 의거해 미국의 이익을 보호하기에 한계가 따른다고 생각했다. 그렇기에 자국의 무역법 301조에 따라 중국의 불공정 무역관행을 조사하고 보복조치를 취했던 것이다.

하지만 지금의 일방주의와 1980년대 일방주의는 다른 점도 있다. 일본은 근대화를 빨리 단행하고 일찍이 선진국이 되었다. 그리고 미국과 자유민주주의 가치를 공유하고 있다. 하지만 중국은 개발도상국이면서 미국과 전혀 다른 국가 이데올로기를 갖고 있는 나라이다. 따라서 미국은 과거 일본보다 중국의 불공정 무역이 더 심각하다고 생각할 수밖에 없을 것이다. 무역패턴도 다르다.

1980년대 미국과 일본의 교역은 선진국 간 무역이다. 즉, '북북(North–North) 무역'이다. 하지만 미국과 중국의 교역은 선진국과 개발도상국 간 무역이다. 즉, '북남(North–South)무역'인 것이다. '북북무역'과 '북남무역'은 세계 경제에 미치는 영향이 전혀 다르다. '북북무역'은 신 무역 이론이 예측한 대로다. 선진국들 간에 산업구조가 비슷하고 그에 따라 생산해 내는 상품 종류도 서로 비슷하기 때문에 주로 산업 내 무역(intra–industry trade)이 이뤄지게 된다. 그 결과 '소비 다양성'의 무역이득을 누리게 되는 것이다. 따라서 교역이 확대된다고 하더라도 비교열위 산업 퇴출 현상이 쉽게 발생하지 않는다. 하지만 '북남무역'은 다르다. 선진국과 개발도상국은 산업구조가 다르고 그에 따라 생산해 내는 상품 종류가 많이 다를 수밖에 없다. 선진국은 주로 지식집약적이고 자본집약적인 상품을 주로 생산하는 반면 개발도상국은 노동집약적인 상품을 생산하게 된다. 이때 교역량이 확대되면 개발도상국의 노동집약 상품들이 선진국 시장을 장악하게 되고 그 결과 선진국에서 저숙련 노동자들이 주로 종사하는 산업이 퇴출될 수 있다. 그 과정에서 실업 문제가 심각해질 수 있다.

실제 미국과 중국의 교역량이 확대되면서 미국의 많은 지역과 산업들이 피해를 본 것으로 조사되고 있다. '중국발 무역쇼크'를 연구해 온 경제학자 데이비드 오토어(David Autor)의 분석에 따르면, 미국 내 가구, 목재, 인형, 면화 등과 저숙련 근로자들이 많이 종사하는 산업에 큰 충격이 전해졌다. 그러한 일자리들은 주로 테네시, 미시시피, 앨라배마, 조지아 등과 같이 남부에 집중된 경향이 있다. 그뿐이 아니다. 전통적으로 제조업이 발달한 미시간, 오하이오, 인디애나 등과 같은 북부의 '러스트 벨트' 주들도 큰 피해를 입었던 것으로 분석됐다.

앞서 설명한 대로 문제의 근본 원인은 글로벌 가치사슬과 오프쇼어링(offshoring)이다. 예를 들어, 애플의 아이폰(iPhone)을 보면 새로운 무역패턴을 알 수 있다. 애플의 본사는 미국 캘리포니아에 있다. 즉, 캘리포니아에서 디자인하고 설계한 아이폰은 중국 공장에서 조립되고 완성된다. 그리고 다시 미국으로 수출되는 것이다. 중국에서 조립되고 완성되는 과정에서 한국에서 제조한 메모리 반도체와 디스플레이가 부품으로 이용된다. 서로 다른 나라들에 위치해 있는 기업들이 공정단계에 참여하면서 완제품을 생산하는데 이를 '글로벌 가치사슬(GVC, Global Value Chain)'이라고 한다. 세계화는 운송기술 발달과 함께 본격화됐다고 평가할 수 있다. 그 결과 교역량 확대가 나타났다고 볼 수 있다. 그랬던 것이 21세기 들어서 통신기술이 발달하면서 무역패턴이 전혀 달라지게 되었는데 바로 글로벌 가치사슬 때문이다. 선진국의 지식 재산과 자본에 개발도상국의 노동자원이 결합해 공정단계가 분리되는 단계에 이른 것이다. 그에 따라, 선진국에서는 자연스럽게 오프쇼어링(offshoring)이 나타났다. 선진국 기업들은 저임금 저숙련 일자리를 개발도상국으로 이동시켰고, 그 결과 선진국 내에서 제조업 일자리는 점점 줄어들게 됐던 것이다. 1980년대엔 미국 전체 근로자 대비 제조업 근로자 비중이 20%를 훌쩍 넘었는데 지금은 그 비중이 10% 미만인 것으로 분석된다. 물론, 선진국의 탈공업화 현상은 어제오늘 일이 아닐 것이다. 제조업 비중보다 서비스업 비중이 커지는 것은 자연스러운 현상이기도 하다. 하지만 지금은 오프쇼어링으로 인해 중간 공정단계가 해외로 이전해 가면서 일자리 감소를 야기한 것이다.

문제가 더 심각하다고 볼 수 있다. 트럼프 대통령이 취임식에서 일자리를 미국으로 다시 가지고 올 것이라고 역설했던 이유이기도 하다.

　　미국이 1980년대 자국의 이익을 위해 공격적 일방주의 무역정책을 사용했다고는 하지만 미국의 정책 기조는 세계적으로 자유민주주의를 수호하고 확산시키는 것이었다. 그 차원에서 레이건 행정부는 냉전을 종식시켰고 새로운 다자주의 무역시스템 창설을 논의하기 위해 '우루과이 라운드'를 지원해 주었다. 1993년 집권한 클린턴 대통령도 마찬가지였다. '관여와 확장(Engagement and Enlargement)'이라는 구호 아래 전세계에 민주주의와 시장경제를 전파하려 했다. 하지만 트럼프 대통령은 미국이 다른 나라들을 위해 국부를 소진하는 것은 의미가 없다는 시각을 갖고 있었다. 그렇기에 '미국 우선주의(America Fist)'를 외교와 무역정책의 기조로 내세울 수 있었던 것이다. 트럼프 대통령에겐 세계인들의 이익을 위해 민주주의와 시장경제를 전파하는 것도 의미 없다는 시각이었고 다자주의 무역시스템에도 큰 의미를 부여하지 않았다. 그는 오직 자국의 이익만을 중요하게 여겼다. 트럼프 행정부는 중국의 불공정 무역관행만 문제 삼았던 것이 아니었다. TPP 탈퇴, NAFTA 재협상, 한미 FTA 재협상, EU와 일본을 겨냥해서도 조사를 벌이는 등 많은 나라들을 상대로 무역전쟁을 벌였던 이유이다.

　　'무역전쟁'은 이유가 있었다. 민주주의와 시장경제주의 세계질서를 유지하고자 했던 미국은 새로운 다자주의 무역시스템을 원했다. 서비스부문 개방(GATS)과 지적재산권 보호(TRIPS)를 위해서였다. 미국의 지원과 함께 세계 각 나라들은 1986년부터 1994년까지 진행된 우루과이 라운드를 통해 1995년 세계무역기구인 WTO를 창설하게 된다. 빌 클린턴 대통령 때이다. 클린턴 대통령은 경제가 성장하면 그 나라들은 자연스레 자유를 향해 나아갈 것이고, 민주주의와 시장경제를 장착한 나라들은 미국의 이익을 해치지 않을 것으로 생각했을 것이다. 클린턴 대통령은 무엇보다 민주주의와 시장경제를 중국에 전파하고 싶어했기 때문에 중국의 WTO 가입을 적극 추진했다. 중국은 잠재성이 크기 때문에 시장경제를 도입하면 매우 빠르게 성장할 수 있다고 봤다. 그렇게 되면 장차 미국의 대중국 수출이 크게 늘어나고 미국 내 수백만 개 일자리를 만들 수 있을 것으로 기대했다. 따라서 1997년과 1998년 정상회담에서 미국의 클린턴 대통령과 중국의 장쩌민 주석은 미중 자유무역과 경제 협력을 강화하는 쪽으로 합의를 했던 것이다. 클린턴 대통령은 중국이 WTO 회원이 되는 것도 미국의 이익에 부합한다고 생각했다. 중국이 WTO에 가입하면 자연스럽게 민주주의와 시장경제를 지향할 것으로 봤고 그렇게 되면 미국 기업들을 향해 거대한 소비시장이 열릴 것이라고 분석했던 것이다.

WTO 창설은 쉽지 않았다. 유럽은 미국을 견제하기 위해 WTO 창설을 추진했지만 실제 자신들은 유럽 경제공동체(EU)를 만드는 것을 더 중요하게 여겼다. 미국은 EU에 대항하기 위해서 북미지역 경제공동체 창설이 필요하다고 여길 수밖에 없었다. 그 과정에서 1994년 미국은 캐나다와 멕시코를 묶어 북미자유무역협정(NAFTA)을 만들게 됐다. 클린턴 대통령은 중국에 민주주의와 시장경제를 전파하려는 목적으로 WTO 가입을 촉구했던 것과 마찬가지로 NAFTA를 통해 멕시코와 중남미에 민주주의와 시장경제를 전파하려고 했던 것이다. NAFTA는 다주주의 무역시스템을 대체할 수 있는 지역무역협정이다. 다자주의 무역시스템을 위협하는 것은 일방주의만이 아니다. 지역무역협정들도 참여 나라들에게 차별적인 혜택을 주기 때문에 다자주의 무역시스템의 비차별주의 원리와 배치된다. 다자주의를 선호하는 경제학자들은 지역주의를 수단화하려는 나라들을 비판했다. 하지만 1990년대 들어 EU, NAFTA, APEC 등 많은 지역 블록(Bloc)들이 등장했고 2000년대 들어서 더 많아지고 있는 추세이다. 그 결과 미국의 많은 일자리들이 멕시코와 다른 나라들로 이동했다.

앞서 설명했지만 1990년대 있었던 통신기술 발달, 즉 IT 혁명은 무역패턴도 크게 바꾸어 놓았다. 세계 어디에 있든지 의사소통이 쉬워지면서 기업들의 공정 단계가 필요에 따라 해외로 이전해 갔다. 공정 단계가 서로 다른 나라에 분리되어 있어도 통신기술 발달 덕분에 예전보다 어려움이 덜하기 때문이다. 다국적 기업은 더욱 더 많은 국적을 갖게 됐고 규모가 더 커지게 됐다. 선진국에서는 연구개발, 디자인 설계 등과 같은 고부가가치 부문에 역량을 집중시켰고 단순조립 또는 제조 업무는 개발도상국으로 이전시켰다. 미국은 1999년 중국과 양자 무역협정을 체결했고 중국은 뒤이어 2002년 1월 WTO 회원국이 됐다. 이후 중국은 연평균 10%가 넘는 고도성장을 기록해 나가더니 전 세계에서 차지하는 GDP 비중이 급격히 커졌다. 반면 미국이 차지하는 비중은 줄어들게 됐다. 그러던 중 2008년 미국에 금융위기가 일어났다. 2007년 초 서브프라임 모기지 사태로 시작된 그 위기는 2008년 9월 15일 세계 2위 투자은행 이었던 리만브라더스 파산으로까지 이어졌다. 그 금융위기는 미국 저소득층과 중산층의 삶을 바꿔 놓았다. 당시 미국경제는 -4.0% 마이너스 성장률을 기록했고 실업률이 치솟아 10%를 넘기기도 했다. 2008년 리만브라더스 사태는 미국경제가 갖고 있던 구조적 취약점을 드러내게 한 것으로 평가할 수 있다. 문제는 미국의 저임금 저숙련 근로자들이었다. 그들이 종사할 수 있는 단순가공 제조업 일자리들이 사라졌던 것이다. 그들은 일자리를 찾을 수 없었고 그 원인을 무역에서 찾았다. 도널드 트럼프는 그 문제를 정확이 인식했다. 그가 정치적으로 성장할 수 있는 계기가 됐다.

2019년 5월 트럼프 대통령은 중국과의 무역협상을 포기했다. 그리고 중국산 수입품 2,000억 달러 어치에 대해 25% 관세부과를 결정했다. 그에 대해 비판하는 목소리를 듣고 트럼프 대통령은 관세를 피하려면 미국에서 제조하라고 일갈했다. 그가 원한 것은 미국인들을 위한 일자리였다. 그는 오로지 국익만을 생각했다. 클린턴 대통령은 중국을 WTO에 가입시켜 민주주의와 시장경제를 전파하려고 했다. 하지만 중국은 일당 체제 속에 군사비 지출을 늘려왔으며 국영 기업들이 시장을 장악하고 있었다. 부시 대통령과 오바마 대통령은 각각 지역무역협정(FTA)를 확산시키고 TPP를 체결해 중국을 견제하려 했지만 오히려 미국 일자리들이 더 유출된 결과를 가져왔다. 그러한 시대적 배경에서 트럼프 대통령이 등장했다. 그는 이상주의자가 아니라 현실주의자였기에 NAFTA, 지역무역협정(FTA), TPP 등을 재협상 하거나 폐기해서라도 자국의 일자리 유출을 막으려 했다. 그리고 중국의 보조금 지급과 기술이전 강요 등과 같은 불공정 무역관행에 대해 문제를 제기했다. 2016년 대선을 치를 당시에도 공화당과 트럼프 지지자들은 미국 무역정책의 근본적 변화를 요구했다. 자유무역을 통해 미국은 이득을 보지 못했다고 생각했기 때문이다. 그러한 목소리에 트럼프 대통령은 공감했고 대안으로 새로운 접근법을 제시했던 것이다.

트럼프 대통령은 미국 무역정책의 목표를 분명히 했다. 무역이 공정해야 한다는 것이다. 그 '공정함'이란 자국의 경제성장을 도와야 하고 자국 내 일자리를 창출해야 하는 것을 의미했다. 트럼프 대통령은 그 '공정함'을 위해 다자주의 무역시스템보다 양자협정에 집중할 필요가 있다고 생각했고 기존 양자협정을 재협상하거나 수정함으로써 그 '공정함'이 달성될 수 있다고 확신했다. 그렇기에 다음과 같이 4가지 우선순위도 정했다. 첫 번째는 자국의 주권 보호였고, 두 번째는 자국 무역법을 엄격히 집행하는 것이었고, 세 번째는 외국시장을 개방시키고 자국의 지적재산권 보호를 위해 가능한 모든 수단을 동원하다는 것이었고, 네 번째는 새롭고 더 유리한 무역협정을 추진한다는 것이었다. 그러한 기준을 바탕으로 미국은 상대국에 대해 공정성 기준을 높일 것이고, 불공정 행위를 지속하는 상대국에 대해선 가능한 모든 수단을 다하겠다고 천명했던 것이다. 트럼프 대통령은 그의 약속대로 '미국을 다시 위대하게(Make America Great Again)' 만들기 위해 보호주의를 채택했던 것이다.

CHAPTER 11

자유무역과
경제성장

세계적으로 국가 간 1인당 소득수준 격차는 매우 큰 상황이다. 현재 미국의 1인당 국민소득은 80,000달러 가까이 되지만 부룬디는 245달러에 불과하다. 노벨경제학상을 수상한 로버트 루카스(Robert Lucas)는 1988년 발표한 자신의 논문[52]에서 경제성장이 인간에 미치는 후생에 대해 고민했다. 그 고민의 시작은 국가 간에 차이가 나는 1인당 실질성장률이었던 것으로 보인다. 1960년에서 1980년까지 평균 경제성장률을 조사해 본 결과, 한국과 일본은 각각 7.0%, 7.1%였다. 미국은 2.4%였고 선진국 평균은 3.6%였다. 반면 인도는 1.4%로 상대적으로 낮았다. 그러한 성장률에 따르면, 인도는 소득수준이 2배가 되려면 50년 가까이 소요되고, 한국은 10년 정도 소요될 것이다. 그렇다면 경제성장률을 끌어올리기 위해 인도 정부가 취할 수 있는 방법은 무엇인가. 그리고 낮은 성장률을 기록했던 이유는 또 무엇인가. 직관적으로 파악하면, 그 이유는 그 나라의 특성에서 기인할 것이다. 루카스가 경제성장에 대해 깊이 고민한 흔적이 있다.

그가 주목했던 것은 국가별로 다른 소득수준과 경제성장률이었다. 왜 어떤 나라는 부유하고, 어떤 나라는 가난한가. 또한 왜 어떤 나라는 빠르게 성장하고, 어떤 나라는 성장률이 매우 지체되어 있는가. 모든 나라가 부자 나라가 될 수는 없는 것이고, 모든 나라의 경제성장률이 높을 수는 없는 것일까. 모든 나라가 부자 나라가 되고 모든 나라가 빠르게 성장한다면 전 세계 사람들의 후생수준이 높아져 모두가 행복한 상태가 될 것이다. 루카스는 국가 간에 성장률 차이가 나타날 수밖에 없는 이유를 분석했다. 그리고 부자 나라가 되는 방법, 즉 '메커니즘 (mechanism)'을 연구했다. 루카스가 고민했던 경제발전의 메커니즘에 대한 연구는 끝나지 않았다. 여전히 연구 중이다. 아직도 가난한 나라들이 많은 이유이다. 국민소득 수준과 경제성장률을 놓고 많은 이론들이 제시되었지만 경제발전 메커니즘에 대한 근본적인 해법은 나오지 않은 상태이다.

---

52) Robert, E. Lucas Jr. (1986), "On the Mechanics of Economic Development", Journal of Monetary Economics, 22(1), 3−42.

하지만 경제학자들 간에 경제성장을 위해 대체로 일치된 견해가 있다. 자본축적과 기술진보 등 두 가지가 필요하다는 것이다. 동아시아에선 자본축적과 기술진보를 통해 경제발전이 빨라졌지만 그 외에 저개발 지역들은 경제발전이 빠르지 못하다. 그 이유는 무엇일까? 민족적 특질을 이유로 댈 수 있을 것이다. 하지만 그건 충분한 설명이 되지 못한다. 한국과 북한의 차이를 보면 알 수 있다. 같은 민족이지만 그 격차는 매우 크다. 그렇다면 정치체제나 제도(institution)가 영향을 미친다고 볼 수도 있다. 최근 들어 제도가 미치는 영향에 대해 주목하는 연구들이 많아지고 있는 이유이다. 소득수준 및 생활수준의 격차를 초래하는 원인은 무엇일까 생각해 볼 필요가 있다. 경제성장 이론이 다루는 그 근본적인 주제는 바로 '부자 나라'와 '가난한 나라'이다. 왜 어떤 나라는 부자이고 어떤 나라는 가난하냐는 것이다. 앞서 언급했지만 2023년 기준으로 미국의 1인당 GDP는 약 80,000달러이다. 한국은 약 35,000달러이다. 한국은 가난했지만 높은 성장률을 통해 'G8 경제 강국'에 진입하려고 하는 중이다. 북미와 서유럽 그리고 한국과 일본은 높은 생활수준을 누리고 있다. 하지만 아프리카 중남미 그리고 중앙아시아 등지를 보면 전혀 다른 경제 상황이다. 왜 그렇게 큰 격차가 나타나게 되는지 그동안 학자들에 의해 많은 연구들이 행해졌다.

솔로우 성장모형(Solow Growth Model)

솔로우 이론에 따르면 부자 나라는 자본을 많이 축적한 나라이다. 노벨경제학상 수상자 로버트 솔로우는 1956년에 연구논문[53]을 통해 새로운 성장모형을 제시했다. 그는 그 모형을 통해 국가 간 자본축적(capital accumulation) 정도가 생활수준 격차를 야기한다고 주장했다. 여기서 '자본'이란 기계, 설비 등과 같은 '물적 자본(physical capital)'을 의미한다. 솔로우는 어떤 한 나라가 '부자 나라'인 이유는 인구증가율에 비해 저축율이 높아 1인당 '물적 자본'을 많이 축적했기 때문

---

53) Robert Solow (1956), "A Contribution to the Theory of Economic Growth", 70(1), 65-94.

이라고 설명한다. 반대로 어떤 한 나라가 '가난한 나라'인 이유는 저축률에 비해 인구증가율이 높아 1인당 '물적 자본'을 많이 축적하지 못했기 때문이다.

솔로우 이론에 따르면 현재 경제 형편이 어려운 나라라도 자본축적을 계속 늘리면 미래에 높은 '부자 나라'가 될 수 있다는 것이다. 즉, 높은 생활수준을 달성할 수 있게 된다는 뜻이다. 좋은 사례가 바로 한국, 대만, 싱가포르, 홍콩 등 동아시아 네 마리 호랑이들이다. 이들 나라는 1970년대와 1980년대 높은 투자 비중을 기록하며 경제성장에 성공할 수 있었다. 이처럼 솔로우 모형은 저축율과 인구증가율이 성장에 미치는 영향을 설명했고 그에 따라 동아시아 네 마리 호랑이들이 실증 사례가 되었다. 이후 솔로우 모형은 경제성장론을 위한 기본이 되었다.

높은 생활수준을 유지하기 위해서는 지속적인 경제성장이 필요하다. 경제학자들은 그 필요조건에 대해 연구했는데 해답 제시를 위해 가장 기본이 되는 이론이 바로 신고전파 모형(Neoclassical Growth Model)이라고 불리기도 하는 솔로우 모형(Solow Growth Model)이다. 솔로우는 미국이 겪어온 경제성장 과정을 이론화했다. 그 과정에서 가장 중요한 역할을 맡았던 건 자본축적이었다. 미국의 1인당 자본량은 계속 증가해 왔으며 그에 따라 1인당 국민소득도 증가해 왔던 것이다. 그렇기에 솔로우는 경제성장을 위해 자본축적이 필요하다고 역설했다. 한 나라의 경제성장의 척도는 '1인당 국민소득(per capita GDP)'이다. 그 국민소득은 실은 생산량을 나타낸다. 경제에서 기본이 되는 건 생산이기 때문이다. 그의 연구에서 미국의 1인당 국민소득 증가는 1인당 자본량 증가에서 기인했다. 자본이란 바로 기계 설비와 같은 물적 자본(physical capital)을 의미한다. 물적 자본이 많아지면 생산량이 당연히 증가한다. 솔로우는 그 직관을 이론화한 것이다. 다음은 솔로우 모형의 기본 방정식이다. 저축과 투자가 1인당 자본량을 늘리는 과정을 설명해 준다.

$$\triangle k = sf(k) - (n + \delta)k$$

여기에서 k는 1인당 자본량이다. s, n, 그리고 δ는 각각 저축률, 인구증가율, 그리고 감가상각률을 나타낸다. 솔로우 모형에 따르면, 자본축적을 위해 무엇보다 필요한 것은 저축이다. 저축이 투자로 이어지기 때문이다. 투자란 기계 생산설비 등과 같은 자본재를 만들거나 구매하는 것을 뜻한다. 저축은 현재 분기 소비를 줄여서 자본재 생산에 자원을 더 많이 배치하는 것이다. 따라서 한 국가에서 저축이 많아지면 투자도 많아지게 되고 자본재 생산이 많아진다. 그 결과 생산량이 늘어나게 되는 것이다. 즉, 저축률이 높아지면 투자가 많아지고 1인당 자본량이 증가한다. 그 1인당 자본량 증가는 1인당 생산량 증가로 이어지고, 그 생산량 증가가 다시 저축증가 그리고 투자 증가로 이어지는 것이다. 선순환이 발생한다. 그 선순환 속에 경제는 성장하는 것이다. 하지만 1인당 자본량이 계속해서 늘어나는 것은 아니다. 왜냐하면 기계 생산설비 등과 같은 물적 자본에 감가상각이 발생해 조금씩 사라지기 때문이다. 인구가 늘어나는 것도 1인당 자본량 증가를 방해한다. 종합해 보면, 1인당 자본량은 저축과 투자가 많아질수록 증가하며, 감가상각률과 인구증가율이 높아질수록 감소한다.

내생적 성장 모형

1980년대에 접어들면서 새로운 경제성장 모형이 등장했다. 바로 로머와 루카스의 내생적 성장 모형이다. 그들은 경제성장을 위해 지식과 인적 자본(human capital)을 강조했다. 그들 이론에 따르면, 지식과 인적 자본이 많이 축적된 나라일수록 높은 생활수준을 누릴 수 있다. 그들은 '물적 자본'에 한정되어 있던 자본 개념을 '인적 자본'으로 확장했다. 지식과 인적 자본 축적을 이끄는 힘은 '외부성(externality)'이다. 한 기업이 연구를 통해 새롭게 창출한 지식은 다른 기업으로도 전파될 수 있을 것이다. 그뿐이 아니다. 개인이 축적한 지식과 경험 그리고 노하우 등도 교육을 통해 다음 세대로 전수될 수 있다. 앞서 언급한 '동태적 규모의 경제'가 이에 해당된다고 볼 수 있다. 그렇기에 초기 단계에서 인적 자본 수준이 높았던 나라는 계속해서 높은 생활수준을 유지할 수 있다는 것이다. 이 모형은 미시적 경제주체인 개인과 기업에 의해 지식, 인적 자본 등이 축적되고 그 결과 기술수준 진보가 이뤄져 경제가 성장한다는 것이다. 따라서 '내생적 성장(endogenous growth)' 모형이라고 한다. 그들은 솔로우 모형에 '인적 자본' 개념을 추가했다. '물적 자본'을 많이 축적한 나라일수록 교육환경이 좋아져 '인적 자본' 축적도 가능하다는 것이다. '내생적 성장' 모형이 새롭게 등장해 솔로우 모형을 대체한 것이 아니다. 1992년에 맨큐, 로머, 웨일은 솔로우 모형의 기본 가정을 유지하면서 '인적 자본' 개념을 추가해 솔로우 모형을 확장했다. 그들 이론에 다르면 '물적 자본'과 '인적 자본'은 완전히 별개라고 볼 수 없다. '물적 자본' 축적을 통해 생활 수준이 높아지면 교육환경도 좋아지기 때문이다. 좋은 교육 환경에서 비로소 '인적 자본'이 만들어진다. 그렇기에 솔로우가 주장했던 '물적 자본' 축적은 경제성장을 위해 여전히 주요 결정인자라고 볼 수 있는 것이다.

생각해 볼 것은 이윤 극대화를 추구하는 기업들이 R&D 투자에 적극적으로 나선다는 점이다. 그 결과 신지식과 신기술이 창출되고 그 것들을 바탕으로 경제 성장이 견인될 수 있다. 경제성장 모형은 계속 그렇게 발전해왔다. 설명력을 높이기 위해 '솔로우 모형'에서 '내생적 성장 모형'으로 그리고 '확장된 솔로우 모형'으로 발전해 온 것이다. 하지만 1990년대에 들어 그 성장모형들의 설명력에 회의가 제기되기 시작했다. 논의의 핵심은 바로 기업의 역할이었다. 1980년대 등장한 내생적 성장 모형은 '외부성' 덕분에 인적 자본이 축적되며 기술수준이 향상되고 그 결과 사회 전체의 후생수준이 높아진다고 봤다. 즉, 기술진보는 '외부성'에 의해 만들어진 추가적 효과라고 생각했던 것이다. 그러나 현실 속에서 기술진보는 '외부성'이 작용한 결과라고 볼 수 없다. 노력의 결과라고 파악해야 할 것이다. 그 노력은 바로 이윤극대화를 추구하는 기업들의 R&D 투자이다. 즉, 기업들의 전략 선택인 것이다. 그 기업들은 R&D 투자를 통해 신지식을 창출하고, 특허제도를 통해 그 지적재산권을 보호받는다. 그 특허권을 독점적으로 누리며 기업은 더 큰 이윤을 얻을 수 있다.

개발국들은 인적자본(human capital)과 지식을 축적해 온 역사가 오래됐다. 그것들을 바탕으로 성장률을 높여올 수 있었다. 하지만 개도국들은 인적자본과 지식이 부족했기에 성장 자체가 불가능했던 것으로 파악할 수 있다. 로머와 루카스 모형에서 나라들 간에 성장률 격차가 나타나는 주된 이유는 기술수준 차이라고 볼 수 있다. 솔로우 모형에서는 기술수준이 외생적으로 주어져 있다고 전제했지만, 로머와 루카스는 기술수준이 내생적으로 발생한다고 생각했다. 주로 인적자본과 지식을 통해서였다. 그렇기에 '내생적 성장이론(endogenous growth theory)'이라고 불리는 것이다. 그렇다고 해서 솔로우 모형이 틀렸고 설명력이 없다는 것이 아니다. 그레고리 맨큐(Gregory Mankiw), 데이비드 로머(David Romer), 그리고 데이비드 웨일(David Weil)은 국가별로 동적 균형상태가 서로 다를 수 있음에 주목했고 그 균형상태에서 멀리 떨어질수록 성장률이 높다고 주장했다. 솔로우 모형이 예측한 '절대적 수렴'이 '조건부 수렴'이었던 것이다. 솔로우 모형에서는 각 나라의 동적 균형상태가 동일함을 전제하고 있다. 하지만 나라 별로 인구증가율 저축률 그리고 자원의 양 등이 모두 다르기 때문에 동적 균형상태는 다를 수밖에 없을 것이다. 맨큐, 로머, 그리고 웨일은 기술은 공공재(public good)이기 때문에 세계 모두가 공유할 수 있다고 주장했다. 즉, 로머와 루카스가 기술수준 차이에서 성장률 격차가 발생한다는 주장을 비판한 것이다.

확장된 솔로우 모형은 나라들 간에 성장률 격차가 원래 솔로우 모형과 같이 자본축적 때문에 발생한다고 설명한다. 따라서 그 나라의 자본축적량이 동적 균형상태에 많이 미달될수록 성장률이 높다는 것이다. 솔로우의 기본적인 통찰은 틀리지 않았음을 강조한다. 맨큐, 로머, 그리고 웨일은 솔로우 모형의 기본가정을 그대로 유지하면서 인적자본 개념을 모형에 포함시켜 성장률 격차에 대한 설명력을 좀 더 높일 수 있었던 것이다. 그렇다고 해서 솔로우 모형이 충분하다는 뜻은 될 수 없다. 솔로우 모형은 경제성장을 이해하는 기본 모형이 된다고 볼 수 있다. 저축률과 인구증가율 등이 자본축적에 어떻게 영향을 끼치고, 자본축적이 어떻게 경제성장을 주도하는지 설명해주기 때문이다. 하지만 보완되어야 할 점이 많은 것도 사실이다.

로머와 루카스의 주장대로 개발국의 성장률이 저개발국의 성장률보다 높은 경우가 많기 때문이다. 신기술과 신지식 덕분이라고 말할 수 있다. 기술이나 지식이 공공재이면 세계 모두가 공유할 수 있고 그렇다면 나라별로 임금수준이 달라질 이유가 없게 된다. 숙련도 차이가 없어야 하기 때문이다. 하지만 나라들 간에 임금수준 격차가 매우 크다. 엄연히 숙련도 차이가 존재하는 것이다. 솔로우 모형과 달리 내생적 성장 모형은 개발국의 성장률 증가 현상과 나라 간의 숙련도 차이 등을 설명할 수 있다. 로머의 주장에 따르면, 상품과 달리 정보는 경합성이 없다. 습득하기만 하면 전 세계 어디에서 누구나 활용할 수 있다. 기술진보는 외생적이지 않다. 사람들의 노력 여부에 따라 결정된다고 볼 수 있다. 그 노력에 따라 누군가는 새로운 발견을 한다. 지식과 기술도 마찬가지다. 즉, 연구 노력에 따른 내생적인 결과물로 볼 수 있다. 특히 현대에 들어 신지식의 역할이 더 중요해졌기에 기업들은 새로운 지식 창출을 위해 R&D 투자를 하고 있다. 신지식을 생산에 활용하면 생산성을 높일 수 있고 그 결과 이윤이 더 커지기 때문이다. 기업이 신지식을 얻게 되면 독점적 권리, 즉 특허권이 인정된다. 앞서 언급한 대로 발견을 통해 얻게 된 정보가 비경합성(nonrival)을 띄는 건 사실이지만, 그렇다고 해서 공공재로 말하기 어려운 이유이다. 어느 정도 배제성이 인정된다. 지식 재산권도 존재한다.

연구를 할 때도 마찬가지다. 좋은 논문을 쓰려면 다른 논문들을 참고해야 하지만 무료로 열람할 수 있는 것이 아니다. 중요한 내용을 담고 있는 책도 마찬가지다. 배제성이 인정된다. 기업들이 비용을 들여 발견한 것은 어느 정도 배제성이 인정되기에 공공재라고 말하기 어렵다. 기업이 R&D 투자를 통해 새로운 발견을 하면 그 지식을 바탕으로 시장지배력을 갖고 독점이윤을 누리게 된다. 보다 훌륭한 특허를 보유한 기업일수록 보다 훌륭한 상품을 만들어 낼 수 있기 때문이다. 그 경우 상품을 보다 높은 가격에 판매할 수 있고, 특허 사용권을 대여해 줄 수도 있다. 흥미로운 점은 상품과 달리 지식 그 자체는 추가적인 비용이 발생되지 않는다는 것이다. 그 지식을 얻기 위한 R&D 투자에 비용이 지출되지만, 그 지식을 얻고 난 이후엔 그 지식을 활용하는 데 비용이 발생되지 않는 것이다. 그럼에도 불구하고 그 기업은 대가를 받고 그 지식을 대여해 줄 수 있다. 이것이 신지식을 창출한 기업이 큰 독점이윤을 누릴 수 있는 이유이다.

하지만 로머와 루카스의 내생적 성장 모형도 한계가 없는 것이 아니다. 지식이 노력의 결과로 만들어진다는 사실에 의거 '내생적 성장'을 주장한 것은 설득력이 있었지만 그들 역시 기술진보가 외부성(externality) 덕분에 내생적으로 발생한다고 주장한다. 즉, 인적자본과 지식에 외부성이 존재한다고 보는 것이다. 어떤 한 기업이 창출한 지식은 외부성 덕분에 다른 곳으로 전파되어 다른 기업들도 동시에 활용할 수 있게 된다. 한 사람이 축적한 인적자본도 시공간을 넘어 계속 전달될 수 있다. 솔로우 모형에선 기술진보 자체를 외생적으로 취급했다. 하지만 로머와 루카스의 모형은 내생적 기술진보를 역설했던 것이다. 문제는 외부성이었다. 즉, 외부성을 강조하면 그들 이론에 핵심이 되는 기술진보가 부수적 효과로 전락하기 때문이다. 내생적 성장 모형에서 기업들은 자신들의 연구 결과가 다른 기업들에게 전파되어 경제 전체에 외부성을 만들어 내려고 의도하지 않는다. 연구를 열심히 한 결과 만들어진 지식이 다른 기업들로 전파됐을 뿐이다. 신지식은 우연히 얻어지는 것이 아니다. 앞서 언급한 대로 기업들은 특허를 보유해 독점이윤을 누리기 위해 R&D 투자를 하는 것이다. 즉, 로머와 루카스의 내생적 성장 모형은 R&D 투자와 특허권에 의한 지식의 배제성을 설명하지 못한다.

정보는 공공재로 볼 수 있지만 특별한 지식은 공공재가 아니다. 실은 정보도 마찬가지다. 기업들이 중요한 정보는 다른 기업들과 공유하길 바라지 않는다. 그 경우 역정보를 흘리기도 한다. 따라서 지식은 습득하기만 하면 모두가 활용할 수 있어 비경합적이라고 볼 수 있지만, 특허권으로 인해 부분적인 배제성도 적용되는 매우 특수한 재화라고 볼 수 있다. 만약 특허권이 없으면 지식은 공공재가 될 것이다. 하지만 그 경우 그 지식을 창출한 기업이 독점이윤을 누릴 수 없어 R&D 투자비용을 회수할 수 없다. 특허권이 인정되지 않는다면 어느 기업도 나서서 R&D 투자를 통해 신지식을 창출하려 노력하지 않을 것이다. 그렇게 되면 혁신(innovation)이 나올 수 없게 된다. 선진국의 성장률이 계속 높게 유지될 수 있었던 이유는 R&D 투자와 신지식 때문이라고 봐야 할 것이다.

제도(institution)도 뒷받침되어야 한다. 지적재산권이 확립되어야만 기업들은 R&D 투자를 할 수 있고 그에 따라 새로운 지식들이 창출될 수 있는 것이다. 기업이 신지식 창출에 따라 독점이윤을 얻게 되면 그 독점이윤을 바탕으로 추가적인 R&D 투자를 할 수 있게 되고 그 결과 신지식은 계속 창출된다. 그렇게 창출된 신지식들은 다른 기업들에게도 전파되기 때문에 사회 전체 나아가 세계 전체 후생을 증가시키는 역할을 한다. 현대에 들어 경제성장을 올바로 설명하기 위해서는 부분적 배제성이 인정되는 지식의 가치를 반영해야 하며 그 지식을 창출하기 위한 기업들의 노력과 R&D 투자를 통해 얻어지는 독점이윤을 반영해야 하는 것이다. R&D 투자비용은 신 무역 이론에 따르면 '고정비용'이라고 볼 수 있다. 그 맥락에서 보면, 신 성장이론은 신 무역 이론의 영향을 받았다고 볼 수 있는 근거가 된다.

신 성장이론

솔로우 이론과 내성적 성장이론에 이어 1990년대 신 성장이론이 등장했다.

로머는 루카스와 함께 내생적 성장 모형을 만들었는데 그 내생적 성장 모형의 문제점을 보완해 1990년에 '신 성장이론'을 내놓았던 것이다. 신 성장이론은 과거의 두 성장이론들과 확연히 달랐다. 앞서 논의했던 신 무역 이론의 영향을 받기도 했다. 진 그로스만과 엘하난 헬프먼은 자유무역을 통해 기업 간 경쟁이 촉발되고 그에 따라 품질이 향상되고 경제성장이 이뤄진다고 설명했다. 즉, 신 성장이론의 바탕이 신 무역 이론이라고 말할 수 있는 것이다. 후술하겠지만 보다 현대적인 성장이론도 등장했다. 필립 아기온과 피터 호위트는 시장경쟁이 혁신을 촉발해 그 혁신을 바탕으로 경제가 성장한다고 설명한다. 즉, 슘페터가 말한 '창조적 파괴(creative destruction)'를 통해 경제성장이 이뤄진다는 것이다.

경제성장에 대한 모형과 이론들을 종합해 보면, 국가 간 생활수준 및 성장률 격차 요인을 크게 두 가지로 구분할 수 있다. 첫째는 솔로우가 강조하는 대로 '물적 격차'이다. 즉, 물적 자본이 풍부한 국가는 경제성장을 빨리 이루는 반면, 물적 자본이 부족한 국가는 경제성장을 빨리 이루지 못한다. 이는 당연한 결과이다. 한국도 경제성장 단계에서 가장 어려웠던 것이 바로 물적 자본 부족이었다. 예를 들어, 기계와 장비를 떠올리면 물적 자본이 왜 필요한지 이해하기가 쉽다. 기계와 장비가 좋아야 생산이 쉬워지기 때문이다. 둘째는 내생적 성장 모형과 신 성장이론이 강조하는 대로 '지식 격차'라고 볼 수 있다. 물적 자본이 부족한 나라에 무작정 기계설비 등을 제공해 준다고 해서 경제성장이 이뤄지는 것은 아니다. 그 기계설비 등을 활용할 수 있어야 하기 때문이다. 따라서 중요한 것은 지식이라고 볼 수 있다. 솔로우 모형과 신 성장이론은 약간 시각이 다르다. 솔로우 이론을 신봉하는 이들은 자본축적을 위해 현재의 소비를 줄이고 저축을 장려할 것이다. 거시적으로 볼 때, 저축을 늘린다고 하면 현재 분기에 소비를 자제하고 자본재 생산을 늘리는 결과를 가져온다. 하지만 현재 분기에 소비를 줄인다는 것은 인내를 요구한다. 지금 당장의 효용을 포기해야 하기 때문이다. 하지만 로머의 신 성장이론은 약간 다르다. 경제성장을 위해 선진국으로부터 지식을 전수받을 때 경제성장이 빨라진다는 것이다.

 신 성장이론은 솔로우 모형의 현실 부합성 여부를 놓고 수렴논쟁이 벌어진 이후 만들어졌다. 그 수렴논쟁으로 인해 솔로우 모형이 안고 있는 문제점이 드러났고 그 이론을 대체하기 위해 로머와 루카스 주도로 내생적 성장이론이 제시되는 계기가 되었다. 이후 솔로우 모형의 결점이 보완되어 새로운 '확장형' 솔로우 모형이 등장하기도 했다. 하지만 당시 경제학자들은 여전히 경제성장을 설명하는데 기존 이론들이 한계가 있다고 생각했다. 그 과정에서 새로운 성장이론이 등장하도록 한 것이 바로 신 무역 이론이었다. 신 무역 이론의 핵심은 규모의 경제이다. 즉, 고정비용(fixed cost)을 들여 대규모 설비를 갖추면 산출량이 증가할수록 단위당 평균 생산비용이 감축된다. 고정비용이 들어간 이후 산출을 위해 추가적으로 들어가는 가변비용은 그렇게 크지 않기 때문이다. 따라서 '규모의 경제'가 실현되면, 그 기업은 국제시장에서 가격경쟁력을 갖게 된다. 기업들의 규모가 커지는 이유이다. 기업들에 의해 경제성장이 견인된다고 볼 수 있다. 솔로우 모형에 따르면, 1인당 자본 축적량과 성장률은 부(-)의 상관관계를 갖는다. 1인당 자본량이 많은 나라는 성장률이 낮고 적은 나라는 성장률이 높다. 그렇기에 가난한 나라가 더 빨리 성장하게 되고 그 성장을 통해 결국 생활수준이 부자 나라와 같아질 것이란 예측이 가능하다. 하지만 정말로 1인당 자본량이 적은 나라가 더 빨리 성장하느냐에 대한 의문이 제기됐다. 일부 선진국들에게서 그러한 경향이 있긴 했지만 분석 범위를 확대해 보면 가난한 나라는 여전히 느리게 성장하고 있었고 생활수준 역시 향상되지 못했다. 이에 대해, 경제학자 폴 로머와 로버트 루카스는 저개발국의 성장률은 여전히 낮다는 사실을 지적했다. 오히려 개발국의 성장률이 증가한 경우도 많았다. 즉, 가난한 나라는 여전히 가난하고, 부유한 나라는 더욱 부유해지는 현상에 대한 설명이 필요했다.

 기업들은 혁신을 위해 항상 노력한다. 그 혁신 노력은 품질 향상으로 이어진다. 시장점유율을 높이기 위해 치열한 경쟁을 펼치고 있다. 혁신에 성공하면 시장지배력을 갖추지만 혁신을 하지 못하고 뒤처지면 시장지배력을 잃는다. 직관적으로 파악할 때, 그러한 기업 간 경쟁이 경제성장을 위한 동력이 될 수 있다. 거시적으로 파악하면, 기업들이 그렇게 이윤극대화를 위해 적극적으로 R&D 투자에 나선 결과 다양한 투입요소 창출이 가능하다는 것이다. 즉, R&D 투자를 통해 다양한 내구재들이 만들어지고 그 내구재들이 바로 자본의 역할을 한다는 것이다. 그렇기에 R&D 투자가 많고 연구원, 즉 '인적 자본'이 많은 나라는 높은 생활수준을 달성하게 되고, R&D 투자가 적고 연구를 위한 '인적 자본'이 적은 나라는 낮은 생활수준을 보인다는 것이다.

아기온과 호위트의 통찰

로머에 의한 '신 성장이론(New Growth Theory)'은 기존의 성장이론과 접근방법이 달랐다. 그는 경제성장을 위해 이윤극대화를 추구하는 기업을 강조했다. 실제로 기업들은 독점이윤을 누리기 위해 전략적으로 R&D 투자를 한다. 특허권 제도는 R&D 프로젝트가 성공하면 그 투자비용을 충분히 상쇄할 수 있도록 해 기업의 R&D 투자 유인이 꺾이지 않도록 한다. 그 모형에서 혁신은 우연이 아니다. 기업들의 노력의 결과 나타나는 것이다. 그 노력은 바로 기업들의 R&D 투자이다. 그 혁신을 통해 다양한 종류의 내구재들이 등장할 수 있는 것이다. R&D를 통해 새로운 내구재 생산방식을 알아내면 최종재의 상품도 다양해질 수 있다.

로머의 이론에서 아쉬운 점은 '시장의 역동성'이 빠져 있다는 것이다. 현실 속의 기업들은 시장점유율을 조금이라도 높이기 위해 매우 치열한 경쟁을 하고 있다. 혁신에 성공하면 경쟁 기업을 제압할 수 있지만 반대의 경우, 즉 경쟁 기업이 혁신에 성공하고 자사가 혁신에 성공하지 못하면 시장지배력을 상실할 수도 있다. 현대 경제에서 그러한 기업 간 경쟁은 경제성장을 위한 필요조건이다. 과도한 경쟁으로 인해 부작용도 나타나지만 기업 간 경쟁은 소비자 후생을 증대시킨다. 더 저렴한 가격에 더 좋은 상품을 팔기 위해 기업들이 노력하기 때문이다. 따라서 경제성장 이론에 품질 향상을 위한 기업 간 경쟁이 포함될 필요가 제기되는 것이다.

그러한 시각에서 경제성장 이론을 제시한 두 학자가 있는데 필립 아기온(Philippe Aghion)과 피터 호위트(Peter Howitt)이다. 이들은 1992년 연구논문[54]을 발표하며 기업 간 경쟁이 경제성장에 미치는 영향을 설명했다. 아기온과 호위트는 폴 로머의 모형을 발전시켜, 기업 간 경쟁을 통해 품질이 향상되고 그 과정에서 경제가 성장할 수 있음을 모형을 통해 보이고자 했던 것이다. 그 이론에선 낡은 것을 파괴하고 새로운 것을 창조하는 '창조적 파괴(creative destruction)'가 강조된다. 기업의 R&D 투자와 혁신이 경제성장을 가능케 하는 이유이다. 조셉 슘페터가 말한 '창조적 파괴'를 성장이론에 담았기 때문에 슘페터식 성장 모형(Schumpeterian Growth Model)이라고도 불린다. 혁신에 따라 어떤 기업이 새로운 상품을 만들면 기존의 상품들은 모두 낡은 것이 되고 만다. 그렇게 되면, 낡은 상품들은 시장 경쟁력을 잃고 모두 퇴출될 수밖에 없다. 따라서 기업들은 생존을 위해 혁신에 몰입할 수밖에 없는 것이다. 그 과정에서 소비자 후생은 증대된다. 기업들 간 시장 경쟁을 통해 소비자들은 더 높은 품질의 상품을 보다 저렴한 가격으로 이용할 수 있게 된다. 바로 조셉 슘페터(Joseph Schumpeter)가 주장했던 '창조적 파괴(creative destruction)' 작동 원리인 것이다. 아기온과 호위트의 신 성장이론 모형을 슘페터 방식 모형(Schumpeterian growth model)이라고 부르는 이유이다. 자본주의를 작동하게 하는 것은 바로 혁신이다. 혁신적인 생산방식과 그리고 새로운 상품 등이 바로 시장을 굴리는 동력인 것이다. 낡은 것을 파괴하고 새로운 것을 창조하는 행위가 시장을 통해 보상을 받기에 시장에서 계속 새로운 것이 만들어지고 진화하는 것이다. 이렇듯 아기온과 호위트의 신 성장이론 모형은 기업 간 경쟁과 '창조적 파괴' 개념을 도입해 경제성장을 새롭게 설명한 한 것

---

54) Philippe Aghion and Peter Howitt (1992), "A Model of Growth Through Creative Destruction", Econometrica, 60(2), 323-351.

이다. 즉, 아기온과 호위트에 의해 경제성장을 위해 지식의 중요성이 제기된 것이다.

　아기온과 호위트는 지식을 창출해내는 '연구 부문(research sector)', 연구 부문으로부터 나온 지식을 활용해 높은 품질의 내구재를 만들어 내는 '중간재 부문(intermediate－goods sector)', 그리고 중간재 부문으로부터 나온 내구재를 활용하여 완성품을 만들어 내는 '최종재 부문(final－goods sector)'을 구분하였다. 최종재 부문에서의 이윤극대화를 통해 내구재 구매량이 정해지고 그에 따라 중간재 부문에서 내구재 가격이 정해진다. 그 과정에서 중간재 부문 기업의 독점이윤(monopoly rent)이 결정되는 것이다. 연구 부문에서 생산된 지식에 대한 특허가격(patent price)은 중간재 부문의 독점이윤과 동일하게 정해진다. 로머 모형과 아기온－호위트 모형의 차이는 혁신(innovation)을 바라보는 시각에 있다. 로머는 다양한 내구재 종류를 혁신으로 파악했지만, 아기온과 호위트는 내구재의 품질 향상(quality upgrade)을 혁신으로 파악했던 것이다. 아기온과 호위트는 새로운 세대의 상품개발도 혁신이 될 수 있다고 본다. 품질이 향상된 것으로 평가할 수 있기 때문이다. 그렇다면 중간재 부문에 속한 기업들은 더 높은 품질의 내구재를 개발하려는 유인을 갖게 된다. 이윤 창출 목적 때문이다. 하지만 더 정확히 표현하면 생존 때문인 것이다. 경쟁 기업들이 혁신을 위해 끊임없이 노력하고 있는 마당에 자사만 혁신을 하지 못하고 있으면 시장에서 생존할 수 없을 것이다. 즉, 혁신에 성공했던 어떤 한 기업의 독점이윤이 언제든지 다른 기업으로 넘어갈 수 있다. 모든 건 R&D 연구 결과에 달려 있다. 지금 어떤 기업이 누리고 있는 독점이윤은 다음 혁신이 발생할 때까지만 지속 가능한 것이다. 보다 나은 기술이 등장하면 낡은 기술은 필요가 없어지기 때문이다. 이는 극단적인 주장이 아니다. 시장의 현실을 파악해 보면, 혁신에 실패해 사라졌거나 인수 합병된 기업들이 많다. 핀란드 기업 노키아(Nokia)가 대표적인 예라고 볼 수 있다. 기업들은 R&D 투자를 늘리는 것은 단순한 이윤 극대화 목적이라기보다는 생존 목적이라고 봐야 한다.

$$A_t = A_0 \gamma^t$$

A_t: t 기의 생산성 수준

A_0: 초기 생산성 수준

γ: 혁신 크기

아기온-호위트 모형에서 현재의 생산성 수준은 '초기의 생산성 수준'과 '총 혁신'을 곱한 만큼으로 계산된다. 여기서 '총혁신'은 '혁신 크기'인 γ를 t회 거듭 제곱한 것이다. 즉, R&D 투자가 증가해 '혁신 크기'가 증가할수록 그리고 혁신이 보다 빈번하게 발생할수록 생산성 수준이 향상되는 것이다. 슘페터가 주장한 것처럼 기업의 R&D 투자가 혁신을 가져오고 '창조적 파괴(creative destruction)'를 통해 경제성장을 가능하게 한다.

흥미로운 건 혁신의 '발생빈도(arrival rate)'이다. 발생빈도가 높다고 무조건 거시경제적으로 유리하다고 말하기 어렵다. 얼핏 들으면 혁신이 많으면 무조건 좋다고 생각하기 쉽다. 앞서 언급한 생산성 함수에서도 그와 같은 함의가 있다고 볼 수 있다. 하지만 혁신에 성공한 기업이 현재 누리고 있는 독점이윤은 다음 혁신이 발생할 때까지만 지속된다는 사실이 중요하다. 따라서 혁신의 발생빈도가 높다는 것은 그 독점이윤을 누리는 기간이 짧아짐을 의미한다. 그렇기에 혁신 노력을 꺾이게 할 수 있는 것이다. 혁신을 성공해서 얻을 수 있는 기대이윤이 적어지기 때문이다. 당연히 혁신을 위해 투자하고 노력할 유인이 작아진다는 뜻이다. 혁신의 발생빈도가 높아지면 연구에 종사하는 근로자들의 임금이 상승할 수밖에 없다.

노동수요가 많아지기 때문이다. 그들은 대부분 숙련직 근로자들이다. 이는 R&D 투자비용을 증가시키는 결과를 가져온다. 그렇기에 미래를 완벽히 예측할 수 있다면, 혁신 발생빈도가 너무 높으면 현재의 연구 의욕을 감퇴시킬 수 있다. 강조하지만 R&D 투자를 통해 얻게 될 기대이윤이 줄어들기 때문이다. 극단적인 경우 R&D 투자가 사라지면, 그 나라는 경제성장이 발생하지 않는 '함정'에 빠질 수도 있다. 즉, 연구 생산성 증가가 항상 경제의 성장률을 끌어올리는 것이 아니라는 것이다. 이는 아기온-호위트 모형이 경제성장에 관해 제공하는 독특한 통찰이라고 볼 수 있다. 아기온-호위트 모형이 제공하는 그 통찰은 그 모형에서 혁신 발생빈도가 '확률적(stochastic)'으로 결정되기 때문이다. 그에 따라 기업들은 미래를 내다보고 현재 시점에서 결정을 내린다고 본다.

아기온-호위트 모형에서 '혁신 발생빈도'와 '경제성장률'의 관계는 모호하다. 혁신 발생빈도가 높다고 무작정 좋은 게 아니고 오히려 연구 노력을 꺾이게 할 수 있기 때문이다. 오히려 정부가 시장에 개입해 기업의 연구행위를 점검할 근거가 만들어졌다고 평가할 수 있다. 시장경제하에서 경제성장률은 사회 전체적인 시각에서 최적 성장률(optimal growth rate)보다 높아질 수도 있고 적어질 수도 있다. 그렇다면 어떤 요인에 의해 시장경제 하의 경제성장률과 사회적 최적 경제성장률이 달라지는지 논의할 필요가 있다.

첫째, 기간 간 파급 효과(intertemporal spillover)가 있다. 그 효과는 시장경제 성장률을 사회적 최적 성장률보다 낮아지도록 한다. 사회 전체 시각에서 볼 때 혁신은 좋은 것이다. 하지만 기업 시각에서는 혁신이 너무 자주 발생하면 마냥 좋기만 할 수 없을 것이다. 왜냐하면 기업은 이윤을 쫓기 때문이다. 즉, 그 혁신을 통해 누가 이윤을 얻어가느냐가 중요하다. 사회 전체 시각에서는 누가 그 이윤이 누구에게 돌아가느냐가 크게 중요하지 않다. 그리고 혁신이 발생하면 생선성 수준이 높아지는 장점도 있다. 하지만 첨예한 경쟁 속에 있는 기업은 자사가 그 이윤을 가져가길 바란다. 경쟁 기업의 혁신은 자사의 이윤 크기를 줄이게 된다. 따라서 혁신 발생빈도가 너무 높으면 기업들이 R&D 투자를 열심히 할 유인이 작아지는 것이다. 그렇기에 R&D 투자 수준이 사회적 최적 수준보다 낮아질 수 있다. 그 경우 시장경제 하의 성장률이 사회적 최적 수준보다 낮아지게 되는 것이다.

둘째, 시장탈취 효과(business-stealing effect)이다. 그 효과는 시장경제하의 성장률을 사회적 최적 성장률보다 높게 한다. 즉, 앞서 언급했던 경우와 반대다. 혁신에 성공한 기업은 기존 경쟁 기업들을 퇴출시키고 시장이윤을 독점할 수 있게 된다. 이때 사회 전체 시각으로 볼 때, 기존 경쟁 기업들 퇴출이 꼭 좋기만 한 것은 아니다. 그 기업들 퇴출이 독점기업 부상을 의미할 수 있기 때문이다. 보다 향상된 품질을 제공하는 기업이 등장한 것은 반길 수 있다. 하지만 기존 경쟁 기업들에 의해 제공됐던 상품과 서비스들이 사라지기 때문이다. 사회 전체 시각에서 보면 새로운 혁신에 따라 사회적 후생이 낮아지는 측면도 있을 수 있는 것이다. 하지만 기업은 사회적 후생을 고려하지 않는다. 혁신에 성공했을 때 얻게 될 기대 독점이윤만을 고려한다. 따라서, 사회적 최적 수준보다 더 많은 R&D 투자가 발생할 수 있는 것이다. 그렇기에 시장경제하의 성장률이 사회적 최적 수준보다 더 높을 수 있는 것이다.

시사점

현대 경제에서 기업이 차지하는 위상은 크다. 그리고 정부와 달리 기업은 항상 이윤극대화를 추구한다. 로머는 경제성장을 설명하기 위해 기업의 역할을 강조했다. 아기온-호위트 모형은 기업 경쟁의 역동성을 강조했다. 신 성장이론은 기존의 경제성장 이론과 달리 미시적 접근을 추가했다. 예를 들어, 솔로우 모형은 주로 거시적 접근에 의존했다. 그 모형에서 경제성장률을 결정하는 주된 인자는 저축률과 인구증가율이었다. 반면 로머는 기업의 R&D 투자 등과 같은 미시적 결정 등이 경제성장에 영향을 미친다고 보았다. 그뿐이 아니다. 특허권 같은 지적재산 보호가 그 R&D 투자 의욕에 미치기 때문에 그 시각에서 보면 지적

재산권 같은 '제도(institution)'가 경제성장에 영향을 미칠 수 있다는 결론도 된다. 아기온-호위트 모형은 혁신과 기업 경쟁에 대해 보다 새로운 통찰을 제시했다고 평가할 수 있다.

아기온-호위트 모형에 따르면, 혁신 발생빈도가 높다고 해서 경제성장에 반드시 유리하지 않다. 혁신이 자주 나타나면 기업이 미래에 획득할 수 있는 기대 독점이윤이 줄어들기 때문에 현재 시점에서 기업의 연구의욕이 꺾일 수 있음을 지적했다. 경쟁의 정도와 혁신과의 연관성도 비슷한 방식으로 파악해 볼 수 있다. 아기온-호위트 모형에 따르면, 혁신의 주체는 기업 간 경쟁이지만 경쟁 강도가 심해진다고 해서 무조건 혁신이 많아진다고 할 수 없다. 아기온, 아크시짓, 그리고 호위트는 공동연구[55]를 통해, 시장 내 경쟁 수준과 혁신은 역-U자형 관계가 있다고 주장했다. 초기에 경쟁 수준이 낮은 상황에서는 경쟁이 심해질수록 혁신은 증가한다. 하지만 이미 경쟁 수준이 높은 상황에서는 경쟁이 심해질수록 혁신은 감소한다. 이유가 있다. 기업이 미래를 내다보고 현재시점에서 전략 선택을 하며 산업구조(market structure)가 다르기 때문이다. 산업구조는 크게 두 가지 형태로 파악할 수 있다. 첫 번째는 비슷한 수준의 기업들이 몰려있는 구조이다. 두 번재는 기업 간 수준 격차가 심한 기업들이 몰려 있는 구조이다.

첫 번째의 경우 다른 기업들보다 혁신이 빠르면 독점이윤을 누릴 수 있지만 담합을 통해 이윤을 나눠가질 유인도 존재한다. 따라서, 현재 시장 경쟁 정도가 심하면 담합에 이르기 어렵기 때문에 기업은 혁신을 추구하고, 경쟁 정도가 심하지 않다면 담합을 추구하게 되는 것이다.

두 번째의 경우 그 산업 내에 선도기업들과 후발기업들이 뒤섞여 있다고 생각해 볼 수 있다. 후발기업이 앞선 선도기업을 따라 잡기 위해서는 혁신밖에 없다. 하지만 혁신은 비용 지출이 필요하다. 따라서 후발기업이 혁신을 추구하지

---

55) Philippe Aghion, Ufuk Akcigit, and Peter Howitt (2014), "What Do We Learn From Schumpeterian Growth Theory?", Handbook of Economic Growth.

않고 선도기업을 모방해 적당한 수준의 이윤을 확보하는 것에 만족할 수도 있다. 반대로 시장경쟁이 심하면 후발기업이 선도기업과 대등해졌을때 얻을 수 있는 이윤이 R&D 투자비용보다 적을 수 있다. 그렇기에 현재 시장경쟁 정도가 심하면 후발기업은 선도기업을 모방하며 따라가는 것이 유리하고, 시장경쟁 정도가 심하지 않다면 혁신을 추구하는 것이 보다 유리할 것이다.

만약 어떤 한 나라 안에 첫 번째 형태의 산업들이 많다면 경쟁 증가가 혁신 증가로 이어질 것으로 예측할 수 있다. 하지만 두 번째 형태의 산업들이 많다면 경쟁 증가가 혁신 증가로 이어질 것이라 예측하기 어렵다. 다른 시각의 설명도 가능하다. 현재 시장 내 경쟁수준이 산업구조 분포에 영향을 미칠 수 있다. 즉, 현재 시장 내 경쟁 정도가 심하지 않다면, 첫 번째 경우의 산업은 담합이 만연할 것이기 때문에 여전히 기업들이 동등한 상태에 머물러 있을 것이다. 두 번째 경우의 산업은 후발기업들이 혁신을 추구하기에 선발기업들과 동등한 상태가 될 것이다. 따라서, 시장경쟁 정도가 심한 나라에서는 '평평한(leveled) 산업구조'가 우위를 점하게 된다. 반대로 시장경쟁 정도가 심할 때에는 첫 번째 경우의 산업은 기업들이 혁신을 추구할 유인이 커진다. 따라서 기업들 간의 격차가 발생한다. 두 번째 경우의 산업은 후발기업들이 혁신보다 모방을 선택할 유인이 커지기 때문에 역시 기업들 간의 격차가 발생하게 된다. 따라서, 시장경쟁 정도가 심한 나라에선 '평평치 않은(unleveled)' 산업구조가 우위를 점하게 된다. 그렇기에 시장경쟁 정도가 심하지 않은 상태에서는, 비슷한 수준의 기업들이 많기 때문에 경쟁 증가가 혁신 증가로 이어지게 된다. 반면 시장경쟁 정도가 심하지 않은 상태에서는, 수준차이가 나는 기업들이 많기 때문에 경쟁증가가 혁신감소로 이어지게 되는 것이다. 따라서 시장경쟁 정도와 혁신 사이에 '역—U자형 관계(inverted—U relationship)'가 나타나는 것이다.

그들 연구에 따르면, 경제성장을 분석할 때 기업경쟁뿐만 아니라 산업구조도 고려해 봐야 한다는 결론이 된다. 즉, 미시적 분석이 꼭 필요하다는 뜻이다. 아기온－호위트 모형에서 혁신을 해내지 못한 기업은 그 산업에서 퇴출될 수밖에 없다. 혁신에 성공한 기업은 시장에 진출할 수도 있고 더 큰 기업이 될 수도 있다. 그렇게 '창조적 파괴' 과정을 거치면서 경제 전체 생산성 수준이 높아질 수 있는 것이다. 기업의 시장진입과 퇴출, 즉 기업역학(firm dynamics)이 거시경제에 영향을 미칠 수 있다. 만약 생산성 낮은 기업이 그 산업에서 퇴출되지 않고 그 산업 내 계속 머물 수 있다면, 잠재적 가능성이 있는 기업들의 진입을 막게 된다. 이로써 그 산업 내 전반적인 생산성이 저하되고 나아가 그 나라의 성장률이 하락하게 되는 것이다. 멜리츠(Melitz)가 2003년에 발표한 연구논문56)은 그 역학을 강조했다. 즉, 자유무역을 하게 되면 두 나라 동종 산업에서 기업들 간 경쟁이 격화되어 생산성 낮은 기업들이 퇴출되고 생산성 높은 기업들이 더 크게 성장할 수 있게 된다는 것이다. 그 결과 생산성 낮은 기업들이 보유했던 자원이 생산성 높은 기업들에게 재배치(reallocation)되기 때문에 그 산업 내 총생산성(aggregate productivity)이 더욱 높아지는 것이다.

앞서 언급했지만 아기온－호위트 모형에 따르면, 시장경제하에서의 성장률이 사회적 최적 성장률과 같지 않을 수 있다. 이는 정부개입의 필요성을 시사한다. 민간의 R&D 투자를 장려하기 위해 지적재산권을 강조한 로머의 주장도 실은 정부개입의 필요성을 시사하는 것으로 볼 수 있다. 로머의 모형과 달리 아기온－호위트 모형은 정부개입 논의를 보다 구체화한다. 그들은 현재 그 나라의 기술수준이 어느 정도이냐에 따라 정책이 다를 수 있다고 주장한다. 기술발전의 수준이 높으면 그 나라는 혁신을 장려하는 정책을 활용해 생산성 향상에 초점을 맞출 필요가 있다. 이때 자유로운 의사결정을 보장하는 자유민주주의 정치체제는 기업들 간의 경쟁을 유도할 수 있고 기업들이 자발적으로 R&D 투자를 할 수 있도록 해 더 큰 혁신을 이끌어 낼 수 있다. 하지만 기술발전의 수준이 낮으면

---

56) Mark Melitz (2003), "The Impact of Trade on Intra－industry Reallocations and Aggregate Industry Productivity", Econometrica, 71(6), 1695－1725.

그 나라는 혁신보다는 모방에 초점을 둘 필요가 제기된다. 선진국의 기술을 모방해 보다 빨리 전반적인 기술수준을 향상시키는 것이 시급하기 때문이다. 앞서 언급했지만 자유무역이 생산성 향상을 불러올 수도 있다. 아기온, 아크시짓, 그리고 호위트의 2014년도 그 연구논문에 따르면 자유무역이 생산성 향상 결과를 가져온다. 직관적으로 설명할 때, 자유무역이 시장경쟁을 격화시키기 때문이다. 따라서 자유무역을 통해 시장개방을 추진하면 생산성 높은 외국 경쟁기업이 자국 시장에 진입해 생산성 낮은 자국 기업을 퇴출시키게 되는 것이다. 그 반대도 가능하다. 즉, 생산성 높은 자국기업이 외국시장에 진입해 생산성 낮은 외국 기업을 퇴출시키게 된다. 그렇기에 시장개방이 생산성 향상을 이끄는 것이다. 그 나라는 자유무역을 통해 '생산성 이득(productivity gain)'을 얻게 되는데 그것도 '무역이득'에 해당한다.

수렴 논쟁

국가 간 생활수준도 격차가 있지만 성장률도 격차가 존재한다. 어떤 나라는 빠르게 성장하고 어떤 나라는 느리게 성장한다. 대개 1인당 GDP가 낮은 나라가 더 빠르게 성장하는 경향이 있다. 일본은 성장률이 지체된 반면 중국은 한때 7% 이상 성장했던 적도 있다. 한국도 마찬가지였다. 과거에 성장률이 훨씬 높아 연간 10% 가까이를 기록했던 적이 있다. 나라 간에 성장률 격차를 놓고 경제성장 이론들도 서로 다른 설명을 내놓는다. 솔로우 모형은 한계수확이 체감하는 생산함수를 전제한다. 따라서 자본량이 많아질수록 생산량 증가폭은 줄어들게 된다. 그렇기에 성장률도 줄어드는 것이다. 솔로우 모형에 따르면, 국가 간 성장률 격차를 자본축적 정도에서 찾아낼 수 있다. 자본축적량이 동태적 균형 상태(steady state)에 가까운 나라는 성장률이 낮고, 자본축적량이 그 균형 상태에 도달하지 않으면 성장률이 높다. 중국이 일본에 비해 높은 성장률을 기록할 수 있었던 이유는 일본보다 1인당 자본량이 적었기 때문이다. 현재 한국의 성장률이 과거에 비해 낮은 이유는 1인당 자본량이 증가했기 때문이다. 이론에 따르면, 모든 나라들의 1인당 자본량이 동일해지고 생활수준과 성장률이 동해질 수 있다. 즉, '수렴(convergence)' 현상이 나타나는 것이다. 솔로우 예측이 맞게 나타난 나라들도 있었지만 그렇지 않은 나라들도 많다. 하지만 가난한 나라들 중에 경제 성장 자체를 경험하고 있지 못하는 나라들도 많다. 특히 흥미로운 것은 저개발국들의 성장률이 OECD 국가들보다 낮다는 것이다.

폴 로머와 루카스는 그 성장률 격차를 주로 지식과 인적 자본 등에서 찾았다. 그것들에 의해 기술수준 격차(technology gap)가 난다는 주장이다. 따라서 초기 지식 및 인적 자본 수준이 높았던 나라는 계속 높은 성장률을 유지할 수 있었고 솔로우가 예측했던 수렴현상은 나타나지 않았던 것이다. '1인당 자본량'의 상대성도 적용될 수 있다는 이론이 제시됐다. 초기 솔로우 모형은 저축률, 인구증가율 등이 외생적으로 주어졌다고 전제했기 때문에 모든 나라들이 동일한 동태적 균형 상태에 놓여 있었다. 하지만 현실적으로 나라들은 저축률, 인구증가율 등이 서로 다르기에 그 동태적 균형 상태도 다를 수밖에 없다. 어떤 나라의 동태적 균형 상태는 1인당 GDP 5만 달러일 수 있지만, 어떤 나라는 5천 달러일 수도 있는 것이다. 그렇기에 각 나라 별로 동태적 균형 상태가 다른 가운데 그 균형 상태에서 더 멀리 떨어진 경우 더 높은 성장률을 기록하게 된다고 파악한다. 그 균형 상태에서 가까우면 낮은 성장률을 기록하게 된다. '조건부 수렴(conditional convergence)'이다. 중국이 일본보다 높은 성장률을 기록하는 이유는 현재 중국이 그 동태적 균형 상태에서 더 멀리 떨어져 있기 때문이다. 1인당 자본량이 적음에도 불구하고 성장률이 매우 지체된 나라들은 그 수준이 동태적 균형 상태에 가까이에 있기 때문으로 해석할 수 있는 것이다.

솔로우 성장모형은 '자본축적'에 주목한다. 하지만 폴 로머와 루카스는 지식과 인적자본(human capital)에 주목한다. 그들 이론에선 경제성장의 바탕이 기술진보이고, 그 기술진보의 동력이 바로 지식과 연구인 셈이다. 연구자들은 창의성을 발휘해 새로운 지식을 창출한다. 그 지식들은 보다 효율적인 생산을 가능케 하고 경제 전체의 생산능력을 확장시킨다. 그렇기에 경제성장을 위해선 지식이 중요한 역할을 하는 것이고 그 나라에 인적자본이 많을수록 높은 성장률을 기록하게 된다. 선진국들이 후진국들에 비해 1인당 저축량이 높으면서도 여전히 더 높은 성장률을 보일 수 있는 이유가 바로 지식과 인적자본 때문이다. 즉, 끊임없는 연구를 통해 계속해서 새로운 지식이 창출되기 때문으로 파악할 수 있다. 선진국 기업들은 R&D 투자를 통해 계속해서 혁신이 이뤄지는 반면 후진국 기업들은 혁신을 쉽게 할 수 없다. 지식에는 큰 특징이 있는데 바로 '비경합성'이다. 즉, 그 지식은 모두가 동시에 사용할 수 있기 때문에 생산성을 크게 높일 수 있다. 선진국이 창출한 지식은 개도국들에도 전수되고 공유된다. 개도국들이 그 지식을 사용한다고 해서 그 지식이 닳아지는 것이 아니다.

지식의 비경합성은 국가 간 생활수준 격차를 줄일 수 있을 것으로 기대하게 한다. 특히 다국적기업(multinational firm)이 국가 간에 지식들을 이전시키고 공유하게 해 그 생활수준 격차를 줄일 수 있다. 현대 경제에서 지식의 역할은 매우 중요하다. 그러한 맥락에서 아기온과 호위트는 성장률 격차 이유를 R&D 투자에서 찾았던 것이다. 아기온과 호위트는 경쟁이 기업들로 하여금 R&D 투자를 늘리게 한다고 생각했다. 하지만 경쟁이 무조건 R&D 투자를 늘려 혁신을 일으킨다고 일반화할 수 없다. 경쟁과 혁신의 관계는 산업구조에 따라 다르게 나타날 수 있기 때문이다. 앞서 설명한 대로, 시장 내 경쟁수준이 낮고 비슷한 기술력의 기업들이 많을 때에는 경쟁이 가열될수록 담합이 어려워져 혁신이 많아질 수 있다. 하지만 시장 내 경쟁수준이 높고 기술력 수준이 서로 다른 기업들이 많은 경우에 경쟁이 가열될수록 혁신을 통한 기대이익이 적어져 혁신이 드물어질 수 있다. 경쟁과 혁신은 '역-U자형(inverse-U relationship)'이다. 즉, 초기에 경쟁 수준이 낮은 상황일 때는 경쟁이 가열될수록 혁신이 많아진다. 반면 이미 경쟁 수준이 높은 상황일 때는 경쟁이 가열될수록 혁신이 드물어지는 것이다. 국가 간 성장률 격차를 분석할 때 산업구조에 대한 이해가 필요하다는 뜻이 된다.

로머와 루카스에 따르면 수렴현상은 존재하지 않는다. 솔로우 모형은 '자본의 한계수확 체감'과 '외생적인 기술진보'에 따라 수렴현상이 나타난다고 본다. 수렴현상은 다른 게 아니다. 모든 나라들의 성장률이 같아지고 생활수준도 같아진다는 것이다. 하지만 실제로 나라들 간 경제성장률을 조사해 보면 수렴현상이 쉽게 관찰되지 않는다. 선진국들 내에서는 수렴현상이 보이기도 한다. 하지만 전 세계로 분석범위를 확장해 보면 저개발 국가들은 여전히 저개발 상태에 놓여 있다. 세계적으로 보면 수렴현상이 없는 것이다. 그 이유를 폴 로머(Paul Romer)와 로버트 루카스(Robert Lucas)가 규명했다. 그들은 '인적자본'과 '지식'을 강조했다. 특히 '물적자본'과 달리 '인적자본'은 한계수확이 체증한다고 본다.

로머와 루카스의 내적성장 모형에 따르면 수렴현상은 나타나지 않는다. 부자 나라는 지식과 인적자본을 바탕으로 더 빠르게 성장할 수 있고 가난한 나라들은 지식과 인적 자본 부재로 인해 더욱 성장이 지체될 수 있다. 하지만 수렴현상이 존재하지 않는다고 단언할 수 없다. 앞서 언급했지만 선진국들 내에는 수렴현상이 발생하는 것으로 보인다. 나라들 간 서로 다른 동적 균형상태(steady state) 개념을 도입하면 '조건부 수렴(conditional convergence)' 현상이 나타날 수 있을 것이다. 수렴현상이 있다는 솔로우 모형과 수렴현상이 없다는 로머-루카스 모형의 절충 이론도 있다. 그에 대한 연구를 수행한 이들은 로버트 배로(Robert Barro)와 하비에르 살라이마틴(Xavier Sala-I-Martin)이다. 그들은 수렴현상이 느리지만 존재한다고 주장한다. 그들은 경제성장과 수렴현상에 대해 많은 여러 연구논문들[57]을 발표했다. 배로와 살라이마틴은 그중 한 논문을 통해 미국 내 주(state)들

---

57) Robert J. Barro and Xavier Sala-i-Martin (1990), "Economic Growth and Convergence across The United States", NBER Working Papers 3419, National Bureau of Economic Research.
Robert J. Barro (1991), "Economic Growth in a Cross Section of Countries", Quarterly

간의 수렴현상을 실증분석했다. 1880년대엔 미국 동북부 지역과 남부 지역은 생활수준 격차가 심했지만 남부 지역이 보다 빠르게 성장하면서 지금은 대부분 비슷한 생활수준을 누리고 있다. 유럽에도 수렴현상이 발견된다. 낙후된 지역일수록 보다 빠르게 성장한 덕분에 지금은 생활수준의 격차가 많이 좁혀진 상태이다.

분석 범위를 전 세계로 넓혀도 수렴현상이 나타난다. 국가들 간 동태적 균형상태가 다른 가운데 성장률이 그 균형상태보다 많이 미달될수록 성장률이 높은 경향이 있다. 즉, 조건부 수렴 현상이 나타난 것이다. 그런데 문제는 수렴속도가 느리다는 것이다. 배로와 살라이마틴이 보고한 수렴속도는 연간 2%에 불과하다. 그들은 솔로우 모형의 설명력을 갖추기 위해 자본비중이 높아져야 한다고 주장했다. 소득은 '자본소득'과 '노동소득'으로 나뉘는데 자본소득이 더 많을 것이다. 그 경우 투자량이 더 많아질 것이고 자본축적도 더 많아질 것이다. 그렇게 되면 생산량이 더욱 증가하고 그에 따라 자본소득이 더욱 증가하고 투자와 자본축적도 더 많아지는 선순환이 발생한다고 봐야 한다. 높아진 자본소득의 효과는 또 있다. 바로 한계수확 체감 정도가 완화된다는 것이다. 솔로우 모형은 자본비중을 상대적으로 낮게 잡고 있는데 이유는 자본을 '물적자본'으로 제한했기 때문이다. 반면에 로머-루카스의 내생적 모형은 자본비중을 너무 높게 잡았다. 물적자본에 더해 '지식과 인적자본'도 포함됐기 때문이다. 그 모형에선 수확체감 현상이 없다. 따라서 수렴현상도 나타날 수 없는 것이다. 배로와 살라이마틴은 수렴속도가 느린 것을 보고 솔로우 모형의 자본비중에 문제가 있다고 파악했을 것이다. 수확체감 현상을 완화되면 수렴속도가 높아질 수 있다. 하지만 자본비중이 아무리 높다고 해도 로머-루카스 모형에서처럼 100%는 될 수 없다. 그 경우엔 수렴현상이 존재할 수 없지만 현실적으로 수렴현상은 존재하기 때문이다.

배로와 살라이마틴은 수렴현상이 나타나는 지역을 대상으로 실증분석을 해

Journal of Economics, 106(2), 407−443.
Robert J. Barro and Xavier Sala−i−Martin (1992), "Convergence", 100(2), 223−251,

본 결과 적절한 자본비중은 약 80%라고 주장했다. 그리고 그들은 로머-루카스의 내생적 성장 모형도 수정이 필요하다고 생각했다. 로머-루카스의 내생적 모형에서 수렴현상이 나타나지 않는 이유는 나라별로 지식과 인적자본의 수준이 다르기 때문이다. 기술진보가 외생적이라면 나라들 간에 기술격차는 존재할 수 없을 것이다. 하지만 사람들의 노력의 결과 신기술과 신지식이 창출된다면 나라들 간에 기술격차가 발생하고 성장률도 차이가 나게 될 것이다. 중요한 것은 기술전파이다. 선진국에서 후진국으로 기술전파가 이뤄진다면 그 기술격차가 축소되고 수렴현상이 나타날 수도 있을 것이다. 배로와 살라이마틴이 주목한 건 기술전파이다. 그건 명백한 사실이다. 하지만 그 속도가 빠르지 않다는 것이다. 따라서 '점진적인 기술확산'이 '느린' 수렴현상을 설명한다고 주장했다. 경제학자 그레고리 맨큐(Gregory Mankiw), 데이비드 로머(David Romer), 그리고 데이비드 웨일(David Weil)은 1992년 연구논문58)을 통해 솔로우 모형의 핵심가정을 그대로 살리면서 자본비중을 확장한 모형을 내놓게 된다. 그들은 '인적자본(human capital)' 개념을 솔로우 모형에 도입해 모형의 설명력을 보강했다. 이유는 앞서 지적한 대로 자본비중을 확대해 수확체감 정도를 완화하기 위해서였다.

초기 솔로우 모형은 자본비중과 노동비중이 각각 33%, 66% 정도라고 파악했다. 이때 저숙련 근로자와 고숙련 근로자의 임금차이를 감안하면 노동소득 중 상당히 많은 부분은 인적자본 몫으로 볼 수 있을 것이다. 따라서 그 세 연구자들은 노동비중 66%의 절반인 33%를 인적자본 비중으로 파악했다. 그들의 모형은 물적자본이 33%, 인적자본이 33%, 그리고 노동 33% 정도의 비중을 나눠갖게 됐다. 물적자본과 인적자본을 합치면 자본비중은 66% 정도를 차지하게 됐다. 그에 따라 확장형 솔로우 모형에서는 초기 모형에 비해 수확체감의 정도가 완화됐던 것이다. 그리고 그들은 솔로우 모형과 내생적 모형이 대체관계가 아니라 보완관계라고 주장했다. 그들은 인적자본을 포함해 보완된 솔로우 모형을 만들어 실증

---

58) Mankiw, N. Gregory, David Romer, and Weil, David N. (1992), "A Contribution to the Empirics of Economic Growth", Quarterly Journal of Economics, 107(2), 407-437.

결과를 제시했는데 솔로우 모형이 예측한 대로 였다. 즉, 투자비중이 증가할수록 1인당 GDP가 증가했고, 인구증가율이 높아질수록 1인당 GDP는 감소했던 것이다. 하지만 솔로우 기본 모형이 예측한 것보다 저축의 영향력이 큰 것으로 나타났다. 분석 대상으로 한 일부 나라들에서 저축 비중이 1% 늘어날수록 1인당 GDP가 1%를 훨씬 넘는 비율로 증가한 결과가 나타났기 때문이다. 그러한 수확체감으로 인해 그와 같은 결과가 나오기 어려웠다. 그들은 인적자본(human capital) 개념을 도입해 자본 범위를 확장한 다음 실증분석을 한 결과 저축(투자) 1%가 늘어날수록 1인당 GDP는 0.28%~0.70% 정도 증가한 것으로 조정됐다.

실증 결과로 볼 때 저축의 영향력이 크게 감소한 것이다. 이는 솔로우 기본 모형이 예측하는 영향력 크기와 비슷했다. 이유가 있었다. 솔로우 기본모형은 저축을 통한 자본축적과 인적자본 축적 간의 관계를 무시했기 때문이다. 저축을 통한 물적자본 축적은 단순히 물적자본만 증가시키지 않는다. 생활수준이 높아지면 교육수준도 높아질 수밖에 없다. 즉, 저축 증가는 인적자본 축적으로 이어지고, 인적자본이 축적되면서 생산량이 증가하게 되는 것이다. 하지만 솔로우 기본 모형은 그 경로를 무시했기 때문에 저축의 영향력이 과소평가됐던 것이다. 그리고 물적자본 축적과 달리 인적자본 축적은 체감하지 않는다. 하지만 솔로우 기본 모형은 이를 고려하지 않았기에 생산함수의 수확체감 정도가 심하게 잡혀졌던 것이다. 맨큐, 로머, 그리고 웨일은 솔로우 모형에서 과소평가 됐던 저축의 영향력을 바로잡도록 기여한 것으로 평가할 수 있다. 그들은 인적자본을 추가한 솔로우 모형을 통해 '조건부 수렴'의 모습도 찾아 보여주었다.

CHAPTER 12

개도국 발전 전략

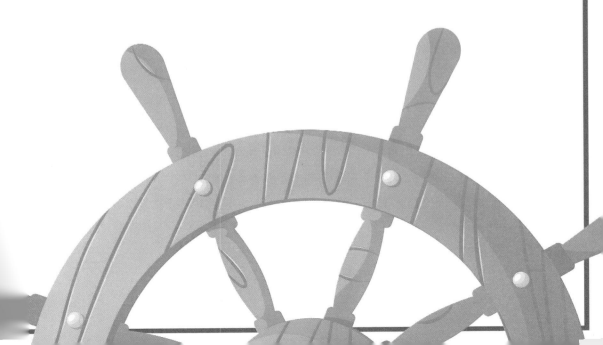

지금 자유무역을 비판하는 쪽은 주로 선진국들이다. 즉, 개발국들이 개도국들과의 자유무역을 비판하고 있는 것이다. 그동안 자유무역을 비판해 온 쪽은 주로 개도국들이었다. 과거에 개도국들은 자유무역이 개발국을 이롭게 한 결과 개발국과 개도국 간에 소득 불평등을 심화시킨다고 주장했다. 심지어는 자유무역은 개발국이 개도국을 착취하는 수단이라는 식의 피해의식도 존재했다. 실제 1960~70년대 중남미 국가들은 종속이론을 근거로 개발국들을 비난했으며, 2000년대 초반까지만 하더라도 WTO 회의가 열리는 장소에 개도국 시민단체들 모여서 '세계화 반대' 집회를 열었다. 하지만 현재는 반대 상황이다. 2000년대 들어 선진국들 내에서도 자유무역에 대해 불평이 나오기 시작했다. 자유무역을 추구해 온 미국 또한 지금은 보호무역 쪽으로 선회하고 있다. 그 이유는 개발국들과 중국의 '불공정 무역' 행태 때문이다. 개도국들의 최대 화두는 경제발전이다. 대개 그 발전전략은 자유무역일 수밖에 없다. 하지만 개도국들은 자유무역이 정말 발전전략이 될 수 있느냐에 대해 회의를 품기도 한다. 비교우위에 대한 오해 때문이다. 말 그대로 발전 도상 단계에 있는 개도국들이 개발국들과 자유무역을 하면 경쟁력이 열위에 서기 때문에 자국 시장을 개발국들에게 내주는 결과만을 초래할 뿐이라고 우려하는 것이다.

개도국들은 주로 원유 철광석 같은 자원들을 수출하거나 농산물을 수출하는데 수출량이 많아질수록 국제시장에서 가격이 하락할 수 있다. 즉, 교역조건이 악화될 우려가 있는 것이다. 리카르도가 역설한 대로 비교우위에 따라 생산특화를 한다면 개도국들은 영원히 저부가가치 재화만 생산해야 한다는 결론이 될 수 있다. 그렇기에 개도국들은 자유무역이 경제발전을 돕는 것이 아니라 도리어 방해한다고 생각하기 쉽다. 개도국들은 산업화를 원한다. 그 경우 제조업을 육성할 수밖에 없다. 제조업 육성을 위해서는 유치산업 보호가 필요할 것이다. 그런데 리카르도의 비교우위 모형에 따르면 개도국은 제조업에 비교열위를 갖는다. 따라서 개도국은 제조업을 포기하고 대신 비교우위를 갖는 1차 산업 생산을 특화해야 할 것이다. 그 이론에 따른다면 개도국들은 영원히 1차 산업 생산에 집중해야 한다는 결론이 된다. 영원히 제조업을 육성할 수 없다는 뜻이 된다. 많은 개도국들이 비교우위론과 자유무역에 대해 편견을 갖는 이유이다. 반면에 비교우위론과 자유무역을 현실에 맞게 수정해 받아들인 개도국들도 있었다. 후자의 경우에 경제 성장 속도가 훨씬 더 빨랐다. 시간이 흐르고 두 종류의 개도국 간에 경제수준 격차가 매우 커지게 된 배경이다.

오늘날 개발국들이 직면하고 있는 문제는 자국 내 일자리 감소 문제이다. 과거엔 무역패턴이 주로 선진국 간 교역(North-North trade)이었다. 하지만 신흥개발국이 부상하면서 선진국과 신흥개발국 간 교역(North-South trade) 비중이 크게 증가한 것이다. 그 신흥개발국들이 제조업에 비교우위를 확보해 가자 선진국들은 자유무역을 통해 무역이득을 얻을 수 있느냐에 대해 회의하기 시작했다. 자유무역에 대한 회의는 중상주의적 사고방식에서 비롯된 측면도 있다. 무역수지에 대한 오해 때문이다. 무역수지가 흑자일 때 비로소 무역이득이 발생한다고 믿고 이들이 지금도 많다. 앞서 논의했지만 그건 중상주의적 사고방식이다. 1776년 아담 스미스는 『국부론』을 통해 중상주의적 사고방식을 비판했다. 국부는 금화나 은화의 양이 아니다. 재화의 양 또는 소비 가능성이라고 볼 수 있다. 따라서 중상주의적 사고방식을 하고 있는 이들은 무역수지를 중시하는 경향이 있다. 특정 국가에 대해 무역수지 적자가 깊어진다고 하면 그 국가와의 무역을 규제해야 한다고 제안하기도 한다. 도널드 트럼프 미국 대통령도 대중국 무역수지 적자를 문제 삼았었다. 무역수지 적자는 국가경쟁력 부족을 뜻하지 않지만 그렇게 오해하는 이들이 적지 않다. 그뿐이 아니다. 선진국들은 비교우위에 대해서도 다시 생각해 볼 수밖에 없다. 노동이 풍부하고 임금이 저렴한 나라들과 무역을 하면 자국 상품의 가격 경쟁력이 약해질 수 있기 때문이다. 개도국들의 제조업이 성장하면 선진국의 제조업이 비교열위에 처할 수 있고 그렇게 되면 선진국의 근로자들에게 그 피해가 돌아간다는 주장도 있다.

완전경쟁 모형에 따르면 기업이 사라지거나 산업이 축소될 때 근로자들이 '순간이동'을 통해 이직할 수 있다고 가정하지만 현실은 그렇지 않다. 산업이 구조조정되는 가운데 실업이 발생한다. 앞서 언급했지만 중산층 형성을 위한 일자리들은 주로 제조업이 창출해 왔다. 고임금 일자리들은 고부가가치를 창출하는 첨단산업이 창출한다. 최근 선진국들이 보호무역으로 선회하는 이유는 바로 일자리 때문이다. 특히 선진국들에 의해 지적 재산권도 큰 이슈가 되고 있다. 선진국들이 만들어 놓은 지적 재산을 그동안 개도국들이 큰 비용을 들이지 않고 이용해 왔기 때문이다.

최근 국제무역 관련 논쟁은 개발국과 개도국 간의 이해관계 대립때문으로 보인다. 즉, 개발국과 개도국 모두 제조업 육성 및 보호를 위해 비교우위에 따른 자유무역을 배척하고 있는 상황이다. 개도국은 산업화를 위해 제조업 육성이 필수적이라고 보고 있고, 개발국은 일자리 창출 때문에 제조업 보호의 필요성을 느끼고 있는 것이다. 그들의 주장이 맞다면, 어떤 한 나라가 자유무역을 발전전략으로 채택하면 비교우위에 의거해 생산 특화를 해야 하기 때문에 제조업을 육성하지 못한다는 뜻이 된다.

과거부터 개도국들이 자유무역에 부정적인 경향이 있었다. 비교우위에 대한 오해 말고도 다른 이유가 있다. 문제는 수확체감 산업이다. 데이비드 리카르도가 비교우위론을 제시했을 당시 영국은 수확체증을 보이는 제조업에 비교우위가 있었고 수확체감을 보이는 농업에 비교열위가 있었다. 따라서 자유무역을 통해 수확체감 산업인 농업을 포기하고 수확체증 산업인 제조업에 생산을 특화하면 경제 성장이 이뤄질 수 있다고 본 것이다. 19세기 영국이 우려했던 것은 토지 경작이 확대되면서 이윤율이 낮아질 수 있다는 사실이었다. 증가하는 인구를 먹여 살리기 위해서는 가능한 보다 넓은 토지를 경작해야 하는데 경작지가 넓어질수록 토지의 수확체감으로 인해 지주의 이윤만 증가하고 자본가의 이윤은 도리어 감소할 수 있었던 것이다. 그렇게 되면 자본축적이 더뎌지고 그렇게 되면 경제 성장 속도가 느려지거나 지체될 가능성이 있었다. 바로 리카르도가 우려했던 것이었다. 그러한 상황 속에서, 19세기 영국이 이윤율 저하를 막기 위해 내놓은 방안이 바로 곡물법을 폐지하고 자유무역을 추구하는 것이었다. 외국으로부터 식량을 자유롭게 수입한다면 경작지를 무리하게 확대할 필요가 없어지기 때문에, 자본가의 이윤도 크게 줄지 않게 된다.

자본가들에게 이윤이 보장되어야 비로소 자본축적이 가능해지고 경제 성장도 빨라진다고 생각했던 것이다. 개도국들은 19세기 영국과는 다른 상황에 처해 있을 수도 있다. 그럼에도 불구하고 그 나라들에겐 비교우위에 입각한 자유무역을 통해 영국처럼 경제 성장을 이룰 수 있느냐가 핵심적인 관건이다. 정리하자면, 19세기 영국은 수확체증 산업인 제조업에 비교우위가 있었지만 지금 개도국들은 그와는 반대로 수확체감 산업인 농업에 비교우위에 있는 상태이다. 그 상황에서 자유무역을 추구하면 결과가 영국과 반대로 나올 수 있다고 여겨질 수밖에 없을 것이다. 그것이 개도국들의 우려이다. 따라서 개도국들은 비교우위에 입각한 자유무역은 개발국들에게만 유리하다고 생각할 수 있다. 그 나라들은 수확체증 산업인 제조업에 비교우위를 갖고 있기 때문이다.

호주의 전략

영국과는 다르게 호주는 1920년대와 30년대 자유무역이 아닌 보호무역을 통해 경제수준이 향상될 수 있었다. 호주의 경제학자 제임스 브리스톡 브릭덴 (James Bristock Brigden)은 1929년 자신의 연구를 통해 자유무역이 영국에게 유리했던 것처럼 보호무역이 호주에게 유리하다고 주장했다. 이후 그는 호주 정부의 무역정책 입안에 직접 참여해 보호무역 기조를 만들어 냈다.[59] 그러한 보호주의

---

59) Brigden, J.B. (1929), "Notes on the economic position of Australia".

를 위한 호주의 사례는 자유무역과 보호무역을 둘러싼 논쟁에서 분기점이 됐다. 브릭덴은 자신의 고국 호주에 대해 보호주의를 역설했는데 비교우위를 가진 농산물 생산특화를 줄이고 수입관세 부과를 통해 당시 비교열위에 처한 제조업을 키우는 정책이 필요하다고 생각했다. 이유는 간단했다. 영국과 호주의 상황이 전혀 달랐기 때문이었다. 그의 주장에 따르면 수확체증 또는 수확체감 여부가 자유무역 또는 보호무역을 결정하는 데 중요한 역할을 할 수 있다는 것이다. 앞서 지적했지만 수확체감 산업에 특화하면 소득분배는 왜곡되고 그 결과 경제수준은 더 열악해질 수 있다. 수확체감이란 생산요소 투입을 늘릴 때 추가적으로 얻어지는 산출량이 줄어드는 상태를 나타낸다. 즉, 요소투입에 대한 대가가 줄어드는 것이다.

이때 자유무역을 하게 되면 경제수준이 열악해질 수 있다. 첫 번째 이유는 교역조건 악화이다. 호주가 비교우위를 가진 농업과 철광석 등의 산업에 특화해 세계 공급을 늘려나갈수록 국제가격이 하락하게 된다. 즉, 자국의 수출편향성장 (export-biased growth)을 통해 비교우위를 가졌던 수출상품의 국제가격이 낮아져 자국은 도리어 가난해지게 된다. 1920년대 호주는 농산물과 철광석 세계공급의 11% 가까이를 차지했다. 따라서 호주가 비교우위에 입각해 농산물과 철광석 공급을 늘려나가면 교역조건이 악화되고 결국 호주 국민소득이 감소하게 되는 것이다. 두 번째 이유는 비교열위에 처한 제조업 종사자들이 일자리를 잃게 된다. 자유무역 추진 결과 자국시장이 개방되면 비교열위 산업은 말 그대로 경쟁력이 부족하기 때문에 산업 규모가 축소될 수밖에 없다. 그에 따라 제조업 종사자들은 비교우위를 지닌 산업으로 이동해야 한다. 하지만 앞서 언급한 대로 호주가 비교우위를 지닌 1차 산업은 수확체감 상태에 있기 때문에 고용 규모에 한계가 있을 수밖에 없다. 즉, 자유무역의 결과 일자리를 잃은 제조업 종사자들을 모두 흡수할 수 없다. 따라서 실업이 발생하게 되는 것이다. 그렇기에 호주는 지주와 근로자들 간에 소득 격차가 더 커지게 된다. 전체 국민소득도 감소하게 된다. 수확체감 딜레마에서 벗어나기 위해 영국은 자유무역이 필요했던 것처럼 반대로 호주는 보호무역이 필요했던 것이다. 보호무역의 결과 호주에서 근로자들의 임금이 증가하며 소득 불평등 문제가 진정됐고 교역조건 개선을 통해 국민소득 수준이 향상되었다. 경제학자 볼프강 스톨퍼(Wolfgang Stolper)와 폴 새뮤얼슨(Paul Samuelson)은 1941년 논문[60]을 통해, 보호무역이 제조업 근로자 임금을 상승시킬 수 있음을 보였다. 즉, 앞장에서 설명한 '스톨퍼-새뮤얼슨 정리'이다. 고전 무역 이론을 요약하자면, 리카도의 비교우위론은 나라들 간에 상이한 기술수준으로 인해 무역이 발생하는데 상대적으로 생산성이 높은 상품은 수출하고, 상대적으로 생산성이 낮은 상품은 수입한다고 설명한다. 헥셔-올린 이론은 나라들 간에 상이한 부존자원량으로 인해 무역이 발생하는 데 상대적으로 풍부한 자원을 집약해 생산된 재화는 수출하고 상대적으로 희귀한 자원을 집약해 생산된 재화는 수입한다고 설명한다. 이때 무역개방은 수출상품 가격을 더 높게 하고 수입상품 가격을 더 낮게 한 결과 상대적으로 풍부한 자원(생산요소)은 가격이 상승하고 상대적으로 희귀한 자원(생산요소)은 가격이 하락한다. 반대로 보호무역은 상대적으로 풍부한 자원(생산요소)은 가격이 하락하고 상대적으로 희귀한 자원(생산요소)은 가격이 상승한다. 바로 '스톨퍼-새뮤얼슨 정리'이다. 이 정리를 적용하면, 호주의 경우 토지가 풍부한 자원이고 노동은 희귀한 자원이다. 따라서 자유무역을 실시하면 생산요소 토지의 가격(지대)이 상승하고 생산요소 노동의 가격(임금)이 하락한다. 반면 보호무역을 실시하면 생산요소 토지의 가격(지대)은 하락하고 생산요소 노동의 가격(임금)은 상승한다. 호주가 보호무역을 통해 임금을 상승하게 하고 지대를 하락하게 해 소득 불평등 문제를 해소할 수 있었던 이유다.

수입관세는 교역조건을 개선시킨다. 어떤 상품을 수출하는 나라는 그 상품을 더 쉽게 만들 수 있기 때문이다. 그래서 가격이 저렴하다. 호주의 경우를 보자. 호주가 1차 산품을 수출하고 공산품을 수입했다는 것은 당시 호주 제조업 수

---

60) Stolper, W. F. and P. A. Samuelson (1941), "Protection and Real Wages", Review of Economic Studies, 9(1), 58-73.

준이 그렇게 높지 않기 때문이다. 이때 호주가 공산품들에 대해 수입관세를 부과한다고 해보자. 호주 내에서 그 수입상품의 판매 가격이 상승하고, 그 상품을 수출하는 나라에서는 수출 물량을 조절하게 된다. 그 과정에서 수출 가격이 하락한다. 그 결과 호주는 더 저렴한 가격에 그 상품을 수입할 수 있게 되고(교역조건 개선), 호주 소비자들은 관세가 더해진 가격에 그 수입 상품을 구매하게 된다. 따라서 호주 소비자들의 후생은 감소한다. 반면, 호주 제조업 생산자들은 자국 내 판매 가격이 상승했으므로 후생이 증가한다. 관세를 통해 조세 수입이 늘어났으므로 정부는 재정이 풍부해져 이득을 얻었다고 말할 수 있다. 종합해 보면, 소비자는 잃고 생산자와 정부는 얻는다. 생산자와 정부가 얻는 양이 소비자가 잃은 양을 상쇄하고도 남는다면 교역조건이 개선되어 호주 전체 후생이 증가했다고 말할 수 있다. 직관적으로 말하면, 관세가 시장 내에서 가격을 왜곡시켜 발생시키는 손실보다 교역조건 개선을 통해 얻는 이득이 더 크다는 뜻이다. 그렇게 교역조건 개선 효과가 나타나면 보호무역 정책을 통해 국민들의 후생수준이 향상될 수 있다. 수입관세는 가격을 왜곡시키기도 하지만 교역조건을 개선시키기도 한다. 따라서 '최적 관세(optimal tariff)' 개념이 등장한다.

수입관세는 어느 정도 수준까지는 교역조건 개선을 통해 자국의 후생을 증대시키고 최적 수준에서 국민 후생은 극대화된다. 하지만 수입관세가 최적 수준을 넘어서면 가격 왜곡으로 인한 부작용이 교역개선 효익보다 더 커지기 때문에 국민 후생은 감소하게 된다. 호주의 사례는 수입관세 부과를 통해 국민 후생을 증대시킬 수 있음을 보여준 경우여서 의미가 있다. 1920~30년대 호주의 보호무역 사례는 무역개방과 소득배분에 대한 관심을 다시 고조시켰다. 호주의 사례를 벤치마킹해 여러 나라들이 나서서 수입관세를 부과하겠다고 나서는 상황이 발생 가능하다. 그 나라들에게 국민 후생 증대는 국가적 목표가 될 수 있기 때문이다. 중요한 것은 수입관세가 교역조건 개선을 통해 국민 후생을 증대시킬 수 있지만 동시에 교역량을 감소시킬 수도 있다는 사실이다. 각 나라 시각에서 보면 다른 모든 나라들이 자유무역을 추구하고 있는 가운데 자국 단독으로 최적관세를 부과한다면 그 나라는 가장 큰 이득을 얻을 수 있다는 결론이 된다. 전략적 사고인 것이다. 다른 나라들도 그 나라와 같은 생각에 도달하게 된다. 그렇게 되면 모든 나라들이 수입관세를 부과하는 상황이 되고 그에 따라 세계교역량은 크게 줄어들게 된다. 게임이론에서 '죄수의 딜레마' 상황을 떠올리면 이해가 쉽다. 모든 죄수들이 동시에 '자백'을 하게 되는 것처럼 모든 나라들이 동시에 수입관세를 부과하고 세계 교역량은 크게 감소하게 되며 그에 따라 모든 나라들의 후생을 해치게 된다. '딜레마' 상황인 것이다. 세계 각 나라들은 그 딜레마 상황 속에서 지혜를 발휘하기 위해 양자 무역협정(unilateral free trade)보다는 GATT, WTO와 같은 다자 무역협정(Multilateral Trade Agreement)의 필요성을 모색하게 되었다.

비교우위론에 입각한 자유무역에 부정적이었던 나라는 호주만이 아니었다. 호주처럼 천연자원과 농업 등 1차 산업에 비교우위를 지녔던 나라들은 대부분 자유무역에 부정적일 수밖에 없었다. 대표적인 나라들이 바로 1960~70년대 중남미 나라들이다. 이들은 자유무역에 대해 호주보다 더 부정적인 태도를 보였다. 호주는 수입관세를 부과하긴 했지만 대외 지향적인 기조를 유지했고 자국 시장 개방을 추진해 나갔다. 하지만 중남미 국가들은 대내 지향적인 기조를 고수한 결과 성공적인 경제개발을 이룰 수 없었다. 같은 시기에 한국과 대만 같은 나라들은 대외 지향적인 기조를 유지하며 시의적절하게 보호무역 정책을 활용해 놀랄 만큼 빠르게 경제개발을 이룰 수 있었다.

수입대체 산업화 전략

2023년 현재 한국은 G8 국가로 부상했다. 원래 한국은 중남미 나라들보다 훨씬 더 가난했다. 한국전쟁이 멈춘 1953년 당시 한국의 GDP는 전 세계에서 가장 낮은 수준이었다. 당시 중남미 나라들은 모두 한국보다 부유했고 특히 아르헨

티나는 손에 꼽히는 부국이었다. 하지만 지금은 그 상황이 역전되었다. 한국의 경제는 눈부시게 발전한 반면 중남미 나라들은 저개발 상태를 벗어나지 못하고 있다. 이유는 간단하다. 한국은 수출주도 산업화 전략(export-oriented industrialization)을 강력하게 추진해 나갔기 때문이다. 한국 정부는 수출기업들에 각종 특혜를 제공해 주며 수출을 장려했다. 하지만 수출기업이 특혜를 이용해 자국 내에서 시장 독점력을 보유해 소비자 후생을 해치지 못하도록 규제도 했다. 1970년대부터는 중화학 공업화를 추진했다. 그 결과 한국의 제조업에서 중화학 공업이 차지하는 비중이 커지게 됐다. 그 결과 한국의 총수출액에서 제조업 부가가치가 차지하는 비중이 더욱 커지게 됐다. 그러한 수출주도형 산업화 전략과 중화학 공업화 전략을 추진하는 데 난관도 많았다. 1979년 제2차 오일쇼크가 발생했을 때였다. 한국의 중화학 공장들의 가동률이 크게 떨어졌다. 정부 주도로 육성된 중화학 공업은 여러 문제를 노출하기도 했다. 특히 많은 외채를 끌어다 쓸 수밖에 없었다. 그 와중에 1979년 미국 연방준비위원회가 통화긴축 정책을 펼치고 세계적으로 고금리가 보편화되자 한국경제는 외채로 인해 위기를 겪게 됐다. 하지만 한국은 대외지향적인 기조를 유지하며 수출주도 산업화 전략을 고수했고 그 외채 위기를 극복할 수 있었다. 그리고 1980년대 '3저호황'에 힘입어 고도성장을 할 수 있었고 경제수준이 중남미보다 높아지게 됐다. 중남미는 한국과 정반대로 했다. 바로 수입대체 산업화 전략이었다.

서구 선진국들의 식민지 생활을 겪고 해방된 중남미 나라들은 식민모국과의 차별화가 절실했다. 식민지 시절 중남미 나라들은 공산품 대부분을 식민모국을 통해 조달했다. 식민모국들은 대표적인 공업 국가들이었다. 반면 식민지로 전락했던 나라들은 대부분 농업이 중심 산업이었다. 따라서 중남미 국가들은 식민모국과 차별화를 위해 '수입대체 산업화 전략'을 선택했다. 여기에서 '수입대체'란 식민모국에서 수입해서 사용하던 재화 및 서비스, 특히 공산품을 자국에서 생산해 대체한다는 뜻이다. 중남미 나라들 시각에서 볼 때 자국에서 공산품을 생산해

내지 못하면 식민모국에 여전히 종속된 것이라고 느낄 수 있다. 따라서 그 나라들은 무역을 통해 공산품을 들여오지 않고 자국에서 스스로 생산해야 한다고 생각했던 것이다. 중남미가 선택한 수입대체 산업화 전략과 수출주도 산업화 전략은 전혀 다르다. 문제는 교역량이다. 교역량이 커진다는 것은 비교우위 산업에 더 집중한다는 뜻이 되고 그 경우 자원 배분이 효율화된다. 상대적으로 생산성이 높은 분야로 자원이 집중되기 때문이다. 따라서 수출주도 산업화 전략은 수출을 늘리고 수출을 통해 얻은 외화로 자본재를 수입해 자본축적을 모색하고 그것을 바탕으로 경제성장을 추구하는 것이라고 볼 수 있다. 앞서 설명한 대로 교역량이 커지면 '시장확대 효과'가 나타난다. 그 과정에서 규모의 경제가 실현되고 생산단위당 평균비용이 절감된다. 그리고 대외지향적인 기조를 유지하기 때문에 해외 기업들과 국제 경쟁을 하면서 국내기업들의 경쟁력이 높아진다.

국내기업들이 교류를 통해 노하우를 얻을 수도 있고 산업 내에 '선택 효과'가 나타나 총생산성이 향상될 수 있다. 반면, 중남미가 선택한 수입대체 산업화 전략은 자급자족 경제를 목표로 한다. 따라서 교역량이 줄어들게 된다. 비교우위 원리를 따르지 않기에 자원배분이 효율화되지 못한다. 비교열위에 있는 상품을 수입하지 않고 스스로 만들어 쓴다면 생산을 위한 기회비용이 커져서 결국 더 비싸게 그 상품을 쓸 수밖에 없다. 교역량이 줄기 때문에 '시장확대 효과'가 나타날 수도 없고 규모의 경제가 실현될 수도 없다. 그 결과 생산단위당 평균비용이 절감되지 못한다. 그리고 대내 지향적인 기조를 유지하기 때문에 기업들의 경쟁력이 높아지기도 어렵다. 산업 내에 '선택 효과'가 나타나 총생산성이 향상될 기회도 사라진다. 경제성장을 위한 정반대 전략이라고 볼 수 있다.

중남미 나라들이 선택한 수입대체 산업화 전략은 호주의 보호무역과 경우가 전혀 다르다. 호주는 대외 지향적인 기조를 유지하며 최적 관세를 통해 교역조건을 개선시키고 그에 따라 국민 후생을 증대시키겠다는 전략이었다. 하지만 중남미 나라들은 다른 나라들과의 교역을 줄이고 무역의존도를 낮추려 했던 것이다. 국제무역 자체에 대해 부정적이었다. 이유가 있었다.

그 나라들은 '산업화'를 '제조업 발전'이라고 인식했기 때문이다. 물론 경제 성장을 위해선 산업화가 필요하고 산업화를 위해서는 제조업 육성이 필요하다. 하지만 수입대체 산업화 전략을 추진하면 역설적으로 산업화를 달성하기 어렵다. 그 당시에도 현재도 중남미 나라들의 비교우위는 1차 산업에 있다. 그들은 중남미의 경제수준이 낮은 이유를 1차 산업에 집중된 자신들의 산업구조에서 찾았다. 그런 상황에서 비교우위에 입각해 자유무역을 추진하면 중남미 나라들이 영원히 1차 산업 생산에 특화해야 한다고 생각했던 것이다. 중남미 나라들이 내세우는 근거가 있다. 바로 유치산업 보호론이다. 유치산업 보호론에 따르면 정부의 일시적인 개입으로 비교우위를 인위적으로 창출할 수 있다.

19세기 초, 알렉산더 해밀턴(Alexander Hamilton)과 프리드리히 리스트(Friedrich List) 등은 경제발전의 초기 단계에 있는 나라는 제조업 육성을 위해 정부가 '일시적으로' 시장을 보호해 성과를 얻을 수 있다고 주장했다. 자유무역에 반대하는 논리로 들릴 수 있다. 여기서 정부의 시장개입은 보호무역, 제조업 육성를 위한 보조금 지급 등을 의미한다. 유치산업 보호론은 말 그대로 경제 발전 초기 단계에서 특정 산업이 '어린 아이'와 같을 수 있기 때문에 어느 정도 보호가 필요하다고 주장한다. 의미 있는 지적이다.

어떤 나라가 특정 산업을 유치하면 장기적으로 충분히 경쟁력을 갖출 수 있다고 판단됨에도 불구하고 산업 초기 단계에서는 경쟁력이 취약할 수밖에 없을 것이다. 따라서 그러한 산업들은 제대로 시작도 하지 못하고 격심한 국제 경쟁 속에 사라져버리고 말 것이다. 이때 정부가 그 산업의 제품 수입을 제한하고 자국 기업들의 가격 경쟁력 제고를 위해 보조금을 지급할 수도 있을 것이다. 그러한 과정을 통해 자국의 산업이 경쟁력을 갖추게 되면 그 나라 국민소득 수준도 오르게 될 것이다. 하지만 유치산업 보호와 수입대체 산업화 전략은 다르다. 유치산업 보호론은 정부의 '일시적' 개입을 통해 '비교우위' 제조업을 육성하는 것이다. 반면 수입대체 산업화 전략은 무역의존도를 줄이는 것이다.

중남미 나라들이 수입대체 산업화 전략에 집착한 이유는 또 있다. 호주가 우려했던 대로 자유무역을 통해 원자재 또는 농산품 생산이 확대되면 교역조건이 악화될 가능성이 있다고 생각했기 때문이다. 자국의 수출편향성장(export–biased growth)은 비교우위를 지닌 수출상품의 상대적 공급을 증가시키고 교역조건을 악화시킨다. 이때 자국이 세계시장에 미치는 영향이 매우 적다면 자국 수출편향성장이 세계시장에서 상대적 공급곡선을 변동시키지 않는다. 하지만 1차 상품은 중남미 나라들의 공급량 변동에 따라 세계시장의 공급 또한 변동하기 때문에 교역조건이 변하게 된다. 중남미 나라들이 자유무역을 탐탁지 않게 여긴 요인은 또 있다. 바로 1차 상품에 대한 세계 수요이다. 대개 1차 상품 수요에 대한 소득 탄력성이 낮다. 즉, 세계 경제가 성장하고 소득이 증가하더라도 1차 상품 수요는 그만큼 증가하지 않는다. 예를 들어, 한 개인의 소득 수준이 증가하면 고가상품 수요가 늘어나는 경향이 있다. 반면 농산물에 대한 수요는 크게 달라지지 않는다. 따라서 중남미 나라들은 1차 산업 생산에 특화해 자유무역을 할 때 수출량이 늘어난다 하더라도 유리하지 않다고 판단했다. 수출 비관주의이다. 그 결과 중남미 나라들은 수입대체 산업화 전략을 선택했다. 유치산업 보호는 정당한가에 대해 논의가 있을 수 있다.

아담 스미스의 '자유주의(liberalism)'는 현대 산업 사회를 구성하는 데 있어 근간이 되는 철학이다. 경제는 정부가 계획에서 돌아갈 수 없다. 개인적으로 이익을 쫓는 행위들이 모여 역설적이게도 사회 전체의 이익을 가져오기 때문이다. 아담 스미스에 의해 데이비드 리카르도의 '비교우위(comparative advantage)' 이론은 아담 스미스의 자유주의의 범위를 국경을 넘어 넓힌 것으로 평가할 수 있다. 여러 나라들이 자유롭게 재화들을 생산하고 또한 자유롭게 교환하며 전 세계적인 후생이 더욱 커진다는 것이다. 즉, 아담 스미스의 자유주의 철학이 자유무역론으로 이어진 것이다. 하지만 비교우위에 입각한 자유무역론은 이미 제조업에 비교우위를 지닌 국가들에게만 유리하다는 비판이 제기됐던 것이다. 프리드리히 리스트 역시 같은 물음을 던지며 뒤늦게 제조업에 뛰어든 국가들도 제조업 육성을 위해 일시적으로 유치산업을 보호할 필요가 있다고 주장했다.

아담 스미스는 무역 패턴의 고착 가능성에 대해선 크게 고려치 않았다. 반면 리스트는 국가경제 발전을 위해 제조업 육성이 필수적이라고 보았다. 따라서 농업 발전에 성공한 국가는 그 다음 단계가 제조업 발전일 수밖에 없다고 생각했다. 유치산업 보호를 주장한 배경이다. 하지만 리스트는 자유무역론을 부정했던 것이 아니다. 어디까지나 산업발전 단계에 따라 제조업 육성을 위해 일시적인 보호조치가 필요하다고 역설했던 것이다. 제조업이 육성되면 그 나라는 다시 자유무역에 동참할 필요가 있음을 인정했다. 리스트가 주장한 보호체제는 그 나라의 산업화 차원에서만 정당화 될 수 있다고 그 목적을 한정시킨 것이다. 리스트는 기본적으로 그 나라 경제 발전을 위해서는 자유무역이 필요하다고 인정했다. 그렇다면 그 보호체제를 도입할 시점과 다시 자유무역으로 회귀할 그 시점이 중요하다고 볼 수 있다. 즉, 리스트는 자유 또는 보호 무역정책을 집행할 그 환경이 있다고 주장한 것이다.

리스트는 그 환경으로 산업발전 단계를 제시했다. 이에 대해 좀 더 면밀한 이해가 필요할 것이다. 제조업 육성 단계에 있는 개발도상국들이 동시에 보호 정책을 도입한다고 하더라도 같은 결과를 가져올 수는 없을 것이다. 그리고 농업 발전이 제조업 단계로 넘어가기 위한 필요조건도 될 수 없고 유치산업 보호 정책 성공을 위한 충분조건도 될 수 없다. 리스트는 영국과 프랑스 등의 사례들을 분석해 주장을 전개했다. 여러 나라들을 분석한 결과, 농업 발전과 함께 제조업 역량만 갖추면 세계 경제에 충분히 기여할 만큼 잠재력을 확보하고 있는 나라가 비교열위 때문에 제조업을 육성하지 못하고 진보가 정체되어 있다고 판단되면 한시적으로 유치산업 보호 정책을 구사할 수 있다는 것이다. 즉, 모든 개도국들이 유치산업 육성을 위해 보호 정책을 정당화할 수 없다는 것으로 해석할 수 있다. 하지만 그러한 리스트의 접근 방식은 편향적이라는 지적을 피하기 어렵다.

리스트의 주장을 일반화할 수는 없다. 리스트는 제조업 육성에 성공한 나라들의 정책을 분석했을 뿐이기 때문이다. 따라서 비슷한 환경에 있는 여타 국가들이 유치산업 정책을 채택할 경우 기존 국가들과 같은 결과를 가져다 준다고 결론내리기 어렵다. 영국과 프랑스 같은 나라들이 다른 정책을 채택했더라면 어떠한 결과가 나왔을지에 대한 논의도 없다. 그 나라들이 유치산업 보호 정책을 펴지 않고 자유무역을 추구했다고 하더라도 같은 결과가 나왔을 가능성도 배제하기 어렵다. 그 경우 유치산업 보호가 제조업 육성을 가져왔다고 말하기 어렵다. 즉, 유치산업 보호와 제조업 육성 사이에 인과관계가 성립하지 않는 것이다. 그리고 리스트의 주장대로 제조업 육성을 통해 미래에 이익이 얻어진다는 것을 알면 굳이 정부의 보호조치가 없더라도 민간에서 누군가가 나설 것이기 때문이다. 제조업 육성을 위해 정부의 보호조치가 꼭 필요하다는 주장에 설득력이 약해지는 이유이다. 아담 스미스가 강조한 대로 자유시장 원리에 따르면 각 경제주체는 이윤 창출을 위해 부단히 노력한다. 현재엔 다소 경쟁력이 취약할 수 있지만 미래에 큰 이윤을 창출할 수 있다고 확신이 들면 민간에서 사업가들이 나서서 미래를 보고 제조업 분야 투자에 나설 것이다. 리스트는 비교우위론을 정태적으로만 받아들였다. 즉, 비교우위에 의한 생산특화가 영구히 변화하지 않는다고 본 것이다. 그 논리에 따르면 한번 제조업 후진국은 유치산업 보호 없이 영구토록 농업 중심 경제에서 벗어날 수 없다고 우려할 수 있다. 하지만 이윤 창출을 위해 미래를 내다보는 사업가들의 생각은 다를 수밖에 없다. 그들 시각에선, 그 나라의 산업구조 생산성 등이 시간에 따라 바뀐다고 볼 수 있다. 그 과정에서 시간에 따라 비교우위도 자연스레 변화할 수 있다고 생각하는 것이다. 즉, '동태적 비교 우위(Dynamic Comparative Advantage)'와 '정태적 비교우위(Static Comparative Advantage)'가 다르다. 산업화를 위해 정부의 인위적인 시장개입 또는 유치산업 보호가 반드시 필요한 것이 아니라는 뜻이다. 유치산업 보호론의 타당성을 논증하기 위해서는 보다 세밀한 이론적 분석이 필요하다.

유치산업 보호론은 자유무역과 보호무역을 놓고 벌어지는 논쟁의 연장이다. 연구자들은 보다 정교화된 논리 또는 모형들을 제시하고 있다. 아담 스미스의 자유주의는 과거 중상주의 사상에 대항하기 위한 것이었다. 이후 유치산업 보호론의 비판을 받게 되었고, 다시 등장한 자유주의 철학이 유치산업 보호론의 논리적 허점을 지적했던 것이다. 자유무역과 보호무역은 이원 대립적인 관계로만 볼 수 없다. 자유무역의 결과 보호무역이 등장하기도 하고 보호무역의 결과 자유무역이 등장할 수 있기 때문이다. 양자 간에 극단적 주장이 배제되어야 할 이유이기도 하다. 상황 논리일 수도 있다. 즉, 특정 상황에서 자유무역을 그리고 다른 상황에서는 보호무역을 채택할 이유가 있기 때문이다. 자유주의 시각에서 보면, 유치산업 보호론은 자유무역의 특수한 경우라고 볼 수 있다. 즉, 자유무역을 추구하는 중에 어떤 특정 상황 또는 조건에서 정부의 보호조치가 정당화될 수 있다고 인정되는 것이기 때문이다. 일반적으로는 시장중심 자유무역 체제가 기본이 되는 가운데 일시적으로 보호무역이 실현되는 경우가 발생한다고 보는 것이다. 유치산업 보호론의 타당성을 위해 그 특정 상황과 조건을 제시한 이가 있다. '자유론(On Liberty)'과 '공리주의(Utilitarianism)'로 유명한 철학자 존 스튜어트 밀이다.

존 스튜어트 밀의 역설

존 스튜어트 밀(John Stuart Mill)은 1848년 자신의 저서 '정치경제학 원리

(Principles of Political Economy)'에서 유치산업 보호론에 대해 새로운 통찰을 보여주었다. 그는 잘못된 이론에 근거한 정부개입을 비판했다. 보호관세가 옹호될 수 있는 유일한 경우는 신생발전국이 그 나라의 여건에 완벽히 부합하는 외국의 산업을 도입해서 토착화하는 동안 일시적으로 부과하는 경우일 뿐이다. 특정 산업 분양에서 한 나라가 점유하고 있는 우위는 역사적 우연성에 기인하는 경우도 많다. 즉, 그 나라가 그 산업을 먼저 시작했기 때문에 비교우위를 점하고 있는 경우이다. 보유한 기술과 경험을 제외하면 어느 한쪽이 유리할 것도 불리할 것도 없는 상황이 존재할 수 있다. 어떠한 나라는 현재 그러한 기술과 경험을 보유하지 못하고 있지만 비교우위를 점유하고 있는 나라들보다 다른 측면에서 그 산업 생산에 더욱 유리한 조건을 갖추고 있을 수 있다.

하지만 개도국의 어느 한 개인이 새로운 생산 방식을 시도하기는 어렵다. 자칫하면 큰 손해로 이어질 수 있기 때문이다. 새롭긴 하지만 성공 가능성이 불확실한 생산 방식을 도입하는 것보다 전통적인 생산 방식을 고수하는 것이 더 안전한 방법이다. 사업자들에게 새로운 생산 방식은 일종의 실험이라고 볼 수 있다. 그러한 실험 없이는 혁신도 있을 수 없다. 문제는 민간에서 어느 누구도 선뜻 나서기 어렵다는 것이다. 그들의 목표는 안정적인 이윤 창출이기 때문이다. 언제나 처음 시도하는 쪽은 비용을 감소할 수밖에 없다. 따라서 그 생산방식이 미래에 큰 이윤을 가져다 준다 하더라도 도입 단계에서는 손실을 감수해야 한다. 그리고 이득을 보는 이들은 미래의 사업자들이지 현재 그 생산 방식을 시도하는 이들이 아니다. 즉, 그들이 금전적 손실을 보고 난 이후 미래 이득이 발생하게 되는 것이다. 미래 이득을 위해 개인 사업자들이 손실을 감수하길 바랄 수 없을 것이다. 밀은 그러한 사업자들을 보호하기 위해 신생국에서 일시적 관세가 필요함을 인정했다. 그렇지만 그 보호기간이 엄격하게 제한되어야 하고, 세율은 최대한 낮아야 한다는 것이다. 밀은 비교우위의 기원을 역사적 우연성에 찾고 있다. 예를 들어, 19세기에 영국이 제조업에 비교우위를 가지게 된 배경은 산업혁명이 빨리 시작됐기 때문이다. 영국인들이 다른 나라 사람들보다 제조업에 친화적인 DNA가 있다고 주장하기 어렵다. 그렇다고 해서 영국이란 나라의 지리적 위치가 제조업에 유리했다고 말하기도 어렵다. 핵심은 산업혁명이 빨랐다는 것인데 아세모글루 교수 주장에 따르면 그 배경에는 명예혁명이 있었다고 한다. 영국인들은 명예혁명을 통해 모든 인간이 평등하다는 생각을 하게 됐고 그 과정에서 노동시장이 유럽 어느 지역보다 빨리 형성될 수 있었다는 것이다. 리카르도의 비교우위는 생산성에 의해 결정된다. 존 스튜어트 밀의 통찰에 따르면 그렇게 생산성 차이에 의해 결정되는 비교우위도 '역사적 우연성'이 크게 작용한다는 것이다.

그렇다면 먼저 그 산업 생산을 시작했다는 것이 왜 비교우위 결정에 중요하게 작용하는지 생각해 볼 필요가 있다. 새로운 기술을 익히는 데 직접 해보는 것보다 좋은 방법은 없을 것이다. 흔히 하는 말로 왕도가 없다고 한다. 이는 경험 축적을 강조하는 말이다. 마찬가지이다. 기술 수준을 높이는 가장 좋은 방법은 생산 경험을 축적하는 것일 수밖에 없다. 상품 제조를 막 시작하는 단계에서는 오류가 많이 발생할 수 있다. 불량품도 많고 그에 따라 시행착오도 있을테지만 경험과 노하우가 쌓이면서 수준이 향상되는 것이다. 존 스튜어트 밀의 주장대로 직접 시도하는 것이 가장 좋은 방법이다. 즉, 시행착오를 통해 학습을 거치면서 생산 경험이 누적되면 더 적은 비용으로 그 상품을 제조할 수 있게 되는 것이다.

존 스튜어트 밀은 단지 먼저 시작했다는 이유만으로도 비교우위가 결정될 수 있다는 통찰을 제시하고 국제무역에 대한 시각을 넓혔던 것이다. 그 산업 생산을 위해 아직 기술과 경험을 충분히 습득하지 못한 나라들 중에 여러 측면에서 큰 잠재력을 보유한 나라가 있을 수 있다. 그럼에도 불구하고 그 나라는 '역사적 우연성' 때문에 그 산업에서 계속 비교열위에 처하게 될 수도 있는 것이다. 즉, 그 나라는 잠재적인 비교우위를 확보하고 있다고 평가할 수 있다. 다만 현재 시점에서 비교열위에 처해져 있을 뿐이다. 그렇다면 현재 나타나고 있는 세계무역의 패턴이 왜곡됐다고도 말할 수 있다. 따라서 그 경우 잠재적 비교우위를 지닌 나라의 정부가 자국산업을 일정 기간 보호해 경쟁력을 확보하도록 시간을 제공하면 세계의 무역패턴이 더욱 효율화될 수 있다. 존 스튜어트 밀의 또 다른 통찰이 존재한다. 민간의 개인 사업자들이 장기적인 관점에서 이익이 있다 하더라도 현재 시점에서 손실을 부담하려 하지 않을 수 있다는 사실이다. 자유시장 원리가 제대로 작동하고 있다면 개인 사업자 누군가 스스로 판단해 새로운 생산 방식을 시도할 것이다. 문제는 자유시장 원리가 제대로 작동하지 않는 경우이다.

예를 들어, 장기적 안목에서 이윤을 바라보고 어떤 개인 사업자가 단기적 손실을 감수해 가며 생산 경험을 축적했는데 그 노하우가 다른 개인 사업자에게 넘어가는 상황이 있을 수 있다. 그렇게 되면 그 후발 사업자는 단기적 손실을 보지 않고도 바로 이윤을 챙길 수 있게 된다. 다만 그 선발 사업자가 모든 손실을 감수해야 하는 것이다. 문제는 그러한 경우가 발생할 수 있고 그 경우에 손실을 보전받을 수 없음을 모두가 아는 것이다. 그렇다면 어느 누구도 그 새로운 생산 방식을 시도하지 않으려 할 것이고 결국은 그 나라에서 그 생산 방식은 활용될 수 없다는 결론이 된다. 따라서 개발도상국에서 일시적 보호관세가 용인될 수 있다는 논리가 제공된다. 정부가 외국과의 경쟁에 노출되지 않도록 자국 기업들을 보호한다면 단기적 손실을 크게 걱정하지 않아도 되기 때문이다. 다만 그렇게 산업 육성을 위해 보호 기간이 엄격히 제한되어야 한다. 그리고 관세율은 가장 낮은 수준을 유지해야 된다. 밀의 주장은 어디까지나 한시적인 보호를 옹호하는 것이지 보호무역 자체를 옹호하는 것이 아니다.

유치산업 보호론은 현재 비교열위에 있는 산업을 외국과의 경쟁에서 생존하도록 지원하는 정책이 아니다. 그 지원이 영구적인 것은 더더욱 아니다. 현재는 산업 경쟁력이 없지만 일시적이고 제한적인 지원을 통해 그 산업이 향후 비교우위를 지닐 수 있는 잠재력이 충분한 산업을 보호하고 육성하는 정책인 것이다.

존 스튜어트 밀은 보후주의 정책을 옹호한 적이 없다. 그는 보호주의 정책이 옳지 않다고 못박고 있다. 다만 '옹호될 수 있는 유일한 경우'가 있다는 것인데 그 경우란 앞서 설명한 그대로이다. 즉, 외국 산업에 비해 늦게 시작했다는 이유 하나만으로 어떠한 산업이 현재 비교열위에 처해 있지만 그 나라에서 그 산업의 성장 잠재력이 충분한 경우이다. 그때에만 일시적으로 보호관세를 부과하는 유치산업 보호 정책이 정당화 될 수 있다고 주장했던 것이다.

로버트 발드윈의 역설

시간이 흘러 존 스튜어트 밀과 생각을 달리하는 연구자가 등장했다. 바로 로버트 발드윈(Robert Baldwin)이다. 그는 유치산업 보호를 위해 정부개입이 필요하다는 것에 공감했지만 정부개입 방법을 두고 존 스튜어드 밀과 생각이 달랐다. 발드윈은 1969년 논문[61]을 통해 관세를 통해 산업 내 전체기업들을 무차별적으로 보호하는 것보다 선별적으로 개별 기업을 직접 지원하는 것이 더 유리하다고 주장했다. 발드윈은 크게 두 가지 경우를 제시하고 보호관세의 비효율성을 지적하며 직접 지원의 필요성을 제기했다. 첫 번째는 개별 기업이 창출해 낸 지식이 다른 기업에게 대가 없이 전파되는 경우이다. 로버트 발드윈은 초기 생산비용이 외국보다 높다는 단순한 이유만으로 자국 기업을 보호해서는 안 된다고 생각했다.

그는 유치산업 보호를 정당화 하기 위해서는 '학습 과정'과 결부된 '기술적 외부성(technological externality)'이 있어야 한다고 주장했다. 쉽게 말하면 비용을 들이지 않고 생산 방식을 학습할 수 있는 경우 어느 기업도 비용을 들여 새로운 생산 방식 발견을 위해 노력할 유인이 없기 때문이다. 즉, 보다 혁신적인 생산 방식을 발견하기 위해 비용을 들이는 사업가가 맞닥뜨리는 문제는 바로 기술적 외부성, 즉 잠재적인 경쟁자가 자신이 창출한 지식을 제약 없이 쓸 수 있다는 가

---

61) Robert Baldwin (1969), "The Case Against Infant–Industry Tariff Protection", Journal of Political Economy, 77(3), 295–305.

능성이다. 그렇게 기술적 외부성이 존재하면 새로운 지식을 얻기 위해 비용을 들일 기업은 없을 것이다. 어느 누구도 기술진보를 위해 투자를 하지 않으려 하고 그렇게 되면 그 나라의 지식 수준은 향상될 수 없다.

이는 앞서 소개한 존 스튜어트 밀이 주장한 맥락과 비슷하다. 밀도 외부성을 우려했지만 보호 관세 부과를 통해 문제를 해결할 수 있다고 생각했다. 앞서 언급했지만, 그 자국기업이 외국과의 경쟁에 노출되지 않도록 보호된다면 지식 획득을 위해 들어가는 비용 부담이 덜어진다는 것이다. 설령 초기에 비용이 들어간다 하더라도 수입관세 부과 이후 올라간 상품가격을 통해 이윤이 증대되면 그 단기적 손실을 메꿀 수 있다고 본 것이다. 하지만 로버트 발드윈이 보기엔 '기술적 외부성'이 존재하는 상황에서는 자국의 전체 기업에게 적용되는 무차별적인 관세가 효율적이지 못하다고 파악했다. 왜냐하면 자국 내에 잠재적인 경쟁 기업이 존재하고 그 경쟁 기업이 지식을 무단으로 사용할 수 있기 때문이다. 더구나 지식의 무단 사용이 수입관세 부과 이후에도 바로 잡히지 않을 것이기 때문이다. 발드윈이 분석할 때 자국 내 잠재적 경쟁자가 상품가격 인상 가능성을 내다보고 그 지식을 무단으로 사용하며 시장에 진입하면 그 선발 기업은 자국 내 경쟁이 격화됨에 따라 이윤이 줄어들고 지식 창출을 위한 투자비용이 회수되지 못할 것이라고 지적했다. 오히려 새로운 지식 창출에 투자한 기업들이 적정 이윤을 확보하지 못해 퇴출되고 그 지식을 무단으로 활용하는 기업들이 그 유리점을 누리고 산업 내에서 성장할 가능성도 있다고 보았던 것이다. 로버트 발드윈은 사회적 비효율성의 그 근본 원인이 지식투자로 인한 '단기 손실'이 아니라 지식을 창출한 기업에 의해 그 지식이 전용되지 못하는 현상이라고 파악했다. 단기 손실을 보전해 주려는 목적의 보호관세는 특징이 있다. 그 지식 창출에 투자한 기업의 단기 손실도 보전해 주지만, 지식에 투자하지 않고 '무임승차'하려는 잠재적 진입자의 이윤도 덩달아 증가시켜 준다. 그렇기에 발드윈은 모든 기업들에게 적용되는 무차별적 보호관세보다 지식을 발견한 기업에게만 제공하는 보조금이 더 필요하다고 주장했던 것이다.

두 번째는 금융시장 내 '정보의 불완전성'으로 인해 자금조달이 힘든 경우이다. 국내 특정 산업을 육성하기 위해 관건은 자금조달이다. 기업이 기술을 개발하고 설비를 갖추기 위해선 대규모 자금이 필요하기 때문이다. 문제는 자국 내에 그 '유치' 산업에 대해 전문성을 갖춘 투자자들이 많지 않다는 것이다. 그들은 그 기업의 가치를 정확히 측정할 수 없기에 더 높은 이자를 요구할 것이다. 그렇기에 그 기업은 시장조사를 통해 그 투자자들에게 보다 정확한 정보를 제공해야 할 것이다. 여기서 첫번째 경우와 유사한 문제가 발생하는 것이다. 시장조사엔 비용이 따른다. 그런데 그렇게 얻어진 정보를 잠재적 경쟁자들이 자유롭게 이용할 수 있다면 어느 누구도 그 시장에 진입하기 위해 시장조사를 할 유인이 없게 된다. 다른 누군가가 그 시장에 먼저 진입해 비용을 들여 시장조사를 할 때까지 기다리고 있을 것이다. 그 시장에 먼저 진입한 기업은 능동적인 기업일 것이다. 역설적이게도 능동적인 기업이 큰 비용을 감수하게 되는 것이다. 결과적으로 '정보의 불완전성'으로 인해 산업이 육성되지 못하는 경우가 발생하는 것이다. 그러한 문제를 해결하기 위해서도 자국 내 전체 기업들을 대상으로 하는 무차별적인 보호관세보다 개별 기업에게 직접 제공하는 보조금이 더 필요하다고 주장한 것이다.

유치산업 보호를 둘러싼 논쟁에 로버트 발드윈이 기여한 것은 대략 두 가지로 파악할 수 있다. 첫 번째는 유치산업 보호 조치가 항상 정당화 될 수 없음을 논증한 것이다. 지식획득 과정에서 발생하는 외부성이 존재하지 않는다면, 기업은 단기적 손실과 장기적 이윤을 평가해 보고 스스로 선택해 시장에 진입한다는 것이다. 그리고 금융시장이 완전하다면, 투자자들은 장기적 이윤을 내다보고 그 기업에게 높은 이자율을 부과하지 않고 자금을 빌려줄 것이고 그 기업은 단기적 손실의 부담을 덜 수 있게 된다. 로버트 발드윈의 논리에 따르면, 유치산업 보호

조치가 정당화 되기 위해서는 '기술적 외부성(technological externality)'과 '금융시장 불완전성(capital market imperfection)'이 존재한다는 조건이 필요한 것이다. 로버트 발드윈의 두 번째 기여는 비록 '기술적 외부성'과 '금융시장 불완전성'이 존재한다 하더라도 수입장벽을 높이기 위한 보호조치가 그 나라를 항상 유리하게 하지 않음을 지적한 것이다. 왜냐하면 수입관세 부과는 외부성 문제를 해결하지 못한 채, 보호효과로 인해 잠재적 시장 진입자들을 양산할 수 있기 때문이다. 그리고 금융시장 불완전성은 수입관세를 부과한다고 해결되는 문제가 아니다. 로버트 발드윈 논리에 따르면 유치산업 육성을 위해 무역정책을 채택하는 것보다 시장실패의 원인을 찾아 해결하는 것이 우선되어야 한다. 로버트 발드윈의 연구에 힘입어 국제경제학자들은 자유무역이 사회적으로 최적의 결과를 도출해 내지 못할 수 있음에도 불구하고 수입관세를 부과하는 것보다 근본적인 시장실패 원인을 찾아 시정하려는 정부의 노력이 더 중요함을 인식했다. 즉, 보호무역 정책은 최선(First−best)이 아닌 차선(Second−best)이라는 것이다.

궁핍화 성장(Immiserizing Growth)

경제성장이 교역조건을 악화시켜 오히려 자국의 후생손실을 초래할 수 있다. 비교우위에 따른 생산 특화가 교역조건을 악화시켜 오히려 후생을 감소시킬 수 있는 것이다. 즉, 경제성장은 했는데 오히려 후생이 감소한다. '궁핍화 성장(Immiserizing Growth)'이다.

무역이 발생하는 이유는 국내가격과 국제가격의 차이에서 찾을 수 있다. 국내가격보다 국제가격이 높으면 수출이 발생하고 국내가격보다 국제가격이 낮으면 수입이 발생한다. 따라서 무역 이득은 국내가격과 국제가격의 차이가 얼마나 크냐에 따라 결정된다. 만약 국내가격과 국제가격이 같다면 무역을 할 이유가 없어진다. 어느 한 무역 당사국이 특화 생산을 해 국제 공급량을 늘린다고 해도 국제가격에 미치는 영향은 미미할 수밖에 없다. 반면 국내가격은 내려가게 된다.

그렇게 되면 국내가격과 국제가격의 차이가 더 커지고 무역이득이 오히려 더 커진다. 하지만 석유, 철광석, 농산품 등 1차 상품에 특화하는 경우에 국제가격이 변동할 수 있다.

특정 국가가 특정 1차 상품을 특히 많이 생산하는 경우가 있다. 예를 들어, 석유는 중동의 나라들이 많이 생산하고 있고 철광석은 호주에서 많이 생산하고 있다. 밀은 우크라이나에서 많이 생산하고 있다. 그러한 나라들이 특화를 통해 그 특정 1차 상품 공급량을 늘리게 되면 국제가격에 영향을 미칠 수 있다. 예를 들어, 산유국들이 원유 채굴량을 늘리면 국제 원유가격이 떨어지게 된다. 그 경우 교역조건이 악화된다. 비교우위에 입각해서 특화 생산을 하고 나서 교역조건이 악화되는 것이다. 그 교역조건 악화로 인해 무역이득이 사라질 수 있다는 문제가 제기된다. 그러한 이유로 인해 자유무역이 제조업에 비교우위를 지닌 개발국에만 유리하고, 1차 상품에 비교우위를 가진 개도국에 불리하다는 주장이 나오는 것이다.

궁핍화 성장에 대해 이론적 설명을 한 학자가 있다. 자그디쉬 바그와티(Jagdish Bhagwati)인데 그는 1958년에 두 편의 논문들[62]을 통해 교역조건 변화가 후생에 미치는 영향을 분석했다. 주요 내용은 경제성장이 교역조건 악화를 초래해 오히려 후생손실을 불러올 수 있다는 것이다. 그는 이러한 연구들을 바탕으로 중남미 나라들은 비교우위를 지닌 자국의 산업이 확장하고 자국 경제가 성장하더라도 교역조건 악화를 불러와 자국의 후생이 오히려 감소할 수 있다고 생각했다.

경제성장을 위해 꼭 필요한 것이 축적된 자본이다. 기계나 설비 같은 물적 자본은 생산을 증가시키는 데 결정적인 역할을 할 수 있다. 하지만 중남미 나라

---

62) Bhagwati, J. (1958), "Immiserizing Growth: A Geometrical Note", Review of Economic Studies, 25(3), 201−205.
Bhagwati, J. (1958), "International Trade and Economic Expansion", American Economic Review, 48(5), 941−953.

들은 물적자본이 부족한 가운데 풍부한 노동자원을 보유한 상태였다. 자본은 희귀한 생산요소였고 임금은 매우 낮았다고 말할 수 있다. 그 경우 이론적으로 자본 투입 대신 노동투입을 많이 해 생산을 늘릴 수 있을 것이다. 자본과 노동이 대체 가능성이 있기 때문이다. 하지만 현실적으로 노동이 자본을 대체하는 데에는 한계가 분명하다. 노동투입만으로 생산량을 늘리기 어렵다. 기계나 설비에 비해 근로자의 한계생산성이 너무 낮기 때문이다. 노동의 한계생산성을 향상시키기 위해서는 교육수준이 높을 필요가 있다. 중남미는 교육을 위한 여건도 상대적으로 열악했다. 당시 중남미 나라들의 고민은 경제성장을 위해 어떻게 물적자본을 축적해야 하느냐였다.

물적자본을 축적하기 위해 저개발 국가가 취할 수 있는 가장 좋은 방법은 외국으로부터 자본재를 수입하는 것이다. 한국의 경우는 미국으로부터 원조를 받았고 일본으로부터 배상금을 통해 자본축적이 가능했다. 그리고 베트남 파병을 통해, 독일로 파견된 광부와 간호사들을 통해 한국에 달러화가 들어와 자본재 수입을 쉽게 했다. 하지만 중남미 나라들은 자본재 수입을 반기지 않았다. 그들에게 남은 방법은 자본재를 자체 생산하는 것밖에 없었다.

중남미의 수입대체 산업화 전략을 이해하는 데 중요한 건 중남미의 정치경제학적 배경이다. 경제 대공황과 2차 세계대전을 겪고 중남미엔 부르주아 계급이 새로이 부상했다. 중남미 나라들은 원래 1차 상품을 수출해 경제성장을 추진하는 대외 지향적 기조를 유지하고 있었다. 중남미는 오랫동안 스페인과 포르투갈 등 유럽 열강의 식민지배를 받아 온 결과 농장의 지주들과 광산의 소유주들은 식민 모국으로 1차 상품을 수출해 큰 이득을 얻어왔다. 19세기에 그 나라들이 독립한 이후에도 농장 지주들과 광산 소유주들은 강한 영향력을 유지하고 있었기 때문에 서유럽과 북미 지역으로 1차 상품을 수출하는 발전전략을 꺼릴 이유가 없었다. 과거부터 농장과 광산을 지배해 온 소유주들은 식민 모국과 밀접히 연관되어 있었다. 외국자본이 직접 소유한 경우도 많았다. 하지만 경제 대공황과 2차 세계 대전 때문에 중남미 경제도 큰 타격을 받게 됐다. 외국자본과 그 관련 세력은 크게 약화될 수밖에 없었다. 그리고 1940년대 중남미에 민족주의적 산업 부르주아 계급이 등장해 지배세력으로 성장했고 그들은 자기들 이익에 맞게 발전전략을 수정할 수밖에 없었다. 1차 상품 수출에 의존하는 경제구조는 농장 지주들과 광산의 소유주들에게만 이윤이 돌아가고 노동자들에겐 보상이 크지 못했다. 그러한 상황 속에서 민족주의적 산업 부르주아 계급은 중남미 내부의 문제 해결을 위해 내부 지향적 발전노선을 강조했다. 그 경제계획이 바로 '수입대체 산업화 전략'이었던 것이다.

민족주의적 산업 부르주아 계급이 수입대체 산업화 전략으로 얻으려고 했던 건 외국에 '종속'되지 않는 '자립경제'와 '민족이익' 극대화라고 볼 수 있다. 그리고 정치적 '민주화'였을 것이다. 그 전략을 통해 지주와 광산주 등의 지배력을 약화시키고 권력의 재분배를 가져와 노동자들의 정치 참여를 증대시킬 수 있다고 생각했다. 그런 과정에서 보다 균등한 소득분배를 이룰 수 있고 공업화를 통해 농촌 대중들을 생산요소로서 역할뿐만 아니라 주체적인 소비자가 되게끔 할 수 있다고 믿었다. 그렇게 했을 때 중남미는 진정한 독립 국가가 되고 과학적 기술적 그리고 문화적 후진성을 극복할 수 있다고 봤을 것이다.

중남미 민족주의자들은 1차 상품 수출을 통해 경제성장을 추구하는 전략은 중심국에 종속되는 결과로 이어진다고 파악했다. 선진국들이 중심부(core)를 이루고 후진국들이 주변부(periphery)를 이룬다는 시각이다. 중심부인 외국에서 1차 상품 수요가 늘면 주변부인 중남미 국가 경제도 성장하겠지만 교역조건 악화라는 딜레마에 빠질 수 있다. 중심부에서 1차 상품에 대한 수요가 줄어들면 주변부의 경제는 침체에 빠지게 될 것이다. 그 시각의 기본은 선진국과 후진국으로 나누는 이분법이다. 제조업을 통해 산업화에 이미 성공한 중심부 국가들은 스스로 발전할 수 있지만 1차 상품 수출에 의존하고 있는 주변부, 즉 중심부에 종속된 국가들은 그렇지 못하다는 것이다. 민족주의적 산업 부르주아들은 그와 같은 구조를 '신 식민주의(Neo-colonialism)'로 파악했고 주변부 국가들이 진정한 독립을 달성하기 위해서는 수입대체 산업화 전략을 통해 '자립경제'를 구축해야 한다고 생각했던 것이다. 즉, 수입대체 산업화 전략은 민족주의적 부르주아들의 이데올로기였다.

라울 프레비쉬(Raul Prebisch)

라울 프레비쉬(Raul Prebisch)는 아르헨티나 출신 경제학자로서 1950-1963년 기간 동안 라틴 아메리카 경제위원회(ECLA) 사무총장을 역임했다. 선진국의 종속에서 벗어나기 위해 수입대체 산업화 전략을 주도했다면 뒷받침 이론이 있었을 것이다. 리카르도의 비교우위론을 비판하고 수입대체 산업화 전략 근간 이론을 제공한 이가 바로 라울 프레비쉬(Raul Prebisch)이다. 비교우위론에 따르면 각 나라가 비교우위 산업에 생산 특화를 하고 나라 간 재화를 교환하면 모든 나라들의 소비가능성이 확대된다. 즉, 모든 나라들이 무역이득을 얻는다. 하지만 프레비쉬는 비교우위에 따라 자유무역을 하면 무역이득이 중심부 국가와 주변부 국가 간에 공평하게 배분되지 않는다고 주장했다. 그가 우려했던 것은 1차상품의 낮은 소득탄력성과 교역조건 악화 가능성이었다.

프레비쉬는 자신의 논고에서 중남미 나라들의 시기별 교역조건 변화 상황을 밝혔다.[63] 시간이 흐를수록 중남미의 교역조건이 악화됐던 것이다. 그 이유를 찾기 위해 프레비쉬가 주목한 건 생산성과 임금 그리고 상품가격 간의 관계였다. 큰 폭의 생산성 향상은 1차 산업보다 2차 산업, 즉 제조업에서 기대할 수 있었다. 기술진보는 제조업 상품가격 하락으로 이어진다. 기술이 발달하면 생산성 향상이 나타나고 같은 양의 요소투입으로 더 많은 양을 생산해 낼 수 있기 때문이

---

63) Prebisch, R. (1950), "The Economic Development of Latin America and Its Principal Problems", Department of Affairs, United Nation

다. 기술진보로 인해 제조업 상품 가격이 하락하면 1차 상품 생산국의 교역조건이 개선됨을 의미한다. 따라서 비교우위에 입각해 자유무역을 하면 생산성 향상의 혜택을 전 세계가 누릴 수 있게 된다. 중남미 나라들이 제조업을 육성하기 위해 수입대체 산업화 전략을 선택할 이유가 없다.

하지만 프레비쉬는 현실과 이론의 괴리를 역설했다. 기술진보가 발생하더라도 실제 제조업 상품 가격이 하락하지 않는다는 것이다. 임금상승 때문이다. 즉, 생산성이 향상되면 제조업 종사 근로자들의 임금도 상승한다. 선진국 제조업 근로자들은 노동조합을 결성해 교섭력이 주어진 상태이기 때문에 생산성이 향상되고 임금상승을 요구한다. 그 결과 제조업 상품 가격이 낮아지지 않는다는 것이다. 반면 중남미와 같은 저개발 상태에 있는 나라들은 유휴 노동력이 많이 존재하기 때문에 임금이 상승할 수 없는 구조이다. 따라서 자유무역을 통해 선진국에서 기술진보가 이뤄지고 제조업 분야 생산성이 향상된다 하더라도 중남미 나라들이 생산하는 1차 상품의 가격과 노동자들의 임금은 상승하지 않는다. 그렇기에 시간이 갈수록 중남미의 교역조건이 더 불리해지는 것이라고 분석했다. 결과적으로 제조업에 비교우위를 지닌 선진 개발국들은 기술진보로 인한 생산성 향상의 혜택을 주로 누리게 되고 중남미 같은 후진 저개발국들은 그 혜택을 거의 누리지 못한다는 것이다. 프레비쉬는 그러한 현상을 '종속'의 결과로 분석했다. 그는 국제경제 체제가 중심부와 주변부로 나뉘는 구조적 특성이 있다고 파악했다. 중심부(core)는 제조업이 발달한 선진 개발국들이고 주변부(periphery)는 1차 산업 중심의 후진 개도국들이라는 것이다. 따라서 종속의 문제와 '중심부-주변부' 간 불평등을 시정하기 위해서는 국제경제 체제 구조를 바꿔야 한다고 생각했다. 중남미 나라들이 나름의 이유를 갖고 선택한 수입대체 산업화 전략은 중남미에 처참한 결과를 가져왔다.

수출주도 산업화 전략을 선택한 동아시아와 비교해 보면 그 결과를 쉽게 알 수 있다. 수입대체 전략을 펼치다 수출주도 전략으로 바꾼 경우도 있다. 브라질이다. 브라질은 1960년대 중반 이후 수출주도 전략으로 선회하면서 GDP가 가파르게 증가했다. 한국도 마찬가지다. 한국도 1960년대 수출주도 산업화 전략으로 갈아 타면서 눈부신 경제발전을 이뤄 낼 수 있었다.

수입대체 산업화 전략이 실패한 이유가 있다. 무역을 통해 얻게되는 무역이득을 잘못 이해했기 때문이다. 중상주의적 사고방식에 따르면 수출을 통해 금화와 은화를 벌어들인다고 본다. 그뿐이다. 하지만 아담 스미스의 절대우위론과 리카도의 비교우위론은 외화를 벌어들일 뿐만 아니라 생산을 위해 비교열위에 있는 상품을 저렴하게 구입할 수 있게 하므로 소비가능성이 확대된다. 요약하면 소득이 많아져 소비가능성이 확대되기도 하지만, 생산을 위해 기회비용이 큰 상품들을 보다 저렴하게 소비할 수 있게 됨으로써 소비가능성이 확대되는 것이다. 하지만 중남미 민족주의자들 또는 수입대체 산업화 전략을 옹호한 사람들은 수입을 종속의 결과로 이해했다. 그렇기에 선진 개발국으로부터 공산품을 수입해 저렴한 비용을 들여 쓰는 것을 무역이득으로 이해하지 못했다. 제조업을 육성해 공산품을 자체 생산해 내고 종속에서 벗어나겠다는 생각은 좋지만 현실적이지 못하다. 시간이 소요되고 생산설비들이 갖춰져야 하기 때문이다. 그리고 제조업 상품은 다양하다. 최종 소비재도 있지만 중간재 또는 자본재들도 있다. 자국에서 갑자기 대체재를 생산할 수 없다.

따라서 중남미 나라들은 생산이 쉬워 보이는 최종소비재를 먼저 대체하기로 결정했던 것이다. 하지만 쉬워 보이긴 해도 최종소비재를 만들기 위해서 역시 중간재와 자본재가 필요하다. 경제발전 초기 단계에서 그러한 것들을 수입하지 않을 수 없다. 그뿐이 아니다. 자원이 희소한 가운데 비교열위에 있는 상품을 자국에서 스스로 생산하면 자원배분이 비효율화된다. 그 결과 수입해서 쓰는 것보다 더 큰 비용을 들여 쓰게 되는 결과를 초래한다. 중간재와 자본재를 대체하기는 더 어렵다. 막대한 고정비용이 들어가기 때문이다. 앞서 언급했지만 고정비용으로 인해 규모의 경제가 실현된다. 하지만 중남미처럼 경제발전 초기단계에 있는 나라들은 시장규모가 클 수 없다. 따라서 막대한 고정비용을 지출하고 이윤을 창출하기 어렵다.

앞서 언급한 자원배분 비효율화도 문제가 크다. 즉, 노동과 자본 등의 생산요소들이 인위적으로 비교열위 산업에 집중되기 때문에 전체 생산이 감소할 수밖에 없다. 당연히 수출도 줄어들게 된다. 수출이 줄면 소비 가능성도 줄어들게 된다. 소비 가능성을 유지하려면 어떻게 해야 할까? 국제경제학에서 방법이 없진 않다. 고정환율제도를 통해 자국의 통화가치를 절상(appreciation)시키면 된다. 개도국들은 경제발전 시작 단계에서 자본재가 부족한 상태이다. 자본재 수입 때문에 중남미와 동아시아 모두 경상수지 적자 문제가 지속될 수밖에 없었다. 그 두 지역 간의 가장 큰 차이는 '수출액 대비 부채비율'이었다. 수입대체 산업화 전략을 선택한 중남미는 수출액이 적었고 수출주도 산업화 전략을 선택한 동아시아는 수출액이 컸기 때문에 '수출액 대비 부채비율'이 크게 차이가 났던 것이다. 그 차이로 인해 1980년대 초반 중남미는 외채위기를 불러오게 된다. 1970−80년 시기 중남미와 동아시아 나라들 모두 경상수지가 누적됐었다. 경상수지 적자가 누적되는 상황에서 인위적으로 자국 통화가치를 높게 유지한다고 해보자. 국제 투자가들은 통화가치 하락을 우려할 수밖에 없다. 따라서 자본이탈이 발생한다. 그 결과 외환위기가 초래되는 것이다. 그 와중에 1980년대 미국 연방준비위원회는 금리를 인상했다. 고금리 정책은 중남미 나라들의 외채문제를 더 심각하게 했다. 외채는 말 그대로 달러로 표시된 채무이기 때문에 상환 시 달러가 필요하다. 동아시아 나라들은 수출을 많이 하고 있었기 때문에 국제 투자가들이 그 나라들이 채무상환 능력에 대해 크게 우려하지 않았다. 하지만 중남미 나라들은 수출량이 축소되었기 때문에 채무상환 능력에 대해 우려할 수밖에 없었다. 동아시아 국가들은 1980년대 초반 외채 위기에서 벗어날 수 있었지만, 중남미 나라들은 그 이후로도 외채위기를 더 겪을 수밖에 없게 된 배경이다.

추가적 무역이득

수출주도 산업화 전략은 단순히 교역량만 확대하는 것이 아니다. 더 중요한 이득이 있다. 바로 개방성이다. 시장개방은 국제경쟁을 통해 자국 내 기업들을 분발시키고 그 결과 기업들이 생산성이 증대된다. 물론 수출이 많아지면서 국민소득이 증가하고 상품 가격이 낮아져 소비 가능성도 넓어지지만 시장개방을 통한 부수적 이익도 많다. 수출주도 전략과 수입대체 전략 모두 정부가 개입한다. 차이는 대외 지향성과 대내 지향성이다. 전자의 경우 교역량이 늘고 후자의 경우 교역량이 줄게 된다. 수출주도 전략하에서 정부는 수출 촉진 목적 외에는 시장에 개입할 일이 없다. 정부가 수출보조금을 지원하여 수출 기업을 국제시장에 진입시킨다 하더라도 가격과 품질 경쟁력이 뒤지면 방법이 없다. 정부가 개입한다고 하지만 기본은 시장경쟁이다. 부패한 정부와 기업가가 결탁한다 하더라도 국제시장에선 생존하려면 무엇보다 기업의 실력이 필요하다. 국내 부패 관료들이 국제시장에 미치는 영향력이 거의 없기 때문이다.

수입대체 전략하에서는 얘기가 달라진다. 부패한 정부와 결탁한 기업가는 국내시장에서 독점적 지위를 구축할 수 있어 막대한 이윤을 빼기도 하지만 시장 시스템을 망가트릴 수 있다. 그 경우 피해는 국내 소비자 후생 감소로 나타나게 된다. 즉, 수입대체 전략하에서 지대추구(rent-seeking)가 더 흔하다. 수출주도 전략은 시장확대 효과를 통해 규모의 경제를 실현시킨다. 앞서 중남미 나라들의 자본재 대체가 실패한 이유를 시장규모가 작았기 때문이라고 지적했다. 수출주도 전략은 시장을 확대시켜 규모의 경제를 실현시키기 때문에 거대한 생산설비를 갖출 수 있게 한다. 한국이 중화학 공업화에 성공할 수 있었던 이유이다. 이처럼 중남미 나라들이 자유무역을 거부했던 것은 민족주의적 관점에서 '종속'에서 벗어나 '자립경제'를 모색했기 때문이다. 개발도상국들 대부분은 같은 정서를 공유한다. 식민지를 경험했기 때문이다. 한국도 마찬가지다. 한번 식민지를 겪은 나라들은 식민 모국으로부터 차별을 경험하기에 민족주의적 자각이 강해질 수밖에 없다. 하지만 중상주의적 사고방식과 폐쇄적인 자세로 식민지 시절의 상처를 극복할 순 없을 것이다. 개발도상국들이 그 상처를 극복하는 방법은 경제성장밖에 없다. 경제성장을 위해선 대외 지향성이 필요하다. 개방성이다. 경제성장에 민족주의는 없다. 아담 스미스와 데이비드 리카르도가 설파한 '자유무역주의'는 민족주의 또는 국가주의와 거리가 멀다. '자유주의(liberalism)'에 근간을 두고 있기 때문이다.

중남미의 기업 규모

Herrera와 Lora(2005)는 라틴 아메리카의 기업규모에 대한 연구를 수행했다. Lee(2022)도 그 나라의 경영환경에 따라 기업규모 분포가 내생적으로 결정될 수 있음을 이론적으로 설명했다. 그동안 학계에서 개발도상국의 경제성장 결정요인을 연구하는 데 많은 노력을 기울였지만, 기업의 창출, 성장 및 파괴에 영향을 미치는 요인에 대해서 거의 관심을 기울이지 않았다. 거시경제 자료에 기반한 실증적 결과만을 놓고 정책 의미를 도출하는 건 우물가에서 숭늉 찾기가 될 수 있다. 특히 기업 반응을 통해 효과를 기대하는 정책의 경우는 더욱 그렇다. 미시경제적 수준에서 과도한 규제, 무역 장벽 및 부패와 같은 요소가 기업의 이윤 극대화를 방해하는 건 기술과 판매에 제약을 가하는 정도라고 볼 수 있다. 하지만 정부 정책 채택이 기업규모 결정요인이 될 수 있다. 특히 20세기 후반 경제성장률이 가장 낮은 지역 중 하나인 라틴 아메리카는 좋은 분석 대상이 된다. 사하라 이남 지역에 이어 두 번째로 낮은 성장률을 보였으며, 각국의 가장 큰 기업은 국제 기준으로 볼 때 그리고 다른 개발도상국과 비교해 볼 때 그 규모가 심각할 정도로 작다. 세계은행이 실시한 세계기업 환경조사에 따르면, 라틴 아메리카 사업가들은 자금 부족을 기업 개발의 가장 심각한 장애물로 꼽았다고 한다. 그 다음으로, 과도한 세금과 규제, 그리고 정책 불안정성을 지적했다. 인플레이션과 환율 문제도 언급됐다. 다른 지역과 비교했을 때, 동유럽 국가의 기업 커뮤니티만이 자금 조달, 세금, 규제를 라틴아메리카보다 더 빈번하게 주요 장애물로 꼽았다. 범죄, 부패, 사법 제도의 비효율성과 같은 사회적, 제도적 문제에 대한 인식도 있었다.

Herrera와 Lora는 선진국과 개발도상국을 망라하는 횡단면 자료를 구성해 비금융 기업을 대상으로 그 규모에 영향을 미치는 요인을 탐구했다. 국가별로 더 광범위한 기업 자료를 갖는 게 더 바람직하겠지만, 공개 상장되지 않은 소규모 기업의 재무 제표, 즉 자산 관련 자료는 쉽게 접근할 수 없다. 많은 실증적 연구에서 법률 기관과 금융 제도가 기업 성장률 결정에 미치는 영향을 조사했지만(La Porta, López-de-Silanes, Shleifer and Vishny, 1998; Beck and Levine, 2004; Beck, Demirgüç-Kunt, Laeven and Levine, 2004 등), 국제적 수준에서 기업 규모 결정요인에 대한 연구는 거의 없었다. 특히 대부분 연구는 기업 규모를 주어진 것으로 받아들였다. 그들의 방법론은 재무 보고서에서 얻은 기업 수준 자료를 사용하고, 선진국과 개발도상국을 모두 분석에 포함시켰던 Beck, Demirgüç-Kunt 및 Maksimovic(2003)의 연구와 밀접한 관련이 있다. 하지만 그들은 금융 기관 대신 인프라 및 무역 개방성과 같은 다른 요인에 더 초점을 맞추었다.

그들의 추정 결과는 경제 규모와 1인당 소득 수준 외에도 자본 시장 개발, 무역 개방성 및 기본 인프라가 기업 규모의 결정 요인임을 말해준다. 인프라의 영향은 크기도 하지만 농업, 광업 및 서비스와 같은 다른 부문보다 특히 제조 산업에 더 큰 영향을 미친다. 그러한 결과는 대부분의 라틴 아메리카 국가와 관련이 깊다. 지난 20년 동안 상당한 진전이 있었음에도 불구하고 무역 개방성이 뒤처지고 자본 시장이 미개발된 상태이며 인프라가 열악하다.

기업 규모 결정 요인

　　기업 규모 결정 요인은 크게 수요 요인, 공급 요인, 그리고 제도적 환경 요인으로 나눌 수 있다. 『국부론』에서 아담 스미스는 노동 분업이 시장 규모에 따라 달라진다고 주장했다. 즉, 전문화는 시간 투자 및 학습 등과 같은 고정비용과 관련이 깊기 때문에 시장 규모가 기업의 최적 규모에 영향을 미칠 수밖에 없다. 기업 규모는 생산 요소의 공급 상황과 기업 조정 및 감독비용에 의해 영향 받을 수 있다.[64] 하지만 기업 규모가 시장 규모에 비례해 증가하는지는 실증적 문제이다. 시장 규모를 구성하는 요인들도 실증적 문제이다. 일반적으로 수요의 소득 탄력성은 보통 필수재의 경우 낮고, 사치품의 경우 높다. 따라서 경제 규모가 같다하더라도 1인당 소득수준이 다르면, 두 경제는 산업에 따라 다른 규모의 시장을 갖게 된다. 대량 소비는 소수의 상품에 집중되는 반면 사치품 소비는 분산되는 경향이 있다. 그렇기에 경제 규모를 일정하게 유지하면 1인당 소득이 높을수록 사치품 생산이 더 많아지고 다양해지며 기업 규모가 작아질 수도 있는 것이다. 유럽 기업에 대한 연구에서 Kumar, Rajan 및 Zingales(2002)는 부유한 국가에서 기업 규모가 더 크다는 증거를 찾지 못했다. 1인당 국민소득이 기업 규모에 미치는 영향은 여전히 실증적 문제로 남는다. 경제 규모와 시장 규모가 완벽하게 일치하지 않는다. 통신 및 운송비용과 무역 장벽의 존재 여부에 따라 기업은 산출물에 대한 새로운 수출시장을 찾을 수 있다. 특히 대기업의 경우 성장 가능성은 수출시장 접근성에 달려 있다고 볼 수 있다. 이는 국가의 개방성 계수(즉, GDP의 백분율로 나타낸 수출 및 수입)로 측정될 수 있다.

　　수요 요인과 더불어 공급 요인도 있다. 많은 경제권이 규모의 경제를 누리고 있고, 운송비용의 감소와 무역 장벽의 상이점이 있는 상황에서 기업 규모의 차이는 수요 요인만으로 완전한 설명이 어렵다. 물적 자원, 인프라, 인적 자본과

---

64) Becker and Murphy (1992), Rosen (1982)

같은 생산 요소의 공급 제한도 기업 규모 결정에 직접적일 수 있다. 기업이 동원할 수 있는 생산 자원이 자체 투자와 외부 자금조달 접근성에 따라 제한될 수 있다. 기업 규모는 자본과 금융시장의 발전 정도와 정의 상관관계가 있을 수 있다. Rajan과 Zingales(1998)가 발견했듯이 금융시장의 발전은 기존 기업의 규모와 새로운 기업의 수를 모두 증가시키고, 평균 기업 규모를 감소시키는 경향이 있다. 따라서 외부 자금 조달의 가용성이 평균 기업 규모에 미치는 최종적인 효과는 실증 분석 대상이다. 금융 제도가 신규 진입 기업에 미치는 영향은 대기업보다 소규모 기업에 더 직접적일 수 있다. 국제 금융시장에서 자금조달이 용이해지기 때문이다. 따라서 실증적 문제는 금융 제도의 미비함이 기업 성장에 제약을 나타내는지 여부와 그 정도라 볼 수 있다. Beck, Demirgüç−Kunt, Maksimovic(2003)의 연구에 따르면 주식 시장 자본화가 대기업 등장과 관련이 있다고 한다. 물적 인프라는 총생산성과 성장에 상당히 큰 영향을 미치는 것으로 밝혀졌다.[65] 운송 비용이 미국과 같은 선진국보다 라틴 아메리카 국가와 같은 개발도상국에 더 큰 무역 장벽이라는 연구 결과가 있다.[66] 그러한 결과는 인프라 부족으로 인해 그 나라 기업이 규모의 경제를 충분히 활용하지 못하고, 국제 시장에 진출하지 못할 수 있음을 시사한다. 인프라가 기업 규모와 연관되어 있음을 의미한다. 인프라가 부족할 때, 일부 기업은 인프라 공급을 내부화하기 위해 더 큰 규모로, 더 높은 수준의 수직 통합을 시도할 수 있다.

인적 자원의 가용성과 질적 수준도 기업 규모 결정에 영향을 미칠 수 있다. 루카스(1978)에 따르면, 경영 인재 또는 기타 중요한 인적 자원의 부족으로 인해 더 큰 생산단위가 필요할 수도 있다. 자본과 노동이 불완전한 대체물이라면, 자본 증가는 근로자의 평균 임금 상승으로 이어질 수 있다. 인재들의 경영 능력이 정규 분포를 따른다고 가정하면, 불완전 대체성은 관리자의 상대적 부족 문제를

---

65) Easterly와 Rebelo(1993), Canning, Fay와 Perotti (1994), Fay와 Perotti (1994), Canning 과 Pedroni (1999), Sánchez−Robles (1998)
66) Clark, Dollar와 Micco(2004), Micco와 Serebrisky (2004)

발생시킬 수 있다. 경영 능력이 두드러지지 않는 이들은 직원이 되는 걸 선호할 수 있기 때문이다. 더욱이 경영 인재가 공급되지 않으면, 더 많은 자본을 관리하기 위해서라도 기업 규모가 더 커질 수밖에 없다. 그렇기에 경영관리와 같은 특정 분야 인적 자원의 상대적 부족은 더 큰 기업으로 이어지는 것이다. 훌륭한 인적 자원이 더 풍부할 때 기업 규모가 더 커진다는 주장도 있다.

더 훌륭한 인적 자원은 더 복잡한 작업을 성공적으로 수행할 수 있게 함에 따라 기업은 더 커지고, 더 복잡한 작업을 요구하는 상품을 생산할 수 있다. Kremer(1993)에 따르면, 작업 수와 기업당 근로자 수 사이에는 정의 상관관계가 존재한다. 이는 인적 자본이 풍부한 국가가 더 복잡한 상품 생산에 특화되고, 더 큰 기업을 보유할 것임을 의미한다. 반면에 교육 수준이 높은 근로자는 더 유연한 기술을 사용할 수 있으며, 이는 더 작은 규모의 생산을 가능케 한다. Brynjolfsson(1994) 연구에 따르면, 그러한 근로자는 더 큰 동기를 필요로 하고, 더 작은 생산 단위에서 더 창의적인 활동에 종사하게 된다. 교육이 기업 규모에 미치는 영향도 실증적 분석 대상이다. Kumar, Rajan 및 Zingales(2002)는 유럽 국가들을 대상으로 평균 인적 자본이 더 높은 국가에서 기업규모가 더 크다는 증거를 찾지 못했다.

기업 규모 결정에 제도적 요인도 중요하다. 제도는 기업 운영 환경이라고 볼 수 있다. 공급 및 수요 요인은 본질적으로 한 가지 경로를 통해 기업규모에 영향을 미친다. 즉, 생산 기술이다. 반면, 제도는 여러 경로를 통해 기업 규모에 영향을 미칠 수 있다. 제도적 환경은 기업이 주요 자원을 관리하는 방식에 영향을 끼친다. 다양한 메커니즘이 존재한다. 즉, 기업의 소유자 또는 관리자가 생산 과정에서 중요 자원을 통제할 수 있는 것이다. 그 중요 자원이 물적 자산인 경우, 해당 자산에 대해 소유권을 집행하는 사법시스템의 효율성이 기업 성장을 촉진할 수 있다. 그러한 이론은 법적 환경이 기업에 대해 다양한 유형의 자산 또는

권리를 보호한다고 본다.[67]

법률적 관점에서 물적 자산은 상표나 지식과 같은 무형 자산보다 보호가 쉽다. 유한회사 소유주의 권리는 주주의 권리보다 법적으로 더 잘 보호될 수 있으며, 법률에 따라 은행 채권자의 권리는 주주, 근로자 또는 정부와의 갈등에 대해 보호될 수도 있고 보호되지 않을 수도 있다. 따라서 계약과 재산권을 보호하는 법률은 기업 규모뿐만 아니라 발전할 수 있는 기업 유형에도 영향을 미치게 된다. Kumar, Rajan 및 Zingales(2002)는 유럽 국가들을 대상으로 사법 제도가 보다 효율적인 나라가 더 큰 기업을 보유하고 있음을 발견했다. 더욱이 더 나은 제도는 물적 자본 사용이 덜 집중적인 부문에서 운영되는 기업의 발전에 더 중요한 역할을 한다. 제도적 환경의 다른 측면도 기업 규모에 영향을 미칠 수 있다. 세금 및 규제 부담은 감시를 피하고 진입 제한을 극복할 수 있는 소규모 기업에 유리한 경향이 있다. 하지만 규모가 큰 기업에 상대적으로 이점을 제공하기도 한다. 그 이유는 규모가 큰 기업이 규제와 관련된 고정 비용을 감당하기가 더 쉽고, 정부의 규제 관련 결정에 영향을 미칠 가능성이 있기 때문이다. 후쿠야마(1996)는 사회적 자본이 더 큰 사회에서 대기업이 나타난다고 주장했다. 개인 간의 신뢰와 협력 정신이 기업 내 도덕적 해이를 방지하기 때문이다. 즉, 직원을 감독하는 비용이 더 작다는 것이다. 후쿠야마의 주장을 뒷받침하는 La Porta, López-de-Silanes, Shleifer and Vishny(1997)의 실증 연구도 있다. 하지만 더 많은 사회적 자본이 거래 비용과 회사 외주화의 위험을 줄여, 기업 규모를 줄인다는 주장도 가능하다.

동아시아의 기적

경제성장을 연구하는 학자들의 관심을 끈 건 한국, 대만, 싱가포르, 홍콩 등

---

[67] La Porta, López-de-Silanes, Shleifer and Vishny (1997, 1998, 1999)

동아시이에 위치한 네 나라들이었다. 이 나라들은 1970년대와 1980년대에 걸쳐 가파른 성장세를 보였고 '아시아의 호랑이들'로 불렸다. 이 나라들의 경제성장은 기적에 가까웠다. 이 나라들은 어떻게 그렇게 빨리 성장할 수 있었을까? 학자들은 그 이유를 '대외지향적 수출정책'과 '산업화'에서 찾았다. 한국도 마찬가지다. 뒤에서 보다 자세히 언급하겠지만 한국은 전략적으로 조선소, 자동차, 철강 등 중화학 공업을 집중 육성했고 수출을 장려해 외화를 획득했다. 나머지 나라들도 비슷했다. 종합해 보면, 대외지향적 정책에 힘입어 생산성이 개선됐고 그 결과 기적적인 경제성장이 가능했다고 볼 수 있다. 다른 의견도 있다. 바로 경제학자 알윈 영(Alwyn Young)이다.

그는 1994년과 1995년 자신의 연구논문들[68]을 통해 동아시아 나라들의 경제성장을 두고 새로운 이론을 전개했다. 그의 주장은 동아시아의 눈부신 경제성장은 대외지향적 정책에 따른 생산성 향상이 아니라 노동과 자본 등 생산요소 투입 증가 덕분에 가능했다는 것이다. 제조업이 성장할 수 있었던 이유도 통념과 다르게 '자원 재배분' 때문이었다고 주장한다. 그를 주목하게 했던 것은 '1인당 생산량'과 '근로자 1인당 생산량'의 차이였다. 전자는 전체 국민의 생활 수준을 나타내고, 후자는 생산성 수준을 보여준다. 경제성장 초기 단계에서 생산활동에 참여하는 근로자들의 수가 가파르게 증가할수록 '근로자 1인당 생산량'은 다른 나라들과 비교해 상대적으로 낮게 기록될 수밖에 없을 것이다. '1인당 생산량' 증가율만 놓고 보면 동아시아 네 나라들은 다른 나라들을 압도했다. 하지만 생산성을 나타내는 '근로자 1인당 생산량'도 높은 수준이긴 했지만 '1인당 생산량'만큼 매우 높은 수준이라고 말하기 어려웠다. 그 사실을 근거로 알윈 영은 아시아 경제기적을 가능케 했던 것은 생산성 향상이 아니라 노동투입 증가라고 지적했던 것이다. 당시 네 나라들은 전후 베이비붐 등의 영향으로 인구가 크게 늘었고, 여

68) Alwyn Young (1994), "Lessons from the East Asian NICS: A contrarian view", European Economic Review, 38, 964–973.
Alwyn Young (1995), "The Tyranny of Numbers: Confronting the Statistical Realities of the East Asian Growth Experience", Quarterly Journal of Economics, 110(3), 641–680.

성들의 경제활동 참가가 많아져 노동투입이 급격히 증가했다.

　　자본투입(capital input)을 고려해 보면 요소투입의 영향이 보다 명확해진다. 특히 한국과 대만의 경우 다른 나라들에 비해 자본투입이 많았다는 사실은 잘 알려져 있다. 알윈 영의 연구 결과에 따르면, 노동투입과 자본투입 등과 같은 요소투입 영향력을 빼고 나서 생산성의 변화만을 따져보면 다른 나라들과 비교 할 때 괄목할 만큼의 차이를 찾을 수 없었다고 한다. 제조업도 마찬가지였다. 한국 제조업의 경우 다른 나라들과 생산성 격차가 있었다고 볼 수 있지만 대만과 싱가폴의 경우 다른 나라들에 비해 생산성 수준이 그렇게 높다고 말하기 어려웠다. 하지만 제조업 고용인구 증가율은 한국, 대만, 싱가폴 세 나라에서 모두 두드러졌다. 그 세 나라를 종합해 보면 평균 6%의 연간 증가세를 보였다는 것이다. 반면 다른 나라들은 일반적으로 1% 대에 머물러 있었다. 따라서 알윈 영은 동아시아 네 '호랑이' 나라들의 제조업 성장 이유를 생산성 향상이 아니라 노동투입 증가에서 찾는 것이다. 알윈 영은 그와 같은 연구 결과를 바탕으로 자본과 노동 등 요소투입의 급격한 증가 덕분에 동아시아 성장기적이 가능했다고 결론 내렸던 것이다. 이는 솔로우 모형이 예측하는 바이다. 즉, 자본축적 또는 요소축적이 경제성장을 가능하게 한다는 것이다.

　　솔로우 모형이 강조하는 자본축적이 미국뿐만 아니라 동아시아 경제성장을 설명할 수 있었다. 솔로우 모형에 따르면, 지속적인 경제성장을 위해서 자본축적에 더해 기술진보가 필요하다. 생산성 혁신이 필요하다는 뜻이다. 자본축적에만 의존하는 성장은 결국 0%의 성장률로 귀결된다. 신 무역 이론 연구에 기여한 공로로 2008년 노벨경제학상을 수상했다고 앞서 언급됐던 폴 크루그만은 1994년 11월 포린 어페어스(Foreign Affairs)에 '아시아 기적의 근거 없는 믿음(The Myth of Asia's Miracle)'이라는 제목의 글을 기고했다. 그는 그 글을 통해 동아시아 경제에 대해 우려의 목소리를 냈다. 그는 아시아 경제성장에 대해 회의감을 드러냈다.

서구의 모델이 될 수 없다는 것이다. 그리고 아시아 경제성장의 미래에 대해 큰 기대감을 나타내지 않았다. 주된 근거는 한 나라의 1인당 국민소득이 지속적으로 성장하기 위해서는 투입단위당 생산이 증가할 경우에만 가능하다는 것이다. 즉, 투입 생산요소의 이용 효율은 향상되지 않고 단순히 투입량만은 늘어난다면 결국 수익률이 감소할 수밖에 없다는 것이다. 요소투입에 의존하는 경제성장은 한계가 따른다는 논리였다.

1950년대의 소련처럼 아시아의 '호랑이' 나라들이 급격한 경제성장을 이룩할 수 있었던 것은 요소투입 증가에 따른 결과였다는 주장이다. 그는 1994년 당시 그 아시아 나라들에 축적된 자본이 수익체감 현상을 나타내기 시작했음을 파악했던 것으로 보인다. 그에 따라 향후 아시아 경제성장이 지체될 것으로 전망했던 것이다. 솔로우 모형이 예측하는 바이다. 그 모형에 따르면 알윈 영의 연구논문과 폴 크루그먼의 기고문[69]의 지적은 당연하다. 폴 크루그만이 1994년 당시 동아시아 성장세 지체를 예견하고 3년 후 1997년 동아시아에서 외환위기가 발생했다. 외환위기가 발생하고 나서 폴 크루그만의 기고문은 동아시아의 외환위기를 예측했다고 해서 큰 관심을 끌게 됐다. 하지만 폴 크루그먼은 1998년 한 기고문을 통해 자신은 단지 장기적으로 성장률 둔화가 발생할 것을 예측했을 뿐이라는 식으로 부연했다. 그 성장률 둔화는 솔로우 모형이 예측하는 것이다.

솔로우 모형은 경제성장을 위해 '자본축적'을 강조한다. 동아시아 네 나라들이 급속도로 성장할 수 있었던 것은 요소투입 덕분이었다. 하지만 생산성 혁신이 없으면 지속적 성장에 한계가 있다는 크루그만의 지적도 맞다. 현재에도 많은 개도국들이 요소투입에 의존해 경제성장을 시도하고 있을 수 있다. '중진국 함정'이란 말도 성장률 하락을 일컫는데 그 배경은 생산성 지체에 있다. 경제학자들은 중국을 향해서도 같은 우려를 하고 있는 중이다. 1990년 이래 중국은 아시아의

---

69) Paul Krugman (1994), The Myth of Asia's Miracle, Foreign Affairs, November.

네 나라들처럼 고도성장을 기록하고 있다. 그 성장방식도 그 네 나라들과 비슷하다. 요소투입 증가에 초점이 맞추어져 있다. 자본을 축적하고 산업활동에 참여하지 않았던 인력들이 생산 과정에 대거 투입되는 것이다. 그러한 방식으로 생산량을 늘린 결과 중국의 성장속도가 빨랐던 것으로 파악할 수 있다. 하지만 그러한 요소투입에 의존한 성장방식은 우려를 자아내기에 충분하다. 핵심은 생산성 혁신이다. 중국의 성장률이 하락세에 접어들면, 중국도 '중진국 함정'에 빠질 수 있음을 시사한다. 실제로 중국의 성장률은 과거 10%를 넘었지만 최근 들어 그 성장률이 급격히 낮아지고 있다.

한국의 경제성장: 수출주도 전략[70]

국제경제학계에서 한국의 발전전략은 매우 성공적인 사례라고 회자된다. 다시 강조하지만 수출주도 산업화 전략이다. 앞서 언급했지만 중남미 나라들은 수입대체 산업화 전략을 추진했던 결과 발전전략이 성공을 거두기 어려웠다. 한국도 1950년대엔 중남미처럼 수입대체 산업화 전략을 추진했었다. 당시 한국의 상황도 중남미 나라들과 비슷했기 때문이다. 한국은 36년 가까운 일제식민지 시절을 보냈고 해방을 맞고 5년 뒤 1950년 한국전쟁을 겪었다. 그렇게 경제가 황폐화된 상황에서, 정치적 독립과 경제적 독립을 동시에 원하는 '감상'이 번졌다. 농업 중심 경제구조를 갖고 있는 마당에 민족주의적 사고방식이 퍼져 나갔다. 따라서 한국도 중남미 나라들처럼 자립경제와 산업화를 추진하면 국민적 인기를 얻기에 유리했다. 그 결과 다른 신생 독립국들처럼 한국도 자연스럽게 수입대체 산업화 전략을 선택할 수밖에 없었던 것이다. 하지만 1960년대 들어 한국은 산업화 전략을 전면 수정하게 된다. 바로 수출주도 산업화 전략이다. 1953년 한국전쟁이 멈췄을 때 한국은 세계 최빈국 중 하나였다. 그렇게 가난했던 나라가 2023년 현

---

70) 이번 장에 실려 있는 역사적 사실들과 기록들은 『한국중화학공업 오디세이(김광모 저, RHK 출판사, 2017년)』와 『한국중화학공업에 박정희의 혼이 살아있다(김광모, 기파랑 출판사, 2015년)』를 통해 얻었음을 밝힌다.

재 'G8' 경제선진국으로 분류되고 있다. 그와 같은 한국의 경제성장 신화를 놓고 학자들 의견이 분분한 상태다. 분명한 것은 자유시장체제와 자유무역이다. 물론 자유시장체제를 구축하는 데 시행착오가 많았다. 관치금융도 있었고 정부가 시장에 개입한 적도 많았다. 비교우위에 입각한 자유무역을 지향하면서도 국내 산업을 육성하기 위해 무역을 일부 제한하기도 했다. 많은 시행착오와 갈등이 있었음에도 불구하고 대외지향적 무역체제를 구축했기 때문에 한국의 경제성장 신화가 가능했던 것이다. 세계적으로 학자들의 의견이 대체로 일치한다.

잘 알려진 대로 한국은 1960년대 들어 교역량 확대를 목표로 삼았다. 당시 정부는 미래 수출경쟁력을 갖추기 위해 특정 산업을 육성하기 위해 수출보조금 등을 통해 지원했다. 앞서 언급한 '유치산업 보호' 정책의 성공사례로 꼽힐 수 있다. 1967년 당시 상공부는 수입허가를 위해 '포지티브 리스트(positive list)'에서 '네거티브 리스트(negative list)'로 전환했다. 수입허가 품목을 적시한 것이 아니라 수입금지 품목을 적시한 것이다. 즉, 수입금지 품목에 오르지 않았으면 수입이 자동으로 허가되는 것이었다. 무역자유화를 위한 과감한 조치였다. 수입관세율도 점차 낮추어 보호를 받아온 자국 산업들의 체질 개선을 시도했다. 그 결과 한국 기업들의 경쟁력이 강화되는 계기가 됐다. 이론적으로 설명하자면, 당시 한국 정부는 '무역이득'을 얻기 위해 많은 노력을 기울였던 셈이다.

국내산업을 보호만 한다면 시장 메커니즘이 제대로 작동할 수 없을 것이다. 생산성이 낮고 경쟁력이 약한 기업들이 스스로 발전 노력을 기울이지 않기 때문이다. 그 경우 자원배분이 비효율화될 수밖에 없다. 당시 한국 정부는 수출을 장려해 자국 기업들의 국제시장 진입을 유도했고, 구체적인 수출목표를 정해놓고 달성하도록 독려했다. 정부 주도로 수출을 장려했던 것으로 평가할 수 있다. 정부개입으로 볼 여지가 있지만 그 지향점이 분명했다. 바로 자유시장체제 구축과 자유무역이었다. 한국의 경제성장 신화를 놓고 의견이 엇갈릴 수 있다. 누군가는 그 이유를 정부주도 보호무역이라고 주장할 것이다. 하지만 당시 정부의 지향점은 자유시장체제 구축을 위한 자유무역이었다고 파악할 수 있다.

수출입국

1960년대 초 한국 정부는 '자주경제'라는 표현을 자주 썼다. 그랬는데 1964년부터는 '수출입국'이라는 표현을 쓰기 시작했다. 정부는 경제정책 방향을 무역진흥에 맞출 계획을 시사했다. 한국 정부가 처음부터 '수출입국'을 외쳤던 것은 아니다. 당시 구상됐던 경제정책은 중남미 나라들처럼 '자립경제' 달성이었다고 전한다. 그래서 나온 전략이 바로 '내포적 공업화 전략(intensive industrialization)'이었던 것이다. 중남미의 수입대체 산업화 전략은 기초 소비재 대체가 우선시됐고 한국이 추진했던 내포적 공업화 전략은 자본재 대체를 우선시했다. 두 전략 모두 대외의존, 즉 '종속'을 탈피하고 '자립경제'를 지향한다는 것이 공통점이다. 중남미와 한국이 그러한 전략을 채택했던 것은 역사적 배경이 있다. 바로 식민지 경험이다. 식민지는 주로 농산품을 생산해 식민모국에 수출하고 그 대가로 식민모국은 식민지에 공산품을 수출하는 산업구조였다. 식민지형 산업구조란 한 개도국이 '선진공업국'에 예속된 채, 자국엔 농업 또는 광업이라는 1차 산업만 존재하며 선진공업국이 생산해 내는 소비재의 '매판 시장' 역할을 맡고 있는 경우를 일컫는다.

한국에서도 1960년대 초반 민족주의적 감상이 고조됐다. 그럴수록 자립경제에 대한 열망이 커졌으며 경제개발 방식을 둘러싸고 많은 의견들이 개진됐다. '민족자본과 매판자본'과 '경공업과 중공업', '수입대체와 수출주도' 등을 놓고 갑론을박이 거듭됐다. 민족주의적 감상 속에 '민족자본' 그리고 한 짝을 이루는 '경공업'과 '수입대체'가 국민적 인기를 얻을 수밖에 없었다. 내포적 공업화 전략이 등장한 시대적 배경이다. 내포적 공업화 전략의 궁극적인 목표는 식민지형 산업구조를 탈피해 자립경제를 확립하자는 것이었다. 경제적 예속을 벗어나 자립경제를 이룩하기 위해서는 먼저 공업화가 필요할 것이다. 소비재 가공업이나 단순 용역만 생산해서는 한계가 있었다. 내포적 공업화를 주장하는 이들은 '내자' 동원을 강조했다. 구체적인 방법으로 수입대체 산업을 육성하되 소비재 가공업보다 기계 금속 화학 등과 같은 공업부문을 강조했다. 자국이 '매판 시장'으로 전락하는 것을 막기 위해서였을 것이다. 이념과 사상을 떠나 당시 지식인들의 일반적 견해였다고 볼 수 있다. 경제 관료들의 생각도 비슷할 수밖에 없었다. 장면 정부 시절 만들어진 '경제개발 5개년 계획안'도 그 바탕이 되는 것은 내포적 공업화 전략이었다. 박정희 정부가 시행했던 '제1차 경제개발 5개년 계획안'도 초점이 내포적 공업화 전략에 맞추어져 있었다. 그 계획에 따르면, '한국경제의 자립적 성장과 공업화의 기반 조성'을 목표로 했다. 수출은 우선순위에서 밀려 있었다. 계획에 따르면 투자의 중심은 농업, 기간산업 그리고 사회간접자본 등이었고 주로 1차 산품을 수출한다는 전략이었다. 하지만 그 1차 계획은 큰 성과를 낼 수 없었다. 이때부터 한국 정부는 경제개발을 위해 수출 규모의 중요성을 깨닫기 시작했다. 그 관점에서 정부는 1964년부터 수출을 지원하기 위해 제도적 지원체계를 마련해 나갔다. 환율 안정, 수출 보조금과 세제혜택, 관세와 무역에 관한 일반협정(GATT) 가입, 네거티브 무역시스템 도입 등과 같은 정책들이 모두 그때 도입됐다. 문제는 자본이었다. 국내에서 동원할 수 있는 자본은 거의 없었다. 방법은 외자를 조달하는 것밖에 없었다.

이에 따라 정부는 '외자도입법'을 만들고 '한일국교'를 정상화 했으며 일본을 통해 차관을 끌어들였다. 거액의 배상금도 받아냈다. 외국인 직접투자를 유치하기 위해 수출자유지역을 설치했다. 당시 한국 정부의 경제개발 청사진은 내포적 공업화 전략을 수정한 것이었다. 핵심은 '대내 지향성'이 아닌 '대외 지향성'이다. 경제발전을 위해 정부 주도 전략을 강조한다. 바로 선택과 집중이다. 다음과 같다. 먼저 전략산업을 정한다. 그 산업 발전을 위해 국내외 가용자원을 모두 동원한다. 그래도 자본이 부족하자 저축을 통해 최대한 끌어내고 부족분은 외자로 채웠다. 미국에선 원조를 받고 일본에선 배상금과 차관을 받아내서 외자조달을 돕는 식이었다. 외화를 얻기 위해 베트남 파병을 하고 독일에 광부와 간호사들을 파견하기도 했다. 그렇게 만들어진 재원을 전략산업에 집중 배분했다. 1960년대에는 경공업 수출부문이었고 1970년대에는 중화학 공업이었다. 지금 한국에서 정부 주도로 특정 산업을 집중 지원한다면 공정성 시비 때문에 큰 문제가 발생할 수 있을 것이다. 하지만 그 당시에는 성장이 먼저였다. 그렇게 전략산업을 선택해 육성하기 위해서는 정부가 금융기관을 통제할 수밖에 없었다. 현재 시각에서 보면 관치금융 시비가 일 수 있는 대목이다. 하지만 전략산업에 무조건적으로 특혜를 준 것이 아니었고 경쟁방식을 도입했다. 즉, 성과에 따라 자원을 배분하는 방식으로 나름대로 유인체계를 만들어 적용했던 것이다. 정부의 시장개입 부작용을 최소화하기 위해서였다.

비교우위는 없다

한국 경제성장 과정에서 미국은 많은 원조를 제공했다. 그런데 자립경제 달성을 위한 공업화 전략을 두고 미국 정부와 한국 정부의 입장이 충돌했다. 종합제철소 건설 계획 때문이었다. 당시 미국 대통령은 케네디였다. 그때 미국은 국제개발처(USAID)를 만들어 우방 국가들의 경제 개발을 돕는 중이었다. 그 우방들이 가난을 극복하지 못하면 공산화될 가능성이 크고 그 경우 미국의 국익이 해쳐질 수 있다는 우려 때문이었다. 미국은 한국의 종합제철소 건설 계획을 비관적으로 봤다. 이유는 두 가지였다. 첫 번째는 비교우위 원리였다. 한국이 제철소를 건설한다 하더라도 생산비 등을 감안하면 그 산업 자체가 비교우위를 점할 수 없다고 파악한 것이다. 제철소는 철광석과 석탄 등과 천연자원이 풍부해야 한다. 하지만 한국은 그러한 천연자원이 풍부한 것이 아니었다. 당시 한국은 상대적으로 노동이 더 풍부했다. 헥셔-올린의 무역 이론에 따르면 상대적으로 풍부한 부존자원을 집약적으로 사용하는 산업에 비교우위를 갖게 된다. 따라서 한국은 제철산업에 비교우위를 점할 수 없다고 결론 내려진 것이다. 철판을 생산한다고 해도 문제였다. 이웃 나라 일본은 훨씬 오래전부터 제철산업을 운영해오고 확실한 비교우위를 점하고 있는 상황에서 한국이 열악한 기술수준으로 일본의 제철산업과 경쟁할 수 있겠냐는 회의론이 제기됐던 것이다. 더 현실적인 문제는 외화부족이었다. 기술은 고사하고 철광석을 수입조차 하기 어려웠기 때문이다. 제1차 경제개발 계획은 '내자' 동원을 강조하였는데, 종합제철소와 같은 큰 규모의 공업 인프라를 구축하기 위해서는 '외자'가 필요했다. 당시 정부도 그 문제를 파악하고 있었다. 그리고 외자도입을 우선과제로 삼았다. 하지만 '수출 진흥'에 대한 의식 부족으로 인해 외화 획득이 어려운 상황이었다.

종합제철소 건립은 현실적으로 어려웠다. 상황을 더 어렵게 만드는 것은 분열에 따른 내부의 '정치적 반대'였다. 국내 종합제철소 건설의 역사는 이승만 정부 시절로 거슬러 올라간다. 전후복구 사업으로 인해 철강재 수요가 급증하자 이승만 대통령은 종합제철소 건설 계획을 세웠다. 하지만 재원과 기술 부족으로 실행되지 못했다. 제철소 건설 계획이 구체화된 것은 박정희 대통령이 취임하면서부터다. 그는 한국의 공업화를 위해서 제철소 건설이 필수적이라고 인식했다. 그에 따라 1965년 당시 경제기획원이 '종합제철소 건설계획안'을 입안하고 제철소 건설이 본격 추진됐는데 반대여론에 부딪쳤다. 식량이 부족해 보릿고개를 걱정해야 할 정도의 열악한 경제 상황에서 제철소 건립에 회의적인 시각들이 대두됐던 것이다. 가장 큰 문제는 1억 달러라는 천문학적인 건설비용이었다. 당시 한국의 연간 수출액이 1억 달러였다고 보면 그 건설비용은 매우 큰돈이었다. 야당은 무조건 반대했다. 그 돈으로 먹을 것이나 해결하자는 주장도 했고 종합제철소 계획이 무모하다고 성토했다. 그 자금이 농업개발에 쓰여야 한다고 주장한 의원들도 많았다. 경제학자들 역시 종합제철소가 경제성이 없다며 그 건설 계획을 비판했다. 국가부채가 늘고 재정적자가 심화될 것이란 지적도 했다. 지식인들도 대개 재원 부족을 이유로 차라리 철강을 수입해 쓰자고 제안했다. 생산비용을 감안하면 수입해 쓰는 것이 더 경제적이라는 이유도 댔다. 하지만 박정희 대통령이 '산업의 쌀'을 만들어야 한다며 밀어붙인 결과 그 계획은 결실을 맺게 되었다. 1973년 6월 1고로에서 '쇳물'이 흘러내렸고 반대의 목소리들도 잦아들기 시작했다. 이후 종합제철소는 한국의 산업화에 크게 기여했다.

이후 한국 정부는 자립경제 수립을 위한 내포적 공업화보다는 외화획득을 위해 수출증대를 강조하게 된다. 대내지향적인 공업화는 불가능하고 가능한 것은 대외지향적인 공업화 밖에 없음을 인식했던 것이다. 그리고 한국 정부는 공산품 수출계획을 세우게 된다. 그리고 면방직산업에 주목했다. 두 가지 이유가 있었다. 하나는 국내 면방직제품 수요감소 때문에 공급과잉 상태였기 때문이다. 판로개척을 위해서도 해외시장 진출이 필요했다. 다른 하나는 원료를 조달하기 위해선 외화가 필요한데 그 외화를 얻기 위해선 수출이 필요했다. 역설적으로 수입을 하기 위해서라도 수출을 해야만 했던 것이다. 면방직업계가 수출증대를 위해 정부와 더불어 노력한 결과, 1960년대 중반 면방직 제품 수출이 대폭 증가했고 전체 생산량 중 50% 가량을 수출했다. 정부는 단순히 수출계획만 높게 세운 것이 아니었다. 금융지원까지 담는 포괄적인 수출지원 체계를 갖추어 나갔다. 이제 대외지향적 수출진흥 정책은 단순한 무역정책이 아닌 한국 경제발전 전략이 되었던 것이다. 1964년 6월 당시 상공부는 수출을 장려하기 위해 수출진흥 종합시책을 만들어 발표했다. 종합시책에는 수출을 늘리기 위해 수출책임과 세제 및 수출보조금 등을 담고 있다. 당근과 채찍을 동시에 구사한 것이다. 만약 재정 금융지원이라는 당근만 제시했다면 도덕적 해이가 발생하고 자원배분의 비효율성 문제가 제기될 수 있었을 것이다. 하지만 정부는 수출 책임제를 통해 목표액 달성에 미달하는 기업들은 차후 지원에서 배제하는 방식을 취했다. 그러한 규율은 정부지원이 야기할 수 있는 도덕적 해이를 최소화하려는 노력이었다.

1950년대에 비해 1960년대 들어 수출지원 정책은 양적으로 대폭 확대되었다. 수출용 자본재 수입에 대한 관세 감면제도가 도입됐고 수출용 원자재 수입과 수출산업 육성을 위해 재정 금융지원이 추가되었다. 수출활동을 직접적으로 독려하는 수출보조금도 크게 늘어났다. 1961년과 1965년을 기점으로 대폭 상승했다. 지원에 대해 규율도 부과했다. 지원이 당근이라면 규율은 채찍이라고 평가할 수 있다. 1962년에 12월에 설치된 수출진흥위원회가 1965년 1월 대통령이 직접 참석하고 결정하는 수출진흥확대회의로 확대 개편되었던 것이다. 수출진흥확대회의 가장 중요한 목적은 바로 '수출책임제'였다. 처음엔 해외공관별로 수출목표를 할당했던 것이 1965년부터는 책임소재를 더 세분화되어 수출목표를 할당하기 시작했던 것이다. 연초에 제시된 수출할당액을 채워야 할 의무가 부과됐다. 수출진흥확대회의는 수출 책임이 잘 이행하고 있는지 점검했다. 스크리닝인 셈이다. 책임 이행을 소홀히 하거나 미달하는 기업에게는 재정 금융지원을 중단했다. 그러한 수출 책임을 부과하고 점검을 함으로써 정부주도 정책이 초래할 수 있는 도덕적 해이와 비효율화를 방지했던 것이다. 박정희 대통령은 1965−1979년 동안 개최되었던 152회의 중 147회를 참석할 정도 수출에 대해 관심을 보였다고 전한다. 당시 박정희 정부는 경제개발 5개년 계획을 발표할 때 수출목표를 새롭게 책정해 수출을 독려했다. 대부분 초과달성했다.

당시 수출진흥 정책의 초점은 외화확보였다고 볼 수 있다. 하지만 그렇다고 해서 수입 장벽을 쌓아올렸던 것은 아니다. 1967년 7월 당시 상공부는 수입허가 품목을 규정해 온 포지티브 리스트에서 수입금지 품목을 제외한 나머지의 수입을 자동승인 한다는 뜻에서 네거티브 리스트로 전환했다. 무역이 보다 자유화된 것이다. 수입관세율도 점차 낮춰가며 보호무역을 통해 성장해 온 한국 산업들의 체질 개선을 시도하고 경쟁력 강화를 도모했던 것이다. 당시 한국 정부가 의도했던 것은 한국 산업의 경쟁력이었다. 한국의 산업 경쟁력을 강화시키는 방향으로 무역정책을 활용했던 것이다. 정부는 수입자유화 조치에 이어 탄력관세 제도도 도입했다. 즉, 국내외 경제 상황에 따라 관세율을 탄력적으로 운용하여 국내 산업의 피해를 막고 국제수지가 갑작스럽게 악화되는 것을 막는 목적이었다. 정부는 보호가 필요한 산업과 그 품목들에 대해선 높은 관세율을 유지했고 원재료 수입에 대해선 관세율을 낮추었다. 경쟁력이 있는 산업은 체질 개선을 위해 관세율을 인하했던 것이다.

1970년대 중화학 공업화[71)]

한국 산업화의 정점은 1973년부터 시행된 중화학 공업화였다. 정부는 철강, 조선, 기계, 석유화학 등 중화학 공업 육성에 박차를 가해 '100억 달러 수출' 달성을 목표로 정했다. 1973년 이전 한국에 중화학 공업이 전혀 없었던 것이 아니다. 대일청구권 자금을 바탕으로 포항에 종합제철소가 건설되었고 울산에 석유화학단지가 조성되었다. 1960년대 육성된 제철산업과 석유화학산업은 1970년대 중화학 공업화 정책에 바탕이 되었다. 1970년대 중화학 공업화는 1980년에 100억 달러 수출과 GNP 1,000 달러 달성의 바탕이 되었다. 경공업 위주였던 당시 한국의 공업구조를 중화학 공업 위주로 재편할 필요가 있었다. 국가 안보를 위한 이유도 있었다고 한다. 1972년 미국 닉슨 대통령이 중국을 방문하고 미중 데탕트가 형성되면서 미국은 주한미군 철수를 시사했다. 이에 한국정부는 자주국방을 위해 방위산업을 포함한 중화학 공업화가 필요하다고 느꼈을 수 있다.

정부는 1950-1960년대 일본의 중화학 공업화 성공에 자극을 받았던 것으로 보인다. 일본은 중화학 공업화 정책을 실시하여 1967년 수출액 100억 달러를 달성했기 때문이다. 정부는 구체적인 계획을 짜고 실행했다. 포항의 종합제철소를 확장했고 거제에도 추가적으로 조선소를 건설했다. 여천에는 제3석유화학단지를 조성해 연간 생산능력을 크게 확장시켰다. 창원에는 종합기계공장을 건설했고 구미에는 전자단지가 만들어졌다. 중화학 공업화 정책은 성공적이었다. 1980년 목표했던 수출액은 100억 달러였는데 이를 3년이나 앞당겨서 달성하였고, 목표했던 1인당 GNP는 1,000달러였는데 1979년에 달성됐다. 1979년 수출품

---

71) 좌승희, 이성규 (2018), "우리나라 산업화 전략의 신화와 진실: '시장친화적' 신산업 정책 이론의 모색", 제도와 경제, 12(4), 29-60.

중에 90% 이상이 공산품이었고 공산품 중에 42.6%는 중공업 제품이었다. 지금도 한국경제에서 중화학 공업이 차지하는 비중은 매우 크다.

중남미 나라들과 다르게 한국은 수출진흥 산업화 전략을 선택했기에 경제발전에 성공할 수 있었다. 내포적 공업화 전략을 계속 고집했더라면 한국은 중남미처럼 1980년대 초반 외채위기를 극복할 수 없었을 것이다. 한국이 수출진흥 산업화 전략으로 선회하게 된 이유를 놓고 현재도 의견이 분분하다. 분명한 것은 한국의 경제발전 과정에서 정부가 주도적인 역할을 했다는 것이다. 당시 정부는 수출목표 달성을 위해 민간부문을 독려하였고 대통령은 매달 수출진흥확대회의에 직접 참석했다. 시의적절한 보호무역도 한국 산업화를 위한 수단이 되었다. 정부는 기업들로 하여금 해외시장에 진출하도록 독려했다. 기업들이 국내시장에 안주할 생각만 했다면 경쟁력이 강해질 수 없었을 것이다. 특히 정책적으로 중화학 공업들을 육성했지만 그 산업들은 고정비용이 많이 투입된다는 특징이 있다. 따라서 규모의 경제 실현이 필수적이다. 하지만 국내시장은 규모가 작았기 때문에 한국의 중화학 공업들이 경쟁력을 갖추기 위해선 대외지향적인 정책이 필요했던 것이다. 그렇기에 기업들에겐 수출이 관건이 될 수밖에 없었다.

한국의 수출진흥 산업화 전략은 중상주의적 사고방식을 탈피한 것이어서 더 큰 의미를 부여할 수 있다. 내포적 공업화 전략은 실은 중상주의적 사고방식을 벗어나지 못한 것이다. 국부의 근원을 '돈'이라고 보는 시각이 있기 때문이다. 그렇기에 무역수지 흑자에 집착하는 것이다. 한국이 수출을 많이 해 외화 획득을 한 것은 그 외화 자체를 목적으로 한 게 아니었다. 그 외화를 활용해 외국으로부터 자본재를 수입할 수 있었고 그 자본재를 바탕으로 산업화가 이뤄질 수 있었고 한국의 경제발전이 가능했다. 당시 정부가 중상주의적 관점을 견지했다면 수출진흥 산업화 전략을 구사하지 못했을 것이다. 수출액보다 수입액이 더 컸기 때문이다. 중상주의적 관점에서 보면 그 경우 국부 유출되고 있다고 오해할 가능성이 있다. 하지만 경제발전을 위해 중요한 건 무역수지 흑자가 아니라 자본축적이었다.

한국은 수출을 통해 외화를 벌어들이고 그 외화에 해외로부터의 차입을 더해 자본재를 수입했다. 그 결과 산업화가 가능했고 지금 한국의 중화학 공업은 국제 경쟁력을 갖추고 있다. 만약 리카르도의 비교우위론을 따랐다면 한국은 산업화가 불가능했을 수도 있다. 다른 개도국들도 마찬가지다. 한국은 비교우위론에 얽매이지 않고 노력을 통해 비교우위를 만들어 낸 것으로 평가할 수 있다. 1970년대 시행된 중화학 공업화 정책이 좋은 예이다. 지금 한국은 전자, 자동차, 조선, 제철 산업등 대부분이 나름의 경쟁력을 갖춘 상태이다. 한국의 경제발전은 '유치산업 보호' 정책에서 기인했다고 볼 수 있다. 앞서 언급한 대로 외국이 한국의 종합제철소 건설을 반대했던 근거도 '비교우위'가 없다는 것이었다. 하지만 당시 한국 정부는 지속적으로 종합제철소 건립을 시도했고 한일수교를 통해 받은 대일청구권 자금을 이용해 포항제철(현 POSCO) 설립에 성공했던 것이다. 핵심은 동태적 분석이다.

리카르도가 제시한 비교우위는 정태적 분석에 한정되어 있다. 즉, 시간이란 변수가 고려되지 않았던 것이다. 경제환경과 조건은 시간이 갈수록 변한다. 비교우위의 척도가 되는 산업 경쟁력도 시간이 갈수록 변할 수 있다. 누가 보더라도 1960년대엔 일본의 제철산업이 한국보다 경쟁력이 강했다. 그 이유는 철광석 같은 부존자원이 풍부했기 때문이 아니었다. 일본이 한국보다 제철산업을 훨씬 일찍 시작한 결과 기술력과 노하우가 우위에 있었기 때문이다. 한국도 제철산업을 육성하고 기술력을 확보한다면 미래에 비교우위를 확보할 수 있다는 논리가 된다. 문제는 유치단계에 있는 그 산업이 기술력을 확보할 수 있도록 일정기간 보호하는 것이다. 하지만 유치산업을 보호하면 장래에 비교우위를 무조건 확보할 수 있다고 생각하면 큰 오해이다. 한국이 특수한 경우이다. 한국 경제발전 성공

사례를 놓고 '자유무역 체제' 덕분인지, '보호무역 체제' 덕분인지를 놓고 의견이 분분한다. 한국의 경제발전을 견인한 것은 '대외지향성'이라고 말할 수 있다. 물론 한국 정부는 경쟁력 확보를 위해 유치산업들을 단기간 보호했던 측면이 있다. 유치산업 보호는 말 그대로 유치단계에 있는 산업을 국제경쟁을 위해 단기간 보호하자는 것이지 장벽을 높여 자유무역을 하지 말자는 것이 아니다. 역설적으로 자유무역을 지향하기 때문에 유치산업 보호가 필요한 것으로 볼 수 있다. 따라서 한국이 놀라울 만큼 빨리 경제성장을 한 것은 자유시장 체제와 자유무역 덕분이라고 말할 수 있다.

참 고 문 헌

김광모, (2015), 한국중화학공업에 박정희의 혼이 살아있다, 기파랑 출판사

김광모 (2017), 한국중화학공업 오디세이, RHK 출판사

좌승희, 이성규 (2018), "우리나라 산업화 전략의 신화와 진실: '시장친화적' 신산업 정책 이론의 모색", 제도와 경제, 12(4), 29 − 60.

Acemoglu, D., Antras, P. and Helpman, E. (2007), "Contracts and Technology Adoption", American Economic Review, 97(3), 916 − 943.

Acemoglu, D., Johnson, S., and Robinson, J. A. (2005). "Institutions as the fundamental cause of long − run growth", In: Aghion, P., Durlauf, S. (Eds.), Handbook of Economic Growth, vol. 1A. North − Holland, London, pp. 386-464.

Acemoglu, D., and Johnson, S. (2005), "Unbundling Institutions", Journal of Political Economy, 113, 949-995.

Acemoglu, D., Johnson, S., and Robinson, J. A. (2001), "The colonial origins of comparative development: an empirical investigation", American Economic Review, 91, 1369-1401.

Acemoglu, D., Johnson, S., and Robinson, J. A. (2005b), "The rise of Europe: Atlantic trade, institutional change and economic growth", American Economic Review, 95, 546-579.

Anderson, J. and Marcouiller, D. (2002), "Insecurity and the Pattern of Trade: An Empirical Investigation", Review of Economics and Statistics, 84, 342-352.

Aghion, P. and P. Howitt (1992), "A Model of Growth Through Creative Destruction", Econometrica, 60(2), 323 − 351.

Aghion, P., Akcigit, U. and P. Howitt (2014), "What Do We Learn From Schumpeterian Growth Theory?", Handbook of Economic Growth.

Aghion, P. and J. Tiróle. (1997), "Formal and real authority in organizations", Journal of Political Economy, 105, 1 − 29.

Antràs, P. (2003), "Firms, contracts, and trade structure", Quarterly Journal of Economics, 118, 1375 − 13418.

Antràs, P., Garicano, L., and Rossi − Hansberg, E. (2006), "Offshoring in a knowledge economy", Quarterly Journal of Economics, 121, 31 − 77.

Antràs, P. and E. Helpman (2004), "Global sourcing", Journal of Political

Economics, 112, 552−580.

Antràs, P. and E. Helpman (2008), "Contractual frictions and global sourcing", The Organization of Firms in a Global Economy, edited by Elhanan Helpman, T Verdier, and D Marin, 9−54. Cambridge, MA: Harvard University Press.

Antràs, P. and R. W. Staiger (2008), "Offshoring and the role oftrade agreements", Working Paper, Harvard University.

Arndt, S. W. (1997), "Globalization and the open economy", North American Journal of Economics and Finance, 8(1), 71−79.

Autor, D, Levy, F. and R. Murnane (2003), "The Skill Content of Recent Technological Change: An Empirical Exploration", Quarterly Journal of Economics, 118(4), 1279−13333.

Autor, D. (2014), "Polanyi's Paradox and the Shape of Employment Growth", Working Paper, NBER.

Autor, D, Katz, L. and M. Kearney (2006), "The Polarization of the U.S. Labor Market", American Economic Review, 96(2), 189−194.

Autor, D. (2014), "Polanyi's Paradox and the Shape of Employment Growth", Working Paper, NBER

Baldwin, R. (1969), "The Case Against Infant−Industry Tariff Protection", Journal of Political Economy, 77(3), 295−305.

Baldwin, R. E. and Forslid, R (2000), "The Core−Periphery Model and Endogenous Growth: Stabilizing and Distabilizing Integration", Economica, 67(267), 307−324.

Baldwin, R, E., Martin, P. and Ottaviano, G. P. (2001), "Global Income Divergence, Trade and Industrialization: the Geography of Growth Take−Offs", Journal of Economic Growth, 6(1), 5−37.

Baldwin, R. E. and Robert−Nicoud, F. (2007), "Offshoring : general equilibrium effects on wages, production and trade", Working Paper, NBER.

Baldwin, R, E. and T, Okubo (2019), "GVC journeys −Industrialization and Deindustrialization in the age of Second Unbundling", Journal of the Japanese and International Economies, 52, 53−67.

Barro, R. J. and X. Sala−i−Martin (1990), "Economic Growth and Convergence across The United States", Working Paper, NBER.

Barro, R. J. (1991), "Economic Growth in a Cross Section of Countries", Quarterly Journal of Economics, 106(2), 407−443.

Barro, R. J. and X. Sala−i−Martin (1992), "Convergence", Journal of Political

Economy, 100(2), 223−251,

Becker, G. and K. Murphy (1992), "The Division of Labor, Coordination Costs, and Knowledge", Quarterly Journal of Economics, 107, 4, 1137-1160.

Bernard, A. B., Jensen, J. B., Redding, S. J., and Schott, P. K. (2010), "Intra−firm trade and product contractibility", Working Paper, NBER.

Bernard, A. B., Redding, S. J., and Schott, P. K. (2006), "Multi−product firms and product switching", Working Paper, NBER.

Bernard, A. B., Redding, S. J., and Schott, P. K. (2007), "Firms in international trade", Journal of Economic Perspectives, 21, 105−130.

Bhagwati, J. (1958), "Immiserizing Growth: A Geometrical Note", Review of Economic Studies, 25(3), 201−205.

Bhagwati, J. (1958), "International Trade and Economic Expansion", American Economic Review, 48(5), 941−953.

Bhagwati, J. and Ramaswami, V. K. (1963), "Domestic Distortions, Tariffs and the Theory of Optimum Subsidy", The Journal of Political Economy, 71, 44-50.

Bhagwati, J. N. and D. A. Irwin (1987), "The Return of the Reciprocitarians U.S.Trade Policy Today", World Economy, 10(2), 109−130.

Bhagwati, J. (1988), Protectionism, MIT press.

Bhagwati, J. (1989), "United States Trade Policy at the Crossroads", World Economy, 12(4), 439−480.

Bhagwati, J. (2004), In Defense of Globalization, Oxford University Press.

Brander, J. A. and B. J. Spencer (1981), "Tariffs and the Extraction of Foreign Monopoly Rents under Potential Entry", Canadian Journal of Economics, 14(3), 371−389.

Brander, J. A. and B. J. Spencer (1983), "International R&D Rivalry and Industrial Strategy", Review of Economic Studies, 50(4), 707−722.

Brander, J. A. and B. J. Spencer (1985), "Export Subsidies and International Market Share Rivalry", Journal of International Economics, 18, 83−100.

Brander, J. A. and B. J. Spencer (1991), "Tariffs and the Extraction of Foreign Monopoly Rents under Potential Entry", Canadian Journal of Economics, 14(3), 371−389.

Broada, C. and D. E. Weinstein (2006), "Globalization and the Gains from Variety", 121(2), 541−585.

Brynjolfsson, E. (1994), "Information Assets, Technology and Organization", Management Science, 40(12), 1645-1662.

Burstein, A. and Monge−Naranjo, A. (2008), "Foreign know−how, firm control, and the income of developing countries", Quarterly Journal of Economics, 124, 149−195.

Caballero, R. J. and Hammour, M. L. (1998), "The macroeconomics of specificity", Journal of Political Economy, 106, 724−767.

Canning, D., M. Fay and R. Perotti (1994), "Infrastructure and Growth", in M. Baldassarri, M. Paganaetto and E. S. Phelps (eds.), International Differences in Growth Rates, St. Martin's Press, New York, USA.

Canning, D. and P. Pedroni (1999), "Infrastructure and Long Run Economic Growth", Paper presented at the 1999 Econometric Society Summer Meeting, Madison, Wisconsin, United States.

Caroli, E. and Van Reenen, J. (2001), "Skill−biased organizational change? Evidence from a panel of British and French establishments" Quarterly Journal of Economics, 116, 1449−1492.

Chamberlin, E. (1962), "The Theory of Monopolistic Competition: A Reorientation of the Theory of Value", Harvard University Press.

Clark, X., D. Dollar and A. Micco (2004), "Port Efficiency, Maritime Transport Costs and Bilateral Trade", Working Paper, NBER.

Coase, R. H. (1937), "The nature of the firm", Economica, 4, 386−405.

Conconi, P., Legros, P. and Newman, A. (2009), "Trade liberalization and organizational change", Working Paper, Boston University.

Costinot, A. (2005), "Contract Enforcement, Division of Labor and the Pattern of Trade", Working Paper, NBER.

Costinot, A. (2007), "On the origins of comparative advantage", Working Paper, University of California at San Diego.

Deardorff, A. V. (2001a), "Fragmentation across cones. In Fragmentation : New Production Patterns in the World Economy", ed. SW Arndt, H Kierzkowski, pp. 35−51. Oxford: Oxford Univ. Press

Deardorff, A V. (2001b), "Fragmentation in simple trade models", New American Journal of Economics and Finance, 12, 121−137.

Defever, F. and Toubal, F. (2007), "Productivity and the sourcing modes of multinational firms: evidence from French firm−level data", Working Paper, University of Paris

Dixit, A. and G. M. Grossman (1982), "Trade and Protection with Multistage Production", Review of Economic Studies, 49(4), 583−594.

Dixit, A. and J. Stiglitz (1977), "Monopolistic Competition and Optimum Product Diversity", American Economic Review, 67(3), 297−308.

Easterly, W. and S. Rebelo (1993), "Fiscal Policy and Economic Growth: An Empirical Investigation", Journal of Monetary Economics, 32(3), 417-458.

Egger, H. and J. Falkinger (2003), "The distributional effects of international outsourcing in a 2 x 2 model", North American Journal of Economics and Finance, 14(2), 189−206.

Engerman, S. L. and Sokoloff, K. L. (1997), "Factor endowments, institutions, and differential paths of growth among new world economies: a view from economic historians of the United States", In: Harber, S. (Ed.), How Latin America Fell Behind. Stanford University Press, Stanford, pp. 260-304.

Ethier, W. J. (1986), "The multinational firm", Quarterly Journal of Economics, 101, 805−833.

Fay, M. and R. Perotti (1994), 'Infrastructure and Growth', in M. Baldassarri, M. Paganaetto and E. S. Phelps (eds.), International Differences in Growth Rates, St. Martin's Press, New York, USA.

Feentra, R. C. (1998), "Integration of Trade and Disintegration of Production in the Global Economy", Journal of Economic Perspectives, 12(4), 31−50.

Feenstra, R. C. (2003), "Global Production Sharing and Rising Inequality: A Survey of Trade and Wage", Handbook of International Trade.

Feenstra, R. C. and H. Gordon (1996), "Globalization, Outsourcing, and Wage Inequality", American Economic Review, 240−245.

Feenstra, R. C. and H. Gordon (1997), "Foreign Direct Investment and Relative Wages: Evidence from Mexico's Maquiladoras", Journal of International Economics, 42, 371−393.

Feenstra, R. C. and G. H. Hanson (2005), "Ownership and control in outsourcing to China: estimating the property rights theory of the firm", Quarterly Journal of Economics, 120, 729−762.

Feldstein, M. (1993), The Dollar and the Trade Deficit in the 1980s: A Personal View, NBER working paper.

Garicano, L. (2000), "Hierarchies and the organization of knowledge in production", Journal of Political Economics, 108, 874−904.

Garicano, L. and Rossi−Hansberg, E. (2004), "Inequality and the organization of knowledge", American Economic Review, 94, 197−202.

Garicano, L. and Rossi−Hansberg, E. (2006), "Organization and inequality in a knowledge economy", Quarterly Journal of Economics, 121, 1383−1435.

Grossman, G. M, and Maggi, G. (2000), "Diversity and trade", American Economic Review. 90(5), 1255−1275.

Grossman, G. M. and E. Rossi−Hansberg (2008). "Trading tasks:a simple theory of offshoring", American Economic Review, 98(5), 1978-1997.

Grossman, G. M. and E. Helpman (2002), 'Integration versus outsourcing in industry equilibrium", Quarterly Journal of Economics, 117, 85−120.

Grossman, S. J. and O. D. Hart (1986), "The Costs and Benefits of Ownership: A Theory of Vertical and Lateral Integration", Journal of Political Economy, 94(4), 691−719.

Grossman, G. M. and Helpman, E. (2004), "Managerial incentives and the international organization of production", Journal of International Economics, 63, 237−262.

Haberler, G. (1950), "Some Problems in the Pure Theory of International Trade", The Economic Journal, 60, 223-240.

Hagen, E. (1958), "An Economic Justification of Protectionism", The Quarterly Journal of Economics, 72, 496-514.

Hanson, G. H., Mataloni, R. J., and Slaughter, M. J. (2005), "Vertical production networks in multinational firms", Review of Economics and Statistics, 87, 664−678.

Harry, P. B., Leamer, E. E., and L. Sveikauskas (1987), "Multicountry, Multifactor Tests of the Factor Abundance Theroy", American Economic Review, 77(5), 791−809.

Herrera, A. M. and E. Lora (2005), "Why so Small? Explaining the Size of Firms in Latin America", World Economy, 28(7), 1005−1028.

Helpman, E. (1981), "International trade in the presence of product differentiation, economies of scale and monopolistic competition : A Chamberlin−Heckscher−Ohlin approach", Journal of International Economics, 11(3), 305−340.

Helpman, E. (1984), "A simple theory of international trade with multinational corporations", Journal of Political Economics, 92, 451−471.

Helpman, E. and P. Krugman (1987), "Market Structure and Foreign Trade: Increasing Returns, Imperfect Competition and the International Economy", the MIT press.

Holmstrom, B. (1982), "Moral hazard in teams", Bell Journal of Economics, 13, 324−340.

Holmstrom, B. and Milgrom, P. (1994), "The firm as an incentive system", American Economic Review, 84, 972−991.

Hümmels, D., Ishii, J., and K−M. Yi (2001), "The nature and growth of vertical specialization in world trade", Journal of International Economics, 54(1), 75−96.

Hümmels, D., Rapoport, D. and Yi, K−M. (1998), "Vertical specialization and the changing nature of world trade", Federal Reserve Bank NY Economic Policy Review, 4, 79−99.

Johnson, R. C. (2014), "Five Facts about Value−Added Exportsand Implications for Macroeconomics and Trade Research", Journal of Economic Perspectives, 28(2), 119−142.

Jones, R. W. and Kierkowski, H. (1990), "The role of services in production and international trade: a theoretical framework. In The Political Economy of International Trade: Essays in Honor of Robert E. Baldwin", ed. RW Jones, A Krueger, pp. 17−34. Oxford: Basil Blackwell

Johnson, H. G. (1958), "Economic Expansion and International Trade", Manchester School, 23(2), 95−112.

Ju, J. and Wei, S. J. (2005), "Endowment versus Finance: A Wooden Barrel Theory of International Trade", Working Paper, IMF.

Kohler, W. (2004a), "Aspects of international fragmentation", Review of International Economics, 12, 793−816.

Kohler, W. (2004b), "International outsourcing and factor prices with multistage production", Economic Journal, 114, 166−185.

Kremer, M. (1993), 'The O−Ring Theory of Economic Development', Quarterly Journal of Economics, 108(3), 551-575.

Kremer, M. and Maskin, E. (1996), "Wage inequality and segregation by skill", Working Paper, NBER.

Kremer, M. and Maskin, E. (2006), "Globalization and inequality", Working Paper, NBER.

Krugman, P. (1979), "Increasing returns, monopolistic competition, and international trade", Journal of International Economics, 9(4), 469−479.

Krugman, P. (1980), "Scale Economies, Product Differentiation, and the Pattern of Trade", American Economic Review, 70(5), 950−959.

Krugman, P (1981), "Intraindustry Specialization and the Gains from Trade", Journal of Political Economy, 89(5), 959−973.

Krugman, P (1991), "Increasing Returns and Economic Geography", Journal of

Political Economy, 99(3), 483−499.

Krugman, P. (1995), "Globalization and the Inequality of Nations", Quarterly Journal of Economics, 110(4), 857−880.

Krugman, P. (1994), "Competitiveness : A Dangerous Obsession", 73(2), Foreign Affairs.

Krugman, P. (1991), "Myths and Realities of U.S. Competitiveness", 254, 811−815.

Krugman, P. (1987), "The narrow moving band, the Dutch disease, and the competitive consequences of Mrs. Thatcher : Notes on trade in the presence of dynamic scale economies", Journal of Development Economics, 27(1−2), 41−55.

Kumar, K. B., R. G. Rajan and L. Zingales (2002), "What Determines Firm Size?", mimeo (available at http://gsbwww.uchicago.edu/fac/raghuram.rajan/research/size.pdf).

La Porta, R., F. López−de−Silanes, A. Shleifer and R. W. Vishny (1997), "Trust in Large Organizations", American Economic Review, 137(2), 333-338.

La Porta, R., F. López−de−Silanes, A. Shleifer and R. W. Vishny (1998), "Law and Finance", Journal of Political Economy, 106(6), 1113-1155.

La Porta, R., F. López−de−Silanes, A. Shleifer and R. W. Vishny (1999), "Corporate Ownership Around the World", Journal of Finance, 54(2), 471-517.

La Porta, R., Lopez−de−Silanes, F., and Shleifer,A. (2008), "The economic consequences of legal origins", Journal of Economic Literature, 46 (2), 285-332.

Lee, Y. S. (2021a), "Entrepreneurs, managers, and the firm size distribution", International Economic Journal, 35(3), 367−390.

Lee, Y. S. (2021b), "Heterogeneous entrepreneurs and managerial delegation in an open economy", Seoul Journal of Economics, 34(2), 265−302.

Leontief, W. (1953), "Domestic Production and Foreign Trade: The American Capital Position Re−Examined", Proceedings of American Philosophical Society, 97(4), 332−349.

Levchenko, A. A. (2007), "Institutional quality and international trade", Review of Economic Studies, 74(3), 791−819.

Levchenko, A. A. (2013), "International trade and institutional change", Journal of Law, Economics, and Organization, 29 (5), 1145-1181.

Lileeva, A and D. Trefler (2010), "Improved Access to Foreign Markets Raises Plant−Level Productivity... for Some Plants", 125(3), Quarterly Journal of Economics, 1051−1099.

Lucas, R. E. Jr. (1978), "On the size distribution of business firms", Bell Journal of Economics, 9, 508−523.

Lucas Jr, R. E. (1986), "On the Mechanics of Economic Development", Journal of Monetary Economics, 22(1), 3−42.

Mankiw, N. G., Romer, D. and D. N. Weil (1992), "A Contribution to the Empirics of Economic Growth", Quarterly Journal of Economics, 107(2), 407−437.

Matsuyama, K. (2005), "Credit Market Imperfections and Patterns of International Trade and Capital Flows", Journal of the European Economic Association, 3, 714−723.

Micco, A. and T. Serebrisky (2004), "Infrastructure, Competition Regimes, and Air Transport Costs: Cross−country Evidence", Working Paper, The World Bank.

McLaren, J. (2000), "Globalization and vertical structure", American Economic Review, 90, 1239−1254.

Marin, D. and Verdier, T. (2008a), "Corporate hierarchies and the size of nations: theory and evidence. Working Paper, University of Munich.

Marin, D. and Verdier, T. (2008b), "Power inside the firm and the market: a general equilibrium approach", Journal of European Economic Association, 6, 752−788.

Markusen, J. R. (1984), "Multinationals, multi−plant economies, and the gains from trade", Journal of International Economics, 16, 205−226.

Markusen, J. and A. Venables (1998), "Multinational firms and the new trade theory", Journal of International Economics, 46(2), 183-203.

Melitz, M. (2003), "The Impact of Trade on Intra−Industry Reallocations and Aggregate Industry Productivity", Econometrica, 71(6), 1695−1725.

Melitz, M. and D. Trefler (2012), "Gains from Trade When Firms Matter", Journal of Economic Perspective, 26(2), 91−118.

Nocke, V. and Yeaple, S. R. (2008), "An assignment theory of foreign direct investment", Review of Economic Studies, 75, 529−557.

Nunn, N. (2007), "Relationship specificity, incomplete contracts and the pattern of trade", Quarterly Journal of Economics, 122, 569−600.

Nunn, N. (2008a), "The long−term effects of Africa's slave trades", Quarterly Journal of Economics, 123(1), 139-176.

Nunn, N. and Trefler, D. (2008), "The boundaries of the multinational firm: an empirical analysis", The organization of firms in a global economy, pp. 55−83, Harvard University Press.

Prebisch, R. (1950), "The Economic Development of Latin America and Its

Principal Problems", Department of Affairs, United Nations.

Puga, D. and Trefler, D. (2002), "Knowledge creation and control in organizations", working paper, NBER.

Rajan, R. G. and Wulf, J. (2006), "The flattening firm: evidence from panel data on the changing nature of corporate hierarchies", Review of Economics and Statistics, 88, 759−773.

Rodriguez−Clare, A. (2007), "Offshoring in a Ricardian World", Working Paper, NBER.

Romalis, J. (2004), "Factor Proportions and the Structure of Commodity Trade", American Economic Review, 94, 67-97.

Romer, P (1993), "Idea Gaps and Object Gaps in Economic Development", Journal of Monetary Economics, 32, 543−573.

Rosen, S. (1981), "The Economics of Superstars", American Economic Review, 71(5), 845−858.

Rosen, S. (1982), "Authority, Control and the Distribution of Earnings", Bell Journal of Economics, 13(1), 311-323.

Ranjan, P., Lee, J. Y. (2007), "Contract enforcement and international trade", Economics and Politics, 19(2), 191-218.

Sánchez−Robles, B. (1998), "Infrastructure Investment and Growth: Some Empirical Evidence", Contemporary Economic Policy, 16(1), 98-108.

Schuler, P. (2003), "Institutions and the Changing Composition of International Trade in the Post−Socialist Transition", Ph.D. Dissertation, University of Maryland.

Solow, R. (1956), "A Contribution to the Theory of Economic Growth", Quarterly Journal of Economics, 70(1), 65−94.

Spencer, B. J. and J. A. Brander (1983), "International R&D Rivalry and Industrial Strategy", Review of Economic Studies, 50(4), 707−722.

Spencer, B. J. and J. A. Brander (1985), "Export Subsidies and International Market Share Rivalry", Journal of International Economics, 18, 83−100.

Stolper, W. F. and P. A. Samuelson (1941), "Protection and Real Wages", Review of Economic Studies, 9(1), 58−73.

Tomiura, E. (2007), "Foreign outsourcing, exporting, and FDI: a productivity comparison at the firm level", Journal of International Economics, 72, 113−127.

Trefler, D. (1995), "The Case of the Missing Trade and Other Mysteries", American Economic Review, 85(5), 1029−1046.

Williamson, O. E. (1975), "Markets, Hierarchies: Analysis, Antitrust Implications",

Free Press, New York.

Williamson, O. E. (1985), "The Economic Institutions of Capitalism", The Free Press, NewYork.

Vogel, J. (2007), "Institutions and moral hazard in open economies", Journal of International Economics, 71, 495−514.

Yeaple, S. R. (2006), "Foreign direct investment, and the structure of U.S. trade", Journal of European Economic Association, 4, 602−611.

Young, A. (1994), "Lessons from the East Asian NICS: A contrarian view", European Economic Review, 38, 964−973.

Young, A. (1995), "The Tyranny of Numbers: Confronting the Statistical Realities of the East Asian Growth Experience", Quartely Journal of Economics, 110(3), 641−680.

Yi, K−M. (2008), "Vertical specialization and the border effect", Working Paper, Federal Reserve Bank Philadelphia.

✍ 저 자 소 개

이양승 교수

North Carolina State University에서 통계학과 경제학을 공부했고 The University of Kansas에서 게임이론을 산업조직론에 접목해 경제학 박사를 취득했다. 그리고 캐나다로 건너가 University of Alberta에서 Gaming에 대한 연구와 강의를 같이 했다. 이후 한국에 들어와 한국건설산업연구원(CERIK)에서 연구위원으로 일하며 주로 산업정책과 계약제도 등에 관해 연구했다. 지금은 (국립) 군산대학교 무역학과 교수로 재직 중이다.

자유무역론

초판발행	2025년 2월 25일
지은이	이양승
펴낸이	안종만·안상준
편 집	소다인
기획/마케팅	최동인
표지디자인	BEN STORY
제 작	고철민·김원표
펴낸곳	(주) **박영사**
	서울특별시 금천구 가산디지털2로 53, 210호(가산동, 한라시그마밸리)
	등록 1959. 3. 11. 제300-1959-1호(倫)
전 화	02)733-6771
f a x	02)736-4818
e-mail	pys@pybook.co.kr
homepage	www.pybook.co.kr
ISBN	979-11-303-1933-9 93320

정 가   26,000원